MAXIME DU CAMP
DE L'ACADÉMIE FRANÇAISE

LES CONVULSIONS
DE PARIS

> Nous allons voir des scènes auprès desquelles les passées n'ont été que des verdures et des pastourilles.
> — CARDINAL DE RETZ.

CINQUIÈME ÉDITION

TOME TROISIÈME

LES SAUVETAGES PENDANT LA COMMUNE

PARIS
LIBRAIRIE HACHETTE ET Cie
79, BOULEVARD SAINT-GERMAIN, 79

LES CONVULSIONS

DE PARIS

Le Cacheux

B12   R91

n° 2580

LES CONVULSIONS DE PARIS

4 volumes in-16, à 3 fr. 50

TOME PREMIER
LES PRISONS PENDANT LA COMMUNE

TOME DEUXIÈME
ÉPISODES DE LA COMMUNE

TOME QUATRIÈME
LA COMMUNE A L'HOTEL DE VILLE

---

407. — Imprimerie A. Lahure, rue de Fleurus, 9, à Paris.

MAXIME DU CAMP

DE L'ACADÉMIE FRANÇAISE

LES CONVULSIONS

DE PARIS

> Nous allons voir des scènes auprès desquelles les passées n'ont été que des verdures et des pastourilles.
> — Cardinal de Retz.

CINQUIÈME ÉDITION

TOME TROISIÈME

LES SAUVETAGES PENDANT LA COMMUNE

PARIS

LIBRAIRIE HACHETTE ET Cie

79, BOULEVARD SAINT-GERMAIN, 79

1881

Droits de propriété et de traduction réservés

LES SAUVETAGES

PENDANT LA COMMUNE

CHAPITRE PREMIER

LE MINISTÈRE DE LA MARINE

I. — LA RETRAITE SUR VERSAILLES.

Le garde-meuble. — Forteresse. — Les marins à Paris pendant la guerre. — Total des troupes après la capitulation. — Après l'armistice. — La révolte recherche les marins et ne parvient pas à les embaucher. — Après le 18 mars. — M. Gablin, chef du matériel. — Le ministre. — Le commandant de Champeaux. — Le ministère est abandonné. — Élections pour la Commune. — M. Le Sage, concierge. — L'ambulance. — On cache une partie de l'argenterie. — On mure les armes dans les cheminées.

Des lettres patentes signées du roi Louis XV, et datées du 21 juin 1757, prescrivirent la construction de la grande place qui, séparant le jardin des Tuileries de l'avenue des Champs-Élysées, a reçu, par une loi du 26 octobre 1795, le nom de place de la Concorde. L'architecte Gabriel fut chargé des travaux, qui, commencés en 1763, ne furent complètement terminés qu'en 1772. De chaque côté de la place, aux angles de la rue Royale, faisant face à la Seine, il éleva deux palais semblables, d'une rare élégance, que le temps, que les révolutions ont respectés et qui sont un des plus beaux spécimens de l'architecture française. Le palais de gauche, celui qui est le plus rapproché des Champs-Élysées, fut abandonné à des locations particulières; celui de droite, voisin des Tuileries, fut dans le principe le garde-meuble de la couronne. La dénomination était vicieuse et pouvait produire confusion, car c'était bien plutôt un musée qu'un garde-meuble : on y conservait les objets précieux offerts aux souverains ou leur ayant appartenu; objets historiques, tels que l'armure de François Ier, le livre d'Heures de Richelieu; objets de valeur appartenant à la France même, tels que les tapisseries de haute lisse et les diamants de la couronne. Tout le monde sait que ceux-ci y furent volés dans la nuit du 16 au 17 septembre 1792.

Ce fut Napoléon Ier qui changea la destination du garde-meuble et l'attribua au ministère de la marine. Mes contemporains se rappelleront sans doute que, sur le pavillon qui s'appuie à la rue Saint-Florentin, s'agitait jadis un télégraphe aérien; il était exclusivement réservé à l'usage de la marine et correspondait avec Brest; il a disparu depuis l'adoption de la télégraphie électrique. Le monument est construit en fortes pierres de taille; il domine la place, commande le pont de la Concorde, découvre les Champs-Élysées et se dresse entre deux rues parallèles, la rue Royale et la rue Saint-Florentin, qui peuvent lui servir de dégagement. Il occupe une position stratégique importante en cas de guerre dans Paris, protège les abords des Tuileries et peut inquiéter le palais du Corps législatif; par sa forme, par les matériaux résistants dont il est composé, il représente en outre une forteresse facile à défendre et difficile à réduire. Il devait donc être occupé par les insurgés que la Commune avait improvisés généraux et pour lesquels le nombre de galons tenait lieu de capacités. Il fut entouré de barricades, armé, garni de troupes; il fut le centre d'un combat violent, était destiné à l'incendie, et fut sauvé. Nous allons essayer de raconter ce qui s'y passa pendant la Commune et dans quelles circonstances il put être préservé de la destruction dont il était menacé et dont tous les éléments étaient déjà réunis.

Pendant le siège, les équipages de la flotte, rapidement amenés à Paris, avaient été héroïques. Les marins, enfermés dans les forts comme dans des vaisseaux de guerre, dormant dans le hamac, faisant le quart de quatre heures, sous le commandement de leurs officiers et de leurs amiraux, avaient été judicieusement soustraits à tout contact avec la population parisienne; ils s'étaient contentés d'être partout où il y avait un danger à courir, une action d'éclat à faire, un service à rendre au pays. Quelques canonnières avaient souvent descendu la Seine sous le feu de l'ennemi et avaient concouru dans une mesure appréciable à la défense de la place. Lorsque les hommes qui avaient assumé sur eux le droit de représenter Paris, eurent signé la capitulation déguisée sous le nom d'armistice, les troupes françaises, en dehors de toute garde nationale, se composaient de 4590 officiers de ligne, 366 officiers de marine, 2548 officiers de garde mobile; de 126 657 soldats de ligne, de 11 665 marins, 102 843 gardes mobiles; à ces chiffres, qui forment un total de 250 669 hommes, il convient d'ajouter 8000 malades et 32 000 blessés; c'était donc, sans illusion, une armée de 290 000 combattants qui, en présence de la famine et d'une mortalité excessive, devenait inutile pour le salut de la France[1]. Il fallut obéir aux stipulations de l'armistice ; les équipages des canonnières furent débarqués et les marins évacuèrent les forts remis aux mains de l'Allemagne.

Que l'on se rappelle cette époque ; à quarante lieues à la ronde, le pays avait été ravagé ; les chemins de fer avaient à peine repris leur service, la plupart des trains étaient réquisitionnés pour les besoins de l'armée victorieuse ; partout des détachements de troupes allemandes tenaient garnison ; les routes qui conduisent vers Toulon, vers Brest, vers Cherbourg, vers Lorient et Rochefort n'étaient point libres ; nos administrations restaient impuissantes au milieu du désarroi général ; les efforts se concentraient sur un seul point, ravitailler la grand'ville qui mourait de faim. Il n'est pas surprenant que, pendant ces premiers jours où l'angoisse poignait tous les cœurs, l'on n'ait pas réussi, l'on n'ait peut-être pas cherché à diriger les marins sur leur lieu d'embarquement. Ils restèrent donc à Paris, sans occupation, promenant leur oisiveté à travers les rues et montrant aux badauds leur uniforme que la bravoure déployée par eux avait rendu célèbre. On les entoura, on les choya ; ils se laissèrent faire avec leur bonhomie à la fois crédule et narquoise. Ils devinrent les héros du Parisien et ils s'en allaient bras dessus, bras dessous, avec les soldats sans armes, les mobiles ahuris, les gardes nationaux ivres, les vivandières débraillées, se mêlant aux manifestations qu'ils ne comprenaient pas et trinquant à la République universelle sur le comptoir des vendeurs d'absinthe.

L'insurrection qui se préparait derrière ce tumulte, qui transportait des canons sur les points stratégiques

---

[1] Voir *l'Armistice et la Commune*, par le général Vinoy, 1872, p. 107, et Appendice, p. 383.

indiqués par la configuration de la ville, qui embauchait à prix d'argent toutes les non-valeurs de la guerre, qui se fédérait, affichait et pérorait, l'insurrection crut bien avoir enrôlé les marins à son service et avoir trouvé en eux des auxiliaires qui eussent été redoutables. Elle se trompait et sa déconvenue fut complète. Lorsque la révolte se fut dévoilée, lorsqu'elle fut entrée en lutte contre la civilisation, le droit et la patrie, elle fit appel aux marins; elle leur promit des grades, une haute paye et tous les galons qu'elle avait inventés : ce fut peine perdue. Sans effort et naturellement, comme de braves gens qu'ils sont, ils allèrent où le devoir les attendait et la Commune rencontra parmi ses plus fermes adversaires ceux-là mêmes qu'elle avait espéré pervertir. Les exceptions furent très rares; nous en citerons le nombre, qui est à l'honneur de la marine.

Les mascarades dont Paris était le théâtre avaient abouti à la journée du 18 mars. Il n'y a plus à revenir sur cette déroute de la légalité, sur cette victoire de la révolte, dont les résultats lointains se feront sentir longtemps encore et dont le résultat immédiat fut l'abandon de Paris, qui impliquait la retraite de toutes les administrations. Le ministère de la marine fut soumis au sort commun et devint désert. Le ministre, les directeurs, les chefs de division, les principaux employés avaient suivi à Versailles le chef du pouvoir exécutif. Le poste militaire s'était replié derrière l'armée, la garde nationale ne l'avait pas encore remplacé; on put se croire oublié; le ministère ressemblait à un grand hôtel dont les maîtres sont absents. Il devenait la demeure de quelques commis inférieurs, de garçons de bureau, du concierge, imperturbablement resté fidèle à son devoir. Un chef de service cependant, ayant son logement au ministère, ne s'était pas joint au mouvement de retraite ordonné sur Versailles, car il avait une responsabilité spéciale qu'il ne lui convenait pas de décliner : c'était le chef du matériel, M. Gablin.

La retraite des marins s'était effectuée en bon ordre; le gouvernement, sachant bien qu'il pouvait s'appuyer sur eux, les avait attirés à Versailles, où l'on avait pu, en temps utile, transporter la caisse du ministère. Le ministre lui-même, M. le vice-amiral Pothuau, n'avait quitté Paris qu'après M. Thiers; il prit les dispositions qui pouvaient encore concourir au salut commun, assista au dernier conseil tenu au ministère de l'intérieur, dans le cabinet de M. Calmon, secrétaire général, et partit pour Versailles, le 19 mars, vers deux heures du matin. Mais avant de s'éloigner il put donner ses ordres au capitaine de vaisseau de Champeaux, homme froid et très énergique, qui en réalité représenta le ministre de la marine à Paris pendant la durée de l'insurrection. Celle-ci triomphait; elle couvrait les murs de placards, battait la grosse caisse révolutionnaire et semblait s'apaiser quelque peu, car si elle avait massacré des généraux dans la journée du 18 mars, elle se contentait le 19 de les incarcérer après les avoir maltraités[1]. Elle obéissait à une assemblée composée des éléments les plus étranges et qui formait le fameux Comité central de la fédération de la garde nationale. Ces gens-là étaient fort embarrassés; ils ne savaient que faire, et pour gagner du temps, afin de pouvoir compter leurs forces, ils entamèrent avec quelques maires de Paris des négociations dont j'ai raconté ailleurs les péripéties[2]. Pendant ce court intervalle, il y eut quelque espérance dans la population, qui se refusait à admettre la réalité d'une victoire dont le résultat ne pouvait être qu'une série de cataclysmes. Au

---

[1] Voir *les Convulsions de Paris*, t. I, chap. vi.
[2] Voir *les Convulsions de Paris*, t. II, chap. i.

ministère de la marine on espérait peut-être plus qu'ailleurs, car personne ne paraissait penser à s'en emparer; les garçons de bureau restaient assis devant des bureaux vides; le concierge, M. Le Sage, était seul à monter la garde devant sa porte, où nul ne venait frapper, et M. Gablin demandait des ordres à M. de Champeaux, qui ne pouvait lui en donner. Là, comme partout dans Paris, on était persuadé que ce mardi-gras socialiste allait bientôt prendre fin. On était loin de compte, car la Commune allait succéder au Comité central.

Les élections d'où sortit ce gouvernement que l'île de Barataria et le pays de Dahomey pourraient nous envier, eurent lieu le 26 mars. Les déclassés de toute profession arrivaient au pouvoir, pouvoir grotesque, si l'on veut, mais pouvoir très réel, car il fut obéi jusqu'au combat, jusqu'au massacre, jusqu'à l'incendie, au delà du crime. Le journalisme, la parfumerie, la cordonnerie, la chaudronnerie, la mécanique, le bric-à-brac, la pharmacie, la médecine, la comptabilité, la vannerie et la reliure y avaient leurs représentants; je cherche ceux de la marine, ceux de l'armée, et je ne les trouve pas, à moins que l'on ne compte l'ex-capitaine Cluseret, qui depuis longtemps s'était fait naturaliser Américain. Lorsque ces élections furent connues de Paris, qui les accueillit avec un éclat de rire imprudent, on comprit au ministère de la marine que l'on n'échapperait pas longtemps encore à une occupation permanente. On se tint prêt, non pas à recevoir, mais à subir ces nouveaux maîtres, et l'on avisa à soustraire les objets précieux, propriété de l'État, aux réquisitions qu'il était facile de prévoir. Il ne pouvait être question de résister; les employés épars dans les vastes constructions de l'hôtel eussent été impuissants à repousser un vol à main armée; il fallut donc prendre quelques précautions. Celles-ci incombaient à M. Gablin, qui, en qualité de chef du matériel, se considérait, malgré les inévitables cas de force majeure, comme responsable des objets dont la garde lui était confiée. La situation était embarrassante. Quelle que fût son énergie, il était incapable d'accomplir seul le travail que nécessitait la mise en cachette des objets qu'il voulait soustraire aux réquisitions de la Commune; mais il était dangereux pour lui de prendre plusieurs confidents, car c'était risquer de compromettre le résultat qu'il voulait atteindre. Il pouvait compter sur le concierge, ancien soldat, homme froid, peu parleur, très dévoué à son devoir, déterminé à faire le possible et l'impossible pour protéger le ministère dont il était en quelque sorte le gardien officiel.

M. Gablin avait sous ses ordres quelques agents dont il avait pu apprécier les qualités; ce fut ceux-là qu'il résolut d'associer à l'œuvre de préservation qu'il voulait accomplir. Il fallait agir secrètement, car le ministère, quoique abandonné par ses chefs, était plein de domestiques et sans cesse visité par des employés restés à Paris qui « venaient aux nouvelles ». En outre, une partie des appartements avait été disposée en ambulance pendant le siège et contenait encore quelques blessés dont les soins exigeaient la présence d'un certain nombre d'infirmiers. Avant de quitter Paris, l'amiral Pothuau avait prescrit de maintenir l'ambulance au ministère; il avait jugé avec sagacité que ça ne nuirait pas au salut de l'hôtel de la marine. M. l'inspecteur général Raynaud, M. le docteur Le Roy de Méricourt, M. le docteur Mahé, M. le pharmacien Cazalis avaient accepté la mission de veiller sur les malades. Ils étaient aidés dans leur tâche par M. Portier, commissaire-adjoint de la marine, qui, ne pouvant demander de crédit à Versailles, ne voulant, sous aucun prétexte, en accepter de la Commune, pourvut sur ses propres fonds aux nécessités des services administratifs de cette infirmerie improvisée. Certes ces messieurs, dont le courage sut ne jamais faiblir, auraient au besoin prêté main-forte à M. Gablin; mais autour d'eux il pouvait y avoir des yeux dont il fallait tromper la curiosité et des lèvres qui seraient peut-être involontairement indiscrètes.

Ce fut de grand matin, avant que le ministère fût éveillé, que M. Gablin mena son opération à bonnes fins. Aidé de M. Langlet, ancien maître de la marine, adjudant des plantons, il mit à l'abri de toute recherche les objets précieux que renfermait l'hôtel, qui, malgré sa façade imposante, n'est qu'une vieille maison percée de couloirs, de corridors, encombrée de paliers inutiles, de recoins arbitraires, et où les fosses d'aisances s'ouvrent loin de la cour, dans les bâtiments mêmes, auprès de la porte d'un petit appartement. M. Juin, serrurier du ministère, souleva la dalle de clôture; on s'assura que la cavité n'aurait pas besoin d'un nettoyage spécial avant plusieurs mois et l'on y précipita une partie de l'argenterie, qui représentait une valeur considérable; on y laissa glisser également plusieurs caisses contenant des médailles de sauvetage destinées à être distribuées en récompense des belles actions, fréquentes dans le corps de la marine. Puis on scella la pierre, en effaçant tant bien que mal les traces du travail, qui du reste n'apparaissaient guère, car l'endroit, entouré de murs, placé sous une voûte, est dans une obscurité presque complète. Les richesses étaient enfouies et mises hors de la portée d'une première recherche; mais cela ne suffisait pas, car le ministère possédait quelques armes qu'il était urgent de soustraire aux fédérés.

M. Gablin ayant congédié le serrurier après lui avoir expliqué que sa propre sécurité exigeait qu'il gardât le secret, fit venir M. Manfrina, le fumiste attitré du ministère. Dans des tuyaux de cheminée appartenant à des chambres abandonnées et désertes, 1200 fusils et 400 revolvers furent bloqués derrière des cloisons construites en briques, à une hauteur où il était probable que l'on n'irait pas les chercher. Il fallait prévoir que ces chambres pourraient être habitées momentanément par les gens de l'insurrection et que l'on y ferait du feu; une ouverture suffisante pour laisser échapper la fumée fut donc ménagée entre les deux parois des cheminées où l'on improvisait ce petit arsenal. Ceci fait, on attendit la visite des délégués du Comité central ou de la Commune, car alors on ne savait encore à laquelle de ces deux autorités on allait avoir à obéir ou à résister, et, en réalité, on ne le sut jamais exactement pendant la durée de l'insurrection, car ces deux bandes rivales se disputèrent incessamment le pouvoir.

II. — LE SOUTERRAIN.

Les fédérés occupent le ministère. — Le premier combat. — Proclamation de la Commission exécutive. — Opinion de Vésinier sur l'armée française. — Un colonel communard. — Perquisition dans le ministère. — Embarras de M. Gablin. — Fausses dépêches. — La recherche du souterrain. — Le gouverneur Gournais. — Charles Lullier. — Cournet fait nommer Latappy délégué à la marine.

Le 30 mars, vers dix heures du soir, M. Gablin, rentrant au ministère après avoir été conférer avec M. de Champeaux, aperçut une sentinelle qui était en faction devant la porte. Il entra et vit un bataillon fédéré, le 224ᵉ, appartenant au quartier de la Villette, qui bivouaquait dans la cour principale. M. Gablin s'adressa au commandant : « Qu'est-ce que vous faites ici? — Nous sommes envoyés par la Commune pour tenir garnison; ce soir, demain au plus tard, un délégué prendra possession. » Il n'y avait qu'à se soumettre, et l'on se soumit. Le délégué ne parut pas, et pendant que les fédérés organisaient leur installation dans les couloirs et dans les postes, on l'attendit vainement. On l'eût peut-être attendu longtemps encore, si le 2 avril, jour du dimanche des Rameaux, l'armée de la Commune n'avait essayé de cueillir quelques palmes de victoire. Ce jour-là un premier engagement eut lieu contre les troupes françaises, dans l'avenue de Courbevoie, au rond-point des Bergères, où M. Pasquier, chirurgien en chef, fut, non pas tué, mais assassiné. La Commune fut affolée; elle avait cru marcher à un triomphe certain et ne rencontrer devant elle que des soldats prêts à mettre la crosse en l'air; il n'en fut rien, et du ministère de la marine on put voir les bandes fédérées qui revenaient en levant haut la semelle.

Jusque-là les orateurs de carrefour et les écrivains de cabaret avaient représenté l'armée de Versailles comme disposée à prendre parti pour la Commune. Le lendemain du premier combat, le soir même, tout avait bien changé. La Commission exécutive, composée de Bergeret, Eudes, Duval, Lefrançais, Félix Pyat, Tridon, Vaillant, fit placarder sur les murs de Paris une proclamation où l'on pouvait lire : « Les conspirateurs royalistes ont *attaqué!* Malgré la modération de notre attitude, ils ont *attaqué!* Ne pouvant plus compter sur l'armée française, ils ont *attaqué* avec les zouaves pontificaux et la police impériale! » Ce mensonge va se propager, devenir article de foi et persuader aux fédérés qu'ils n'ont à lutter que contre des porteurs de goupillon. Les journaux font chorus, trop heureux de baver le fiel qui les étouffe. Il faut avoir le courage de répéter ce que certains hommes ont dit de l'armée française, de cette armée qui avait tant souffert de n'avoir pu sauver le pays.

Voici ce que Vésinier a écrit dans un journal qui s'appelait alors l'*Affranchi* et dont Paschal Grousset était, je crois, le rédacteur en chef[1] : « Une armée, une horde, devrions-nous dire, recrutée de condottieri, de bravi, de mercenaires, de sicaires, de tout ce que les bas-fonds de la société, les bouges les plus infects de la police, les sentines les plus impures des Babylones modernes ont de plus corrompu, un ramassis de malandrins, de pandours et d'assassins, de mercenaires du pape et du roi de Naples, d'anciens forçats des bagnes de Gaëte et de Palerme, de zouaves pontificaux, de Vendéens fanatiques, de Bretons stupides, enrôlés par Charette et Cathelineau dans leurs légions de volontaires pour la défense du trône et de l'autel ; à côté de ces malfaiteurs ignorants et fanatiques, il y avait d'autres hordes plus viles encore : les bravi de la police, les argousins des geôles, les gendarmes brutes et féroces, des gredins de la pire espèce enrégimentés à dessein pour la guerre des rues, anciens gardes municipaux transformés en gardiens de Paris, des vendus, rebut de l'armée et de la société, faisant du métier de condottieri leur profession habituelle. Ajoutons encore à cette multitude de chenapans armés les soldats corrompus et féroces du nouveau bas-empire, les lâches de Sedan et de Metz qui n'ont de courage que pour le massacre de leurs concitoyens... La horde de ces malfaiteurs.... était commandée par des officiers félons aussi lâches devant l'étranger que bien dressés au massacre des citoyens, experts dans l'art de faire le sac d'une ville, d'égorger un peuple, d'enfoncer les portes, de piller les caisses,

---

[1] Paschal Grousset a abandonné la direction de l'*Affranchi* vers le 15 avril.

de violer les libertés publiques, de fouler aux pieds les lois et de déchirer les constitutions. » — Le *Mot d'ordre* de Rochefort fut moins violent ; il se contenta de dire : « Les troupes de Charette ont combattu hier sous le drapeau blanc ; chaque soldat a sur la poitrine un cœur de Jésus en drap blanc, sur lequel on lit ces mots : Arrête ! le cœur de Jésus est là ! »

Ces clabauderies ne rassuraient point la Commune, qui regardait avec inquiétude du côté des Champs-Élysées et se demandait si ce n'était point là le chemin par où l'armée française rentrerait dans Paris. Elle résolut donc d'en occuper les abords, et le lendemain même du combat de Courbevoie, le 3 avril, pendant que ses troupes faisaient vers le Mont-Valérien cette marche qui fut interrompue comme l'on sait, elle envoyait un colonel, dont on ignore le nom, s'emparer du ministère de la marine. Ce personnage, après avoir reçu les honneurs militaires dus à son rang et avoir rapidement inspecté le 224ᵉ bataillon, fit venir M. Gablin et lui dit : « Vous avez ici des mitrailleuses et des munitions cachées, vous allez me les livrer. » M. Gablin répondit : « Je n'ai rien du tout, vous pouvez vous en assurer. » On parcourut tout le ministère ; le colonel, « auquel on n'en faisait pas accroire », passait le long des murs, les sondait d'un coup de fourreau de sabre, écoutait s'ils ne sonnaient pas creux et semblait décontenancé, car il cherchait les cachettes et ne les trouvait pas. Lorsque l'on eut parcouru bien des couloirs et bien des chambres, le colonel, d'un air goguenard, demanda à visiter les caves. On alluma des lanternes et l'on descendit. Le colonel tâtait les murailles, se faisait ouvrir toutes les portes, frappait du sabre sur le sol ; il fit déplacer des tonneaux vides et regarda longtemps la paroi contre laquelle ils étaient gerbés ; il secouait la tête et n'était point content. Dans un caveau situé près de la rue Saint-Florentin et qu'il examina plus minutieusement que les autres, il dit : « La réaction doit savoir que nous ne nous laisserons pas jouer par elle! » On crut à une réflexion d'ordre général et l'on n'y fit pas attention. La visite était terminée; on avait aperçu quelques futailles, des piles de bouteilles, mais on n'avait découvert ni un fusil ni une cartouche.

Le colonel était remonté dans la cour, il marchait vers la porte de sortie et semblait hésitant. Tout à coup il se retourna vers M. Gablin et lui dit : « J'ai à vous parler, allons dans votre cabinet. » M. Gablin conduisit le colonel dans la petite pièce du rez-de-chaussée qui lui sert de bureau, ferma la porte et attendit. Le colonel lui dit alors avec bonhomie : « Voyons, vous avez l'air d'un bon garçon; ne me faites pas « poser » plus longtemps; dites-moi où il est. » M. Gablin eut l'expression d'un homme qui ne comprend rien à la question qu'on lui adresse. « Vous sentez bien, reprit le colonel, que nous finirons par le trouver; dites-moi donc tout de suite où il est, ça vous évitera bien des tracasseries. — Qui? le ministre? demanda M. Gablin. — Mais non, reprit le colonel avec impatience, le souterrain! — Quel souterrain? — Mais le souterrain qui va du ministère aux Tuileries. » M. Gablin se mit à rire et répondit : « On s'est moqué de vous, il n'y a jamais eu de souterrain. » Le colonel se fâcha, parla de ses informations précises, des plans que l'on possédait à l'Hôtel de Ville et de la nécessité, pour la Commune, de s'emparer de ces passages mystérieux qui aboutissaient du palais des tyrans aux différents points de Paris.

M. Gablin levait les épaules avec découragement et ne savait que répliquer, car il se trouvait en présence d'un homme convaincu; le colonel insista, et lui dit : « Vous ne croyez pas à notre droit, vous avez tort;

la France est avec nous; à cette heure nous sommes au Mont-Valérien. Versailles est entre nos mains, l'Assemblée des ruraux est en fuite; » et à l'appui de ces assertions il lui montrait deux dépêches dont la contradiction était frappante. Dans la première, on lisait : « Victoire! Le général Duval et le général Eudes sont à Meudon et à Châtillon. La ligne, placée entre la gendarmerie et l'artillerie par les généraux de la honte, lève la crosse et fraternise avec le peuple. Le Mont-Valérien est à nous; Flourens marche sur Versailles. » La seconde était ainsi conçue : « L'Assemblée s'est enfuie de Versailles à l'approche de l'armée victorieuse de la Commune, pour se réfugier, selon les uns, à Rennes, selon les autres, dans la forteresse du Mont-Valérien [1]! » M. Gablin répondit : « Toutes ces victoires-là ne vous feront pas découvrir un souterrain qui n'existe pas. » Le colonel se retira, déclarant que le lendemain on reviendrait en force, et que, dût-on démolir les caves, on trouverait l'entrée de ce souterrain qu'à leurs risques et périls les employés du ministère s'obstinaient à ne pas révéler. Puis il dit à M. Gablin : « Vous serez surveillé, je vous en préviens, et je vous préviens également que vous répondrez sur votre tête de tout ce que renferme le ministère. »

La journée du lendemain fut dure; le colonel avait tenu parole; M. Gablin, le concierge, l'adjudant des plantons, étaient gardés à vue; les sentinelles de faction à la porte avaient pour consigne de ne laisser entrer personne. Vers midi « la délégation » arriva, elle était nombreuse. De quoi se composait-elle? Il est impossible de le dire avec précision; quelques personnages portant l'écharpe rouge paraissaient être des membres

---

[1] Ces deux dépêches furent en effet placardées à Paris dans la soirée du 3 avril; à l'heure où on les affichait, Duval et Flourens étaient morts.

de la Commune; d'autres, très galonnés, semblaient être des officiers supérieurs de la garde nationale fédérée. La perquisition fut brutale; on fouilla partout; deux ou trois ouvriers requis pour la circonstance essayaient les murs à coups de pic. M. Gablin faisait bonne contenance et aurait peut-être ri sous cape, s'il n'eût craint de voir défoncer l'endroit où il avait caché l'argenterie. Les délégués se dépitaient. « Mais ce souterrain est cependant quelque part, disaient-ils. — Il n'y a pas de souterrain, répétait M. Gablin pour la millième fois. — Mais puisque je vous dis que je sais qu'il y en a un, » lui répondait-on; et l'on furetait de plus belle, de fort méchante humeur, mais non sans un certain respect pour l'architecte qui avait réussi à dissimuler si habilement une porte que nul ne pouvait découvrir. A force de chercher le souterrain, on arriva dans les combles, où l'on trouva quelques armes oubliées par les domestiques qui avaient fait partie de la garde nationale pendant le siège. Ce fut tout le butin de la journée.

La double expérience faite au ministère de la marine ne convainquit personne et ne délivra pas M. Gablin d'obsessions insupportables. Jusqu'au dernier jour, jusqu'à l'heure où nos soldats franchirent enfin les portes de Paris, on lui demanda où était le souterrain. Malgré sa résignation et son insouciante énergie, le pauvre homme n'en pouvait mais; il se contentait de ne plus répondre et parfois envoyait « promener » ceux dont l'insistance devenait trop fatigante; à bout de raisonnement et de démonstrations, il se disait : « Ces gens-là sont fous! » et ne se trompait pas.

Avant de quitter l'hôtel de la Marine après la perquisition du 4 avril, les délégués de la Commune, auxquels les employés réguliers n'inspiraient qu'une médiocre confiance, désignèrent parmi les fédérés du 224e bataillon un capitaine qu'ils instituèrent gouverneur, avec mission d'exercer toute police dans l'intérieur du ministère. Leur choix se porta sur un nommé Gournais, dont les sentiments patriotiques étaient peut-être irréprochables, mais dont l'orthographe avait bien des défaillances. Le citoyen gouverneur, qui fit immédiatement ajouter un galon de plus à son képi, devenait au ministère le représentant le plus élevé de l'autorité; il avait droit de haute et basse justice sur les employés et, comme tout parvenu, abusait volontiers de son pouvoir. Malgré la présence de ce personnage officiel, on peut dire que le ministère chômait; les appartements, le cabinet du ministre, les bureaux des directeurs étaient fermés; la Commune ne se manifestait que par une occupation militaire incommode, bruyante, souvent ivre, mais qui du moins ne faisait aucun acte administratif et laissait croire que le gouvernement de l'Hôtel de Ville, limité à l'enceinte de Paris, où il était bloqué par les troupes françaises, trouverait inutile de se mêler des choses de la marine. On se trompait, car la situation du délégué à la marine, l'envie fastueuse de se dire le successeur des de Rigny, des Roussin, des Rosamel, des Chasseloup-Laubat, des Rigault de Genouilly, avaient de quoi tenter plus d'un ambitieux.

Cette position était ardemment désirée par un homme dont nous avons déjà parlé et à qui elle semblait dévolue d'avance, car il avait grand renom dans les clubs révolutionnaires et avait jadis appartenu à la marine, d'où ses excentricités, pour ne dire plus, l'avaient fait expulser. C'était Charles Lullier, un des acteurs les plus énergiques de la journée du 18 mars, pendant laquelle il crut sincèrement avoir commandé en chef. Arrêté par ordre du Comité central[1], évadé, escorté de quelques amis fidèles, il traînait dans Paris son

---

[1] Voir *les Convulsions de Paris*, t. I, chap. II.

ambition désœuvrée, s'attribuant de bonne foi le succès de l'insurrection, déblatérant contre l'ingratitude des hommes et expliquant publiquement en ces termes les services qu'il avait rendus à la République universelle : « Dès le 20 (mars) j'avais transformé en espions toutes les personnes qui venaient me demander un emploi. » La Commune, moins sévère à son égard que le Comité central, paraissait disposée à l'employer et à utiliser pour la défense de Paris la fougue dont il était animé et qui en faisait un homme d'action redoutable. Il sollicitait les gens de l'Hôtel de Ville et eût peut-être enlevé à leur indécision sa nomination de délégué au ministère de la marine, s'il n'eût trouvé sur sa route un septième clerc de notaire nommé Boiron. Ce Boiron, âgé de vingt-cinq ans, rêvait aussi d'occuper quelque situation à la marine ; mais il savait qu'il n'obtiendrait rien si Lullier était nommé délégué, car il s'était battu en duel avec lui au quartier latin, et leur rencontre n'avait diminué en rien l'animosité qui les séparait. Boiron manœuvra fort adroitement. Il intéressa à sa cause Cournet, alors au sommet des honneurs, membre de la Commune, membre de la Commission de sûreté générale (30 mars), membre de la Commission exécutive (4 avril), et qui, à travers tous les métiers qu'il avait ébauchés, ayant fait celui de marin, devait avoir voix prépondérante dans le choix d'un délégué à la marine [1]. Cournet réussit non seulement à évincer Lullier, mais il obtint la délégation pour son propre frère de lait, Raymond-Émile Latappy, ancien capitaine au long cours, qui fut solennellement installé au ministère le 6 avril.

[1] Frédéric Cournet était le fils d'un officier de marine proscrit après le coup d'État du 2 décembre et retiré à Londres, où il fut tué en duel par un réfugié nommé Barthélemy, qui fut plus tard condamné à mort et pendu pour assassinat constaté.

III. — LA DÉLÉGATION.

Cournet et Cluseret installent officiellement Latappy. — Le délégué. — Ses origines. — Sa prudence. — Le secrétaire général Boiron. — L'ingénieur Boisseau. — Orgueil et brutalité. — L'agent comptable Matillon. — On force la caisse. — Peyrusset, chef d'état-major. — Les canonnières à Javel. — Ramenées au Pont-Neuf par ordre d'Émile Duval. — Durassier, commandant de la flottille. — Henri Cognet. — Réquisition à outrance. — La table du délégué.

Ce jour-là les clairons sonnèrent et les tambours battirent aux champs dans la cour de l'hôtel de la rue Royale, car Cournet, délégué à la préfecture de police, et le général Cluseret, seul délégué à la guerre depuis le 4 avril, venaient eux-mêmes et en grand apparat faire reconnaître Latappy, leur collègue à la marine. Le nouveau délégué s'empressa d'interroger M. Gablin sur le personnel du ministère et sur les ressources que celui-ci pouvait renfermer. A la suite d'une conversation, au cours de laquelle Latappy fit preuve de bon vouloir, il fut décidé que les employés, en nombre restreint, laissés par le ministre pour veiller à la conservation des archives et de l'hôtel, recevraient ordre de cesser leur service; M. Gablin, chef du matériel, le concierge Le Sage, l'adjudant Langlet, quelques garçons de bureau, quelques manouvriers indispensables, avaient seuls le droit de conserver et d'exercer leurs fonctions. La Commune venait donc de s'emparer du ministère; elle y respectait l'ambulance et y tolérait trois ou quatre employés de l'administration régulière; c'était encore trop pour l'accomplissement de ses projets de la dernière heure; car l'énergique habileté de ce petit groupe d'hommes dévoués, le sentiment du devoir dont il était animé, ont sauvé le monument élevé par Gabriel d'une destruction longuement préparée.

Latappy, né à Nice le 1ᵉʳ novembre 1833, avait alors trente-huit ans ; il avait fait partie de la garde nationale pendant la période d'investissement de Paris par les armées allemandes et s'était fait nommer commandant du 76ᵉ bataillon (XXᵉ arrondissement), dans lequel il avait connu Boiron, qui y remplissait les fonctions d'officier payeur. Ce n'était point un méchant homme, tant s'en faut, et, quoique l'on ait cherché à l'impliquer dans une affaire de détournement de fonds publics, il était honnête et avait de la probité. Ses convictions, non politiques, mais révolutionnaires, étaient profondes ; son esprit, naturellement borné, peu cultivé, assez autoritaire, ne lui laissait aucun doute sur le triomphe définitif de l'insurrection à laquelle il s'était associé. Ancien capitaine au long cours, il avait appris malgré lui, pendant de fréquentes navigations, à respecter la marine militaire, qu'il avait vue à l'œuvre dans sa mission de dévouement et de protection partout où l'on a besoin d'elle. Il apportait donc au ministère une sorte d'esprit hiérarchique dont il ne put secouer le joug imposé par l'usage, et qui, joint à des goûts de régularité contractés sous l'influence de la vie du bord, lui permit, non pas d'empêcher, mais d'atténuer les désordres dont ses employés inférieurs ne demandaient qu'à se rendre coupables.

Malgré sa foi dans le succès de la Commune, on put comprendre dès le premier jour qu'il voulait s'assurer une retraite possible et qu'il ne défendrait pas trop énergiquement le ministère contre un retour des troupes françaises. En effet, il examina les appartements particuliers du ministre, qui sont situés dans la partie de l'hôtel prenant façade sur la rue Saint-Florentin ; il s'aperçut qu'ils formaient une sorte d'impasse qui restait sans issue lorsque l'escalier en était occupé. Au lieu de s'y installer comme son titre de délégué l'y autorisait, comme son amour-propre devait l'y convier, il fit dresser un lit de camp dans le cabinet du ministre, qui par de nombreux dégagements permettait une fuite presque assurée. Ce fait n'échappa point à la perspicacité du personnel régulier, et un garçon de bureau dit : « C'est bon signe; quand le moment viendra, il ne sera pas le dernier à décamper. »

Le premier soin de Latappy fut d'organiser son ministère et de réunir près de lui quelques-uns de ses amis politiques, qui rêvaient depuis longtemps de s'asseoir à la grande table de l'émargement. Il désigna Boiron pour remplir les fonctions de secrétaire général, qui constituaient à ce bambin la qualité de sous-ministre et lui donnaient une importance considérable. Boiron avait fort peu de cervelle, beaucoup d'activité, une jeunesse intempérante et recherchait volontiers les premiers rôles; il avait fait acte d'insurrection à la journée du 31 octobre et se vantait d'avoir tenu le général Trochu entre ses mains. Un sieur Boisseau, qui se disait ingénieur civil et qui était un des membres les plus agités de l'Internationale, centralisa le service du matériel de guerre et des machines. Des trois principes invoqués par tous les révoltés, liberté, égalité, fraternité, il avait nettement supprimé le dernier; jamais roi nègre ne fut plus impitoyable pour les hommes; ceux qui eurent la mauvaise chance de lui obéir en parlent encore avec épouvante. Combien il y en eut au temps de la Commune qui ne virent dans la liberté réclamée et acclamée que le droit d'exercer une autorité sans contrôle et de développer tout à l'aise les instincts despotiques dont ils souffraient et qu'ils prenaient peut-être naïvement pour des aspirations vers le progrès! Boisseau était de ceux-là; son infériorité sociale le désespérait; il se figurait être un personnage méconnu, accusait l'humanité, se sentait humilié d'être le mari d'une sage-femme, croyait se hausser dans sa propre estime en étant un maître implacable, et prouvait simplement par là qu'il avait une nature inférieure faite pour obéir et non pour commander.

La comptabilité, c'est-à-dire la gestion de toutes les sommes versées au ministère pour en assurer les services, fut abandonnée à un jeune maréchal des logis du 2ᵉ spahis, âgé de vingt-cinq ans, libéré en juillet 1870, et qui s'appelait Ludovic-Pierre Matillon [1]. Il était d'une activité un peu fébrile, très poli avec les employés, fort étourdi, je crois, car il semble s'être engagé dans cette aventure sans se douter des conséquences où il serait entraîné. Il a dit s'être joint à l'amiral Saisset pour s'opposer aux suites de l'insurrection du 18 mars et n'avoir accepté une fonction administrative au ministère de la marine qu'afin d'éviter de servir militairement la Commune. Le premier soin de Boiron fut de faire forcer une caisse close dont il avait inutilement réclamé les clefs. La caisse contenait onze cents francs et deux grandes médailles d'or. On peut admettre que l'argent fut employé pour les besoins du ministère, mais on est en mesure d'affirmer que les médailles n'ont jamais été retrouvées.

A ces hommes Latappy adjoignit une de ses vieilles connaissances, « tombée dans le malheur ». C'était un sieur Peyrusset, qui, lui aussi, avait été capitaine au long cours, mais qui, depuis plusieurs années déjà, n'avait pu parvenir à s'embarquer, car, à force de naviguer sur des fleuves d'absinthe et de relâcher dans les estaminets, il en était réduit à vivre d'expédients et menait une existence problématique où les tares ne faisaient point défaut. Ce Peyrusset, dont l'inconduite avait été telle, qu'il fut obligé d'abandonner le commandement

---

[1] Voir *Pièces justificatives*, nº 1.

d'un navire de commerce et de s'engager en qualité de matelot de troisième classe, avait de la prestance et assez grande tournure. C'est à cela sans doute qu'il faut attribuer le titre de chef d'état-major du délégué à la marine que Latappy lui décerna ou lui laissa prendre.

Dès son entrée en fonctions, Latappy se heurta à une difficulté qu'il n'avait pas prévue, car il s'aperçut immédiatement qu'il était un délégué à la marine sans marine et sans marins; il ne crut pas devoir notifier sa nomination à nos ports militaires, comme Paschal Grousset, délégué aux relations extérieures, avait notifié l'avènement de la Commune aux puissances étrangères[1], mais il se mit en quête de ce qu'il pourrait bien faire, et finit par découvrir qu'il y avait à Paris une flottille de canonnières mouillée près du Pont-Neuf, à la presqu'île du Vert-Galant. Cette flottille avait fait parler d'elle pendant le siège; composée de quatorze canonnières munies de fortes pièces, elle avait plus d'une fois lancé la mort parmi les artilleurs qui servaient les batteries élevées à Breteuil par les armées allemandes. Après la signature de l'armistice, on avait été forcé d'en débarquer les équipages et on n'y avait laissé que le nombre d'hommes indispensable pour les garder. Les oublia-t-on à Paris, dans la soirée du 18 mars, comme on oublia plus d'un régiment lorsque la retraite sur Versailles fut résolue? Nous l'ignorons; nous savons

---

[1] « Le soussigné, membre de la Commune de Paris, délégué aux relations extérieures, a l'honneur de vous notifier officiellement la constitution du gouvernement communal de Paris. Il vous prie d'en porter la connaissance à votre gouvernement, et saisit cette occasion de vous exprimer le désir de la Commune de resserrer les liens fraternels qui unissent le peuple de Paris au peuple de... — Paris, 5 avril 1871. — PASCHAL GROUSSET. »

Cette notification fut adressée aux représentants de toutes les puissances étrangères accrédités près du gouvernement français. Il est inutile d'ajouter qu'elle ne fut l'objet d'aucune réponse.

seulement qu'elles restèrent à leur poste, près de Javel, amarrées bord à quai, où elles furent aperçues, le 28 mars, par un poste de fédérés, qui adressa un rapport au général Duval, délégué militaire à l'ex-préfecture de police. Ce fut une bonne aubaine pour cet ouvrier fondeur. Il donna ordre à Chardon, son chef d'état-major, d'aller s'emparer des canonnières et de les ramener au centre de Paris, afin de les soustraire aux « manœuvres de la réaction ». La flottille remonta le fleuve et vint prendre station en aval du Pont-Neuf, à l'ancien îlot de Bucy.

Quoique général, membre de la commission de la guerre et porté à se croire doué de toute sorte d'aptitudes, Émile Duval n'osa pas s'attribuer le commandement de la flottille; il sentait bien qu'il fallait, pour n'être pas ridicule dans ce poste, quelques notions spéciales acquises par l'étude et développées par la pratique. Il tenta d'acquérir à la cause de l'insurrection les hommes laissés à bord pour l'entretien du matériel; il rêvait de les embaucher, de donner à plusieurs d'entre eux le commandement particulier de chacune des canonnières, se réservant de diriger de haut et de loin les opérations militaires. Il fit faire des offres à un premier maître de manœuvre nommé Lalla, à un quartier-maître de canonnage nommé Castel; ces deux braves gens et les marins sous leurs ordres, quoique surveillés de près par un détachement de fédérés, repoussèrent les propositions qui leur furent adressées, et réussirent, non sans peine, à se soustraire au service imposé par la Commune. Duval était mécontent et perplexe. Decouvrant, un de ses amis, dont il avait fait le commandant de place de la Préfecture de police, le tira d'embarras en lui présentant un bavard très apprécié dans les clubs de Paris, où, pendant le siège, il avait débité toutes les sornettes qui lui tourmentaient la cervelle. C'était

Auguste Durassier, né à Bordeaux en 1832. Engagé volontaire dans les équipages de la flotte, il avait été nommé officier auxiliaire pendant la campagne de Crimée, puis s'était fait recevoir capitaine au long cours et avait navigué. Il connaissait bien la manœuvre des bâtiments de guerre; il « était de la partie », comme disait Duval, qui d'emblée le fit nommer commandant supérieur de la flottille de la Commune. Le 5 avril, Durassier lança une proclamation pour faciliter son recrutement : « Les marins actuellement à Paris qui désirent prendre du service sur les canonnières appartenant au gouvernement de la Commune devront s'adresser au commandant de la flottille chargé de leur équipement; lesdites canonnières sont mouillées au Pont-Neuf. — Le commandant de la flottille, DURASSIER. »

Cet appel à l'insubordination est le premier acte authentique dans lequel il est question de la flottille de la Commune; c'en est pour ainsi dire l'acte de naissance. Les premières pièces administratives qui s'y rapportent sont intéressantes à citer, car elles prouvent de quels moyens de racolage on usait pour attirer les hommes dans la révolte et pour les y maintenir. « 6 avril 1871. Service de la flottille de la Seine; bon pour 20 litres d'eau-de-vie. — 7 avril 1871. Service de la flottille de la Seine; bon pour 100 litres d'eau-de-vie à 1 fr. 25 cent. le litre; fournis par Lefèvre, distillateur, rue Dauphine, n° 24, sur la réquisition de Decouvrant, commandant de place à l'ex-préfecture de police; vu, bon à payer. — CHARDON, colonel. » D'après le nombre de litres on peut conclure que l'effectif des équipages, ou la distribution d'eau-de-vie, s'était augmenté des trois quarts en deux jours. Durassier avait donc des canonnières, il avait des marins; il commandait en chef et se croyait bien le maître, lorsque la nomination de Latappy en qualité de délégué vint assombrir l'horizon de ses destinées. Le général Duval n'était plus là pour défendre son protégé ; il avait été fusillé, le 5 avril, au combat de Châtillon. Cluseret, de son côté, en qualité de ministre de la guerre et seul responsable des opérations militaires, réclamait le droit de diriger la flottille selon les exigences de sa stratégie ; il avait même désigné un commandant en chef nommé Bourgeat, qui avait servi pendant le siège à bord de la *Farcy*. Durassier et Bourgeat aboyaient l'un contre l'autre comme deux bouledogues. Le Comité central de la garde nationale, auquel le conflit fut soumis, maintint Durassier dans ses fonctions, le nomma capitaine de frégate, et lui soumit Bourgeat, dont elle fit un lieutenant de vaisseau. Cluseret, par ce fait, était battu dans la personne de son protégé ; Latappy profita de l'occurrence et rattacha la flottille par un lien hiérarchique au ministère de la marine.

Durassier regimbait ; il eût voulu conserver son indépendance d'action et se serait volontiers considéré comme un grand amiral soustrait à tout contrôle. Latappy connaissait bien l'homme et sut vaincre ses derniers scrupules en lui offrant la table et le logement. Durassier réfléchit que la vie est courte, qu'il est bienséant de l'égayer par quelques bons repas, et il accepta la proposition de Latappy, dont il devint ainsi le commensal et le subordonné. Il s'installa au ministère et y amena avec lui un homme d'une cinquantaine d'années, qui s'appelait Henri Cognet et qui jouait près de lui le rôle de chef d'état-major. Cognet prétendait avoir été lieutenant de vaisseau sous les ordres du prince de Joinville, ce qui était faux. En réalité, on ne savait trop de quoi il avait vécu ; il paraissait avoir fait, deci, delà, selon les circonstances, de la politique interlope, avait été capitaine d'artillerie de la garde nationale pendant le siège, s'était, au début de la Commune, accroché à

Durassier et était ravi de pouvoir promener officiellement ses galons dans les bureaux du ministère de la marine. C'était un homme pratique et qui s'entendait aux réquisitions. La première pièce qu'il signa en arrivant au ministère est celle-ci : « Flottille de la Seine. Ordre de la place. Bon à réquisitionner une voiture de remise pour deux courses. — Paris, le 7 avril 1871. Pour le capitaine de frégate commandant, le chef d'état-major, Cognet[1]. » Le dernier document signé de Cognet est ainsi conçu : « Division des marins détachés à Paris, artillerie ; cabinet du commandant. Paris, le 21 mai 1871. Au citoyen Sarrat, sous-chef de service. Citoyen, permettez-moi de trouver étrange le refus de bougies pour ma voiture ; je vous réitère ma demande, attendu que les grandes bougies, il faut les couper en deux. J'ai lieu de croire que vous ne m'obligerez pas à m'adresser au délégué pour cette misère. Salut et fraternité. — Cognet. »

Les réquisitions étaient incessantes au ministère de la marine ; il n'est si mince employé qui ne réquisitionne un chronomètre, car il fallait bien savoir l'heure pour faire exactement son service. On éludait de cette façon le décret de la Commune qui fixait à un maximum de 500 francs par mois les émoluments de ses plus hauts fonctionnaires ; chacun du reste réclamait ce maximum et finissait presque toujours par se le faire attribuer. On le considérait comme « de l'argent de poche » ; l'État devait pourvoir à toutes les autres né-

---

[1] Cette pièce est naturellement frappée d'un cachet rouge, mais elle porte aussi un timbre bleu, assez singulier : un cercle coupé par une croix en quatre secteurs ; dans le premier, un L majuscule, dans le second un T, dans le troisième un sabre, dans le quatrième une plume ; pour devise un vers latin : *Da calamum gladiumve, lares utroque tuebor*. Je n'ai vu ce cachet que sur la pièce dont je viens de parler.

cessités de la vie. Latappy était un des meilleurs, un des plus inoffensifs parmi ceux qui se mêlèrent de direction dans cette cohue révolutionnaire. Il ne peut échapper à la manie générale ; il réquisitionne ; il prouve à la Commune qu'elle doit le nourrir et fait payer ses repas par la caisse du ministère. Il reste en fonctions pendant quarante-cinq jours ; la dépense de sa table revient à 4896 francs, un peu plus de 100 francs par jour ; ce qui est peu spartiate, mais paraît modéré lorsque l'on se rappelle que les dîners quotidiens de la Préfecture de police sous Duval, Rigault, Cournet et Ferré coûtaient en moyenne 228 francs. On réquisitionnait des armes, des képis, des vêtements, du papier, de la toile, des sabres, des galons, des balais[1] ; on réquisitionnait bien d'autres choses encore, auxquelles il ne faut pas faire allusion. La Commune fut un accès de réquisition furieuse. Lorsque les troupes françaises se furent emparées de la rue Royale, les marchands du quartier apportèrent au ministère de la marine des bons de réquisition signés par de bas employés et représentant la somme ronde de 82 000 francs[2].

IV. — LA FLOTTILLE DE LA SEINE.

Les bateaux-mouches sont forcés d'arborer le drapeau rouge. — Les prétendus marins de la flottille. — Les déserteurs de la marine. — Proportion infime. — Trois officiers de marine. — Réclamation de la solde. — Durassier encaisse. — Modeste début des opérations militaires. —

[1] « Ministère de la marine et des colonies. Demande divers : de la literie, une paire de botte, un révolver pour ma sûreté et un carnet pour me renseigner. Paris le 13 avril 71. — Le gardien chargé de la poudrière : VOCHELET. »

[2] Voir comme exemple, *Pièces justificatives*, n° 2, les réquisitions levées par la délégation de la marine dans la journée du 7 avril 1871.

Au Point du Jour. — Le viaduc d'Auteuil. — Les marins réclament leur paye. — Enquête. — Champy et Amouroux. — État-major destitué. — Durassier est révoqué et remplacé par Peyrusset. — Correspondance. — L'orthographe du gouverneur Gournais. — Ébriété de Peyrusset. — L'armée française démasque ses batteries. — Demi-insubordination. — La batterie de l'île Saint-Germain. — *La Claymore* est coulée. — Toute la flottille en retraite.

Si les réquisitions réussissaient à donner quelques agréments à la vie communarde, elles ne suffisaient pas au recrutement des équipages de la flottille. Durassier s'en doutait et Latappy s'en aperçut. Ils avaient compté sur les marins réguliers, et ceux-ci usaient de tout subterfuge pour franchir les fortifications afin d'aller retrouver leurs camarades qui combattaient pour la France et sous son drapeau. Quant à la Commune, elle regardait le drapeau rouge comme l'étendard national, car, par un ordre du 6 avril, Durassier signifie aux bateaux-mouches que leur service sera arrêté de force, s'ils n'amènent le drapeau tricolore et ne le remplacent par l'emblème de sang, qui pendant deux mois déshonora la façade de nos monuments publics[1]. Les bateaux-mouches furent contraints d'obéir et les canonnières n'eurent point à les « saborder ». C'était là, du reste, une besogne que l'on eût difficilement imposée aux équipages, car ceux-ci étaient formés en grande partie d'hommes enlevés par tout moyen au personnel actif des bateaux-omnibus. Les marins réels ayant fait défaut, on leur avait substitué tant bien que mal des gens pris à l'aventure, et que l'on avait revêtus de costumes appropriés, grâce aux magasins que le ministère de la marine possède rue Jean-Nicot. Des ouvriers civils sans ouvrage, des fédérés fatigués d'aller aux remparts, des mariniers, des déchargeurs, des garçons de lavoir, des monomanes de canotage prirent le béret bleu, la che-

---

[1] Voir *Pièces justificatives*, n° 3.

mise au large col, jouèrent au matelot et se dandinèrent en marchant comme des hommes familiarisés avec le roulis et accoutumés au tangage. A ces éléments déjà fort médiocres et indisciplinés vinrent s'ajouter les rôdeurs de rivière, les déclassés des industries fluviales que le langage des mariniers appelle des *carapatas* et des *tafouilleux*. C'était à peu près de quoi remplir les canonnières, mais on peut douter que cela fût suffisant pour les manœuvrer et les employer utilement à l'attaque des lignes françaises. Le personnel régulier de la marine militaire fut-il représenté dans cette troupe de matelots pour rire? Oui, et dans des proportions que nous pouvons faire connaître avec exactitude, grâce aux feuilles d'émargement qui ont été conservées.

Les quatorze canonnières et les trois vedettes composant la flottille de la Commune furent montées par trois cent quatre-vingt-neuf hommes, y compris les officiers, les chauffeurs et les mécaniciens; c'est du moins là le total de ceux qui du 1er avril au 13 mai ont fait simultanément ou successivement le service à bord. Sur ce nombre, l'on trouve trois marins en congé renouvelable et sept déserteurs des équipages de la flotte; rappelons tout de suite, afin que l'on puisse établir une proportion équitable, ce que nous avons dit plus haut : au moment de la capitulation, les forts et la flottille avaient jeté 14 054 marins et officiers de marine sur le pavé de Paris. Parmi les simples matelots, dix hommes furent infidèles au devoir. Dans ce contingent fourni à la révolte, je découvre avec douleur trois hommes qui avaient porté jadis l'épaulette d'officier de marine; deux d'entre eux, je me hâte de le dire, avaient été repoussés d'un corps qu'ils déshonoraient par leur conduite et dans laquelle leur incapacité seule ne leur eût pas permis de se créer une place; quant au troisième, il appartenait à cette catégorie de gens qui flottent au-dessus de la folie et que le manque d'équilibre intellectuel rend irresponsables. Malgré l'abaissement de leur caractère et de leurs facultés mentales, ces hommes, dont il est superflu de prononcer le nom, ne firent que traverser la Commune. Dégoûtés jusqu'à la nausée par le spectacle qu'ils avaient sous les yeux, ils se hâtèrent d'abandonner le ramassis de vauriens que le gouvernement des Ranvier, des Rigault et des Delescluze avait déguisés en marins. Leur passage au milieu des bandes fédérées permit cependant à la Commune de dire : Les officiers de la marine militaire viennent à nous; — ce qui était déjà beaucoup trop.

Le 8 avril, la flottille ne comptait qu'un effectif de cent vingt hommes; on s'en remit au temps pour compléter les équipages; on avait hâte d'agir et l'on décida que l'on allait entrer en campagne. Mais le vieux proverbe : Pas d'argent, pas de Suisses, était aussi vrai pendant l'accès d'épilepsie sociale de 1871 qu'au temps de François Ier, et les marins de la Commune, rappelant les promesses qui leur avaient été faites, exigèrent un acompte de solde que les bons d'eau-de-vie, signés par le colonel Chardon, ne remplaçaient pas. Cette réclamation parut juste à Durassier, qui, en compagnie de son commissaire d'administration, Charles Le Duc, comprit que l'on pouvait tirer parti de cette circonstance pour se garnir un peu les goussets. Ces deux personnages, forts du droit des marins qu'ils représentaient, parvinrent à se faire avancer par la commission des finances deux mois de solde pour leurs hommes, à chacun desquels ils remirent dix francs. Le reste fut considéré par eux comme le fruit de leurs économies. Les marins, ayant reçu quelque argent, ne firent plus aucune objection aux ordres de départ. La flottille, pavoisée de rouge, appareilla aux cris de : *Vive la Commune!* Durassier commandait, et, pour ne pas compromettre, dès le premier jour, les victoires qu'il entrevoyait dans l'avenir, il se contenta de descendre la Seine jusqu'au pont de la Concorde et mouilla en aval, le long des berges parallèles au Cours-la-Reine. Le soir, les journaux annonçaient : « La flottille de la Commune, montée par nos braves marins, a commencé aujourd'hui ses opérations militaires ; les versailleux n'ont qu'à bien se tenir ! » Recommandation inutile, les « versailleux » se tenaient bien.

Le 15 avril, la flottille démarra, glissa jusqu'au Point du Jour, et s'embossa sous les arches du pont-viaduc. C'était là une bonne position, car les piliers du pont servaient en quelque sorte de remparts derrière lesquels on pouvait s'abriter. La batterie n° 5, devenue *la Commune, l'Estoc, la Claymore, l'Escopette, la Liberté, le Perrier*, représentait une force très mobile, redoutable si elle eût été bien employée, qui pouvait nous causer et parfois nous causa de graves préjudices. Chaque canonnière chargeait sa pièce à longue portée sous la protection du pont-viaduc, puis, forçant de vapeur, s'avançait à toute vitesse jusqu'à une distance de 600 mètres, envoyait son coup de canon et revenait à son point de départ, où elle pouvait recharger tranquillement, loin des projectiles de l'armée française : imitant de la sorte la manœuvre des cavaliers arabes, qui se lancent au galop sur l'ennemi, lâchent un coup de pistolet, tournent bride et s'enfuient. L'objectif des canonnières était Breteuil et Brimborion, qui gardaient le silence, par la bonne raison que les batteries que l'on y construisait n'étaient pas encore armées. Cela donnait courage aux communards, et souvent *la Liberté*, commandée par un employé du chemin de fer du Nord, nommé Bresche, parada jusqu'au pont détruit de Billancourt et prit plaisir à canonner le Bas-Meudon, où nulle troupe française n'apparaissait. Plus tard on déchanta et l'on fut moins hardi.

La Commune semblait oublier un peu ses canonnières, qui du moins ne l'oubliaient pas. Elle put s'en apercevoir le 15 avril en recevant une députation de marins, à la tête de laquelle marchait le « lieutenant de vaisseau » Bourgeat, qui, on se le rappelle, avait dû céder le commandement en chef au « capitaine de frégate » Durassier. « Que voulez-vous, mes braves ? — Nous voulons être payés. Le commandant Durassier et le commissaire Charles Le Duc ont mis la solde dans leur poche ; nous avons beau réclamer, on ne nous donne pas un sou et ça ne peut pas durer comme ça. » La Commune ne parut pas trop surprise, car son administration abondait en faits analogues ; elle engagea la députation à se pourvoir auprès du délégué Latappy, qui reçut ordre d'ouvrir une enquête sur les actes d'indélicatesse reprochés à Durassier et à ses complices. On fit mieux, et le plus ignoré des membres de ce gouvernement d'ignorants fut envoyé à Latappy, ainsi qu'il ressort de la lettre suivante : « Le citoyen Champy, membre de la Commune, est délégué auprès du citoyen ministre de la Commune (il faut lire : de la marine) pour lui porter les plaintes d'une députation de marins de la flottille, qui vient de se présenter à la Commission exécutive, et régler tout avec le citoyen ministre pour le mieux et pour le bien de la République. — Pour la Commission exécutive : Paschal Grousset. » Pendant que l'ouvrier orfèvre Champy se disposait à remplir la mission dont il était chargé, l'ouvrier chapelier Amouroux écrivait de son côté : « Mon cher Latappy, prenez donc en considération, je vous prie, la demande de nos marins de la garde nationale, afin qu'ils puissent concourir avec nos bataillons à la défense de Paris, la défense du droit et de la justice. — Salut et égalité. *Le secrétaire, membre de la Commune :* Amouroux. »

Les instances étaient pressantes ; Latappy commença l'enquête prescrite ; il fut indigné des malversations dont il découvrit les preuves. Depuis longtemps il cherchait une occasion de se débarrasser de Durassier ; il saisit avec empressement celle qui s'offrait : il mit du même coup à la porte Durassier, commandant en chef, Cognet, chef d'état-major, et Charles Le Duc, commissaire de la flottille. Durassier fut même arrêté et passa quelques jours sous les verrous ; mais il obtint bientôt sa liberté, car on avait besoin d'hommes « d'action », et les peccadilles qu'il avait commises ne devaient pas l'empêcher de se vouer à la défense de la Commune et de mourir pour elle. Il fut remplacé dans son commandement par Auguste Peyrusset. C'était, comme l'on dit, tomber de fièvre en chaud mal. Peyrusset met cinq galons à sa casquette, prend le titre de capitaine de frégate et lance des ordres du jour : invitation aux marins classés ou volontaires d'avoir à se présenter au ministère pour régulariser leur situation ; même avis adressé aux soldats de l'infanterie de marine, aux fusiliers marins. Pour faciliter le recrutement, on force, par voie de réquisition, la compagnie des bateaux-mouches à céder son personnel à la flottille ; les chauffeurs et les mécaniciens touchent 240 francs par mois et les vivres ; un mois de solde leur est compté d'avance. Peyrusset, avec sa belle prestance et sa longue barbe, ne se contente pas d'être commandant en chef et capitaine d'aventure, il joue au forban : de sa large ceinture rouge sortent deux pistolets qui sont entre ses mains un argument sans réplique, il en menace tout le monde ; il est souvent ivre, et sa familiarité, qui n'a rien de fraternel, n'est pas dénuée d'une certaine gaieté : il dit à ses hommes : « Obéis, marsouin, ou je te brûle le potiron ! » Fort ponctuel, du reste, et veillant à tout, il apprend que Cognet, l'ancien chef d'état-major de Durassier, a conservé une chambre au ministère de la marine ; de sa meilleure encre il écrit au gouverneur Gournais : « Ordre vous est donné de faire quitter le ministère au citoyen Cognet ; il devra évacuer sa chambre et remporter ses effets ; vous prendrez la clé et la remettrez à l'huissier. » Gournais obéit, et il lui arrive une déconvenue qu'il raconte proprement en ces termes : « Je déclare avoir vu un sabre hier dans la chambre n° 111 dont javais lorde de faire évacuez. D'après cette orde jeaie remis la claie à l'huissier dont jen aie tirée reçue. A 11 du matin jeaie reçu l'orde de remetre se sabre au citoyen chef de ta major jeai constate que cette avait étté occupé et que ce sabre avait disparue malgre que cette porte etait bien ferme à la claie. alors il résulte que cette porte a une double claie. je certifie et constate moi citoyen capitaine de la garde nationale attacher au ministère de la marine : Gournais. »

Peyrusset voulut aller inspecter la flottille. Il se prépara à cet acte important par des libations, qui sans doute furent trop copieuses, car, lorsqu'il monta à bord de *la Claymore*, il se vit subitement atteint de mal de mer. Il fut obligé de se dérober aux huées de l'équipage, qui, enviant son état d'ébriété, ne lui ménageait pas les quolibets. Afin de réparer autant que possible le mauvais effet produit par la tenue avinée du commandant en chef, le délégué Latappy fit rentrer la flottille vers le quai de Billy, près de l'usine Cail, et, accompagné de plusieurs membres de la Commune, la passa solennellement en revue. On fit quelques discours aux marins rassemblés, on stimula leur patriotisme ; on leur parla de leurs frères surveillés par l'armée de Versailles et qui n'attendaient qu'un moment propice pour venir se joindre à eux.

On était au 28 avril et l'enthousiasme des premiers jours était passé, car depuis le 25 les batteries françaises de Sèvres, de Fleury et du Chalet avaient été démasquées; les canonnières s'en étaient aperçues; plusieurs avaient reçu de grosses avaries, des hommes avaient été blessés à bord; on n'allait plus se promener au Bas-Meudon et l'on courait moins fréquemment bordée au delà du pont-viaduc du Point du Jour. Les marins de la Commune ne se gênaient guère pour déclarer qu'on les sacrifiait, qu'on les faisait massacrer; que c'était toujours leur tour d'être sur la Seine et qu'il était temps d'y envoyer des gardes nationaux à leur place. On était fort près de l'insubordination; plus d'un canonnier avait jeté son écouvillon et était parti en disant : « Je n'en veux plus! » Latappy était inquiet. Dévoué à l'œuvre insurrectionnelle, il eût voulu la servir, et s'apercevait que tous les éléments militaires dont il avait cru disposer n'étaient en somme que des éléments d'indiscipline et, par conséquent, de faiblesse. Les cours martiales, dont la Commune commençait à user sans ménagement, pouvaient réprimer et punir un acte de révolte individuel, mais elles étaient impuissantes à réduire un groupe d'hommes déterminés à ne point obéir et à se soustraire à un service qui, de jour en jour, devenait plus périlleux. Latappy se contenta donc de faire un règlement qui n'accordait que deux heures aux officiers pour aller prendre leur repas à terre, qui relevait les canonniers de quarante-huit heures en quarante-huit heures et qui fixait le chiffre de la gratification accordée à chacun des marins de la flottille.

Les choses n'en allèrent pas beaucoup mieux et finirent même par aller très mal; car l'armée française poussait en avant ses approches et commençait à jouer avec les canonnières un jeu dont celles-ci faisaient tous les frais. La Commune avait beau multiplier les ordres du jour qui félicitaient « les braves marins » de leur bonne tenue et de leur conduite héroïque au feu, les braves marins préféraient les canons du marchand de vin à ceux des batteries flottantes, et comme leurs officiers s'en allaient volontiers au moment du péril, ils n'estimaient pas manquer au devoir en imitant leurs officiers. Pendant les derniers jours d'avril et les premiers jours de mai la flottille essaya ce que ses chefs appelaient des sorties; quelques canonnières répétaient la manœuvre dont j'ai parlé, tiraient un coup de canon et revenaient s'abriter derrière le pont-viaduc. Ce tir, rendu très indécis par l'indécision même des hommes, ne causait aucun dégât aux batteries de l'armée régulière; c'était de la poudre dépensée en pure perte; le projectile mal dirigé éclatait en l'air ou frappait des terrains déshabités; de la fumée, du bruit, et voilà tout.

Le 13 mai, une batterie subitement démasquée dans l'île Saint-Germain ouvrit son feu contre la flottille, qui, virant de bout en bout, fit une retraite précipitée pour aller reprendre son poste de refuge; elle allait vite, accélérée par le sifflement des obus qui battaient l'eau près d'elle, mais pas assez vite cependant pour éviter tout désastre. La canonnière *l'Estoc*, atteinte d'un boulet à la ligne de flottaison, coula à pic; l'équipage se sauva à grand'peine, et ceux de ses marins qui ne savaient point nager furent noyés, car, dans cette fuite éperdue, nul ne pensa à stopper pour leur porter secours. Cela donna à réfléchir; on crut s'apercevoir que la flottille, la fameuse flottille de la Commune, n'était plus en sûreté derrière le viaduc et on vint l'amarrer en aval du pont de la Concorde. Nous l'y retrouverons le jour où notre marine — la vraie — la fit servir au triomphe du droit et de la justice, lesquels n'étaient ni la justice ni le droit dont Amouroux se plaisait à parler.

V. — LES MARINS COMMUNARDS.

Fusiliers marins. — Le colonel Block. — Faux états de solde. — Intervention de Rossel. — Réapparition de Durassier. — Commandant des forces d'Asnières. — Lettre au *Père Duchêne*. — Ordre du jour. — Le fort de Vanves. — La brigade Faron. — Mort de Durassier. — Rentrée de Cognet au ministère. — 5000 bouteilles de vin. — Inégalité. — Le ruban noir. — On demande des comptes au colonel Block. — Batterie hissée sur l'Arc de Triomphe. — La batterie des marins à cheval. — Défilé solennel. — Sauve qui peut !

Si la flottille fit piteuse figure, ce n'est pas que les éloges lui aient manqué. Jamais troupe d'élite, jamais bataillon sacré ne fut plus impudemment flagorné, car jamais à aucune époque de notre histoire on ne berna la population par plus de mensonges et d'inventions burlesques. Chaque jour le *Journal officiel de la Commune* lâchait et les journaux révolutionnaires reproduisaient quelque proclamation emphatique, dans laquelle le courage des marins de la flottille était célébré en bon style; chaque jour on apprenait avec surprise que le feu des canonnières éteignait invariablement celui des batteries françaises. C'était le secrétaire général Boiron qui était chargé de la confection de cette rhétorique redondante; il y excellait et y mettait l'orthographe, comme il convient à un septième clerc de notaire. « L'ennemi a dû éprouver des pertes considérables; quant à nous, nous n'avons aucun accident à déplorer. Sur toutes les canonnières, attitude magnifique sous le feu terrible de l'ennemi et dévoûments marqués à la Commune (30 avril). — Nos canonnières, par la justesse de leur tir, obligèrent cette batterie (château de Meudon) à se taire; chaque obus portait et faisait subir des pertes à l'ennemi (1er mai). — Un obus envoyé par les batteries de Meudon étant tombé sur la berge sans éclater, le capitaine Junot, commandant *la Claymore*, donna ordre d'aller le chercher et de le renvoyer immédiatement aux Versaillais; ce fut fait, et cette fois l'obus éclata en plein dans la batterie d'où il était parti et occasionna de grands ravages. Du reste, par son attitude énergique, l'équipage de la flottille de la Seine est digne de tous les éloges. » C'est en ces termes que l'on parlait publiquement des marins de la Commune, dont Latappy disait dans l'intimité à Cluseret : « Il n'y a rien à faire de ce troupeau de soulards. »

Latappy, fort découragé par la tenue des équipages embarqués à bord des canonnières, ne s'en occupait guère et rêvait de former un corps de fusiliers marins. Lorsqu'il parla de son projet à la Commission exécutive, il apprit que ce corps existait et se mouvait en dehors de son autorité. En effet, dès le début de l'insurrection, pendant que le Comité central fonctionnait encore officiellement et que l'on se préparait, sans mystère, à marcher sur Versailles pour enlever l'Assemblée et envoyer M. Thiers rejoindre le général Lecomte, un certain Américain nommé Block, ancien volontaire dans la guerre de sécession, avait, vaille que vaille, organisé à la mairie du Xe arrondissement un prétendu corps d'élite qu'il appelait les marins de la garde nationale. On avait fait des affiches[1], annoncé une bonne paye;

---

[1] Formation du corps des marins de la garde nationale de Paris. — Autorisation du général délégué au ministère de la guerre. — Appel est fait à tous les marins dévoués à la Commune et à la République. — Les anciens militaires sont invités à se présenter pour faire partie du même corps. — La solde de 1 fr. 50 c. et les vivres leur seront alloués aussitôt l'enrôlement. Les bureaux sont ouverts à la mairie du Xe arrondissement, rue du Faubourg-Saint-Martin, de 8 heures du matin à 8 heures du soir.

Les délégués chargés des pouvoirs,
Paris, le 6 avril 1871.   BLOCK, PAUL JOSEPH.

quelques hommes, alléchés par des distributions d'eau-de-vie et une avance de solde, étaient venus se ranger sous les ordres du « colonel Block ». Celui-ci se pavanait dans un costume invraisemblable, accueillait ses recrues avec une sérénité froide, leur baragouinait quelques mots de français et, pour le reste, s'en rapportait à un capitaine Régnier, ancien bateleur forain familier avec tous « les boniments » des tréteaux ; à ces deux personnages se joignait un officier-payeur du nom de Peuchot, qui paraît avoir été passé maître en l'art de grouper les chiffres. Grâce à lui, les effectifs étaient toujours considérables, les sommes versées sur le vu des états par la commission des finances ne l'étaient pas moins, ce qui permettait au colonel, au capitaine, au trésorier, de descendre gaiement « le fleuve de la vie ».

Le bataillon des marins de la garde nationale n'a jamais eu, au maximum, plus de trois cent trente et un hommes sous les armes, dont la majeure partie était empruntée aux mariniers du canal Saint-Martin et à d'anciens soldats libérés du service, réduits par la misère à ramasser du pain où ils en trouvaient. Ces hommes furent braves et bien autrement solides sous le feu que les *carapatas* des canonnières. Ils se conduisirent convenablement à la défense des ouvrages d'Issy et des Moulineaux. Là ils se trouvèrent face à face avec de véritables matelots appartenant au 1er régiment des fusiliers marins et ils n'eurent point à se louer de l'accueil qu'ils en reçurent. Nos marins, exaspérés de voir leur uniforme souillé par les insurgés qui s'en étaient affublés, furent sans merci et ne firent point de quartier. Cela rendit les marins de la Commune plus prudents et ils mirent quelque attention à ne plus sortir de leurs abris lorsqu'ils apercevaient les marins réguliers.

Le colonel Block laissait volontiers ses hommes s'aventurer sans lui, car il avait souvent affaire à Paris lorsque l'on se battait aux postes avancés. Latappy faisait valoir cette circonstance, réclamait les marins de la garde nationale comme devant dépendre de son ministère et n'obtenait rien de la Commune ; car celle-ci était fort empressée d'accueillir tous les étrangers qui, se présentant à elle, donnaient à l'insurrection un caractère cosmopolite et se sentait fière de voir un « colonel américain » commander un corps d'élite. Dans un temps où tout était anormal, cette situation anormale n'était pas pour surprendre, et les choses restèrent en l'état jusqu'au jour où Rossel, remplaçant Cluseret incarcéré (30 avril), fut nommé délégué à la guerre. Rossel, malgré son esprit rêvasseur et médiocre, essaya de remettre un peu d'ordre dans le chaos au milieu duquel il se perdait ; ses efforts, stérilisés d'avance, ne pouvaient aboutir à rien, et il est fort probable que lui-même en connaissait l'inutilité. Cependant il fit rendre par le Comité de salut public un décret qui plaçait le bataillon des marins de la garde nationale sous la direction hiérarchique du ministère de la marine et qui, pour toutes les opérations militaires, soumettait celui-ci à la délégation de la guerre. Latappy gagnait un bataillon et perdait toute initiative ; il fut peu satisfait, d'autant moins satisfait que, tout en étant débarrassé du colonel Block dont il ne voulait pas, il vit ses fusiliers marins passer sous les ordres de Durassier dont il n'aurait pas voulu.

Durassier, quoiqu'il eût été révoqué de ses fonctions de commandant en chef de la flottille et qu'il eût même passé quelques jours en prison, était remonté à la surface des eaux troubles où l'on pêchait alors. Grâce à quelques influences habilement employées, il avait reparu sous une autre forme et avait été désigné pour remplacer « le colonel Okolowicz », dont la bravoure extravagante ressemblait à un défi perpétuel contre la mort. Okolowicz finit par être grièvement blessé et eut pour successeur Durassier, qui, avec les marins de la Commune et d'autres fédérés, entretenait à Asnières, sur la rive droite de la Seine, un feu de tirailleurs contre nos troupes postées sur la rive gauche. Durassier avait son quartier général à Levallois-Perret et portait le titre de colonel d'état-major commandant les forces d'Asnières.

Il estimait sans doute que ses hauts faits n'étaient point suffisamment célébrés par les journaux amis de la Commune et dévoués à Rossel, car je retrouve la minute d'une lettre fort probablement écrite sous son inspiration et adressée au *Père Duchêne*. Parmi beaucoup de phrases enlaidies de gros mots, on dit : « Nos batteries font merveille et nos artilleurs sont héroïques. » Puis on reproche à « ce vieux b..... de patriote de père Duchêne » de ne pas s'occuper assez des soldats de la Commune; on demande un petit article pour « donner du cœur au ventre » des hommes; on ajoute que « les Versaillais crèvent de peur dans leur peau de chien », et on termine en disant : « Tâche d'enguculer un peu les supérieurs qui laissent des héros sans une longue-vue. » La signature n'est pas assez lisible pour que je puisse la reproduire; mais ce brouillon faisait partie des papiers qui appartenaient à Durassier et je crois que l'on peut sans scrupule le lui attribuer. Il ne resta pas longtemps à Asnières; le 5 mai il est nommé commandant du fort de Vanves, car Eudes et Mégy, qui étaient chargés de la défense des forts du Sud, décampaient volontiers à la première alerte. Durassier était brave, et l'on savait que l'on pouvait compter sur lui. Avant de quitter les troupes qu'il avait souvent conduites au feu, il crut devoir prendre congé d'elles. Il adressa un « ordre du jour » à l'armée devant Asnières : « Je suis heureux de vous rendre ce témoignage, vous avez tous fait votre devoir. Chefs de bataillon, officiers, sous-officiers, gardes nationaux, artillerie et génie, au nom de la Commune et en mon nom personnel, recevez tous mes remercîments et comptez sur tout mon dévouement à la cause sacrée que nous défendons. »

Durassier se rendit au fort de Vanves, vers lequel les troupes françaises cheminaient. Dans la nuit du 9 mai, le 35ᵉ de ligne, appartenant à la division Faron, enleva le village, pendant que les gardes de tranchée, par un mouvement hardi, s'emparaient du point d'intersection du chemin de Vanves au fort et de la route stratégique. Durassier ne se réserva point et fit effort pour repousser l'attaque dirigée contre ses avancées. Il échoua ; ses hommes reculaient devant la fusillade qui les décimait. Ils obéissaient à l'attrait invincible que l'abri des murailles exerce sur les soldats ébranlés ; Durassier voulut les ramener au combat et fut frappé d'une balle en pleine poitrine. On l'emporta au fort ; le lendemain, on put l'évacuer sur la grande ambulance installée aux Champs-Élysées dans le Palais de l'Industrie. Les soins ne lui faillirent pas, car le médecin en chef, le docteur Chenu, vieux praticien de nos armées, ne voyait que des blessés dans les malheureux qu'il recueillait et ne ménageait point son dévouement. Durassier ne devait pas guérir ; la plaie était profonde et avait attaqué les organes vitaux ; il mourut le 29 mai, évitant ainsi de passer devant les conseils de guerre qui le réclamaient et ne lui auraient pas fait grâce, quoiqu'il ne fût qu'un vaniteux attiré dans la révolte par l'amour du galon et le besoin de commander à ses égaux, qu'il considérait comme des inférieurs.

Il n'avait point été suivi dans sa nouvelle évolution par Cognet, son ancien chef d'état-major. Celui-ci, chassé du ministère de la marine par Peyrusset, comme nous l'avons vu, avait trouvé moyen d'y rentrer, d'y reprendre sa place et d'y faire bonne figure. C'était, il faut le croire, un homme d'entregent, car il était appuyé par le Comité de salut public, fort apprécié à la délégation de la guerre, et avait fini par s'imposer à Latappy, qui le subissait. Il ne manquait pas d'imagination et avait un aplomb que rien ne déroutait. Il se donnait pour organisateur habile, et à force de proposer à tous les Comités inventés par la Commune de former un corps d'artillerie de marine, il finit par obtenir l'autorisation de mettre son projet à exécution. Peu à peu le ministère de la marine prenait figure : d'abord la flottille, puis les fusiliers marins, enfin les artilleurs; si « Versailles » en avait laissé le temps, on aurait eu les ingénieurs-hydrographes. C'est dans les premiers jours de mai que fut décrétée l'organisation de cette nouvelle troupe dont le besoin ne se faisait pas sentir. Cognet choisit d'abord ses officiers; en temps de révolution, c'est ce que l'on trouve le plus facilement, car chacun veut l'être. En parlant des cinq ou six drôles qu'il avait embauchés, il disait : « Mon état-major. » Cet état-major, il l'installa au Palais de l'Industrie, où se trouvait celui des marins de la garde nationale. Ce fut une occasion de fraterniser : on ne la négligea pas, au grand détriment du restaurateur Ledoyen, chez lequel on festoyait, que l'on payait très régulièrement en bons de réquisition et chez lequel, — de politesse en politesse, — il fut bu plus de 3000 (je dis trois mille) bouteilles de vin. Des hommes ayant appartenu aux artilleurs auxiliaires organisés par Cognet pendant la guerre franco-allemande, quelques rôdeurs de Belleville recrutés par un citoyen de mœurs peu douteuses nommé Chevallier, une partie des équipages de la flottille prudemment désarmée, formaient le contingent et représentèrent à peu près le cadre d'une batterie. D'après les listes nominatives que j'ai sous les yeux, je vois que cent huit individus ont fait partie de ce groupe, qui exigea une ration quotidienne de tabac, comme celle que l'on distribue en mer aux matelots embarqués à bord des vaisseaux de l'État.

Cognet avait accepté les principes proclamés par la Commune, il faut le croire; mais en tout cas, comme la plupart de ses complices, il était bien peu égalitaire. J'en trouve la preuve dans la lettre suivante, qu'il adresse au délégué de la marine dès le 6 mai, aussitôt que son artillerie semble sortir des limbes : « Division des marins détachés à Paris; artillerie; cabinet du commandant. Au citoyen Latappy. Nous venons vous demander à ce que vous acceptiez la demande ci-après : 1° Que nous portions un ruban qui puisse permettre à tout le monde de nous reconnaître, et cela pour éviter d'être confondus avec tous ceux qui ne sont pas de chez nous. 2° Je vous demanderai en outre que vous me fassiez donner une table de ministre fermant à clé, afin que mes papiers ne soient pas livrés à la merci de tous ceux qui fréquentent nos bureaux. Salut et fraternité. Le commandant de l'artillerie maritime, COGNET. » A cette demande, le commissaire général du ministère — un certain Cruchon — répond par l'offre de rubans noirs; j'ignore s'ils furent acceptés, mais j'en doute, car la couleur en était bien peu « voyante ».

Cependant de nouvelles recrues allaient être mises à la disposition de « l'artillerie maritime », car les fusiliers marins, autrement dit les marins de la garde nationale, venaient d'être dissous. Le colonel Block et son officier-payeur Peuchot avaient véritablement dépassé la mesure de ce qui était permis, même sous la Commune; on avait prescrit de les arrêter tous les deux et on s'apprêtait à leur faire rendre gorge. Le « général Henry », chef d'état-major au ministère de la guerre, écrit à Latappy pour le presser de vérifier les comptes incriminés. Dombrowski s'en mêle aussi et invite l'officier comptable Peuchot à justifier immédiatement de sa gestion[1]. Pendant que l'on cherche à examiner un peu ces affaires véreuses, Cognet racole les hommes, les incorpore, grossit sa troupe, prend l'équipage de la canonnière *la Commune* et en forme une équipe, équipe d'élite, à laquelle on confie la mission de hisser une batterie sur la plate-forme de l'Arc de Triomphe de l'Étoile.

Avoir organisé l'artillerie « maritime » de la Commune de Paris ne suffisait point à l'ambition de Cognet; il prouva qu'il était doué d'un sens pratique égal à son patriotisme et proposa, — je ne plaisante pas, — de former une batterie de marine à cheval. Cette idée digne de l'amiral suisse dont il a été parlé dans une pantalonnade des petits théâtres, cette idée fut adoptée avec enthousiasme par le Comité de salut public, qui se piquait de vouloir sortir des vieilles ornières administratives. La commission des finances ouvrit à Cognet un crédit que les bons de réquisition auraient dû rendre inutile. Il trouva des hommes, car il payait bien et distribuait double ou triple ration d'eau-de-vie. Où découvrit-il des chevaux? Je ne le sais. Les écuries de la Compagnie des omnibus et celles des voitures parisiennes avaient été bien dépeuplées pendant la guerre;

---

[1] « *Ministère de la guerre; cabinet du ministre.* Paris, le 18 mai 1871. — Mon cher Latappy, je t'envoie un arrêté du délégué à la guerre qui dissout les marins de la garde nationale. Avise au plus vite à la réorganisation dont tu es chargé, et surtout vérifie les comptes de l'ancienne administration. Salut fraternel, Henry. — *Commune de Paris, général commandant en chef. Quartier général de Paris*, le 19 mai 1871. Le citoyen commissaire Péchot (pour Peuchot), officier comptable, est invité à se rendre au ministère de la marine pour rendre compte de sa gestion, vu le décret en date de ce jour. *Le général commandant en chef*, Dombrowski. »

les chevaux étaient rares à Paris au temps de la Commune. Il réussit néanmoins à atteler ses pièces et à monter ses hommes. Cognet était triomphant et Latappy se montrait fier, car, en somme, l'honneur d'une telle création rejaillissait sur le ministère de la marine.

Il voulut faire « l'inauguration » de ses marins à cheval avec une certaine solennité, car il écrivit à Delescluze, délégué à la guerre : « Citoyen, j'ai donné l'ordre au lieutenant de vaisseau Cognet, commandant la première batterie des canonniers marins, d'avoir à défiler aujourd'hui devant les membres de la Commune, et ce, conformément à l'avis que vous m'en avez donné. Je suis persuadé que cette petite cérémonie fera très bon effet sur la population de Paris. Ne pensez-vous pas, citoyen délégué, qu'il serait bon qu'un ou plusieurs membres de la commission militaire assistassent au défilé qui aura lieu entre 2 et 3 heures sur la place de l'Hôtel-de-Ville. — Recevez, citoyen délégué, mes fraternelles salutations. — Le délégué à la marine, E. Latappy. »

Le dimanche 21 mai 1871, on put montrer au peuple

> Tous ces guerriers fameux par leurs combats navaux,

ainsi qu'eût dit Boursault dans le *Mercure galant*. La batterie, précédée d'une fanfare, déployant l'étendard rouge, sortit du Palais de l'Industrie, sous le commandement du colonel Cognet. Elle défila par les Champs-Élysées et se rangea en bataille sur la place de la Concorde. Du haut de la galerie du ministère, Latappy, entouré de son état-major, la contempla et se découvrit. Cognet salua de l'épée, le peuple battit des mains. La batterie reprit sa route, suivie, entourée par la foule étonnée de voir tant de marins à cheval;

elle parada dans la rue de Rivoli et vint sur la place de l'Hôtel-de-Ville recevoir les félicitations des membres de la Commune. Le délégué à la guerre lui transmit l'ordre d'aller s'établir près de La Muette et d'éteindre le feu des batteries que les Versaillais avaient démasquées dans le bois de Boulogne. La batterie maritime à cheval partit pour se rendre au poste indiqué. Au moment où elle gravissait les pentes du Trocadéro, elle se heurta contre une avalanche humaine qui se précipitait en poussant des clameurs. C'était une troupe de fédérés qui fuyaient à toutes jambes et criaient : Sauve qui peut! Ils sont entrés, nous sommes trahis! — Cognet fit volte-face et rentra au ministère.

L'armée française, en effet, venait de franchir l'enceinte, qu'un capitaine de frégate, M. Trève, avait escaladée le premier. Le ministère de la marine allait-il être sauvé? Oui, mais après avoir traversé, pendant la dernière période de la Commune et pendant la bataille des sept jours, bien des avanies, bien des péripéties que nous avons à raconter et qui nous forcent à revenir en arrière.

VI. — LES AVANIES.

Le vol est en permanence au ministère. — Jules Fontaine. — Réquisition de l'argenterie. — La part du feu. — Le 50ᵉ bataillon sédentaire. — Inquisition et abus d'autorité. — M. Gablin est arrêté. — A la permanence. — Chez Cournet. — Chez le juge d'instruction. — Un sceptique. — M. Gablin est libre. — Retour au ministère. — Latappy s'excuse. — Le commissaire de police Landowski. — Les barricades. — Le père Gaillard. — Les camions de pétrole. — Que font nos hommes?

Le ministère, à peine protégé par l'ambulance où MM. Raynaud, Le Roy de Méricourt, Mahé, Portier et Cazalis continuaient leur service, surveillé par les employés de l'administration régulière que l'on y avait laissés, eut plus d'un assaut à subir pendant que les capitaines de frégate galonnés par la Commune rivalisaient de zèle pour former des corps « d'élite » et se faire adjuger de gros appointements. Latappy essayait bien de maintenir un peu d'ordre dans son personnel; mais que pouvait-il seul au milieu de la mauvaise engeance dont il était entouré, et surtout avec le 224e bataillon, qui continuait à camper dans l'hôtel que l'on mettait volontiers au pillage? L'ivresse dissipait promptement les quelques scrupules qui subsistaient encore, et les fédérés, déjà fort peu soucieux de l'honneur de leur uniforme, dont Rossel devait sottement leur parler plus tard, considéraient comme légitimement acquis tout ce qu'ils pouvaient mettre dans leurs poches. Ils usaient entre eux d'un mot qui les peint bien; ils disaient, lorsqu'ils quittaient le poste : « Je vais au fourrage. » Aller au fourrage, c'était gravir les escaliers du ministère, ouvrir la porte des bureaux, faire sauter le tiroir des tables, briser la serrure des armoires et voler les menus objets que les employés avaient oubliés ou abandonnés en se retirant sur Versailles. L'adjudant Langlet avait beau avoir l'œil sur eux, ils déjouaient toute surveillance et levaient les épaules en ricanant lorsque l'on essayait de leur faire honte de leur conduite. Parfois le chef du matériel, M. Gablin, le concierge, M. Le Sage, étaient avertis par quelque planton effaré; ils accouraient alors, prenaient ces détrousseurs de chambre au collet et d'un coup de pied les envoyaient rouler dans l'escalier. Il n'en était que cela, et ça recommençait le lendemain. Les montres, les porte-monnaie, les bijoux, les armes précieuses dont le ministère possédait une importante collection, tout objet de valeur, en un mot, disparut de la sorte et disparut pour toujours.

La Commune faisait en bloc ce que ses soldats se

plaisaient à faire en détail ; elle avait besoin d'argent, en manquait, et cherchait à s'emparer des services de vaisselle plate appartenant aux ministères et aux grandes administrations. A cet effet, elle avait, le 12 avril, institué un directeur général des domaines appelé Jules Fontaine, qui le 7 mai fut également nommé séquestre des biens du clergé. Ce Fontaine trouva facilement à la délégation des finances les états indicatifs de l'argenterie réservée aux usages de chaque ministère. Le 17 avril, accompagné d'un commissaire de police nommé Charles Mirault[1], il vint en personne à l'hôtel de la marine réclamer, au nom du gouvernement qu'il représentait, les soixante-dix-huit articles dont se composait le service de table du ministère. L'ordre non daté dont il était porteur était ainsi conçu : « Le citoyen Fontaine, délégué à la direction des domaines, est autorisé par la Commission exécutive à enlever et transporter à la Monnaie l'argenterie du ministère de la Marine, après inventaire fait dans les formes légales. Pour la Commission exécutive : Avrial, E. Vaillant, Vermorel, Delescluze. » M. Gablin, auquel il s'adressa, bien résolu à ne point dévoiler dans

---

[1] Ce Charles Mirault fut chargé de procéder à la destruction de la chapelle expiatoire, ainsi qu'il ressort des pièces suivantes : « L'an mil huit cent soixante et onze et le vingt mai, nous, Ch. Mirault, commissaire de police attaché aux domaines, requérons dix hommes pour surveiller la démolition de la chapelle expiatoire. A la caserne de la Pépinière, les jour, mois et ans que dessus. *Le commissaire de police*, CHARLES MIRAULT. » — « D'après un ordre de la légion, il a été expressément défendu de disposer des citoyens faisant partie des compagnies de marche. Je viens donc prier le chef de la légion de me donner des ordres ou de faire prévenir le commandant des compagnies sédentaires pour obtempérer à l'ordre ci-dessus. *Pour le commandant du 69ᵉ bataillon absent, le lieutenant*, PARADIS. » Timbre bleu ; garde nationale de la Seine, 69ᵉ bataillon. L'arrêté du Comité de salut public prescrivant la démolition de la chapelle est signé : Ant. Arnaud, Ch. Gérardin, Léo Meillet, Félix Pyat, Ranvier, et daté du 16 floréal an 79 (6 mai 1871).

quel trou il avait versé l'argenterie, répondit sans se troubler : « La vaisselle plate? il y a longtemps qu'elle n'est plus ici; *ils* l'ont emportée. » Il expliqua alors que dans la nuit du 18 mars, lorsque l'évacuation du ministère avait été décidée, une partie de l'argenterie, la plupart des objets précieux et les armes de guerre avaient été chargés sur un fourgon qui avait pris route sur Versailles. Fontaine lui dit alors : « Vous devez avoir une décharge, montrez-la-moi. — Ma foi, répliqua M. Gablin, on était si pressé que je n'ai point pensé à la demander et qu'on n'a pas pensé davantage à me l'offrir. Du reste, il y aurait eu un compte-matières à faire, car on a dû laisser quelques pièces ici et l'on n'avait pas le temps de vérifier. » Fontaine se mit en quête et découvrit en effet des plats et un grand surtout de table en plaqué. En homme avisé, M. Gablin avait fait la part du feu, c'est-à-dire de la Commune; bien lui en avait pris. Le directeur du domaine donna un reçu et constata dans son procès-verbal que les « articles » manquants avaient été transbordés à Versailles par « les royalistes ». Le commissaire de police signa sans faire d'objection, et nul ne songea à sonder les sous-sols. L'argenterie ainsi enlevée fut livrée à la Monnaie, où Camélinat la fit jeter en fonte; on y retrouva, au mois de juin, soixante couteaux en vermeil qui valaient 932 fr. 27 c.

L'alerte n'avait pas été bien chaude, et le ministère de la marine semblait devoir jouir de quelque repos, d'autant plus que le 224e bataillon avait été relevé le 19 avril et remplacé par le 50e bataillon sédentaire venant de Belleville, composé de petits boutiquiers, gens d'ordre et de tenue convenable, auxquels on n'eut aucun reproche grave à adresser. Les tiroirs furent respectés, et l'on ne fut plus obligé d'enjamber des ivrognes endormis lorsque l'on gravissait les escaliers. Ce fut un bon temps relatif; mais que de gêne encore, que de précautions prises contre toute liberté, pendant cette période d'abjection ouverte au nom de la liberté! La porte du ministère qui bat dans la rue Saint-Florentin était mise sous scellés, comme une caisse de banqueroutier. Le concierge de la rue Royale, M. Le Sage, devait tenir sa porte toujours fermée; on pénétrait dans le ministère par le poste des fédérés, où l'on était examiné avec soin; après sept heures du soir, avant six heures du matin, on ne pouvait entrer sans montrer un laissez-passer; une fois admis dans l'enceinte sacrée, on était conduit de sentinelle en sentinelle jusqu'au gouverneur Gournais, qui, lorsqu'il n'était pas ivre, daignait prendre une décision. Les habitants de l'hôtel n'étaient même pas exemptés de ces vexations; pour s'y soustraire, le docteur Mahé ne sortait jamais le soir et était toujours rentré avant sept heures.

En ce temps-là chaque délation était écoutée, tenue pour bonne, et donnait motif à des avanies. M. Gablin en fit l'expérience. Vers les premiers jours de mai, il vit entrer dans son cabinet un commissaire de police portant l'écharpe en sautoir, et suivi d'une dizaine d'estafiers vêtus en gardes nationaux. — Le citoyen Gablin, chef du matériel de l'ex-ministère de la marine? — C'est moi. — Au nom de la loi, je vous arrête. — Pourquoi? — Parce que j'en ai reçu l'ordre. — La raison était sans réplique; M. Gablin prit son chapeau et dit : Eh bien! marchons ! — Le commissaire de police lui expliqua qu'on allait le garder à vue jusqu'à ce que l'on se fût assuré de deux autres employés. Les deux sous-ordres contre lesquels un mandat d'amener avait été lancé, étaient MM. Manfrina et Juin, le fumiste et le serrurier qui avaient aidé M. Gablin à cacher les armes et l'argenterie. Ces trois arrestations opérées simultanément ne laissaient aucun doute aux trois prisonniers, qui se regardèrent comme pour se dire : Nous avons été dénoncés. On les amena à la Préfecture de police. C'est à peine si les gens qui les voyaient passer faisaient attention à eux. A ce moment, les arrestations arbitraires étaient si fréquentes qu'on ne les remarquait plus. Sur le Pont-Neuf, quelques curieux s'arrêtèrent et dirent : « Ce sont des curés déguisés. »

On les fit entrer d'abord au bureau de la permanence, pour les remettre entre les mains de Chapitel. Celui-ci commença l'interrogatoire, que M. Gablin sut faire porter sur lui seul. Son argumentation fut très simple : — Ces deux hommes arrêtés, on ne sait pourquoi, sont deux hommes attachés au ministère ; ils sont hiérarchiquement soumis au chef du matériel ; l'un ne peut déplacer un tuyau de poêle, l'autre planter un clou, sans son autorisation, sans son ordre ; s'ils sont prévenus de faits qui se sont passés dans le ministère et qui se rapportent à leur fonction spéciale, ils ne sont pas responsables, car ils n'ont fait qu'obéir. Le chef du matériel les couvre de son autorité ; la Préfecture de police peut le garder, l'interroger, l'incarcérer, si bon lui semble, mais, au nom de la justice, elle doit relaxer ces deux hommes qui sont d'honnêtes ouvriers, et qui, comme tels, ont droit à la bienveillance de la Commune. — Le chef de la permanence se grattait la tête en écoutant M. Gablin, qui parlait avec quelque vivacité; le fumiste et le serrurier ne soufflaient mot. Chapitel sembla consulter de l'œil un chef de bataillon fédéré qui se trouvait près de lui, et qui n'était autre que le commandant de place Découvrant. Celui-ci haussa les épaules en signe de doute. Chapitel dit alors à haute voix : — Après tout, il a raison, — et il renvoya MM. Juin et Manfrina. Puis, s'adressant à

M. Gablin, il ajouta : — Quant à vous, je vais vous expédier au citoyen délégué; il verra ce qu'il veut faire de vous.

Heureusement pour M. Gablin, le délégué n'était plus Raoul Rigault et n'était pas encore Théophile Ferré; c'était Frédéric Cournet, un viveur, sans méchanceté, spirituel parfois, sensuel toujours et qui aurait pu n'être pas nuisible si l'ivrognerie ne l'eût abruti. M. Gablin était doublement satisfait d'avoir vu ses ouvriers rendus à la liberté, car c'était, d'une part, les soustraire à tout péril immédiat, et, de l'autre, c'était lui donner à lui-même la possibilité de se justifier, — il ne savait pas de quoi, — sans qu'un débat contradictoire vînt lui infliger un démenti. Il fut placé entre quatre nouveaux fédérés pris au poste voisin et conduit au cabinet des anciens préfets de police. Il franchit un escalier, des couloirs, des corridors, une galerie suspendue, plusieurs pièces et le palier d'un second escalier. Partout il vit des gardes nationaux au milieu de bidons, de gamelles, de « litres », de jeux de cartes, de feuillettes placées sur chevalet et de débris de charcuterie. Entre tous les postes gardés par les fédérés pendant la Commune, celui de la Préfecture de police était le plus envié; il avait son sobriquet : on l'appelait « le campement de la ribote ».

Après une assez longue attente, M. Gablin fut introduit près du délégué assis devant un magnifique bureau orné de bronze doré sur lequel une « chope » à moitié vide était posée. Cournet parut ne pas savoir de quoi il s'agissait, interrogea distraitement le prisonnier et donna ordre de le conduire devant un juge d'instruction « qui aviserait ». On fit une nouvelle promenade à travers d'autres couloirs, d'autres corridors et des cours; on escalada deux étages dans un bâtiment neuf; on s'arrêta dans une antichambre, et M. Gablin fut reçu par un homme d'une trentaine d'années, vêtu d'une robe de magistrat et coiffé d'une toque. Quel était ce juge d'instruction? Il est difficile de le dire précisément, car M. Gablin a oublié son nom. D'après le résultat de l'interrogatoire et la façon bienveillante dont il fut mené, on doit croire que M. Gablin fut conduit devant Frédéric-Joseph Moiré, qui fit fonction de juge interrogateur dès l'établissement de la Commune, mais qui ne fut officiellement nommé que le 8 mai. C'était un sceptique, sans fiel, sans conviction, sans principe, qui traversait le Palais de Justice comme il avait traversé la caisse des dépôts et consignations : parce qu'on le payait. Il a signé plus d'un mandat de libération au temps de la Commune, et si ça lui a valu quelques aubaines, on aurait mauvaise grâce à les lui reprocher.

Il examina rapidement les paperasses qu'un homme de l'escorte lui remit. Resté seul avec M. Gablin, il ne put réprimer un sourire et dit : Vous avez donc fait murer l'entrée du souterrain de la marine ? — M. Gablin eut un soupir de soulagement : on ne savait rien ni de l'argenterie, ni des armes cachées. — Mais il n'y a jamais eu de souterrain. — J'en suis convaincu, répondit le juge. — L'interrogatoire, commencé de la sorte, dégénéra promptement en conversation. M. Gablin vit sans peine qu'il était en présence d'un « bon garçon », et en profita; il mit de la rondeur, de la gaieté dans ses réponses, et au bout d'un quart d'heure le magistrat et l'accusé étaient les meilleurs amis du monde. — Surtout, disait le juge, n'ayez aucune correspondance avec Versailles, parce qu'alors le procureur général (Raoul Rigault) évoquerait l'affaire, et je n'aurais plus à m'en mêler. — Tout en causant, il avouait qu'on allait « un peu loin », et que l'éducation du peuple n'était pas encore complètement faite. — Allons, retournez chez vous, dit-il en terminant à M. Gablin, je regrette que l'on vous ait dérangé. — On se quitta sans se dire au revoir, mais en se donnant une poignée de main.

M. Gablin était en liberté, il le croyait du moins, mais il avait compté sans le zèle des fédérés. La nuit venait ; il errait dans les couloirs, cherchant sa route et ne la trouvant guère, car il avait été amené au Palais par les dégagements intérieurs de la Préfecture de police, c'est-à-dire par un labyrinthe où il était facile de s'égarer, lorsque l'on n'en connaissait pas les détours. Au coin d'un corridor, il aperçut un garde national en faction et lui demanda son chemin. Le fédéré lui répondit : Vous, vous m'avez l'air d'un évadé et je vais vous conduire au Dépôt. — M. Gablin eut beau regimber, il fallut obéir ; heureusement ce fédéré prudent entra au poste pour prendre des hommes de renfort, afin de s'assurer du prisonnier. Celui-ci fut reconnu par un des soldats qui l'avaient conduit chez le juge d'instruction. M. Gablin fut ramené devant le magistrat, qui cette fois signa une mise en liberté régulière, à laquelle il ajouta courtoisement un laissez-passer.

M. Gablin, rentré au ministère où l'on n'espérait plus trop le revoir, fut mandé chez Latappy. Le délégué s'excusa, dit qu'il regrettait ce qui s'était passé, parla de malentendu, et finit par insinuer qu'il avait fait prier Cournet de relâcher le prisonnier arrêté par erreur, — ce qui était contraire à la vérité ; enfin, avec quelque embarras, Latappy demanda à M. Gablin de s'engager par écrit à ne plus correspondre avec Versailles. M. Gablin se soumit à cette condition d'autant plus volontiers qu'il n'envoyait aucune correspondance à son ministre régulier et qu'il se contentait de rapports verbaux directement faits à M. de Champeaux, avec lequel il avait des rendez-vous fixés d'avance, mais dont le lieu n'était jamais le même. En effet, M. de Champeaux, dont le dévouement fut impeccable, avait été décrété d'accusation ; il le savait, prenait les précautions nécessaires, ne dormit pas, depuis le 12 avril, une seule nuit dans le même domicile, et à force de sagacité réussit à dépister les recherches que Raoul Rigault dirigeait contre lui.

M. Gablin en avait été quitte à bon compte, car plus d'un fonctionnaire paya alors par une longue détention la fidélité gardée aux administrations régulières. Le 30e bataillon était toujours au poste du ministère et n'offrait aucun danger, mais l'introduction subite d'un nouveau personnage prouva aux employés qu'il fallait redoubler de prudence. Le 6 mai, un Polonais, nommé Landowski, vint s'installer et établir ses bureaux dans l'hôtel de la marine en qualité de commissaire de police de la navigation et des ports. C'était un ami de Raoul Rigault, qui le 20 mars l'avait nommé commissaire de police provisoire du quartier Saint-Denis ; cela n'avait point empêché Landowski de participer à une action militaire, sous le titre de chef de légion. Il était à Asnières le 20 avril, sur la rive gauche de la Seine ; repoussé par les troupes françaises, il perdit quelque peu la tête, et passa le pont de bateaux, qu'il donna ordre de rompre. L'ordre fut exécuté, au détriment des gardes nationaux, qui, bousculés par nos soldats, se noyèrent, furent tués ou mirent bas les armes. Cette équipée lui avait démontré qu'il ne suffit pas de porter des galons pour savoir diriger une retraite, et il s'était confiné dans ses fonctions de policier, pour lesquelles il paraît avoir eu du goût. Il fut activement mêlé à la mission révolutionnaire qui fut confiée à Landeck et à Mégy pour établir la commune à Marseille [1].

---

[1] J'en trouve la preuve dans les papiers oubliés par Landowski au

Raoul Rigault, quoique devenu procureur général, tenait à être renseigné sur les actes et les tendances de chaque administration ; il avait des agents à la guerre, à la justice, aux finances ; il voulut en avoir un à la marine et y envoya Landowski, avec mission occulte de surveiller Latappy, ses différents chefs de service et de rendre compte de sa conduite, de sa correspondance et des propos de tous les fonctionnaires réguliers, médecins, chef du matériel et autres. Il fut deviné et ne put rien apprendre, car l'on se tint vis-à-vis de lui dans une attitude assez correcte pour déjouer les soupçons.

Ce Landowski représentait une sorte d'inconvénient moral auquel on put se soustraire ; les travaux de défense construits autour de l'hôtel de la marine créaient un inconvénient matériel insupportable, car ils y amenaient une grande quantité d'ouvriers, de fédérés soupçonneux, qui, eux aussi, demandaient à voir l'entrée du souterrain. Il y eut plus d'une lutte à soutenir contre ces hommes, et M. Le Sage, le concierge, avait fort à faire pour les empêcher d'encombrer la cour, dont ils auraient voulu faire leur quartier général. C'était l'heure où Napoléon Gaillard avait été chargé

---

ministère de la marine : « Note pour les frais de délégation du citoyen Landeck près la ville de Marseille. Frais de séjour à 10 fr., 150 fr.; voyage de Paris à Marseille et retour ; voyage par Draguignan pour dépister les poursuites, 167 fr. 65 c.; avances diverses faites aux agents chargés de fournir les renseignements sur la réaction et les mouvements de troupes, 125 fr.; avances pour la nourriture des soldats isolés et des *caïmans* (soldats de marine), 175 fr. Total : 617 fr. 65 c. Reçu du citoyen Amouroux, 408 fr. ; reste dû : 217 fr., plus 15 jours d'indemnité à raison de 5 fr. par jour : 75 fr. Total 292 fr. 65 c. » Je vois en outre plusieurs notes prescrivant de surveiller diverses maisons de Paris, où l'on soupçonnait des officiers de marine de se cacher. Je crois que Landeck et Landowski étaient frères, à moins que Landeck et Landowski ne soient un seul et même personnage.

d'élever la redoute de la rue Saint-Florentin et la barricade qui, englobant l'issue de la rue Royale, menaçait la place de la Concorde, le pont, le Corps législatif, le Palais-Bourbon et le ministère des affaires étrangères. Il était venu voir Latappy et le remercier d'avoir mis à sa disposition cent dix fûts trouvés dans les magasins du ministère ; il saluait fort bas le concierge et lui demandait « la faveur » de remiser ses brouettes dans la cour. Familièrement on l'appelait l'empoisonneur, car, pour fortifier ses talus et les « blinder », il les avait fait garnir avec des paquets de chiffons qui, — ainsi qu'eût dit Rabelais, — puaient bien comme cinq cents charretées de diables. Ces chiffons étaient contenus dans des sacs gris et dans des sacs en toile à matelas ; il les faisait alterner, obtenant de la sorte une décoration grossière qui le ravissait. Les temps n'étaient point gais alors, et cependant l'on a conservé un bon souvenir du « père Gaillard » au ministère de la marine, car il était si naturellement burlesque qu'il y faisait rire tout le monde.

Ce qui parut moins comique que « le commandant supérieur du bataillon des barricadiers de la Commune », c'est que, vers le 16 mai, trois camions pénétrèrent par ordre dans la cour du ministère. Ils étaient chargés de touries de pétrole, de caisses renfermant des mèches soufrées, d'obus décoiffés. Tous ces engins de destruction furent rangés dans la petite cour qui s'ouvre derrière la porte de la rue Saint-Florentin. On interrogea le délégué et les fonctionnaires ; ils répondirent d'une façon évasive : « Il n'y a pas lieu de s'inquiéter, ce sont des munitions de guerre destinées aux remparts ; on ne les a que momentanément déposées au ministère. » Le docteur Mahé, M. Gablin, M. Le Sage, n'étaient point convaincus ; ils secouaient la tête, et regardant dans la direction de Versailles, ils se disaient : « Mais que font donc nos hommes? » Ce que « nos hommes » faisaient, il faut le dire, car ils eurent une action considérable dans la délivrance de Paris.

VII. — LA BATTERIE DE MONTRETOUT.

Les marins pendant la guerre. — La France concentrée à Versailles. — Réorganisation de l'armée. — La première quinzaine. — Activité de M. Thiers. — Le petit conseil et le grand conseil. — Le but poursuivi. — Pas d'artillerie de siége. — Les arsenaux de la marine. — Le commandant Ribourt. — Sapeurs et terrassiers. — Sous le commandement en chef du général Douay. — Le 8 mai. — Importance de la batterie. — Visite de M. Thiers. — Les travaux d'approche dans le bois de Boulogne. — Le feu est arrêté. — Les troupes françaises sont dans Paris.

Au début de la guerre franco-allemande, nos vaisseaux avaient couru à travers la Méditerranée, l'Océan, la mer Baltique, cherchant le péril partout et ne le rencontrant nulle part. Aussitôt que nos premiers désastres eurent démontré que les projets de débarquement sur la côte prussienne devaient être abandonnés, on chercha à utiliser pour la défense du pays l'admirable force que nous offrait notre marine. Fantassins, canonniers, fusiliers, furent appelés à Paris, mis en garnison dans les forts, dirigés sur les points menacés par la marche de l'ennemi, ou envoyés en province pour grossir et fortifier les armées que l'on comptait y lever. Ce que ces hommes ont été pendant la guerre, toute la France le sait et leur en garde une reconnaissance inaltérable. Ils ont combattu partout, ont tout supporté avec un calme héroïque et ont accompli sans murmurer des marches forcées que leurs habitudes nécessairement sédentaires leur rendaient extraordinairement pénibles. Au milieu de nos forces désagrégées par la défaite, la captivité, la révolte et l'ivresse, la marine représentait une force intacte que l'insurrection avait sollicitée sans pouvoir l'entamer. Malgré les nombreux combats auxquels elle avait pris part et où elle ne s'était pas ménagée, elle formait une sorte de réserve sur le dévouement de laquelle on pouvait compter.

On peut dire qu'après le 18 mars la France était réfugiée et concentrée à Versailles. Là était l'Assemblée, là était le gouvernement légal, là battait le cœur du pays. Pour mettre fin à la guerre civile déchaînée par des envieux alcoolisés, pour sauver une nation qui se sentait mourir sous les coups redoublés de l'ennemi et de la perversité sociale, ce n'était pas trop de réunir toutes les ressources dont on disposait encore et de les grouper dans un effort suprême dont le salut pouvait sortir. C'était là une affaire de famille qui ne regardait que nous, et l'on dut refuser les offres de l'Allemagne, qui proposait de réduire la révolte et de faire au besoin subir à Paris une exécution militaire. On se contenta de solliciter d'elle et d'obtenir le retour de nos soldats prisonniers au delà du Rhin. La capitulation de Sedan, la capitulation de Metz avaient privé la France de ses armées, qui du moins allaient réapparaître assez compactes et assez solides pour arracher le pays à la mort violente dont il était menacé. On hâtait le retour de ces pauvres gens qui ne demandaient qu'à souffrir encore pour la cause qu'ils avaient à défendre. Des généraux furent envoyés à différents points de nos frontières pour recevoir et enrégimenter ces hommes dont la captivité n'avait point émoussé le courage.

Il fallut du temps pour rassembler ces débris épars et en composer des corps capables de résistance et d'offensive. Dans les premiers moments qui suivirent la victoire de l'insurrection, un grand trouble avait envahi les esprits et plus d'un général put douter du succès définitif. Au point de vue exclusivement militaire, la situation n'était pas bonne. Le droit était à Versailles, il est vrai, et le crime était à Paris ; mais Paris regorgeait de troupes, d'artillerie et de munitions. Si l'insurrection avait possédé un seul homme de guerre, elle aurait pu, quoique le Mont-Valérien fût à nous, faire un mouvement tournant un peu allongé qui l'eût mise en possession de Versailles et peut-être des destinées de la France. Cette honte nous fut épargnée.

M. Thiers a avoué lui-même l'espèce de torpeur dont on était accablé, lorsqu'il a dit devant la commission d'enquête : « Nous passâmes à Versailles quinze jours sans rien faire. » Cet état d'âme, lourd et indécis, qui succède presque invariablement aux grandes commotions, ne dura pas. L'énergie se retrouva parmi nos officiers de la marine et de l'armée, auxquels elle n'a pas l'habitude de faire défaut ; M. Thiers, surexcitant son activité naturelle, voulut tout entreprendre à la fois. Chaque matin, il réunissait autour de lui les chefs de service des différents ministères, les interrogeait individuellement, leur donnait ses ordres et en recevait des rapports verbaux ; c'était ce qu'il appelait le petit conseil ; dans la journée, il expliquait au conseil des ministres, — le grand conseil, — les diverses mesures qu'il avait cru devoir adopter. Sur les instances de l'amiral Pothuau, il se résolut à utiliser les ressources considérables en hommes et en matériel que la marine pouvait mettre à sa disposition.

« Il fallait, dit un rapport officiel, réduire au silence les bastions sud de la place, dont l'armement gênait les travaux de siège contre le fort d'Issy, et rendre intenables les remparts depuis la Seine jusqu'à la Muette pour faciliter les travaux d'approche. » Ces positions, occupées par l'insurrection, faisaient rage nuit et jour ; elles ne gênaient pas seulement les travaux du siège, bien souvent elles les paralysaient, et c'était là un grave inconvénient qui ne pouvait se prolonger sans mettre la situation en péril. Les pièces de siège manquaient ; l'artillerie de terre ne suffisait pas à la tâche qui lui avait été imposée ; car ses canons n'avaient pas la portée nécessaire pour battre efficacement l'enceinte et les forts détachés. La marine seule possédait dans ses arsenaux des pièces assez puissantes pour détruire, à longue distance, les repaires de la révolte et ouvrir à nos soldats une route certaine vers Paris. M. Thiers avait accepté les propositions de l'amiral Pothuau, mais il eut quelque peine à les faire adopter par le grand conseil ; il réussit cependant et fit, en cette circonstance, acte de bonne autorité en disant : Je le veux !

Ce fut le capitaine de vaisseau Krantz, alors chef d'état-major, chef du cabinet du ministre, actuellement vice-amiral, qui, assistant chaque matin au petit conseil, fut chargé de mettre à exécution les ordres qu'il recevait et de faire diriger sur Versailles les hommes et le matériel dont on avait besoin. Cela ne se fit pas sans peine ; tous les documents administratifs étaient restés à Paris et l'on se trouvait singulièrement empêché, car nulle mémoire n'était assez précise pour pouvoir indiquer avec certitude ce que contenaient les arsenaux de Brest, de Cherbourg, de Lorient, de Rochefort et de Toulon. A force d'énergie, on suppléa à l'inconvénient créé par l'absence forcée des « états et des inventaires ». Je n'ai pu sans respect parcourir le registre des dépêches échangées à ce sujet entre le ministre et les cinq préfets maritimes ; l'activité de l'un, le dévouement des autres sont admirables. Chaque matin, au petit conseil, le commandant Krantz pouvait dire à M. Thiers : « Nos arsenaux tiennent à votre disposition tant d'hommes, tant d'obusiers, tant de munitions, tant de plates-formes. — C'est bien, répondait M. Thiers, faites-les venir, arrangez-vous avec M. de Franqueville. » M. Krantz conférait avec M. de Franqueville, alors directeur général des chemins de fer ; des instructions étaient expédiées aux différentes gares et l'on faisait place aux trains lourdement chargés qui nous apportaient la délivrance.

On était arrivé au 28 avril. L'armée française s'était singulièrement augmentée depuis un mois en recevant les prisonniers revenus d'Allemagne, mais l'armée des fédérés s'était aguerrie par une suite de combats ininterrompus et la partie semblait demeurer encore égale. L'artillerie de notre marine allait détruire l'équilibre et faire à l'insurrection une blessure mortelle. L'emplacement choisi avec discernement et déjà utilisé par M. de Moltke pour établir la ligne d'attaque était Montretout, dont le commandement fut confié (30 avril) au capitaine de vaisseau Ribourt, qui pendant la guerre avait commandé les travaux de défense de la presqu'île du Cotentin [1].

On se hâta. Les travaux commencèrent sous la direction de M. Hertz, chef de bataillon du génie, avec une escouade de 300 terrassiers. Le capitaine de frégate Ribell fut appelé avec un détachement de marins, et la besogne ne chôma pas, car on eût dit que chacun comprenait l'importance exceptionnelle des ouvrages que l'on élevait et dont le salut de Paris pouvait dépendre. Pendant que l'on remuait les terres, qu'on dressait les épaulements, qu'on nivelait la place réservée aux plates-formes, les trains de chemins de fer se

---

[1] Cette ligne de défense était formidable ; couvrant l'arrondissement de Valognes, celui de Cherbourg, elle formait un vaste demi-cercle dont l'extrémité occidentale s'appuyait au havre de Port-Bail, et dont l'extrémité orientale, dépassant Carentan, venait toucher à Saint-Pèlerin et affleurait presque la limite du département du Calvados. Trente-six batteries, construites selon les accidents favorables du terrain, étaient armées de deux cent quatorze pièces de gros calibre.

succédaient sans interruption, apportant à l'ancien embarcadère impérial du parc de Saint-Cloud le matériel que nos arsenaux maritimes nous envoyaient. Dès qu'une pièce était enlevée du truc, on la plaçait sur un porte-corps et huit chevaux la traînaient à l'embrasure qui l'attendait. Le grand parc d'approvisionnement fut installé près de l'orangerie du palais, dans les caves de la maison Pozzo di Borgo, et sous le tunnel que l'on avait gabionné et mis à l'abri d'un coup de main, car l'on avait été prévenu que la Commune préparait une expédition de nuit pour faire sauter le dépôt des munitions de la ligne d'attaque de Montretout. Les canonniers de la marine et les batteries qu'ils avaient à servir furent hiérarchiquement attachés au 4e corps, commandé par le général Douay. En sept jours, — ce qui est merveilleux — tout fut terminé. Cinq batteries, comprenant quarante-deux canons rayés, une batterie composée de huit obusiers rayés de 22 centimètres, étaient « parées » dans la soirée du 7 mai. Le maréchal Mac-Mahon et le général Princeteau, commandant l'artillerie de l'armée, donnèrent eux-mêmes leurs instructions aux lieutenants de vaisseau commandant les batteries.

A dix heures du matin, le 8 mai, les batteries ouvrirent le feu en présence du ministre de la marine et du général d'artillerie Clappier. L'effet fut terrible; les remparts se turent, après avoir essayé une riposte inutile; les obusiers purent envoyer des projectiles pesant 80 kilogrammes, jusqu'à la porte de Vaugirard, située à 6200 mètres de distance. L'axe de la batterie principale traversait l'avenue d'Auteuil et aboutissait à la porte de ce nom. Vers quatre heures du soir, il pleuvait; le feu n'était point ralenti; le commandant Ribourt, allant d'une batterie à l'autre, examinait les effets du tir, lorsque son planton vint lui dire : « Il y a là un monsieur qui demande à parler au commandant et qui dit qu'il n'a pas le temps d'attendre. — Comment est-il, ce monsieur? — C'est un petit vieux, tout petit, qui a son pantalon retroussé sur ses bottes, pour ne pas se crotter, pas de barbe, le nez busqué et des lunettes d'or; derrière lui il y a un grand domestique, un bel homme, qui tient un parapluie. » Le commandant Ribourt reconnut le portrait et courut recevoir M. Thiers, car c'était lui, qui venait voir fonctionner ce qu'il aimait à appeler sa batterie de Montretout. Chaque jour il revint, de quatre à six heures. Monté sur l'observatoire du commandant, il regardait Paris à l'aide d'une longue-vue, il encourageait les marins, causait avec les officiers et disait en plaisantant : « C'est vous qui tenez la clé de Paris entre vos mains, dépêchez-vous d'ouvrir. » Un jour qu'il était dans une batterie, il eut un soubresaut involontaire en entendant la détonation d'une pièce qui venait de faire feu à côté de lui. Un lieutenant de vaisseau lui dit : « Ce bruit doit vous fatiguer, monsieur le président? » Il répondit, — oserai-je le répéter? — « Non, ça me repose de celui qu'on fait à l'Assemblée. »

Le résultat de l'établissement de la ligne d'attaque de Montretout ne se fit pas attendre. Dans la nuit même du 8 mai, nos troupes purent franchir la Seine. Billancourt allait recevoir la batterie qui devait forcer les canonnières à se réfugier au pont de la Concorde. Le feu était incessant; on sentait bien que la clé de Paris, comme disait M. Thiers, était aux mains des canonniers marins; leurs batteries semblaient être devenues le lieu du rendez-vous des chefs de l'armée. Le 13 mai, en présence de M. Thiers, du maréchal Mac-Mahon, de l'amiral Pothuau, des généraux Douay et Clappier, on dirigea « un feu en bombe » sur le château de la Muette, qui servait de quartier général à

Dombrowski. Le 14, le général Douay ordonna de renverser la porte d'Auteuil ; il suffit d'une heure pour la détruire, raser un épaulement construit en arrière et démolir une seconde barricade élevée plus loin. Ces obstacles étaient cependant placés à 3200 mètres.

Pendant que Montretout pulvérisait la porte d'Auteuil, la batterie de Breteuil, composée de six canons rayés, servie par les marins, démantibulait la porte de Saint-Cloud, malgré les maisons qui en masquaient presque la vue et rendaient le pointage très difficile. Ce fut sous la protection de Breteuil et de Montretout que les travaux d'approche purent être poussés dans le bois de Boulogne, et dévoilèrent ainsi quel était l'objectif de l'armée. Dans la nuit du 18, grâce au feu qui ne se ralentissait pas, nos cheminements vers la porte d'Auteuil avaient fait de sérieux progrès; le lendemain, le général en chef envoyait au commandant Ribourt le télégramme suivant : « Le tir de la nuit a été d'une efficacité remarquable ; je vous adresse mes félicitations; faites-en part à tous vos officiers et marins; faites-en part à Breteuil. » Les amiraux avaient lieu d'être satisfaits ; la marine ouvrait Paris.

Le dimanche 21 mai 1871, vers trois heures et demie de l'après-midi, alors que le feu de Montretout couvrait toute la zone depuis la Muette jusqu'à Vaugirard, un officier d'ordonnance du général Douay, arrivant à bride abattue, prévenait le commandant Ribourt que l'armée se disposait à entrer par la porte de Saint-Cloud trouvée abandonnée, et qu'il eût à cesser de diriger son feu sur cette porte et sur les bastions voisins. Une heure après, un officier d'état-major apportait l'ordre de ne plus tirer sur la porte d'Auteuil, parce que nos troupes cheminaient derrière les fortifications. Le bruit lointain de la fusillade vint apprendre que notre avant-garde était engagée contre les postes fédérés. Tout à coup on aperçut dans l'avenue d'Auteuil deux bataillons d'insurgés qui s'avançaient pour essayer de repousser nos troupes; les fédérés étaient à découvert et encore loin des nôtres; cinq obus envoyés par Montretout, éclatant parmi eux, les jetèrent en déroute et permirent à nos soldats de continuer leur mouvement.

Ce fut là le dernier effort des batteries de la marine à Montretout. Elles avaient déblayé le chemin au drapeau de la France; du 8 au 21 mai, elles avaient lancé 14 897 projectiles sur les remparts de la ville en révolte. Elles avaient battu la porte de Saint-Cloud, l'avaient égrenée et rendue semblable à un tas de moellons éboulés; lorsque l'on y pénétra sur l'invitation de M. Ducatel, il y avait quatre jours qu'elle était abandonnée[1].

VIII. — LE 21 MAI.

Les défenses de la place de la Concorde. — La Commune est sur ses fins. — Les docteurs Le Roy de Méricourt et Mahé mandés à la délégation de la guerre. — Bon vouloir de Latappy. — Concert aux Tuileries. — On apprend que l'armée française est dans Paris. — Ordre du Comité de salut public. — La débandade. — Départ des fédérés. — Départ du délégué. — Toutes les défenses sont abandonnées. — Espoir déçu. — L'armée ne vient pas et canonne la place de la Concorde. — Les forces insurrectionnelles réoccupent la rue Royale. — Le colonel Brunel. — On cherche en vain le père Gaillard. — Pierre-Ludovic Matillon, commandant civil de la marine. — Une nouvelle barricade.

Pendant que les batteries de la marine accéléraient la libération de Paris, Napoléon Gaillard avait terminé ses barricades. La place de la Concorde était devenue inabordable; une barricade coupant le quai de la Con-

---

[1] Voir *les Convulsions de Paris*, t. II, chap. VII. — II. *L'incident Ducatel.* — III. *La porte de Saint-Cloud.*

férence en amont du pont se reliait aux deux grandes
terrasses des Tuileries munies d'épaulements qu'armaient des canons; une redoute placée à l'entrée de la
rue de Rivoli, engorgeant la rue Saint-Florentin,
affleurant le ministère de la marine, rejoignait une
barricade élevée un peu en avant du débouché de la
rue Royale; il eût fallu le feu de plus d'une batterie
pour détruire ces ouvrages s'ils avaient été convenablement défendus. C'était un but de promenade pour
les Parisiens. On allait voir ces amoncellements de sacs
de terre, et l'on s'amusait de l'importance que le père
Gaillard se donnait au milieu de ces barricades, qu'il
se plaisait à faire admirer aux passants. Le samedi
20 mai, j'avais été les voir; pour en mieux comprendre
la disposition générale, j'étais monté sur la terrasse
des Tuileries et je regardais, lorsque mon attention fut
éveillée par la conversation de deux femmes qui causaient près de moi. L'une disait : Comment! vous êtes
à Paris? — L'autre, avec un léger accent anglais,
répondit : Oui, je suis arrivée ce matin de la campagne, je repartirai lundi ou mardi. — La première
reprit en baissant la voix : Si vous le pouvez, repartez
tout de suite; ça va mal pour la Commune; les Versaillais ne tarderont plus longtemps. Mon mari est employé
à l'Hôtel de Ville, vous le savez, il y est resté par
ordre; eh bien, depuis mercredi dernier (16 mai) tous
ces gens-là semblent avoir perdu la tête et brûlent des
papiers, surtout les papiers qu'ils ont signés; et puis
écoutez!... — En disant ces derniers mots, la femme
levait la main dans la direction du sud-ouest; le roulement des artilleries remplissait l'horizon.

Cette femme ne se trompait pas, la Commune était
sur ses fins; elle se préparait à la lutte suprême,
qu'elle sentait imminente, en redoublant de brutalité.
L'inspecteur général du service de santé, M. Raynaud,

prévenu par un avis officieux qu'il était désigné pour servir d'otage et qu'il allait être arrêté, avait réussi, non sans peine, à quitter Paris et était arrivé à Versailles le 19 mai. Le lendemain 20, les deux médecins de l'ambulance de la marine, MM. Le Roy de Méricourt et Mahé, reçurent par estafette ordre de se rendre au ministère de la guerre. Ils y furent reçus par un jeune chirurgien militaire de la Commune, agressif, grossier et tout gonflé de suffisance. Ce citoyen mal élevé reprocha aux deux docteurs d'avoir manqué à leurs obligations professionnelles en n'envoyant pas au service sanitaire du ministère de la guerre les états quotidiens de leur ambulance. Si pareille irrégularité se reproduisait, on se verrait dans la nécessité de sévir ; une telle négligence dénonçait les projets réactionnaires des monarchistes, sur lesquels on ouvrirait les yeux ; du reste, on allait mettre bon ordre à ce scandale : lundi prochain, 22 mai, l'ambulance de la marine serait évacuée, les malades seraient transportés à l'hôpital Lariboisière, les valides seraient versés dans la garde nationale ; quant aux médecins, ils seraient attachés aux bataillons de marche.

M. Le Roy de Méricourt et M. Mahé revinrent fort attristés au ministère de la marine ; il leur paraissait pénible, après avoir fait tant d'efforts pour maintenir leurs blessés à l'ambulance, d'être obligés de les livrer à l'insurrection, qui les forcerait à la servir ou les emprisonnerait. Ils se présentèrent chez Latappy, lui expliquèrent la nouvelle situation qui leur était faite et lui demandèrent d'intervenir. A côté de Delescluze, délégué à la guerre, le délégué à la marine, fonctionnaire en sous-ordre et fort peu consulté, n'était qu'un bien mince personnage ; il le sentait. Il promit cependant de faire son possible pour empêcher l'évacuation de l'ambulance. « Je tâcherai, disait-il, de vous adresser à un chirurgien moins intraitable, je ne sais si je réussirai ; lundi, soyez au ministère de la guerre avant midi ; j'aurai prévenu ; peut-être reviendra-t-on sur la décision prise ; j'espère, en tout cas, que l'on ne vous tourmentera pas trop. »

Le dimanche 21 fut un jour de réjouissance. Dans la matinée toute circulation avait été momentanément interrompue sur la place de la Concorde, car le père Gaillard s'était fait photographier, debout, imposant et cambré, devant sa barricade favorite. Pendant la journée, des musiques militaires, réunies dans le jardin des Tuileries, donnèrent un grand festival imaginé et réglé par le docteur Rousselle. Il y eut du monde. Lorsque le concert eut pris fin, vers quatre heures du soir, un officier fédéré monta sur une chaise et, tournant le poing dans la direction de l'Arc de Triomphe, il s'écria : « Jurons que jamais Thiers n'entrera dans Paris ! » On jura. Serment posthume et sans conséquence ; depuis une heure « Thiers » était dans Paris.

On apprit cette bonne nouvelle au ministère de la marine par quelques marins de l'ancienne flottille qui, ayant « couru bordée » vers le Point du Jour, du côté d'un cabaret où l'on fabrique de bonnes matelotes, avaient détalé à toutes jambes lorsqu'ils surent que « les pantalons rouges » se montraient dans Auteuil. Ce fut un désarroi dans le poste et dans la cantine ; on se parlait à voix basse et l'on ne paraissait pas rassuré. M. Le Sage, sur le pas de sa loge, M. Gablin, passant et repassant dans la cour, prêtaient l'oreille, recueillaient les propos et restaient impassibles. Vers dix heures du soir, une estafette apporta à Latappy la lettre suivante, qui est fort probablement une circulaire que l'on adressa à toutes « les autorités » du moment. « La situation devient grave, les municipalités doivent se tenir en permanence, prêtes à toutes éventualités. Occupez-vous de rassembler tous les artilleurs de votre arrondissement et de les diriger de suite sur l'École militaire. Salut et fraternité. — Le secrétaire général du Comité de salut public, Henri Brissac. » Latappy comprit cette instruction d'une façon particulière ; il réunit ses chefs de service, leur déclara qu'ils étaient consignés et leur défendit de sortir du ministère. On se le tint pour dit et nul n'insista. « La nuit se passa fort gaiement à boire et à manger, » a écrit un témoin oculaire dans une relation que j'ai sous les yeux ; seulement ces messieurs montaient à tour de rôle sur la terrasse, interrogeaient l'horizon et redescendaient en disant : « On n'entend rien. »

Au point du jour, vers quatre heures du matin, la place de la Concorde, qui avait été silencieuse pendant la nuit, s'emplit de tumulte ; un troupeau de fédérés, avec ou sans armes, fuyaient sans retourner la tête, heurtés, renversés par les fourgons, par les pièces d'artillerie qui bondissaient sur les pavés. Par le Cours-la-Reine, par l'avenue des Champs-Élysées, par l'avenue Gabriel, ils accouraient les bras serrés au corps, allant droit devant eux, hors d'haleine, escaladant les barricades et disparaissant vers le centre de Paris. Les moins effarés avaient conservé leur fusil. Les caissons, les cavaliers se jetaient dans la rue Boissy-d'Anglas et gagnaient le boulevard, libre d'obstacles. Au delà du pont de la Concorde, on entendait aussi une grande rumeur : c'étaient les bandes de Vinot et de Razoua qui galopaient comme des chacals en abandonnant l'École militaire, le Champ de Mars et l'Esplanade des Invalides. M. Gablin saisit une longue-vue, enjamba les escaliers en quelques bonds et de la terrasse du ministère il regarda vers le Trocadéro ; il aperçut des soldats de la ligne et des fusiliers marins qui s'y massaient. Il respira largement comme un prisonnier déli-

vré. En descendant, il rencontra M. Le Sage et lui dit:
« Les voilà! nous sommes sauvés! » M. Le Sage répondit : « Les matières incendiaires sont encore dans la petite cour. »

Le 30ᵉ bataillon sédentaire, qui était toujours de garde à l'hôtel de la marine, se rassembla sans mot dire et s'en alla par la rue Royale, oubliant derrière lui un de ses tambours qui était tellement ivre que l'on ne parvint jamais à le réveiller. Latappy descendit du faîte des grandeurs avec une simplicité qui fait son éloge. Vers cinq heures du matin, au moment où le bataillon pliait bagage et opérait sa retraite, Latappy demanda une tasse de café; il dit au garçon qui la lui apporta : « Eh bien! tu n'auras plus longtemps à me servir; tout a une fin en ce bas monde; je vais quitter le ministère sans avoir eu le temps d'y introduire les réformes que j'avais projetées. Hélas! depuis la prise du fort d'Issy [1], je m'attendais à quelque chose; ça a tourné mal plus vite que je ne pensais; adieu, mon brave, sois toujours honnête homme; je te souhaite de rencontrer des ministres qui ne soient pas plus « chiens » que moi! » Ceci dit, il prit un grand portefeuille, y mit quelques chemises, quelques chaussettes, et donna ordre d'introduire près de lui tous les chefs de service. Lorsque

[1] On peut trouver trace des inquiétudes de Latappy dans la lettre suivante, datée du 11 mai 1871, qu'il adressa « Au citoyen Landowski, commissaire central délégué à la marine. — Citoyen commissaire : En ce moment les circonstances que nous traversons sont d'une telle gravité qu'elles exigent de notre part à tous la plus stricte et la plus suprême surveillance. Je viens donc vous prier de donner les ordres les plus formels pour qu'à partir de ce jour, il y ait constamment en permanence un de vos délégués au commissariat central de la marine. Dans le cas où vous manqueriez de personnel, veuillez me faire part de toutes vos réclamations à ce sujet et je me ferai un devoir de faire droit à toutes vos demandes pour assurer en tout et pour tout le service de vos importantes fonctions. Je compte sur vous. Salut et fraternité. Le délégué à la marine : E. LATAPPY. »

ceux-ci furent réunis et qu'ils prenaient déjà l'attitude d'hommes auxquels on va adresser une allocution patriotique, Latappy leur dit : « Filons, mes enfants, nous n'avons plus rien à faire ici. » C'est de la sorte que le délégué à la marine quitta son ministère. Que n'a-t-il été imité par les autres délégués? Latappy rejoignit probablement les membres de la Commune et les suivit dans leurs dernières étapes. Le vendredi 26 mai, il était au secteur de la rue Haxo, lorsqu'on y poussa les malheureux qui devaient y périr; ce que l'on sait de son caractère permet d'assurer qu'il s'est éloigné avec horreur de ce lieu de boucherie.

A cinq heures et demie du matin, le lundi 22 mai, il ne restait plus un seul partisan de la Commune au ministère; employés, fédérés, délégués, canonniers de contrebande, marins postiches, marins à cheval, gouverneur, tout ce mauvais monde avait décampé. Le docteur Mahé, MM. Gablin, Le Sage, Langlet, les infirmiers, se félicitaient; on se préparait à faire bon visage à nos troupes; les portières jacassant sur les trottoirs de la rue Royale se réjouissaient à l'idée que les laitières allaient pouvoir rentrer à Paris et que le café au lait serait moins rare. A la barricade du quai de la Conférence, derrière les balustrades de la terrasse des Tuileries, à la redoute de la rue de Rivoli, à l'ouvrage avancé de la rue Royale, il n'y avait personne. Tout était désert, abandonné, à la disposition du premier peloton qui se serait présenté. Debout sur la galerie du ministère d'où l'on découvre Paris depuis le pont de la Concorde jusqu'aux verdures de Passy, M. Gablin regardait, étonné de ne pas voir apparaître nos soldats. — O France! que tu as été lente à venir!

Le temps s'écoulait, il était six heures et demie : « Que font-ils donc? » disait M. Gablin. Un sifflement passa devant lui, un candélabre jaillit en morceaux et un obus éclata. C'était une batterie française que l'on venait d'établir au Trocadéro et qui canonnait la place de la Concorde que l'on croyait occupée et défendue par les fédérés. Au bruit de l'explosion, tous les habitants du ministère étaient accourus sur la galerie et se désespéraient. Un boulet prit la statue de Lille par le travers et la coupa en deux. « Et mes blessés ! » cria M. Mahé. L'ambulance en effet prenait jour sur la place ; on se hâta d'évacuer les malades et de les transporter dans les appartements qui, s'ouvrant sur la rue Saint-Florentin, étaient moins exposés aux projectiles.

Dans Paris, vers les boulevards, on entendait les clairons qui sonnaient des appels désespérés ; quelques hommes groupés autour du drapeau rouge parcouraient les rues en criant : « Aux armes ! » Au loin, dans les églises, le tocsin retentissait ; vers le nord-est, la fusillade crépitait, car le corps du général Clinchant, déjà maître de la gare Saint-Lazare, attaquait la barricade Clichy par la place de l'Europe. Au ministère de la marine tout le monde était dans un état nerveux indescriptible. Une longue-vue avait été braquée sur la terrasse, à l'angle même du toit, derrière un des grands trophées. Chacun allait y mettre l'œil et croyait toujours voir des pantalons rouges courir sur le quai, sous les arbres du Cours-la-Reine et se diriger vers la rue Royale. On disait : Les voilà ! Je les vois ! L'illusion seule les voyait ; ils ne venaient pas ; ils ne devaient venir que quarante heures après pour prendre possession du ministère aux lueurs de la rue Royale, ruisselante de pétrole, embrasée et croulante.

La déroute des fédérés traversant la place de la Concorde au galop avait été terminée à cinq heures du matin. Jusqu'à dix heures, nul soldat de la révolte n'y apparut, nul essai de résistance n'y fut tenté. Bergeret avait quitté le Corps législatif et s'était replié sur le palais des Tuileries. A dix heures on entendit un grand bruit de voix, de clairons, de tambours, de piétinements de chevaux. C'était le colonel Brunel qui, à la tête de 6000 hommes environ, venait prendre le commandement des défenses de la place de la Concorde. On ouvrit les portes du ministère donnant sur la rue Royale, les portes battant sur la rue Saint-Florentin et l'on put communiquer d'une barricade à l'autre, sans danger, à l'abri du vaste bâtiment, dont la façade reçut plus d'une blessure.

Le colonel Antoine-Magloire Brunel avait alors quarante ans; sa taille élancée, ses cheveux grisonnants, sa moustache teinte en noir et retroussée, un certain air de tristesse et de distinction répandu sur toute sa personne le rendaient peu semblable aux chefs communards que l'on était accoutumé à voir promener dans les rues leur tenue débraillée et leur démarche titubante. Il passait pour brave et n'avait aucune tare dans sa vie antécédente. Ce fut la vanité qui le perdit et l'entraîna dans une cause pour laquelle il n'était pas fait. Ancien sous-lieutenant au 4e chasseurs d'Afrique, fort épris des doctrines du spiritisme, s'étant refusé à subir une punition, ayant volontairement quitté le régiment après une bonne carrière militaire, il avait été élu chef du 107e bataillon (11e de marche) pendant le siège de Paris par les armées allemandes. Au 31 octobre, il avait été bien près de prendre parti pour les émeutiers, car il fit sonner le tocsin à l'église Saint-Laurent, afin de rassembler ses hommes et de se porter avec eux sur l'Hôtel de Ville. Au combat de Buzenval, il déploya un courage qui fut signalé et le fit proposer pour la croix de la Légion d'honneur. Ce fut la capitulation, ce fut peut-être un aveugle sentiment de patriotisme qui lui fit perdre la tête. De concert avec un certain Piazza, il essaya de soulever la

garde nationale, demanda la continuation de la guerre
et placarda quelques appels à la révolte. Condamné
pour ce fait à deux ans de prison, il fut délivré, se
cacha, et s'offrit au Comité central qui, le 18 mars, en
fit un général. Membre de la Commune, aux délibérations de laquelle il n'assistait guère, il fut nommé
chef de la 10ᵉ légion, défendit le fort d'Issy vigoureusement et y reçut un éclat d'obus qui le força au repos
pendant quelques jours. Évidemment mal à l'aise avec
lui-même, mécontent des gens de la Commune qui le
traitaient un peu cavalièrement et l'avaient, en un jour
de colère, accusé de trahison, Brunel s'aigrit, s'exaspéra et fut d'autant plus redoutable qu'il sentait bien
que son devoir eût été de marcher avec cette armée de
Versailles qu'il avait accepté de combattre. Comme
les gens qui comprennent leurs torts et ne veulent
pas en convenir, il s'avança plus encore dans la voie
mauvaise où sa vie passée, ses instincts, son éducation
auraient dû l'empêcher de jamais mettre le pied. Il est
de ceux sans doute qui, dans ces derniers moments, se
sont dit : Puisqu'on ne peut plus reculer, il faut aller
jusqu'au bout. Il y alla brutalement, et au lieu de
l'honnête soldat qu'il avait été, il devint un scélérat.

Son premier soin fut de demander le « père » Gaillard. On ne put s'empêcher de rire ; Napoléon Gaillard,
qui, la veille encore, la main derrière le dos et les
yeux animés, paradait sur ses barricades, n'avait pas
reparu et ne devait pas reparaître. Il fut imité en cela
par tous les hauts fonctionnaires que la Commune
avait infligés à la marine, et qui ne se montrèrent plus
dans la rue Royale. J'en excepte Matillon, qui, au
moment où « le corps d'armée de Brunel » arrivait,
vint en volontaire de la révolte offrir ses services, qui
furent agréés. Son attitude fort courtoise pendant qu'il
exerçait les fonctions de chef de la comptabilité au

ministère, n'aurait jamais fait soupçonner qu'il fût capable de se jeter dans l'insurrection furieuse. Vêtu d'un paletot gris à collet noir, faisant valoir le titre de commissaire civil de la marine, titre qu'il s'était adjugé ou qu'on lui avait conféré à l'Hôtel de Ville, il déploya pendant toute la bataille une ardeur dont on fut surpris. A-t-il été enivré par le combat? a-t-il réellement cru faire son devoir en défendant à outrance un poste qui lui avait été confié? a-t-il mis son point d'honneur à persister quand même dans une folie criminelle dont il n'avait pas prévu la dernière crise? Nous l'ignorons; mais nous savons qu'il rêva de s'ensevelir sous les ruines du ministère de la marine, comme autrefois les matelots du *Vengeur* s'étaient engloutis dans les flots, car il l'a dit.

Brunel fit rapidement l'inspection des ouvrages de défense. On était protégé contre toute attaque se prononçant par les Champs-Élysées ou le pont de la Concorde; mais les derrières n'étaient point assurés et la rue Royale offrait une voie libre aux troupes qui pourraient débucher par le boulevard Malesherbes ou par le boulevard de la Madeleine. C'était là un danger auquel il fallait parer sans délai, afin d'empêcher la position d'être prise à revers. Dans la cour de la maison portant le n° 14 de la rue Royale, on trouva dix-sept tonneaux vides appartenant à un restaurateur voisin. On s'en empara et ce fut le premier élément de la barricade qui fut construite en demi-cercle rue Royale, en avant de la rue et du faubourg Saint-Honoré qui lui servaient de chemins abrités et dont la face était tournée vers l'église de la Madeleine. Tout ce quartier, qui, le matin même, pendant quatre heures, avait cru à sa délivrance prochaine que les circonstances avaient rendue si facile, se voyait maintenant occupé, bloqué par l'insurrection arrivée en force et prête à tout. Prise entre la barricade de la place de la Concorde et la barricade élevée sur l'emplacement où se dressait jadis la porte Saint-Honoré, toute la partie sud de la rue Royale devenait une place d'armes qui, pendant deux jours, allait arrêter le progrès des troupes françaises.

IX. — LA RUE ROYALE.

Le quartier général de Brunel. — Le coup de pistolet. — Les héroïnes. — Lettre de la délégation de la guerre. — Le 23 mai. — Les tirailleurs fédérés à la marine. — Brunel fait incendier la rue Royale. — Les pétroleuses. — Les pompes marines. — Les incendies. — Tonneaux de vin. — Matillon demande un chef énergique. — Les flammes de Bengale. — Bal en plein vent. — Les fédérés s'esquivent. — Lettre de Brunel. — Brunel reçoit l'ordre d'incendier le ministère. — Son entrevue avec le docteur Mahé. — Nouvelles instructions demandées à l'Hôtel de Ville. — Matillon prévient qu'on va mettre le feu. — L'ambulance de la marine. — Le rôle du docteur Mahé. — Évacuation ralentie. — Départ de Brunel. — Derniers ordres donnés à l'adjudant Gérardot. — Matillon quitte le ministère. — Du haut de la terrasse. — M. Gablin. — Les incendiaires enfermés. — Gérardot neutralisé. — Je te tue ou je t'achète. — M. Le Sage, concierge du ministère. — Le général Douay.

Brunel avait établi son quartier général à la taverne anglaise, rue Royale-Saint-Honoré, n° 21 [1]. Il y resta deux jours, « mangeant ferme, buvant sec et dormant bien, » a dit un témoin. Il se montra peu sur le champ de bataille; on en fut surpris. Un fédéré vint lui reprocher de se tenir à l'abri pendant que les « camarades » étaient au feu. Brunel estima sans doute que l'observation était indiscrète et au nom de l'égalité qui florissait sous la Commune, il abattit le

---

[1] On avait percé une communication à travers les murs de la cour des Coches de façon à établir une sorte de chemin couvert entre la mairie du VIIIe arrondissement et le boulevard que l'on atteignait par le passage de la Madeleine.

fédéré d'un coup de revolver, en disant : « Je traiterai ainsi tous ceux qui m'appelleront lâche. » Il avait, du reste, donné ses ordres, qui furent ponctuellement exécutés, car la redoute de la rue de Rivoli riposta à nos batteries du Trocadéro; la barricade protégeant la rue Royale contre la place de la Concorde canonna le Corps législatif et le ministère des affaires étrangères; en haut de l'hôtel de la marine, le drapeau rouge flottait au vent.

Les fédérés qui n'étaient point employés au service de l'artillerie étaient placés, en réserve, dans le ministère même, dans les cours des maisons voisines, dans la rue et dans le faubourg Saint-Honoré. La marine de la Commune était représentée là par ses canonniers, par ses fusiliers et par quelques hommes sortis des équipages de la flottille. Ils étaient dans le ministère comme de vieilles connaissances, en faisaient les honneurs aux nouveaux venus et ne se gênaient guère pour aller réquisitionner du vin dans les restaurants d'alentour. Plus d'un fédéré était ivre et dormait sur le trottoir, insensible au bruit du canon qui ébranlait les bâtiments du ministère; tous les carreaux y furent brisés; après la bataille, la note du vitrier s'éleva à plus de 5000 francs.

Il n'y avait pas là seulement des héros, il y avait aussi des héroïnes. Trois femelles animaient, enfiévraient les hommes, embrassaient les pointeurs et faisaient preuve d'une impudeur qui ne redoutait pas le grand jour. Jeunes, enivrées de bataille et d'eau-de-vie, elles apportaient un élément de débauche au milieu de la tuerie. Elles tiraient des coups de fusil au hasard, riant, criant, tutoyant tout le monde, ignobles à voir, plus ignobles à entendre. L'une, Florence Vandewal, âgée de vingt-huit ans, avait été ambulancière au 107e bataillon fédéré; on l'appelait : la Belge. C'était une journalière qui se pavanait dans un costume orné d'une écharpe rouge; l'autre, Aurore Machu, brossière de vingt-sept ans, vêtue en marin, portant un fusil de dragon en bandoulière[1], pointait les canons et après chaque détonation se retournait impudiquement vers les positions occupées par l'armée française. La troisième, Marie Ménan, qui venait d'atteindre sa vingt-sixième année, marchande de journaux, fille sombre, exaltée, vêtue de noir, passait, comme un spectre, au milieu des combattants et leur versait à boire.

Un hasard m'avait fait connaître cette créature; je n'ai jamais vu une laideur pareille à la sienne. Brune, l'œil écarquillé, les cheveux ternes, le visage piolé de taches de rousseur, la lèvre mince et le rire bête, elle avait je ne sais quoi de sauvage qui rappelait l'effarement des oiseaux nocturnes subitement placés au soleil. Elle fut cruelle sans efforts, pour obéir à ses instincts. Le patriotisme ne la tourmentait guère; elle passa la nuit du 1er mars parmi les troupes allemandes cantonnées au seuil de Paris dans les Champs-Élysées : acte de dévergondage dont sa rare hideur a peut-être fait un acte de vengeance. De ces trois goules, la Machu était la plus choyée. Comme elle venait d'envoyer un boulet de canon dans une des statues qui précèdent le palais du Corps législatif, on la prit, on l'enleva et on la porta en triomphe à l'Hôtel de Ville, où elle fut félicitée pour son dévouement à « la cause sacrée de la Commune ».

Tout le jour le duel d'artillerie continua; la nuit l'interrompit à peine. Beaucoup de fédérés étaient partis; sous prétexte d'aller manger, de se rendre dans leur quartier, ils s'éloignaient, fatigués de la bataille,

---

[1] Au massacre de la rue Haxo, une femme vêtue en marin, portant un fusil de dragon en bandoulière se tenait à l'entrée du secteur et frappait les prêtres au visage.

hésitant, trouvant que ça prenait mauvaise tournure, et ne revenaient pas. Dans la soirée, Brunel passa l'inspection de ses troupes, il constata qu'il en manquait les trois quarts, entra en fureur et écrivit à la délégation de la guerre pour avoir du renfort; on lui répondit : « Au citoyen Brunel, chef de la 10º légion. Citoyen, il nous est impossible de vous donner les renforts que vous nous demandez ; nous avons disposé même des forces que nous avions à l'Hôtel de Ville. Du courage, du patriotisme, colonel; il faut à tout prix que vous défendiez vos positions avec les troupes dont vous disposez. Salut et fraternité. *Pour le délégué civil à la guerre, le sous-chef d'état-major*, LEFEBVRE RONCIER[1]. » Brunel ne fut point satisfait.

Le péril se rapprochait; les premiers blessés commençaient à arriver ; on les apportait du haut du faubourg Saint-Honoré et du boulevard Malesherbes, où le corps du général Douay s'avançait en faisant lentement reculer les fédérés qui lui tenaient tête. Le docteur Mahé les accueillit sans leur demander quel parti ils servaient et les installa dans son ambulance, où il était resté seul, car M. Le Roy de Méricourt, empêché par la bataille, n'avait pu, malgré ses efforts, parvenir jusqu'au ministère.

Le mardi 23 mai, au lever du jour, la situation ne semblait pas modifiée ; le commandant de Sigoyer, marchant à la tête du 26º bataillon de chasseurs à pied, s'était cependant avancé dans les Champs-Élysées et avait pris possession du Palais de l'Industrie. L'avenue,

---

[1] Ce Lefebvre Roncier, qui pendant la Commune joua un certain personnage dans les rôles secondaires, était un jeune homme de vingt-cinq ou vingt-six ans. Commandant d'artillerie au début de l'insurrection, il fut successivement secrétaire général à la délégation de l'intérieur, juge suppléant à la cour martiale, et enfin sous-chef d'état-major à la guerre, où il suivit Delescluze.

commandée par les pièces mises en batterie sur les terrasses des Tuileries, ne pouvait permettre aucun mouvement d'ensemble sur les positions défendues par les insurgés. La division Vergé cheminait à travers les jardins des hôtels du faubourg Saint-Honoré; le général Douay poussait ses hommes vers la Madeleine; Clinchant luttait toujours contre la barricade du boulevard Clichy, qui ne fut emportée qu'à onze heures du matin. Des balles venaient frapper sur le talus des barricades de la rue Royale et de la rue de Rivoli; on plaça des tirailleurs dans la galerie extérieure, sur les toits du ministère et une fusillade incessante se mêla au bruit du canon. Des projectiles éclataient jusque dans l'ambulance. Le docteur Mahé venait de saisir un plateau de charpie pour panser un blessé, le plateau lui fut enlevé de la main par un fragment d'obus. Désigné par son drapeau rouge, l'hôtel de la Marine servait de point de mire aux batteries françaises. Ce fut à l'ambulance, où cinq infirmiers aidaient M. Mahé, que l'on put comprendre que le découragement saisissait les combattants; les fédérés y arrivaient sous tout prétexte, cachaient leurs armes, se glissaient dans les lits; on avait grand'peine à les renvoyer, et il fallut en gourmer plus d'un pour s'en débarrasser.

Brunel était assombri; il expédiait des ordres, décachetait des dépêches, envoyait des hommes chercher des nouvelles; il s'inquiétait de savoir où étaient les Versaillais, regardait avec inquiétude du côté de la Madeleine et disait : « Le boulevard Malesherbes va nous tomber sur le dos. » Matillon se multipliait; les fédérés cantonnés dans la cour du ministère furent pris de panique et voulurent s'esquiver; il appela les marins à son aide, maintint les fuyards et les ramena au combat. La journée s'avançait, il était trois heures environ, lorsque quelques soldats français, apparaissant aux fenêtres des maisons de la place de la Madeleine, ouvrirent le feu sur les défenseurs de la rue Royale. Longtemps on échangea une fusillade inutile. C'est alors que Brunel, voulant empêcher le corps du général Douay de le déborder par ses derrières, ordonna d'incendier la rue Royale. Les fédérés qui reçurent l'ordre, l'acceptèrent et le firent exécuter, furent aidés par les trois femmes dont j'ai parlé ; la Machu, la bonne pointeuse, ne fut pas la dernière ; la plus terrible fut Marie Ménan : leste, alerte, souffletant ceux qui ne lui livraient point passage, sans dire un mot, elle allait, jetant le pétrole dans les escaliers, brisant les fenêtres à c... pavé, se hâtant dans son œuvre néfaste, c... craignait que le temps lui manquât ; la Va... de, blessée à la jambe, courait derrière en bo... lui criait : « Attends-moi ! » La furie allait toujours, n'écoutait rien et entraînait les hommes. Un témoin m'a dit : « Elle était tellement trempée de pétrole, que c'est un miracle qu'elle n'ait pas pris feu. »

Le pétrole, on allait le puiser à la provision apportée quelques jours auparavant dans la petite cour du ministère ; en outre, une voiture d'ambulance chargée de bombonnes arriva vers quatre heures et demie par la rue Saint-Honoré. Les rares locataires, les domestiques abandonnés à Paris, les portiers, se sauvaient en poussant des cris ; quelques gens exaspérés se ruèrent sur les incendiaires et les frappèrent au visage ; un coup de revolver les jetait bas et ces furieux continuaient leur œuvre de dévastation. Ce fut alors que l'on chercha des pompes dans les hangars du ministère pour accélérer l'incendie. On en trouva deux qui parurent singulières, car elles ne ressemblaient pas aux pompes à incendie. C'étaient en effet des pompes marines, pompes à épuisement que l'on branche directement sur la mer ou sur la cale remplie par une voie d'eau, pompes à air, sans récipient, et qui ont besoin d'être amorcées pour pouvoir fonctionner. Les fédérés s'imaginèrent qu'il suffisait de tremper l'extrémité du tuyau d'appel dans une tonne de pétrole pour arroser, à toute hauteur, la façade des maisons. Ils pompèrent, ils pompèrent sans résultat possible, et ils avaient beau diriger la lance vers les murailles, la lance ne lançait rien. Impatientés, les incendiaires s'adressèrent à Matillon afin d'avoir un entonnoir qui leur permît d'amorcer ces pompes rétives. Matillon les renvoya à un employé régulier du ministère qui, naturellement, ne réussit pas à procurer ce qu'on lui demandait. Les fédérés désappointés renversèrent les pompes sur les barricades. Ils retournèrent deux des canons qui battaient les approches de la place de la Concorde et en dirigèrent le tir vers les maisons d'angle de la rue Royale et du faubourg Saint-Honoré. Lorsque la pièce était chargée et pointée, on refoulait par-dessus la gargousse un paquet de filasse trempé dans de l'huile de pétrole. Précaution plus ingénieuse qu'efficace, car les étoupes divisées par la commotion, se dispersaient en l'air retombaient comme une pluie enflammée avant d'avoir atteint le but.

A chaque détonation ils jetaient leurs chapeaux en l'air et criaient : Vive la Commune ! L'incendie éclatait partout. Les maisons de la rue Royale portant les numéros 15, 16, 19, 21, 23, 25, 24, 27, le n° 422 de la rue Saint-Honoré, les numéros 1, 2, 3 et 4 du faubourg Saint-Honoré étaient en feu. Dans les caves de la maison qui fait le coin du faubourg et de la rue Royale, sept personnes s'étaient réfugiées : elles y périrent. Avant d'allumer la maison du numéro 16, qui forme l'angle de la rue Saint-Honoré et dont le rez-de-chaussée était occupé par un marchand de vin nommé M. Vallée, les incendiaires eurent une attention qui ne doit pas être mise en oubli. Ils jugèrent illogique de laisser dans les caves, exposées à la ruine, de bonnes bouteilles qu'ils aimeraient à vider. Ils traînèrent devant la porte trois tonneaux de porteurs d'eau, qu'ils remplirent de vin en faisant la chaîne avec des brocs, comme s'il s'était agi d'éteindre un incendie. Lorsque les trois tonneaux à bras furent pleins jusqu'au bord, on alluma la maison. C'est à ce moment sans doute qu'il convient de placer une distribution de cinquante francs qui fut faite aux incendiaires.

Malgré les incendies et la canonnade, il était évident que la position ne tarderait pas à être enlevée. Matillon se rendit alors de sa personne à l'Hôtel de Ville pour demander au Comité de salut public un chef énergique qui pût prendre en main et assurer la défense des abords de la place de la Concorde. Lorsqu'il revint au ministère, Brunel s'y était installé avec son état-major, après avoir quitté la taverne anglaise, trop directement menacée par les approches de nos troupes. Le crépuscule avait fait place à la nuit; les incendies flambaient à travers l'obscurité; une femme chassée de sa maison par l'incendie et réfugiée au ministère regardait ce désastre en pleurant; Matillon s'approcha d'elle et lui dit : « Pourquoi pleurer? c'est très joli; ça ressemble à des flammes de Bengale. »

Le combat, sans avoir pris fin, s'était ralenti; de chaque côté on était harassé de fatigue, les batteries tiraient à de longs intervalles. Sur la barricade de la rue Royale, un loustic avait imaginé de planter une petite potence à laquelle il avait accroché un rat mort; au-dessous il avait fixé une pancarte sur laquelle on lisait : « Mort à Thiers, Macmaon (*sic*) et Ducrot, les rongeurs du peuple; défense d'y toucher. » Cette plaisanterie eut du succès; les fédérés, les ambulancières, les vivandières, les incendiaires s'étaient groupés et applaudissaient. Un obus versaillais éclata sur la place; tout le monde poussa une clameur de défi. Un homme et une femme se mirent à danser vis-à-vis l'un de l'autre; ce fut comme un signal : toute la bande entra en branle. Chantant, vociférant, se démenant, multipliant les gestes obscènes à la lueur des maisons qui brûlaient, au bruit des artilleries lointaines, aux sons d'un cornet à pistons accélérant la mesure, cette troupe d'aliénés se rua dans une de ces danses dont le nom honnête est encore à trouver. La Machu, la Ménan, la Vandewal en sueur, les vêtements débraillés, la poitrine presque nue, passaient d'homme en homme, et parfois criaient : A boire! On amenait alors un des tonneaux à bras, on enlevait la bonde, on recevait le vin dans des seaux, et les uns après les autres, le visage penché au-dessus du liquide, ils lappaient comme des loups.

Tous n'étaient point à cette bacchanale, mais beaucoup profitèrent du tumulte qu'elle causa pour quitter un champ de bataille qu'ils ne se souciaient pas de défendre. Trois bataillons fédérés, placés sous les ordres du colonel Spinoy, chef de la 3e légion, avaient pour mission de maintenir ouvertes les communications entre le ministère de la marine et la place Vendôme; ils devaient, selon les circonstances, se porter au secours de l'un de ces deux points et repousser ou couper le mouvement tournant des troupes françaises. Ces trois bataillons étaient déjà fort diminués par les désertions qui, pendant toute la journée, n'avaient cessé de se produire. Ils ne se trouvèrent probablement plus en force, et tranquillement, comme de bons bourgeois qui rentrent chez eux après une journée de fatigue, ils s'en allèrent. Lorsque l'on s'aperçut de leur départ, ils étaient déjà loin, et la place Vendôme, malgré les barricades qui la défendaient, était déjà menacée par la division Berthaut, du corps du général Douay. Le bruit se répandit et vint jusqu'au ministère de la marine qu'elle était évacuée et, disait-on, occupée par nos soldats ; ce bruit était prématuré : le général Berthaut ne franchit les barricades de la rue de la Paix que vers quatre heures du matin.

Brunel, abusé par ce faux avis, écrivit alors la lettre suivante, qui fut retrouvée sur son bureau : « Ministère de la marine et des colonies; cabinet du ministre (cet en-tête est biffé d'un trait de plume), 23 mai 1871 ; au citoyen délégué à la guerre. Citoyen, le colonel Spinoy, qui avait ici trois bataillons, a presque autorisé, d'après les rapports, le départ de ces bataillons, qui tenaient communication de l'hôtel de la Marine avec la place Vendôme. La place Vendôme étant évacuée, le colonel a jugé à propos de ne pas s'opposer assez énergiquement à cette fuite, toujours d'après les mêmes rapports. Je vous envoie le colonel Spinoy, qui affirme que les bataillons sont partis malgré lui. Dans cette situation, je vous prie, citoyen ministre, de me faire donner des ordres. Je vous réitère que je resterai tant qu'il me sera possible. S'il me faut soutenir un siège dans l'hôtel de la Marine, je le soutiendrai. Recevez, citoyen ministre, mes sentiments dévoués : BRUNEL. — S'il est possible de faire réoccuper la place Vendôme, cette mesure rétablirait le calme ici. » Lorsque Brunel écrivit cette lettre, il devait être environ onze heures du soir ; il la plia, la mit sous enveloppe et allait sans doute l'expédier par un petit peloton chargé d'escorter le colonel Spinoy, lorsqu'il reçut un message du Comité de salut public. Il pâlit en le lisant et fit appeler le docteur Mahé.

Celui-ci accourut et fut étonné du spectacle qu'il eut sous les yeux ; le cabinet du ministre était plein d'officiers fédérés qui faisaient du punch et causaient

joyeusement entre eux, tout en buvant. Brunel était, selon son habitude, calme et froid. Sans mot dire, il tendit au docteur Mahé la dépêche qu'il venait de recevoir. M. Mahé lut : « Incendiez et faites sauter le ministère de la marine; » pas de signature, mais le timbre du Comité de salut public. La première exclamation du docteur Mahé fut le cri de désespoir d'un chirurgien : « Et mes blessés? — Vous voyez que j'y ai pensé, puisque je vous ai prié de venir me parler. »
— Une discussion commença alors entre ces deux hommes, discussion émouvante, pendant laquelle M. Mahé déploya toutes les ressources de son esprit et Brunel se montra réellement humain. Les blessés recueillis à l'ambulance de la marine s'élevaient à cent sept, dont une vingtaine très gravement, presque mortellement atteints de plaies profondes à la tête et à la poitrine, résultat du feu plongeant que nos troupes avaient dirigé sur les fédérés du haut des maisons du boulevard Malesherbes. Les transborder, c'était les exposer à une mort certaine; et les autres, qu'en ferait-on? il n'y avait pas de voitures, il n'y avait pas de brancards, il n'y avait même pas de porteurs. Aurait-on tous les moyens de transport imaginables, une telle évacuation exigeait au moins douze heures; certes le médecin ne se refusait pas à obéir, mais il demandait le temps nécessaire; il répondait de la vie de ses malades et il ne la laisserait pas sacrifier; il adjurait le colonel Brunel d'avoir quelque pitié de ses propres soldats, des défenseurs de la cause qu'il servait.

Brunel alla lui-même à l'ambulance, constata l'état fort grave de quelques malades, qu'on lui exagéra encore et, sans avoir pris de résolution, revint dans son cabinet avec le docteur Mahé. Celui-ci insistait et reprenait avec chaleur son argumentation. Brunel dit : « Nous allons évacuer les blessés sur l'hôpital militaire du faubourg Saint-Martin. » M. Mahé répondit : « C'est impossible ; les rues sont coupées de barricades et pleines de troupes ; l'on se bat partout ; ils n'arriveraient pas vivants. — Alors, reprit Brunel, on va les expédier dans les salles du musée du Louvre. — Mais, répliqua le docteur, les Tuileries sont en feu ; avant une heure, le Louvre brûlera. — Non, le vent souffle de l'est, dit Brunel. — Le vent peut changer, riposta le chirurgien. — Mais que faire ? s'écria Brunel. — Tenir l'ordre pour non avenu et ne point incendier une ambulance remplie de blessés protégés par la convention de Genève. » — Du groupe des officiers s'éleva une voix qui dit : « On ne peut discuter les ordres du Comité de salut public ; l'ordre est de brûler, il faut brûler ! — Le Comité de salut public, dit Brunel en s'adressant au docteur, ignore peut-être que l'hôtel de la Marine contient une ambulance ; je vais provoquer de nouvelles instructions ; en attendant, préparez l'évacuation. » Il écrivit une lettre, appela un de ses officiers d'ordonnance : « Montez à cheval, allez à l'Hôtel de Ville, demandez une réponse et revenez vite ! »

Le docteur Mahé retournait à son ambulance, lorsqu'il rencontra M. Gablin qui passait dans un couloir. En deux mots, il le mit au fait. Sans se parler davantage, ils échangèrent un regard qui contenait bien des promesses. En hâte, aidé de l'adjudant Langlet et de deux hommes de service régulier, les seuls qui lui eussent été laissés, M. Gablin fit descendre dans la cave des tableaux, des pendules et quelques chronomètres qu'il avait pu soustraire à la rapacité des fédérés. Il entra ensuite dans sa chambre, y prit un revolver, le chargea avec soin et le mit dans sa poche. Ceci fait, il attendit. M. Mahé avait réuni ses infirmiers et il attendait aussi. Dans le cabinet du ministre, les officiers buvaient. Brunel, pensif, se promenait de long en large; dans les postes, les fusiliers marins de la Commune étaient ivres; dans la rue, la danse avait cessé; tout ce qui ne dormait pas s'empressait autour de la Vandewal, qui, ayant voulu voir de près l'incendie des Tuileries, était arrivée au moment de l'explosion des barils de poudre placés par Victor Bénot dans la salle des Maréchaux; elle avait pris peur, s'était sauvée, avait passé entre deux barreaux des grilles et s'était froissé la poitrine, qu'elle montrait à tout le monde en geignant.

Il était un peu plus de minuit lorsque l'officier revint; il descendit de cheval sous la grande porte, rencontra Matillon et lui parla à l'oreille. Matillon dit à M. Le Sage : « Emmenez votre femme, votre enfant, et filez sans vous retourner : on va faire sauter le ministère. » M. Le Sage courut prévenir le docteur Mahé, qui répondit : « Laissez-moi faire, nous gagnerons du temps; tout n'est pas encore perdu ! » M. Mahé est un homme de taille moyenne, blond, aux yeux pétillants de vivacité, très dévoué à la noble profession qu'il exerce, ne s'étonnant de rien et gardant en toute occurrence un imperturbable sang-froid. Il avait arrêté son plan de conduite et n'en dévia pas. L'officier d'ordonnance avait transmis à Brunel l'ordre exprès de mettre le feu au ministère. Dans une lettre écrite de Bruxelles, le 21 janvier 1872, Matillon affirme qu'il n'avait ménagé aucun effort pour faire révoquer l'ordre de destruction; cela est possible; mais en tout cas sa tentative a échoué, et si le ministère a été préservé, ce n'est pas à lui qu'on le doit. Lorsque la réponse du Comité de salut public fut rapportée à Brunel, celui-ci dit : « Et les blessés? » L'officier répondit : « Une escouade de gardes nationaux va venir les chercher. » A ce moment, minuit et demi environ, Brunel se retira, suivi de son état-major et d'une partie de ses hommes;

avant de s'éloigner, il transmit ses dernier ordres à Matillon[1].

Peu de temps après son départ, une bande de fédérés sans armes envahit le ministère et se précipita vers l'ambulance pour évacuer les blessés. « Où sont vos voitures? demanda le docteur Mahé. — Nous n'en avons pas. — Où sont vos brancards? — Nous n'en avons pas. — Eh bien! alors, comment allez-vous les enlever? — Ah! nous ne savons pas. » M. Mahé se mit alors lentement et sentencieusement à discuter avec ces hommes et à leur expliquer quels sont les moyens usités pour le transport des blessés. Les blessés criaient : « Nous ne voulons pas nous en aller. » Les porteurs ripostaient : « Sont-ils bêtes, puisque c'est l'ordre ; dans dix minutes on va allumer les pétards! » La scène qui suivit défie toute description. On prit des matelas par les quatre coins, pour les emporter avec le blessé qui était dessus; on n'avait pas fait trois pas que tout tombait; le malade poussait des hurlements; alors on reprenait le malheureux, on le mettait dans un drap, on essayait de l'enlever de la sorte; ça allait encore

---

[1] Brunel, après avoir quitté le ministère de la marine, n'est pas resté oisif; il alla proposer ses services au Comité de salut public, qui sut les utiliser. Dans une lettre adressée par lui, le 9 janvier 1873, au journal *la République française*, il dit : « Les Versaillais ont pu me voir après la *retraite* de la place de la Concorde (et non *la prise*, comme on l'a dit) au X° arrondissement et ensuite au Château d'Eau, où une blesssure grave m'a enlevé du champ de bataille. » — Brunel a été accusé par les habitants du X° arrondissement d'avoir incendié le théâtre de la Porte-Saint-Martin et les magasins du *Tapis rouge*. Nous ignorons si cette accusation est justifiée, mais nous savons que sur un Belge nommé Van der Hooven, chef de barricades au faubourg du Temple, on a trouvé un ordre ainsi conçu : « Le citoyen délégué commandant la caserne du Château-d'Eau est invité à remettre au porteur du présent les bonbonnes d'huile minérale nécessaire au citoyen chef des barricades du faubourg du Temple. *Le chef de légion*, Brunel. » — Voir *Pièces justificatives*, n° 4.

passablement tant que l'on marchait de plain-pied dans les appartements, mais dès que l'on arrivait aux escaliers, le fardeau échappait des mains, et plus d'un malade, roulant de degré en degré, jetait un cri de détresse et s'évanouissait. Le docteur Mahé, intelligemment aidé par M. Cazalis, accourait alors et constatait que le pansement était dérangé; il fallait le refaire, cela demandait du temps. Les fédérés insistaient. « Bah! c'est bien comme cela, on le pansera à l'hôpital. » Le docteur parlait du devoir professionnel, et avec soin remettait les bandes en place. Les fédérés laissaient faire, tout en disant : « Est-il têtu, ce major-là ! »

Pendant que l'évacuation de l'ambulance se faisait dans ces conditions qui la retardaient forcément, les ordres de destruction avaient été donnés. Quinze gredins, appartenant aux canonniers-marins de la Commune, avaient été réservés pour l'incendie; ils obéissaient à un adjudant sous-officier qui s'appelait Gérardot. Pour des causes que nous allons bientôt dire, cet homme a reculé devant le forfait qu'il avait à commettre; rentré aujourd'hui dans la vie laborieuse, il ne peut parler sans émotion de cette nuit terrible, pendant laquelle le principal rôle lui avait été imposé; j'aurais caché son nom s'il n'avait été souvent prononcé devant le 3ᵉ conseil de guerre, pendant les audiences des 2, 3 et 4 septembre 1878. Des touries de pétrole furent portées dans les appartements; après les avoir débouchées, on y glissa des cartouches ; une mèche longue et flexible fut placée sur les obus décoiffés dans la petite cour; quelques bouteilles d'essence furent lancées contre les murailles afin d'activer le feu. Gérardot a raconté à M. Fauconnier, garçon de bureau au ministère, que, lorsque tous les préparatifs furent terminés, Matillon lui dit : « Aussitôt que vous aurez allumé, évacuez et rendez-vous à l'Hôtel de Ville avec vos hommes. » Avant de partir, Matillon cria à très haute voix : « Sauve qui peut! tout va sauter; le feu est aux poudres ! » Au moment où il traversait la rue Saint-Florentin, M. Cazalis courut à lui : « Mais nous avons encore des blessés. — Ne craignez rien, répondit Matillon, vous avez le temps. »

Tout était désert autour de l'hôtel de la Marine; la nouvelle : « On est tourné, » avait rapidement circulé, chacun avait gagné au pied; des vedettes françaises montaient la garde sous le péristyle de l'église de la Madeleine et, croyant les barricades de la rue Royale encore occupées par l'insurrection, tiraient sur tout homme qu'elles apercevaient, même sur ceux qui, un mouchoir en main, leur faisaient signe d'avancer. C'est alors, vers deux heures du matin, que M. Gablin monta sur la terrasse du ministère. En face de lui, la sombre verdure des Champs-Élysées laissait apercevoir quelques feux de bivouac ; à sa droite, la rue Royale flambait ; à sa gauche, de l'autre côté de la Seine, toute la rue de Lille brûlait ; derrière lui, le ministère des finances et le palais des Tuileries étaient un océan de flammes. Il put croire que seul, dans ce désastre, l'hôtel de la Marine subsistait encore. A ses pieds, la place de la Concorde s'étendait morne, silencieuse, jonchée de débris des balustrades, des statues, des candélabres et des fontaines. Impassible, témoin des ravages des hordes de Cambyse à travers l'Égypte, l'obélisque était resté intact, comme la stèle funéraire des civilisations destinées à périr. Malgré son énergie, à cause d'elle peut-être, M. Gablin se sentit défaillir. Il eut un sanglot et pleura devant tant de honte et d'horreur. Cela ne fut qu'un spasme. Il s'essuya les yeux et descendit. Sa résolution était prise.

En deux bonds M. Gablin fut au premier étage,

devant une porte fermant un petit salon où l'escouade des quinze incendiaires était réunie. Avant d'entrer, « il se fit une tête », comme l'on dit au théâtre, prit un air effaré, et, se trouvant en présence d'un groupe d'hommes ivres pour la plupart, assis devant une table chargée de brocs et de bouteilles qu'ils achevaient de vider, il s'écria avec consternation : « Mes pauvres amis ! nous sommes trahis, voilà les Versaillais ; nous sommes tous pincés, on va nous fusiller. » Chacun se leva pour gagner la porte. « Par là, reprit M. Gablin, ils sont dans la rue Royale et dans la rue Saint-Florentin ; filez dans les corridors et cachons-nous. » A la hâte et se bousculant, battant les murs et se rattrapant à la rampe, ils montèrent jusqu'aux couloirs des étages supérieurs et se jetèrent pêle-mêle dans les chambres, dont M. Gablin referma la porte sur eux. Toujours courant, il revint au rez-de-chaussée, où Gérardot s'impatientait parce que trois blessés, étendus sur les pavés, gémissaient et demandaient à être emportés, mais vainement, car les fédérés les avaient abandonnés et ne devaient plus revenir. Au premier coup d'œil M. Gablin reconnut que Gérardot avait bu plus que de raison ; ce malheureux, peut-être pour se donner du courage, avait avalé trop d'eau-de-vie. Il avait l'œil humide et la démarche lourde. Il n'était point du reste pour faire hésiter M. Gablin, qui a « les épaules larges et la taille ramassée », comme eût dit La Bruyère. Le dialogue fut rapide. « Mettrez-vous le feu au ministère ? demanda M. Gablin. — C'est l'ordre du Comité de salut public et je dois obéir, répondit Gérardot. — Écoutez, reprit M. Gablin, je vous jure que si vous ne mettez pas le feu, les troupes de Versailles ne vous feront rien ; je vous cacherai ; la justice sera clémente pour vous, et nous vous donnerons de l'argent si vous en avez besoin. — Vous êtes bien honnête, monsieur

Gablin, et je vous remercie; mais vous savez, il y a une consigne; si je désobéis, le Comité de salut public me fera fusiller; je suis fâché de vous désobliger, mais il y a une consigne, et puisqu'il y a une consigne, il faut obéir; je ne connais que ça. — Et ça, le connais-tu? s'écria M. Gablin en le prenant à la gorge et en lui mettant son revolver armé au visage. Si tu fais un geste, je te casse la tête; si tu m'écoutes, je te sauve; choisis : je te tue ou je t'achète. » Gérardot répondit d'une voix étranglée : « Monsieur Gablin, je ferai ce que vous voudrez. — A la bonne heure, reprit M. Gablin en le lâchant; je vois que vous êtes un brave garçon avec lequel on peut s'entendre; eh bien, venez me donner un coup de main. » C'est alors que Gérardot, ce chef d'incendiaires, suivit M. Gablin. Tous deux se hâtant enlevèrent de l'intérieur des appartements les touries de pétrole qu'ils descendirent dans la cour et versèrent dans l'égout. Gérardot aida ensuite à ouvrir les bouches d'eau et à inonder la cour, de façon à conjurer tout danger immédiat. Lorsque cette besogne fut terminée, M. Gablin conduisit Gérardot dans son appartement, lui donna des vêtements bourgeois, l'enferma à double tour et le quitta en lui disant : « Soyez en paix, je réponds de vous. » Deux minutes après, il revint pour voir ce que devenait son prisonnier. Gérardot, assis par terre, la tête accotée contre un fauteuil, dormait; l'ivresse l'avait abattu.

Grâce à l'intelligence et à l'énergie du docteur Mahé, de M. Cazalis et de M. Gablin, le ministère était sauvé; mais un retour des fédérés était possible tant que les troupes françaises n'y seraient pas rentrées. M. Le Sage se proposa pour aller les prévenir. « Mais par où passerez-vous? — Par le n° 7 de la rue Royale, qui par les toits communique avec le n° 8 de la rue Boissy-d'Anglas. J'ai été professeur de gymnastique au régiment et je saurai bien me tirer d'affaire. » Il embrassa sa femme, son enfant, et partit; il enjamba lestement la rue, car quelques fédérés cachés dans des caves tiraient encore des coups de fusil par les soupiraux, et put enfin, après mainte escalade, parvenir dans la rue Boissy-d'Anglas, accompagné de M. Noisay, concierge du n° 7 de la rue Royale, qui fut très courageux et se dévoua aussi pour aller chercher les troupes françaises. Il était alors près de trois heures du matin. A chaque pas, M. Le Sage fut arrêté par des factionnaires, par des patrouilles; rue du Faubourg-Saint-Honoré, un poste fit feu sur lui. Il se faisait reconnaître, ce qui n'était pas toujours facile; conduit, promené de capitaines en colonels, de colonels en généraux de brigade, de généraux de brigade en généraux de division, il finit par être mis en présence du général Douay, qui commandait en chef et qui avait son quartier dans une maison située à l'extrémité du boulevard Malesherbes, au delà de l'église Saint-Augustin. M. Le Sage se désespérait. Que de temps perdu! Il était plus de cinq heures; qu'était-il advenu du ministère? Le général Douay l'écouta et commençait à dicter des ordres, lorsqu'on lui remit une dépêche. Il la lut et, se tournant vers M. Le Sage, il lui dit: « Vous pouvez retourner au ministère de la marine, nous y sommes. »

X. — LES CANONNIÈRES.

L'amiral Pothuau arrive au ministère. — Une héroïque inspiration. — Le désordre du ministère. — Au pavillon! — M. Humann. — La flottille. — Les canonniers du commandant Ribourt. — Où sont les mécaniciens? — La frégate des *Bains*. — Les canonnières remontent la Seine. — Le pont d'Austerlitz. — Feu partout! — Combat naval. — La brigade La Mariouse. — Le 35ᵉ de ligne. — Prise de la barricade du pont d'Austerlitz. — Les batteries mobiles. — Aspect de la rue Royale. — Le facteur Robardet. — Reconnaissance. — A qui l'on doit le salut du ministère de la marine.

Le général Douay ne se trompait pas : « Nous y étions. » Vers cinq heures du matin, M. Gablin entendit un cri perçant, un cri de femme : Voici l'amiral ! Il accourut et se trouva face à face avec l'amiral Pothuau, qui, accompagné d'un officier de marine et d'un officier de la gendarmerie coloniale, venait, lui troisième, reprendre possession de son ministère et ajoutait ainsi un trait héroïque à une existence où l'héroïsme n'a jamais fait défaut. « Bonjour, Gablin ; je suis content de vous revoir ! » Il y eut une minute d'expansion ; Mme Le Sage, qui avait reçu l'amiral, ne pouvait, malgré son énergie toute virile, retenir ses larmes. « Où est Le Sage ? demanda le ministre. — Il vous cherche, répondit sa femme. — Comment ! vous êtes seul ? dit M. Gablin. — Non pas, répliqua l'amiral, mon corps d'armée est derrière moi ; » et en souriant il montrait trois gendarmes qui, l'arme au bras, marchaient de front dans la rue Royale et se dirigeaient vers le ministère.

Voici ce qui s'était passé. L'amiral Pothuau avait établi son quartier général au Palais de l'Industrie, ne se doutant guère qu'il n'était séparé que par une cloison de l'ancien commandant en chef de la flottille, Durassier, qui mourait des suites de sa blessure. L'amiral n'avait point dormi ; involontairement, il regardait vers le ministère de la marine, qui se détachait en noir sur les flammes ; il écoutait et de ce côté n'entendait plus que de rares coups de fusil. Il eut une inspiration, comme les grands cœurs en ont souvent : il fit appeler son aide de camp, M. Humann, et un sous-lieutenant de gendarmerie coloniale, M. Jacquemot ; trois gendarmes suivirent et, à distance respectueuse, « emboîtèrent le pas. » L'amiral mit le sabre en main et partit. Il traversa le faubourg Saint-Honoré, échappa à une fusillade et arriva au ministère. L'amiral n'était pas entré que toutes les femmes du quartier se jetaient sur lui, l'embrassaient, lui baisaient les mains et criaient : « Enfin ! vous voilà ! nous sommes sauvés ! » Oui, sauvés en effet, parce que ce seul homme revenait dans sa maison souillée par la Commune.

Le ministère était dans un désordre inexprimable ; partout de la poudre répandue, des touries de pétrole brisées, des restes de victuailles, des bouteilles vides, des armes jetées au hasard, et jusqu'à des blessés abandonnés au milieu des escaliers. Sous la table même du cabinet du ministre on ramassa une tourie de pétrole, et dans la cheminée un obus décoiffé, caché au milieu d'un tas de paperasses accumulées. Par l'état dans lequel on retrouvait l'hôtel, il était facile de deviner l'intensité du péril auquel on venait d'échapper. L'amiral donna ordre de rechercher les insurgés que l'on pourrait encore découvrir ; puis il cria : « Au pavillon ! » On s'élança derrière lui dans les escaliers ; il monta jusque sur les toits, fit couper la drisse du drapeau rouge et le fit amener sous ses yeux. Quelques fédérés, encore embusqués derrière les épaulements du jardin des Tuileries, tirèrent sur lui et ne le dérangèrent pas. On hissa le drapeau tricolore, mais on ne put l'amarrer qu'à mi-mât, ce qui était de circonstance, car les pavillons en berne sont signe de deuil. M. Humann reçut ordre d'aller chercher une compagnie d'infanterie de marine et des fusiliers marins empruntés à la division Bruat, maîtresse du Corps législatif. M. Humann, qui était alors lieutenant de vaisseau, sauta sur un cheval abandonné dans les écuries du ministère, franchit la place de la Concorde, faillit être tué sur la place du Palais-Bourbon par un obus lancé des hauteurs de la rue de l'Université et ramena au pas de course une compagnie de fusiliers commandée par le lieutenant de vaisseau Moye et la première compagnie du 2⁰ régiment de marche que conduisait le capitaine Veyne. Lorsque cette poignée d'hommes sauta dans la rue Royale par-dessus la barricade, ce fut un cri de délivrance; tout ce qui n'avait pas fui, tout ce qui vivait encore dans ce quartier ravagé par l'incendie, se précipita vers ces braves gens et les étreignit en pleurant. Il y eut une immense clameur : « Vivent les marins ! » Ces soldats d'infanterie de marine appartenaient au bataillon du commandant Lambert, de l'existence duquel le tableau *les Dernières Cartouches* a reproduit un épisode. Au moment où les troupes de marine venaient se grouper autour du ministère, le comte Roger (du Nord) accourait se mettre à la disposition de l'amiral Pothuau, qu'il ne quittait plus. Quelques instants après, la division Vergé prenait possession de la rue Saint-Florentin, où les marins avaient déjà éteint l'incendie allumé dans l'hôtel Talleyrand. Le ministère de la marine était alors à l'abri d'un retour des fédérés, mais non point de tout danger, car la batterie du Père-Lachaise ayant aperçu le drapeau tricolore tirait dessus à toute volée. Heureusement les coups étaient trop « longs » et achevaient de bouleverser la place de la Concorde.

M. Humann, en traversant le pont, avait remarqué que la flottille — ou, pour mieux dire, ce qui restait de la flottille, — était amarrée près du quai de la Conférence; il en prévint l'amiral Pothuau, qui résolut de la faire servir à la défense de Paris. Le capitaine de vaisseau Ribourt, — actuellement vice-amiral, — commandant en chef des batteries de Montretout, avait massé ses canonniers au Champ de Mars et en gardait un certain nombre sous sa main au ministère des affaires étrangères, où il se tenait de sa personne. C'est là que vers neuf heures du matin il reçut ordre de prendre le commandement des canonnières de la Seine et de remonter le fleuve en attaquant les positions des insurgés. Il avait déjà dirigé un détachement sur la rue de Lille pour essayer de combattre les incendies; ce fut en vain; trop de pétrole avait été versé par les soins d'Eudes et de Mégy; trois matelots, s'aventurant au milieu des brasiers, périrent écrasés sous l'écroulement d'un mur des archives de la Cour des Comptes; un autre détachement, commandé par le lieutenant de vaisseau de La Bédollière, filant par le quai des Tuileries, avait pénétré dans le Louvre pour aider les chasseurs du marquis de Sigoyer à sauver les musées. Le commandant Ribourt envoya ses canonniers prendre possession des canonnières, et il se rendit au ministère de la marine, où il rencontra M. de Champeaux, qui y arrivait de son côté. Pour manœuvrer les canonnières, ce n'étaient ni les officiers ni les marins qui manquaient, c'étaient les mécaniciens. Comment en trouver au milieu du désordre où Paris se débattait et semblait près de succomber?

Les commandants Ribourt et de Champeaux ayant appris, je ne sais comme, que les mécaniciens des bateaux-mouches se réunissaient souvent à la prétendue frégate où l'on distribue des douches et des bains en aval du Pont-Royal, s'y rendirent et y furent fort mal reçus par une femme effarée qui, à toute question, répondait : Je ne sais pas. Le commandant Ribourt prit son air le plus grave et dit : « Madame, nous avons besoin de mécaniciens afin d'aller avec nos canonnières jusqu'à Bercy couler bas une flottille de brûlots chargés de pétrole que la Commune vient de lâcher sur la Seine, de façon à mettre le feu à tous les lavoirs, bateaux, établissements de bains qui sont sur le fleuve. » La dame fit un bond; on venait de plaider *pro domo suâ*. Elle sortit, suivie de MM. de Champeaux et Ribourt; elle s'arrêta dans une maison du quai d'Orsay et conduisit les deux capitaines de vaisseau chez le directeur même de la Compagnie des Mouches. On répéta à celui-ci la fable qui avait déjà eu bon succès. Sans prendre le temps de quitter ses pantoufles, le brave homme courut jusqu'à la rue Surcouf, entra dans un cabaret et en sortit bientôt avec quatre mécaniciens et deux patrons.

Trois canonnières ne paraissaient pas hors de service, *la Claymore*, *le Sabre* et *la Farcy*; mais on s'aperçut bientôt que la machine de cette dernière fonctionnait mal et qu'en outre la vis de culasse manquait à la pièce; il fallut donc l'abandonner. *La Claymore*, commandée par le lieutenant de vaisseau Wyts, *le Sabre*, commandé par le lieutenant de vaisseau Bourbonne, placés tous deux sous la direction du capitaine de frégate Rieunier, purent appareiller vers deux heures de l'après-midi; elles étaient accompagnées par une chaloupe, *la Vedette* n° 4, qui, conduite par l'enseigne Mercier, apportait les vivres, les munitions, servait d'estafette et enlevait les blessés. Dès leur arrivée au pont des Arts, elles prennent part au combat qui se livrait dans la Cité, derrière la Préfecture de police et le Palais de Justice incendiés par ordre de Ferré. Le lendemain, jeudi 25 mai, les deux canonnières, à bord de l'une desquelles le commandant Ribourt s'était rendu, remontèrent la Seine, battant les quais des Ormes, de Saint-Paul et des Célestins. Un peu plus tard, devançant nos colonnes qui marchaient parallèlement sur la rive droite et sur la rive gauche de la Seine, elles s'embossèrent à cent mètres en aval du musoir sud du canal Saint-Martin. Là elles livrèrent un véritable combat naval.

Le pont d'Austerlitz, à son point d'attache sur la

place Mazas, était formidablement défendu. Un fossé précédant une barricade l'oblitérait complètement. La barricade appuyée sur les parapets du quai enveloppait toute la place et se reliait par derrière au dépôt municipal de pavés qui occupe l'intervalle compris entre le boulevard Mazas et la rue Lacuée. Porté vers le sud-ouest jusqu'au musoir du canal Saint-Martin, protégé au sud-est par la Seine, au nord par la gare de l'Arsenal, cet ouvrage, d'une force extraordinaire, était armé de cinq pièces de 7, de cinq pièces de 4, de deux obusiers de 15 et d'une mitrailleuse. C'était, dans une position pareille, de quoi tenir, et longtemps, contre tout un corps d'armée. La division de l'amiral Bruat occupait le boulevard de l'Hôpital, la gare d'Orléans et débordait jusqu'à la place Walhubert. La division Faron tenait les deux rives de la Seine : la rive gauche, par la brigade Derroja, massée dans le Jardin des Plantes ; la rive droite, par la brigade La Mariouse, abritée dans le magasin central de la ville, sur le quai Morland, arrêtée devant le canal par les insurgés qu'elle ne pouvait tourner en s'engageant sur le quai Bourdon où les greniers d'abondance, formant un vaste foyer d'incendie, interdisaient toute tentative de passage. Le feu de la barricade était tel, qu'une batterie de six pièces établie sur le quai Saint-Bernard, devant la grille du Jardin des Plantes, fut abandonnée ; elle fut du reste immédiatement remplacée par une demi-batterie de trois pièces de 4 qui, installée devant la rue Cuvier, ne broncha pas et tint tête aux canons de l'insurrection. Nos troupes ne pouvaient arriver jusqu'à la redoute du pont d'Austerlitz qu'en se glissant le long du bord de l'eau, par la berge même et en jetant des planches sur l'embouchure du canal dans la Seine. C'était difficile, mais non pas impossible ; elles l'ont prouvé.

La division Bruat, la brigade Derroja, la brigade

La Mariouse, tiraient sur la barricade, qui ripostait. Les canonnières lançaient des obus malgré le feu plongeant des insurgés, qui était des plus meurtriers pour elles. Le commandant Rieunier était blessé, l'enseigne Huon de Kermadec venait d'être tué. C'était une rumeur formidable; l'eau jaillissait sous les projectiles qui la fouettaient; les vitres éclataient dans les maisons; les détonations, répercutées sous les arches du pont, roulaient comme un ouragan; un coup n'attendait pas l'autre. Comme le comte d'Estaing à la prise de Bender-Abassi, le commandant Ribourt aurait pu lancer son chapeau en l'air et s'écrier: « Feu babord, feu tribord, feu partout, feu dans ma perruque! » Au *Sabre* et à *la Claymore* était venue se joindre *la Mitrailleuse*, sous le commandement du lieutenant de vaisseau Dupuis. C'était un renfort et la canonnade n'en fut que plus vigoureuse. N'était-ce pas assez du feu des insurgés pour la pauvre petite flottille? Une pièce de la demi-batterie de la brigade Derroja, mal dirigée par négligence, envoya un paquet de mitraille à bord du *Sabre* et blessa un homme grièvement. Un enseigne de vaisseau, M. Germinet, monta en you-you et, traversant la Seine sous une tempête de mort, alla prier l'officier d'artillerie de vouloir bien rectifier son tir.

Le seul moyen de permettre aux soldats de la brigade La Mariouse de sortir de l'île Louvier et d'assaillir la barricade était de chasser les insurgés retranchés sur le petit pont qui franchit le canal, au-dessous de la gare de l'Arsenal. Le commandant Ribourt le comprit et donna ses ordres en conséquence. Les canonnières firent un mouvement en avant, s'embossèrent juste en face du musoir, par le travers du courant de la Seine, et, ne répondant plus au feu de la barricade Austerlitz, lancèrent des tas de mitraille sur ce pont, qui fut promptement dégagé. Des sapeurs du génie glissèrent quelques planches sur les deux rives de la berge entre lesquelles le canal se dégorge dans la Seine. Bientôt une passerelle fut établie et le 35e de ligne se massa en colonne d'assaut. Les batteries de droite et de gauche, les fortes pièces des canonnières tonnèrent pendant quelques minutes, puis tout se tut. Le colonel Vanche commanda : En avant ! La colonne s'élança au pas de course le long de la berge, passa sous le pont d'Austerlitz, remonta par le quai de la Râpée et arriva derrière la barricade au moment où ses derniers défenseurs s'enfuyaient par la rue Lacuée. La division Faron avait accompli ce tour de force avec un aplomb et un entrain admirables ; je suis persuadé qu'elle se serait rendue maîtresse toute seule de cette forteresse si terriblement armée ; mais il est juste de dire que les canonnières n'ont pas nui à son succès et ont singulièrement aidé au dénoûment. Elles ont été valeureuses au delà de toute expression et n'ont reculé ni devant aucune difficulté, ni devant aucun sacrifice ; un chiffre le constatera : sur un effectif de quatre-vingt-deux hommes, vingt-six furent tués ou blessés : près du tiers ; c'est là une proportion absolument anormale.

Là s'arrête le rôle militaire des canonnières ; elles n'ont plus qu'une surveillance à exercer sur la Seine. Leur action a été prépondérante, elle a ouvert la rive droite dans la partie orientale de la ville, et a permis aux corps d'armée qui manœuvraient sur la rive gauche d'aller vers la Bastille, vers la mairie du XIe arrondissement et vers le Père-Lachaise.

Pendant que nos marins poursuivaient leur œuvre de salut, pendant que les batteries mobiles de la marine, hissées dans l'église de la Trinité, sur les balcons de la rue Lafayette, sur la galerie de l'Institut, et ailleurs, démolissaient les barricades sous le commandement du lieutenant de vaisseau Gaillard, et arrachaient un cri d'admiration au général d'artillerie Clappier [1], la rue Royale continuait à brûler. Qui ne se rappelle ces foyers, dont les poutres en s'écroulant faisaient jaillir des débris enflammés? qui ne se rappelle ces murs éventrés, ces plaies vives de la demeure dévoilant ses secrets? qui ne se rappelle l'ardeur des pompiers, dont les premiers arrivés furent ceux de Marly-le-Roi, et qui luttèrent en vain pour arracher à l'incendie une proie qu'il ne lâcha plus? J'ai vu là un spectacle que je n'oublierai jamais. Parmi les sept malheureux qui furent asphyxiés dans les caves de la maison d'angle de la rue Royale et du Faubourg-Saint-Honoré se trouvaient le portier et sa femme. Lorsque, après avoir pu creuser une tranchée sous les ruines embrasées, on fut parvenu jusqu'à eux, on les retrouva enlacés dans les bras l'un de l'autre. Le mari, M. Robardet, était facteur à la poste; ses camarades voulurent lui rendre les derniers devoirs. Il n'y avait plus alors de corbillards, car l'administration des pompes funèbres était encore au centre de l'insurrection. Un menuisier cloua deux cercueils dans lequel on enferma les deux cadavres. Les bières furent placées sur une victoria, et comme on n'avait pu se procurer de drap mortuaire pour les envelopper, on jeta dessus deux manteaux de facteur. On les conduisit à Saint-Augustin, puis au cimetière Montmartre. Tous les facteurs suivaient;

---

[1] Le général d'artillerie Clappier, ayant mandé le commandant Ribourt, lui a dit : « Je n'osais compter sur des résultats aussi remarquables que ceux obtenus avec ces petites pièces portées dans les églises, sur les monuments ou aux étages élevés. Nous aurions certainement perdu beaucoup de monde sans ces pièces, dont le tir plongeant balayait les barricades que nos troupes devaient franchir. Dites cela au ministre, et ajoutez, je vous prie, que j'ai rarement vu des hommes aussi solides, aussi modestes et aussi calmes au feu que vos braves matelots. » (Extrait du rapport du commandant supérieur des batteries à M. le Ministre de la marine.)

Paris les vit passer, s'en émut, et raconta que M. Rampont, directeur des postes, avait été fusillé.

Pendant les cinquante-six jours que dura la lutte contre la Commune, la marine n'a point ménagé son dévouement; elle se donna sans réserve à la cause de la civilisation. Lors des derniers combats, pendant cette semaine qui semble avoir résumé tous les épouvantements de l'histoire, elle fut au premier rang de nos soldats, rivalisant de courage avec eux pour purger notre ville des sanies qui la déshonoraient; autant que nul autre corps d'armée, elle eut l'esprit de sacrifice et d'abnégation. Elle a été dans nos rues, contre les bandes d'assassins et d'incendiaires, ce qu'elle est sur les océans et sur les terres lointaines : brave, inébranlable et simple. Paris, pour lequel sans marchander elle a donné son sang, ne l'oubliera pas. Quant aux Parisiens, lorsqu'ils passent sur la place de la Concorde et qu'ils admirent le monument construit par Gabriel, qu'ils se souviennent qu'ils en doivent la conservation au docteur Mahé, chirurgien de la marine, à M. Gablin, chef du matériel, et à l'amiral Pothuau, qui, venant seul, comme un paladin des romans de chevalerie, reprendre possession de sa résidence, a, sans tarder, mis en œuvre tous les moyens d'action dont il disposait, pour aider la France à reconquérir sa capitale.

CHAPITRE II

LA BANQUE DE FRANCE

I. — PENDANT LA GUERRE.

Prophétie. — Dangers exceptionnels. — Pourquoi la Banque fut sauvée. — Une idylle. — Transport des valeurs. — Projectiles explosibles. — Secret bien gardé. — La garde nationale. — Le bataillon de la Banque. — Le commandant Bernard. — Les vers de M. Bramtot. — Incohérence des plans de campagne. — Les employés de la Banque à Montretout. — La rançon de Paris. — Pendant la guerre, la Banque a prêté 1610 millions à la France. — Le bilan de la Banque au 18 mars.

En 1869, ayant eu à décrire les différents rouages de la Banque de France, je terminais mon étude en disant : « La Banque est le cœur même de la vitalité commerciale et industrielle de la France ; c'est la bourse toujours ouverte où les petites gens vont puiser. Elle est à la fois le phare, le refuge et le port de ravitaillement ; tout succomberait avec elle si on la brisait violemment, et les auteurs d'un pareil crime seraient les premiers à mourir de faim sur les ruines qu'ils auraient faites. Il n'y a rien de semblable à craindre : en admettant qu'une révolution soit encore possible, elle n'atteindrait pas plus la Banque que

1830 et 1848 ne l'ont atteinte ; elle est et elle restera l'exemple d'un établissement qui a pu traverser sans péril des crises que l'on croyait mortelles, que le cours forcé de ses billets a popularisé, et qui, par la moralité, par la prudence avec lesquelles il est conduit, par l'excellent mécanisme du gouvernement constitutionnel qui dirige ses destinées, est devenu pour le crédit public un organe d'une puissance unique au monde [1]. »

J'avoue que je ne croyais pas si bien dire et que je ne m'imaginais pas alors que les évènements me donneraient si promptement raison. Les révolutions de Juillet et de Février paraissent bien molles, lorsqu'on les compare à la truanderie communarde ; et la situation qu'une série de défaites imposait à la France était autrement grave que les circonstances dont furent entourés l'avènement de la branche cadette des Bourbons et la résurrection de la république. Ce n'était plus un coup de surprise promptement régularisé par l'intérêt public inquiet de son avenir ; ce n'était plus un changement de gouvernement obtenu par la violence, alors qu'une simple modification ministérielle aurait suffi à toutes les nécessités politiques ; c'était, cette fois, à la suite de revers sans nom, d'illusions lâchement entretenues et qui seront peut-être dans le plaidoyer de l'histoire les circonstances atténuantes du crime, c'était le bouleversement complet de l'état de choses consenti, c'était une éruption sociale prophétisée de longue date, mais à laquelle on s'était toujours refusé de croire, tant elle semblait absurde.

Comment se fait-il qu'au milieu du désastre la Banque de France seule ait pu subsister ? comment seule est-elle sortie intacte du naufrage, ne suspendant même

[1] Voir *Paris, ses organes, ses fonctions et sa vie dans la seconde moitié du XIXᵉ siècle*, t. II, chap. xi.

pas ses opérations pendant la bourrasque et reparaissant plus vivace que jamais ? Cela tient d'abord à l'excellence même de sa constitution, au dévouement dont tout son personnel, depuis le plus haut fonctionnaire jusqu'à l'employé subalterne, a donné des preuves pendant ces jours de tourmente, et — je me hâte de le dire — cela tient aussi à la droiture de Charles Beslay, délégué de la Commune à la Banque, et à la probité de François Jourde, délégué aux finances pour le Comité central et pour la Commune. La Banque ne fut pas à l'abri de tout péril ; elle fut pressée, réquisitionnée, menacée ; mais elle fut sauvée, et avec elle furent sauvés le crédit de la France, la fortune publique, qui purent faire face, sans trop d'efforts, aux obligations d'une indemnité de guerre écrasante, sous laquelle toute autre nation, fut-ce celle des vainqueurs, aurait fléchi. Le salut n'a point été obtenu sans combat, et plus d'un incident a inquiété le grand établissement de la rue de la Vrillière ; ces incidents, nous allons essayer de les raconter, et ce sera pour nous une sorte de soulagement ; car, au milieu de la Commune, l'aventure de la Banque de France ressemble presque à une idylle.

Dès que nos frontières de l'Est eurent livré passage aux armées allemandes qui avaient coupé nos communications militaires et refoulaient nos forces insuffisantes, la Banque de France fit refluer vers la caisse centrale de Paris les valeurs métalliques, fiduciaires ou représentatives qui se trouvaient dans les succursales provinciales menacées. Ce premier devoir accompli, d'enlever à l'ennemi « le nerf de la guerre » et de sauvegarder les intérêts qui lui étaient confiés, la Banque s'occupa d'un autre soin qui ne paraissait pas moins urgent. Il n'était plus douteux que la situation devenait d'une gravité exceptionnelle. Bazaine luttait sous Metz, non sans gloire, mais sans résultat ; les débris de l'armée de Mac-Mahon rassemblés à Châlons, augmentés par des mobiles sans instruction, renforcés de régiments incomplets que l'on attirait en toute hâte, pouvaient livrer bataille à l'Allemand, mais n'étaient point de taille à l'arrêter. Il était facile de prévoir, presque à date précise, l'heure où Paris serait peut-être l'objet d'un coup de main qui, grâce à l'un de ces mille hasards dont sont faits les succès à la guerre, pourrait ne pas échouer. A ce moment, l'encaisse métallique de la Banque était énorme et c'était une proie qu'il fallait soustraire aux réquisitions que l'Allemagne n'eût pas manqué d'imposer à Paris, si elle y fût entrée de haute lutte. Où porter ces sacs, ces lingots d'or, ces barres d'argent, ces monnaies de toute sorte et de toute valeur ? Ce fut l'amiral Rigault de Genouilly qui indiqua lui-même l'endroit où ces richesses devaient être transférées. Dans une correspondance qu'il libella de sa ferme et grosse écriture, il adressa ses ordres à l'un des préfets maritimes, prévit les éventualités et prit de telles mesures que, si l'armée prussienne s'était emparée de la ville désignée par l'amiral, elle n'y eût trouvé ni la réserve de la Banque, ni les diamants de la couronne, ni les principaux tableaux du musée du Louvre que l'on avait réunis dans un lieu bien choisi, à l'insu même de ceux qui avaient mission de les garder.

La Banque se hâtait, car l'opération fut longue ; il est à remarquer que celle-ci fut tenue secrète, malgré le nombre de personnes qui y furent associées. D'abord les layetiers qui fabriquaient les caisses et qui les marquaient d'un avertissement majuscule : *Attention ! projectiles explosibles*. Ensuite les garçons de recette, « les habits gris », entre les mains desquels

glissait ce Pactole ; puis les convoyeurs vêtus à la
diable, ayant quitté l'uniforme de la Banque, qui montaient sur les fourgons et les escortaient jusqu'aux
gares des chemins de fer. Tout le monde garda le
silence et fit acte de dévouement professionnel. A cette
heure de suscipion et de colère, quelles clameurs, si
l'on eût reconnu une de ces voitures emportant quelques millions ! quelles nouvelles trahisons on eût
découvertes et comme on eût accusé le pouvoir, le
Corps législatif, les généraux de vouloir affamer Paris !
Nul n'en sut rien, et lorsque l'on révéla le fait à la
population parisienne, c'était pour lui prouver, aux
mauvais jours de la Commune, qu'il n'y avait plus rien
dans cette caisse de la Banque qu'elle voulait visiter
avec trop de curiosité. Du 20 août au 13 septembre,
nuit et jour, on fut sur pied, et lorsque l'ennemi apparut
sur les hauteurs qui commandent les approches de
Paris, l'encaisse métallique était hors d'atteinte. Il avait
fallu 500 « colliers » pour la transporter de l'hôtel de
la Banque aux chemins de fer, car elle était lourde,
pesait 1 238 260 kilogrammes et représentait 520 millions en métal. Sait-on combien de caisses avaient
été nécessaires pour contenir cette fortune ? — 24 855.

En même temps que la Banque prenait ses dispositions pour aider la France à lutter jusqu'à épuisement
en se faisant sa trésorière générale et en lui livrant,
sans marchander, les ressources financières qu'elle
tenait en réserve, elle n'hésitait pas à mettre son personnel au service de la défense de Paris. Soixante-dix
employés du chef-lieu et des succursales avaient rejoint l'armée active ou étaient incorporés dans la
garde mobile ; mais cela ne parut pas suffisant, et l'on
forma rue de la Vrillière deux compagnies de gardes
nationaux, qui, sous les numéros 7 et 8, entrèrent
dans la composition du 12ᵉ bataillon du premier arron-

dissement. Ces deux compagnies fournirent des détachements pour le service des bastions et occupèrent le poste même de la Banque, où tant d'intérêts devaient être protégés. Le personnel élut ses officiers ; de part et d'autre il y eut abnégation, car je vois que M. Léon Chazal, contrôleur principal, faisait fonctions de simple soldat. Le capitaine en premier, celui auquel les deux compagnies obéissaient, était un employé à la comptabilité des billets ; il avait été désigné à l'unanimité, et ce choix était excellent. En effet, le capitaine de la Banque était un ancien chef de bataillon en retraite, officier de la Légion d'honneur, sorti du 26° de ligne après une carrière militaire irréprochable, et se nommait M. Bernard. C'est un homme qui n'est plus jeune ; la vie ne lui a pas été clémente, et si je n'étais retenu par des scrupules que la discrétion m'impose, il me serait facile de prouver que nul autant que lui ne sait pousser loin le respect de son nom et l'esprit de sacrifice.

Pendant la durée de l'investissement, le service intérieur et le service extérieur furent faits avec régularité. On s'était « militarisé », on avait appris à manier les armes, à « se sentir les coudes ». C'était comme une tribu dont chacun était dévoué à l'œuvre commune, et qui ressentait le petit orgueil d'appartenir à une sorte de corps d'élite, recruté parmi des hommes de même fonction, habitués à vivre ensemble, de même famille, pour ainsi dire. Aux heures de péril, pendant la Commune, cette organisation, qui subsistait, qui s'était fortifiée, fut pour quelque chose, pour beaucoup peut-être, dans l'espèce de respect que la Banque inspirait aux fédérés. On faisait gaiement son devoir ; au premier signal, on quittait les comptes courants pour revêtir le harnais de guerre, et M. Bramtot, simple garde du premier peloton de la compagnie n° 7, a spirituellement célébré sur la lyre ce bataillon sacré de la comptabilité :

> Huit heures vont sonner au cadran de la Banque ;
> La compagnie est là, sur deux rangs ; nul ne manque.
> Et les fiers employés, semence de héros,
> S'alignent, l'arme au bras et le sac sur le dos.
> Qu'ils ont l'air belliqueux sous leur nouveau costume !
> Le fusil dans leurs mains a remplacé la plume,
> Et tous font à l'envi, changeant d'ambitions,
> La manœuvre aussi bien que les additions !

On était bien énervé alors ; tout pesait lourdement sur Paris, et cependant de ces premiers mois de siège on peut dire encore : c'était le bon temps ! Contre le désespoir même on espérait ; on s'entêtait à croire que les efforts de la province combinés avec ceux de Paris finiraient par rompre le cercle de fer qui nous étreignait. On ne pouvait supposer que nulle action d'ensemble, convergeant au même but, n'eût été préparée ; pour tout homme de sens il était certain que M. Léon Gambetta, lorsqu'il partit en ballon pour aller saisir la dictature de la France, emportait un plan de campagne arrêté entre lui et le général Trochu. Hélas ! il n'en était rien, on l'a su plus tard ; toute lumière a été faite sur ce point. Chacun d'eux, laissé à sa propre initiative, imagina des opérations de guerre contradictoires à celles de l'autre, et pendant que M. Trochu rêvait de débloquer Paris en s'ouvrant une route vers la Normandie, qui lui donnait la mer et les flottes, M. Gambetta essayait vainement de nous apporter la délivrance par Orléans. Jeanne d'Arc n'y était plus et le chemin resta fermé.

De cette incohérence de l'action, de cette hésitation dans le choix des moyens sortit une aggravation du mal qui frappa les esprits réfléchis ; on fit un suprême effort pour mettre au service de Paris toutes les ressources dont on disposait; les deux compagnies de la Banque détachèrent d'elles-mêmes une troisième compagnie, compagnie de marche qui devait aller au feu dans les jours de bataille, qui y alla et fit bonne contenance. Lorsque le gouvernement de la défense nationale se résolut à livrer un dernier combat, non pas dans l'espoir de briser la triple ligne d'attaque dont nous étions investis, mais pour démontrer, par un argument irrésistible, à la garde nationale qu'il fallait capituler, la compagnie de marche de la Banque mit sac au dos et partit pour Montretout. Sous le commandement de M. Bernard, promu au grade de chef de bataillon, « les fiers employés, semence de héros, » auxquels on avait adjoint quelques soldats de ligne, brûlèrent leurs cartouches et combattirent sinon pour le salut, du moins pour l'honneur du pays. Ils furent à Saint-Cloud, à Garches, tinrent bon dans les postes qu'ils occupaient et ne quittèrent le champ de bataille qu'après en avoir reçu l'ordre.

Quand tout fut fini, quand la capitulation eut livré nos forts, désarmé nos troupes et oublié l'armée de Bourbaki, quand le pain commença à entrer dans Paris, d'où tout le monde s'échappait comme d'une ville pestiférée, le bataillon de la Banque conserva ses fusils et continua à garder ses postes. La Banque n'avait point failli à son devoir, qui, pendant toute la durée de la guerre, semble avoir été de ne reculer devant aucun sacrifice pour sauver le crédit du pays. Paris dut payer rançon comme un roi prisonnier; où trouver les 200 millions qu'on lui imposait? Il les demanda à la Banque, qui ouvrit ses caisses et les lui remit sur l'heure. On se récria sur l'énormité de cette rançon; les membres du gouvernement se frottaient les mains et racontaient volontiers que le négociateur avait été autorisé à accorder beaucoup plus. Les journaux s'emparèrent du fait, le commentèrent, désignèrent des chiffres, et, sous prétexte de railler les Allemands, leur apprirent, avec un manque de tact inexcusable, que leurs prétentions n'avaient point été excessives. La Banque ne s'était point contentée de faire à la ville de Paris l'avance de sa rançon, elle avait rendu à la France des services bien autrement sérieux.

Lorsque l'armistice signé eut mis fin à la guerre, la Banque et la France firent leurs comptes, et l'on s'aperçut que l'une avait prêté à l'autre la somme de 1610 millions. Cette avance, la Banque avait pu la faire sans fausser son règlement, sans sortir de ses attributions. Autorisée par sa loi fondamentale à escompter les effets revêtus de trois signatures offrant de réelles garanties, elle avait escompté le papier de l'État, car elle connaissait trop bien nos ressources pour jamais douter de la solvabilité de la France. Donc, secourant Paris, lui évitant une occupation militaire, vidant ses coffres entre les mains du gouvernement et le mettant ainsi en mesure de continuer la lutte contre l'invasion, la Banque, dans sa sphère exclusivement financière, avait poussé le patriotisme aux dernières limites, et seule peut-être avait contribué à empêcher la ruine complète du pays. Par suite de la coïncidence des évènements, ce rôle qu'elle avait tenu pendant la guerre, avec une grande fermeté, elle allait le reprendre pendant la durée de la Commune.

Aussitôt que les routes furent libres, la Banque fit revenir quelques-unes des 24 855 caisses qu'elle avait expédiées en lieu sûr avant l'investissement de Paris. On avait besoin de métal dans notre grande ville, car il était urgent de faire disparaître de la circulation tous ces minces billets de un ou de deux francs, frappés par des établissements de crédit particuliers, et qui avaient servi de monnaie obsidionale, mais auxquels notre richesse ne nous a pas accoutumés. Les sacs d'or sortaient donc de leur cachette et rentraient dans les caves de la rue de la Vrillière. Les lingots étaient prêts à être transportés à l'hôtel des Monnaies, aux balanciers duquel il fallait donner du travail. Le grand mouvement d'échange, qui est la vie même de la Banque, allait renaître, lorsque Paris repoussa la France vers l'abîme d'où elle essayait de sortir. Les maladresses d'un gouvernement sans consistance, les ambitions désordonnées d'un parti révolutionnaire sans patriotisme, amenèrent la journée du 18 mars, d'où sortit la Commune. La Banque arrêta immédiatement le retour de son métal, estimant qu'elle n'en avait que trop à Paris et qu'il fallait se garder d'offrir des excitations aux convoitises qu'elle avait à redouter.

On sait en quoi consiste ce que l'on nomme le gouvernement de la Banque de France. Des régents élus à la majorité des voix par les actionnaires représentent le pouvoir législatif et forment le conseil général; nulle mesure ne peut être adoptée qu'après discussion et vote du conseil; le conseil est en fait et en droit le délégué du capital de la Banque. Le pouvoir exécutif est composé d'un gouverneur et de deux sous-gouverneurs nommés par l'État. Ils surveillent la régularité des opérations, assurent la mise en vigueur des statuts, dirigent le personnel dont ils sont responsables et président le conseil général, hors de l'avis duquel, en temps normal, ils ne peuvent, ils ne doivent exercer aucune initiative. Au moment où éclata l'insurrection du 18 mars, le gouverneur de la Banque de France était M. Rouland, ancien procureur général, ancien ministre; les sous-gouverneurs étaient M. Cuvier, ancien membre du Conseil d'État élu de 1848, et M. le marquis de Plœuc, sorti de l'inspection des finances. M. Cuvier, alors absent de Paris pour son service, avait, pendant la guerre, représenté la Banque près de la délégation de Tours et de Bordeaux. Derrière ces hauts fonctionnaires venaient les chefs des quatre grands services : M. Marsaud, secrétaire général ; M. Chazal, contrôleur ; M. Mignot, caissier principal ; M. de Benque, secrétaire du conseil général. Si, au lieu de parler de la Banque, nous parlions d'un corps d'armée, nous pourrions dire que son état-major était composé d'un maréchal, de deux généraux de division, dont un absent, et de quatre généraux de brigade. C'était là le personnel. Quelle fortune allait-il avoir à défendre ? Voici le bilan de la Banque de France à cette date : encaisse, 243 millions (numéraire 77, billets 166) ; portefeuille, 468 millions ; effets prorogés, 431 millions ; valeurs déposées en garantie d'avances, 120 millions ; lingots déposés, 11 millions ; bijoux déposés, 7 millions ; titres déposés, 900 millions ; billets de banque prêts à être livrés, c'est-à-dire auxquels il ne manquait que la griffe du caissier principal, 800 millions : donc un total de 2 millards 980 millions.

II. — LES MOYENS DE DÉFENSE.

Ce que fait la Banque pendant la journée du 18 mars. — On ferme les grilles. — On fait demander du secours. — En reconnaissance. — Les assassinats à Montmartre. — Les constructions de la Banque. — Position militaire. — Sous les armes. — Branle-bas de combat. — Postes désignés d'avance. — Velléités de résistance à Paris. — Pas de munitions. — La Banque sur la défensive. — Les patrouilles. — Vigilance.

Le 18 mars, pendant que les fédérés des buttes Montmartre assassinaient le général Lecomte et Clément Thomas, le conseil général de la Banque, présidé par le gouverneur, délibérait afin de donner au commerce des facilités de payement relatives aux effets prorogés qu'une loi, criminelle à force de maladresse, venait de rendre exigibles. On se savait trop rien de ce qui se passait. Toute la nuit on avait entendu sonner l'alarme et battre la générale ; on se doutait bien qu'une action était engagée, mais on croyait que l'on se rendrait maître, sans trop de difficultés, de ces canons que l'on avait imprudemment laissé à la population le loisir de traîner sur les points élevés qui dominent Paris. Les premières nouvelles arrivèrent à la Banque vers deux heures de l'après-midi ; elles n'étaient point rassurantes. Les quartiers populaires étaient soulevés ; presque partout les soldats se désarmaient eux-mêmes et échangeaient des accolades avec les émeutiers ; seuls les gardes de Paris, les gendarmes et les gardiens de la paix avaient fait leur devoir et s'étaient vus forcés de rétrograder devant la masse insurgée qui les repoussait. On disait que des généraux étaient prisonniers, que la population restait indécise ; on ajoutait que les membres du gouvernement, réunis au ministère des affaires étrangères, discutaient entre eux et paraissaient ne savoir à quel parti s'arrêter.

C'était grave ; la Banque pensa aux richesses qu'elle renfermait, et estima qu'elle devait être protégée contre une irruption possible de l'émeute. Derrière les portes closes, on ferma les grilles ; les employés s'armèrent et se tinrent prêts. On crut bon de faire appuyer les compagnies de la Banque par quelques soldats de l'armée régulière, et le gouverneur chargea le contrôleur, M. Chazal, d'aller chez le général Vinoy lui demander de faire diriger sur l'hôtel de La Vrillière une compagnie de gendarmes qui était de service à la mairie Ier arrondissement. Le colonel Filippi, sous-chef d'état-major, délivra l'ordre demandé, tout en disant à M. Chazal qu'on ne pourrait probablement pas l'exécuter. A l'état-major, on fait ses préparatifs pour se mettre en retraite, car on vient de recevoir une dépêche qui prescrit de se retirer sur Versailles. Les nouvelles sont tout à fait mauvaises et exagérées : on dit que l'insurrection menace l'Hôtel de Ville et qu'elle s'est déjà emparée de la Préfecture de police. Lorsque M. Chazal revint à la Banque, les gendarmes avaient rallié les débris d'armée qui se repliaient. La Banque allait rester livrée à elle-même, n'ayant plus à son service d'autres forces militaires que son bataillon d'employés, car la compagnie de ligne qui gardait le poste placé à l'angle de la rue de la Vrillière et de la rue Radzivill devait partir le lendemain pour rejoindre le régiment dont elle faisait partie.

Le soir, on envoya des escouades d'employés en reconnaissance, et l'on fut quelque peu découragé lorsque l'on sut que le gouvernement, se réfugiant à Versailles, avait attiré à lui le personnel de toutes les administrations. La Banque l'apprenait par la voix publique, car, dans la rapidité de cette déroute, nul n'avait songé à lui adresser un avis officiel. La Banque est dans une situation toute spéciale; elle ne peut émigrer; elle est là où est la caisse, car celle-ci contient un dépôt confié à son honneur. Dans cette œuvre de salut, tous les employés, quelle que fût leur opinion politique, se sentirent solidaires les uns des autres. Sans effort et par le seul effet du devoir professionnel, on fut résolu à sauver le dépôt, à protéger les valeurs réelles représentant les valeurs fiduciaires, à rendre intact le trésor dont on avait accepté la garde, ou à mourir en le défendant.

Le lendemain, 19 mars, était un dimanche; la population de Paris vaguait dans les rues, épelait les affiches placardées sur les murs, ne semblait pas rassurée du sort qu'on lui promettait et se racontait le meurtre des deux généraux massacrés à Montmartre; on disait : « Ça coutera cher à ceux qui l'ont fait; tôt ou tard on les découvrira. Le général Lecomte a été tué tout de suite, puis on a tiré sur son cadavre; quant à Clément Thomas, ça faisait pitié; il marchait à reculons, tenant son chapeau à la main gauche et s'abritant le visage derrière le bras droit; le sang coulait de sa poitrine; parfois il abaissait son bras et criait à ses assassins : Lâches! misérables! vous tuez la république, pour laquelle j'ai tant souffert!... A la fin, il est tombé, ils ont continué à tirer dessus; il a reçu plus de cent coups de fusil; il avait la plante des pieds traversée[1]. On dit aussi que l'on a tué des gendarmes et des sergents de ville; tout ça finira mal; si cela continue, les Prussiens ne tarderont pas à s'en mêler. » Pendant que les groupes de promeneurs se désespéraient et s'indignaient, la Banque préparait ses moyens de défense. C'était jour de congé pour les employés; on n'en avait convoqué aucun, et presque tous étaient venus se mettre à la disposition de leurs chefs. M. Marsaud, M. Chazal, M. Mignot, M. de Benque, étaient là et causaient avec le commandant Bernard, que les circonstances élevaient au rang de gouverneur militaire de la Banque de France. De ce jour il en prit les fonctions, qu'il exerça avec sagacité et prudence, jusqu'au 24 mai, c'est-à-dire pendant deux mois.

Les constructions où sont installés les bureaux, les caisses, les serres, les caves, les salles de délibération, l'imprimerie, les galeries de recette, le logement des fonctionnaires, les postes de surveillants de la Banque de France, forment un îlot assez considérable, ayant l'apparence d'un rectangle tronqué, serti entre les

---

[1] Procès Garcin; jugement contradictoire; 3ᵉ conseil de guerre; 26 mars 1878.

rues de la Vrillière, Radzivill, Baillif et Croix-des-Petits-Champs. Placée au milieu d'un quartier populeux que sillonnent une grande quantité de petites rues; voisine des passages Vivienne et Colbert, qui peuvent servir de chemins couverts pour s'en approcher; à proximité des Halles, de la place des Victoires, qui la découvre par la rue Catinat; à peine séparée du Palais-Royal, la Banque est dans une position périlleuse, car on peut l'attaquer de plus d'un côté; mais lorsqu'elle a clos ses grilles et fermé ses volets, elle est facile à défendre, car on ne peut la menacer sérieusement qu'à courte distance; or, à portée restreinte, un fusil à répétition est plus redoutable qu'une pièce d'artillerie. A ce moment précis, en mars 1871, la situation des bâtiments de la Banque était des plus défavorables; on était en train de les réédifier; la vieille distribution de l'hôtel de Toulouse ne suffisait plus depuis longtemps à l'amplitude des services que l'accroissement de la richesse publique développait de jour en jour; on avait repris toute la construction en sous-œuvre; on l'avait agrandie en s'annexant quelques maisons mitoyennes. Lorsque la guerre vint, on était fort peu protégé, malgré les échafaudages qui masquaient les murs inachevés; on n'avait pas beaucoup travaillé pendant le siège et au moment où les futurs généraux de la Commune menaient le branle de l'insurrection à Montmartre, la Banque était ouverte du côté de la rue Radzivill. On ne se troubla pas pour si peu et on remplaça par des sacs de sable les murailles qui faisaient défaut.

La distribution de tous les employés de la Banque en trois compagnies divisées en pelotons et en escouades avait été maintenue; on avait donc sous la main une force d'environ cinq cents hommes armés, dont beaucoup, surtout parmi les garçons de recette, étaient d'anciens soldats et qui tous, propriétaires au moins d'une action de la Banque, étaient déterminés à combattre *pro aris et focis*. C'était peu pour engager une action extérieure et aller attaquer l'insurrection dans ses repaires, mais c'était suffisant pour défendre une vaste construction fermée et devenue, par le fait, une sorte de citadelle. On matelassa les fenêtres, on prépara dans la grande cour les éléments d'une barricade pour résister à l'intérieur dans le cas où l'entrée serait forcée; on barbacana quelques murailles; on s'assura que les conduites d'eau fonctionnaient bien et que les pompes à incendie étaient gréées; M. Chazal prescrivit à l'économe de faire des achats de vivres, car on pouvait avoir un siège en règle à soutenir. Le commandant Bernard rassembla son bataillon et désigna à chaque escouade, à chaque homme le poste de combat qu'il devait occuper. Comme à bord des navires de guerre, on fit le simulacre du branle-bas; les ordres furent donnés une fois pour toutes, et chacun sut, dès le premier jour, où il devait se rendre en cas d'alerte.

Les amateurs de chasse ne sont pas rares parmi les employés de la Banque; ils furent réservés pour certains postes élevés d'où ils auraient pu diriger un feu plongeant sur les assaillants. Les sentinelles extérieures furent rentrées et remplacées par des vigies qui, placées près des fenêtres, surveillaient les rues aboutissant à la Banque. On avait des fusils; mais le dépôt de munitions était bien faible et 14 000 cartouches ne représentaient qu'un moyen de résistance limité. Cependant, si cette petite reserve était dérisoire pour des soldats en marche et en combat, qui s'amusent à « faire parler la poudre », c'était une sérieuse ressource pour des hommes abrités, ne tirant qu'avec certitude et pouvant « faire balle » à tout coup. Il est probable que, si la Banque eût été attaquée de vive force, elle eût succombé; mais sa défaite eût coûté cher, si cher que l'on eût sans doute renoncé à la lui faire subir. Le haut personnel était décidé à faire ce qu'il faudrait pour éviter la lutte, mais il était résolu à la soutenir jusqu'au bout, si elle devenait nécessaire.

A ce moment, on s'imaginait encore à Paris que l'on parviendrait à refouler l'insurrection et à lui arracher les organes de la vie administrative qu'on lui avait abandonnés. Il paraissait impossible que le gouvernement campé à Versailles ne fît pas un effort immédiat pour rendre à la santé cette capitale atteinte de chorée alcoolique et meurtrière. Sans ordres, sans instructions, sans guides, laissés au hasard des évènements dont ils étaient fort innocents, les honnêtes gens s'étaient groupés dans l'intérêt du salut général et essayaient de réagir, d'une part contre les violences de la révolte, de l'autre contre l'apathie gouvernementale qui, ayant laissé creuser le gouffre où Paris sombrait, semblait lui dire : Tire-toi de là comme tu pourras ! Pendant que les maires de Paris, auxquels M. Thiers avait donné pleins pouvoirs, entamaient quelques négociations avec le Comité central, on songeait à organiser une résistance dont la Banque eût, en quelque sorte, été le point central.

Lorsque l'amiral Saisset fut nommé général en chef de la garde nationale, il se trouva en présence d'une position stratégique allongée, sans épaisseur et par conséquent sans résistance. La ligne occupée par les débris des bataillons restés fidèles à la légalité s'appuyait à la Seine entre le Pont-Neuf et le pont des Arts, passait par la mairie du Ier arrondissement, se nouait autour de la Banque, rayonnait sur la mairie du IIe arrondissement, englobait le palais de la Bourse, longeait le boulevard des Capucines, où le Grand-Hôtel servait d'état-major général, et aboutissait à la gare Saint-Lazare, qui l'eût mise facilement en rapport avec Versailles, si l'insurrection, maîtresse de Levallois-Perret, n'avait interrompu ses communications et ne l'avait ainsi réduite à finir dans une impasse. Certains points de cette ligne pouvaient devenir des camps retranchés redoutables si on avait été en mesure de les armer. L'église Saint-Germain-l'Auxerrois, la mairie du Ier arrondissement, le Louvre, le Palais-Royal, les bâtments du Timbre et de la mairie du IIe arrondissement, la Bourse, l'Opéra encore inachevé, l'église de la Madeleine, le ministère de la marine, étaient autant de forteresses qui permettaient d'engager la lutte, de la prolonger et de donner au gouvernement de Versailles l'occasion de tenter un coup de main hardi par Passy, dont la garde nationale aurait fourni un appoint précieux, ou sur Levallois-Perret, dont l'occupation eût dégagé le chemin de fer de l'Ouest. Ce projet était bien simple, et 20 000 hommes au moins s'y seraient associés dans Paris. On n'essaya même pas de le mettre à exécution. L'indécision qui troublait tous les esprits, l'horreur de prendre l'initiative de la guerre civile même contre ces bandes prétendues républicaines qui avaient massacré le vieux républicain Clément Thomas et devaient assassiner le républicain Gustave Chaudey, la honte de s'entr'égorger sous les yeux des Prussiens, furent pour beaucoup sans doute dans cette sorte d'affaissement de la volonté publique où l'insurrection trouva sa plus grande force.

Malgré l'effarement général, la Banque tenait bon; elle se sentait prête à la paix ou à la guerre, selon les circonstances. Institution de crédit, gardienne de la fortune des particuliers, créancière du commerce et de l'industrie, responsable à l'égard de la France et de l'étranger des valeurs étrangères et françaises dont elle conservait les titres, elle n'avait aucune initiative à prendre : elle attendait et se gardait. Parmi ses fonctionnaires, parmi ses employés, il ne manquait pas d'hommes qui disaient : « Il faut nous battre ; quand on saura que la Banque est attaquée, que le secret des comptes courants est violé, que nos caisses vont être mises au pillage, que la serre des titres est forcée, que le portefeuille des effets escomptés est aux mains de tous, que le dépôt des objets précieux est livré à la foule, tout Paris se lèvera et d'un seul élan brisera l'insurrection. » C'était un va-tout à jouer, mais il était bien périlleux et de réussite incertaine. Des hommes plus calmes, pénétrés de leur responsabilité, apaisaient cette effervescence et répondaient : « Il sera temps d'en venir aux mesures extrêmes lorsque l'on ne pourra plus faire autrement ; jusque-là ayons toute patience ; il vaut mieux supporter des avanies, faire au besoin un sacrifice, abandonner quelques parcelles pour sauver le tout, que de se jeter dans une aventure dont l'issue est trop aléatoire. » Ces conseils prévalurent au lendemain du 18 mars et guidèrent la conduite de la Banque pendant la Commune.

On ne peut douter qu'elle n'ait été, immédiatement après la victoire de l'insurrection, l'objectif de certains membres du Comité central, qui rêvèrent de s'en emparer sous le prétexte de la faire « protéger » par les fédérés vainqueurs. La Banque fit la sourde oreille, répondit qu'elle suffisait à se garder elle-même et le prouva. Elle était du reste quelque peu couverte extérieurement par des bataillons de l'ordre qui, réunis à la Bourse et à la mairie du Ier arrondissement, faisaient pendant la nuit et même pendant le jour de fortes patrouilles dans les rues par où l'on eût pu arriver jusqu'à la Banque. Dès que l'obscurité était tombée, on voyait des feux de bivouac sur la place des Victoires, et les employés de garde à la Banque étaient à leur poste. Le mot d'ordre des bataillons réguliers n'était pas le même que celui des bataillons fédérés. Parfois des pelotons adverses se rencontraient aux environs de la rue des Petits-Champs et de la place Vendôme. Les fédérés criaient : Qui vive? — Les gardes nationaux, — les tricolores, comme ils se nommaient eux-mêmes, — répondaient : Citoyens de Paris! — Les fédérés (dès le 19 mars) criaient : Vive la Commune! — Les tricolores répondaient : Vive la France! — et l'on s'éloignait, chacun de son côté, en se tenant à distance respectueuse.

Le commandant Bernard prescrivait à ses hommes d'éviter toute collision et de se maintenir dans leur rôle de gardiens de la Banque. La nuit, il venait vérifier par lui-même si tous ses ordres de préservation avaient été exécutés. Dans ses tournées, il se rencontrait souvent avec des « civils » isolés qui rôdaient dans les cours et examinaient les endroits laissés faibles par la reconstruction de la Banque : c'était M. Marsaud, le secrétaire général, ou M. Chazal, le contrôleur, ou M. Mignot, le chef des grandes caisses, qui, eux aussi, sans s'être donné le mot, passaient leur inspection; on échangeait un bonsoir et une poignée de main en passant. Parfois le commandant Bernard, le képi sur l'oreille et le sabre sous le bras, sa croix d'officier sur la poitrine, sortait par une des petites portes qui s'ouvrent dans la rue Radzivill; seul, comme une bonne avant-garde, il allait en reconnaissance autour du Palais-Royal, vers la place Vendôme, vers l'Hôtel de Ville, vers la Préfecture de police. Il examinait tout avec la perspicacité narquoise des vieux soldats; puis, rassuré par ce qu'il avait vu, il rentrait à la Banque et disait : « Allons! Paris est tranquille; ce n'est pas encore cette nuit que l'on nous attaquera! »

III. — LES PREMIÈRES RÉQUISITIONS.

M. Rouland, gouverneur de la Banque de France, est appelé à Versailles et refuse de s'y rendre. — Les délégués du Comité central. — Demande d'un million. — Discussion. — Le compte courant de la Ville de Paris. — M. Rouland accorde le million. — Ce million a peut-être sauvé Paris. — Les officiers-payeurs fédérés à la Banque. — M. Mignot, caissier principal. — Il se met à la recherche de Jourde. — A la place Vendôme. — Au ministère des finances. — A l'Hôtel de Ville. — Le citoyen Édouard Merlieux. — On se prépare à la lutte. — Demande et promesse de secours. — Le double jeu de la Banque. — Elle subvient aux exigences de Paris et aux besoins de Versailles. — Promenade sur les boulevards. — Le 162° bataillon fédéré veut occuper la Banque et est évincé.

Le lundi 20 mars, dans la matinée, M. Rouland, gouverneur de la Banque de France, reçut une dépêche de M. Thiers qui le mandait à Versailles : affaire urgente. M. Rouland se dit que l'affaire la plus urgente était d'attendre et de rester à Paris, afin de voir ce que l'insurrection allait devenir. Malgré l'insistance de M. de la Rozerie, conseiller à la Cour des comptes, qui fut jadis attaché à son cabinet au ministère de l'instruction publique et qui lui est resté profondément dévoué, M. Rouland se décida à ne point répondre à l'appel que M. Thiers lui adressait. Bien lui en prit, car ce même jour la Banque, ou, pour mieux dire, la caisse de la Banque eut à subir un premier assaut. Dans les circonstances présentes, le gouverneur seul avait qualité pour prendre une détermination d'où le salut de l'institution tout entière pouvait dépendre et pour accepter, sous sa propre responsabilité, loin du Conseil général qu'on ne pouvait réunir immédiatement, les conditions que le Comité central, maître de la force, allait lui imposer.

Vers une heure de l'après-midi, on prévint le gouverneur que plusieurs personnes, qui paraissaient réunies en députation, se présentaient comme envoyées par le Comité central [1] et demandaient à l'entretenir d'une affaire importante. M. Rouland donna ordre de les introduire, et l'huissier de service annonça successivement : MM. Varlin, Billioray, Mortier, Prudhomme, Josselin, Rousseau, Jourde, Andignoux, Gouhier, Arnaud, Assi. Ce fut Jourde et parfois Varlin qui portèrent la parole. A la question usitée en pareil cas : A qui ai-je l'honneur de parler? — Jourde répondit : Nous sommes membres du Comité central et par lui délégués à l'administration des finances. — M. Rouland aurait pu se demander où le relieur Varlin, le rapin Billioray, le commis architecte Mortier, les ouvriers bijoutiers Prudhomme et Gouhier, le portier Rousseau, le marchand de vin Andignoux, l'employé Josselin, le magnétiseur Arnaud, l'ouvrier mécanicien Assi, avaient appris à diriger les finances; mais il se contenta d'écouter François Jourde, qui, lui du moins, était un comptable. Jourde dit que le Comité central avait besoin d'un million et qu'il priait le citoyen gouverneur de le lui faire délivrer sans délai. La situation était pénible pour M. Rouland. Malgré le bataillon de la Banque, malgré les gardes nationaux réguliers qui se cantonnaient aux environs, Paris appartenait à l'insurrection. M. Rouland ne l'ignorait pas; il discuta, sachant bien d'avance qu'il allait céder, mais voulant démontrer par ses objections qu'il n'agissait que sous l'empire de la contrainte. —

[1] Comité central, séance du 20 mars 1871, présidence du citoyen Assi. — Le citoyen Assi : « Le Comité, tout en évitant les reproches de sybaritisme faits au gouvernement de 1848, doit lever les difficultés; les fonds nécessaires à la solde de la garde nationale doivent forcément se trouver. Un impôt immédiat serait difficile à recouvrer, et peut-être illégal. Le Comité enverra des délégués à la Banque et aux grandes administrations. Ces institutions fourniront, dans la limite du strict nécessaire, les fonds indispensables. » La proposition est votée à l'unanimité. (Voir J. d'Arsac, *les Conciliabules de l'Hôtel de Ville*. Paris, 1871, p. 4.)

L'argent qui est à la Banque ne lui appartient pas, elle n'en est que dépositaire. — C'est vrai, et nous le savons, riposta Jourde; mais aujourd'hui c'est nous qui représentons la Ville de Paris; or la Ville de Paris a ici, nous en possédons la preuve, un solde créditeur de 8 826 860 francs; c'est là un compte courant au débit duquel nous vous demandons le million dont nous avons besoin. — M. Rouland reconnut que le chiffre indiqué par Jourde était exact, mais déclara que c'était là un dépôt dont il lui était interdit de disposer. Les membres du Comité central murmuraient; quelques-uns prenaient des attitudes assez farouches, et Gouhier, selon son habitude, disait : « Il faut en revenir aux principes de 93, je ne connais que ça ! »

Jourde les apaisa de la main. Son argumentation fut simple, et, — eu égard aux circonstances exceptionnelles, qui ne laissaient guère l'embarras du choix, — très sensée : Toute la population est en armes, il y a plus de cent cinquante mille fédérés, il y a leurs femmes et leurs enfants qui n'ont pas un sou, qui ne savent pas comment ils mangeront demain. Le Comité central n'a pas de quoi pourvoir à la solde; si la solde n'est pas payée, les fédérés se payeront eux-mêmes en pillant les maisons particulières, les établissements de crédit, la Banque, que son petit bataillon sera impuissant à défendre; ce n'est point l'intérêt des fédérés que l'on plaide : on comprend que le citoyen gouverneur ait peu de sympathie pour eux; ce que l'on plaide, c'est l'intérêt des particuliers, c'est l'intérêt des institutions financières, c'est l'intérêt de la Banque; en un mot, c'est l'intérêt de Paris tout entier, qu'il faut sauver d'un cataclysme possible en payant la garde nationale fédérée : donner un million pour cet objet, c'est faire une bonne action en même temps qu'une action prudente, et la Banque le comprendra.

Jourde avait parlé avec un peu d'emphase, mais avec conviction. Tout en l'écoutant, M. Rouland réfléchissait : avait-il le droit, en refusant le million exigé, de donner le signal d'une collision qui amènerait peut-être le pillage de Paris? La question ainsi posée était résolue. Il insista néanmoins pour que la somme fût réclamée au nom et au compte de la Ville de Paris, et surtout pour qu'elle fût exclusivement employée à subvenir aux besoins de la population, c'est-à-dire des gardes nationaux fédérés. — Jourde en prit l'engagement. « Eh bien ! dit M. Rouland, vous aurez votre million, mais ménagez-le ; j'outrepasse mes pouvoirs en vous l'accordant, et je ne vous en donnerai pas un second. » Les onze membres du Comité central passèrent à la caisse, y touchèrent le million, devant lequel ils ouvrirent de grands yeux, et, s'empressant de faire acte d'autorité, ils signèrent le reçu l'un après l'autre.

Que l'on se rappelle ces jours pleins d'indécision qui s'écoulèrent entre le 18 mars et l'élection des membres de la Commune ; que l'on se rappelle ces bataillons fédérés qui erraient en trébuchant à travers les rues, ces nouveaux maîtres ivres de leur pouvoir usurpé et menaçant quiconque ne l'acceptait pas ; que l'on se rappelle ces soldats du désordre irrités de voir que tout n'avait pas cédé devant eux et exaspérés d'être côtoyés par les hommes de bien qui rêvaient de leur résister ; que l'on se rappelle qu'il suffisait alors d'un accident, d'un malentendu pour faire éclater la lutte dont le désir couvait dans tous les cœurs, et l'on reconnaîtra qu'en consentant le sacrifice imposé, la Banque de France a probablement sauvé Paris dans la journée du 20 mars. Elle croyait bien par cet acte de patriotisme et de prudence avoir évité toute cause de conflit immédiat ; mais elle se trompait, et le soir était à peine venu qu'elle comprenait à quel péril elle avait échappé.

Vers huit heures et demie, quelques bataillons appartenant aux quartiers de Belleville et de Ménilmontant, alors campés sur la place Vendôme où commandait Bergeret, envoyèrent leurs officiers comptables à la Banque pour prévenir que s'ils ne recevaient pas immédiatement leur solde, ils viendraient eux-mêmes et en nombre se payer de leurs propres mains. Les délégués aux finances, fort peu organisateurs de leur nature, ne sachant où donner du front dans la cacophonie au milieu de laquelle ils essayaient de se débattre, avaient négligé de faire savoir aux fédérés que la paye serait faite et régulièrement reprise le lendemain. Quelques impatients, ayant entendu parler d'une démarche du Comité central à la Banque et croyant qu'elle n'avait abouti qu'à un résultat négatif, s'étaient résolus à vider les caisses pour se remplir les poches. On eut beau leur dire que la délégation aux finances avait reçu l'argent nécessaire à la solde, ils n'en voulaient rien croire, et peut-être auraient-ils tenté de forcer les portes, si le bataillon de la Banque n'eût été sous les armes et si les gardes nationaux de l'ordre n'avaient été réunis à la mairie du Ier arrondissement. On les calma comme l'on put ; on leur demanda le temps de se procurer une pièce authentique prouvant que la provision de paye avait été faite ; ils accordèrent deux heures et attendirent. Le gouverneur chargea M. Mignot, le caissier principal, de découvrir Jourde et d'en obtenir une attestation quelconque qui pût dégager la Banque et faire patienter les fédérés.

M. Mignot avait alors quarante-trois ans et ne les paraissait pas ; il avait les allures fort jeunes et l'attitude peu timide ; très calme, au fond, portant avec légèreté la responsabilité des milliards dont il a la garde, fin, ironique, excellent à découvrir le côté comique des choses, il est assez insensible au péril et sait que pour faire reculer les chiens hargneux il faut parfois les regarder en face. Où trouver Jourde ? M. Mignot ne s'en doutait guère. A tout hasard, il se rendit à la place Vendôme, qui à cette heure présentait le camp retranché du Comité central. Bergeret n'y était pas ; il était suppléé par son chef d'état-major, un certain du Bisson, vieux bataillard peu scrupuleux, soldat de Cabrera en 1840, conspirateur légitimiste sous l'empire, nommé comte et général par Ferdinand II de Naples, inventeur d'un projet d'expédition par actions en Abyssinie, fort occupé à Montmartre pendant la journée du 18 mars et qui faisait scintiller dans l'hôtel de la place Vendôme les décorations dont sa poitrine était chamarrée. Là on ne savait rien de Jourde, sinon qu'il était délégué aux finances et que probablement on le rencontrerait au ci-devant ministère, rue de Rivoli.

M. Mignot s'y transporta. Quoique M. Mignot soit homme à ne s'étonner de rien, il fut pris de dégoût devant le spectacle qu'il eut sous les yeux dès qu'il eut franchi le seuil du ministère. Du haut en bas, les fédérés campaient ; à chaque pas on se heurtait contre des soldats en faction dont la consigne différente n'était comprise par aucun d'eux : — Passez à gauche ! — Passez à droite ! — Passez au large ! — On ne passe pas ! — M. Mignot disait : Je voudrais parler au citoyen Jourde, au citoyen Varlin ou à tout autre membre du Comité. — On ne passe pas ! — M. Mignot insistait. — Passez au large ! — On fit enfin venir un caporal qui répondit avec quelques hoquets : Jourde ? Varlin ? mais ils ne sont pas du bataillon. — Non, ils sont délégués aux finances. — Délégués aux finances ? Jourde ? Varlin ? Je ne connais pas. — Puis criant à tue-tête : Eh ! là-bas ! Qu'est-ce qui connaît Jourde, Varlin, des délégués ? Voilà un citoyen qui les demande. — Une voix répondit : — Ça, c'est du Comité, faut voir à l'Hôtel de Ville.

M. Mignot reprit sa course et arriva sur la place de l'Hôtel-de-Ville, qui était transformée en parc d'artillerie ; on n'y pouvait pénétrer ; partout des sentinelles poussaient la baïonnette au visage des passants. A force de se démener et de parler de communications graves à faire au Comité central, M. Mignot obtint qu'un des officiers fédérés le conduirait jusqu'à l'Hôtel de Ville. De dix pas en dix pas, on s'arrêtait pour échanger le mot d'ordre et le mot de ralliement. Tant de précautions semblaient indiquer que l'on n'était pas trop rassuré en haut lieu, et que la victoire continuait à étonner les vainqueurs. Le palais était ignoble à voir. Là aussi les fédérés campaient au milieu des bouteilles vides et des morceaux de papier graisseux dont leur charcuterie avait été enveloppée. Quelques sentinelles, vautrées sur des fauteuils, le fusil entre les jambes, dodelinant leur tête alourdie, la langue épaisse et l'œil éteint, montaient la garde dans le salon qui précédait la salle où se tenait le Comité central. M. Mignot répéta sa question : Affaire urgente, Banque de France, citoyen Jourde ou Varlin ? On ne savait où ils étaient. On entr'ouvrit une porte ; une bouffée de clameurs, de vociférations et d'injures vint jusqu'à M. Mignot : le Comité central délibérait. Ni Jourde ni Varlin ne s'y trouvaient : c'est au ministère des finances qu'on les rencontrera.

M. Mignot retourna donc au ministère, sans grand espoir de parvenir à remplir sa mission. Il s'adressa à un officier qui lui parut moins débraillé et plus convenable que les autres. L'officier écouta et, après avoir réfléchi quelques instants, il répondit : « J'ai votre affaire. Jourde, je le connais, il est venu ici ce soir, mais il est parti ; il dîne chez un restaurateur du quartier et a expressément défendu qu'on le dérangeât ; voyez le secrétaire général. » Il y avait donc un secrétaire général. On conduisit M. Mignot près d'un simple fédéré qui était chargé de ces hautes fonctions ; c'était un beau parleur, arrondissant ses coudes et ses phrases, fort poli du reste, très empressé à satisfaire M. Mignot, et qui se nommait Édouard Merlieux. Il rédigea immédiatement une instruction aux officiers-payeurs des bataillons non soldés pour leur enjoindre de se rendre le lendemain 21 mars au ministère des finances, où les fonds versés par la Banque seraient tenus à leur disposition. Ayant signé cette paperasse, il la remit à M. Mignot et, lui montrant son nom, il lui dit avec un sourire mélancolique : « C'est peut-être ma tête que je joue en vous donnant ceci ! » En toute hâte, M. Mignot revint à la Banque, où l'on commençait à s'inquiéter de son absence prolongée et, grâce au certificat d'Édouard Merlieux, on put repousser les demandes que les officiers-payeurs accentuaient déjà avec une insistance menaçante [1].

Dans la journée du 21, on se préoccupa de renforcer le bataillon de la Banque, afin de pouvoir résister à l'attaque que l'on redoutait. M. Chazal se mit en rapport avec M. Méline, adjoint à la mairie du Iᵉʳ arrondissement, et trois compagnies du 186ᵉ bataillon furent dirigées sur l'hôtel de la rue de la Vrillière. Le commandant, qui était un fédéré, ne se souciait pas de

---

[1] « Ministère des finances, cabinet du ministre. Paris, 20 mars 1871. — Comme plusieurs bataillons de la garde nationale de Paris, faute d'informations suffisantes, ne se sont pas présentés, s'il se rendait à la Banque de France des officiers-payeurs des bataillons non soldés, prière de les envoyer demain mardi, 21 courant, à partir de 9 heures du matin, au ministère des finances, où les fonds fournis par ladite Banque sont à leur disposition. — Par délégation du Comité, Édouard Merlieux. »

garder ce poste « réactionnaire », et il s'empressa d'emmener une bonne partie de ses hommes, dont quelques-uns, fort heureux de se trouver à la Banque, n'en voulurent plus sortir. M. Chazal se rendit également à la mairie du II⁰ arrondissement, s'aboucha avec les adjoints, avec le colonel Quevauvilliers et prit avec ces messieurs quelques mesures de préservation. Il fut convenu que la Banque servirait de pivot pour la défense entre le Ier et le IIe arrondissement. On fut même au moment d'adopter un plan de barricades qui, protégeant à longue distance les approches des rues de la Vrillière, Radzivill, Baillif et Croix-des-Petits-Champs, ferait de tout ce quartier une place d'armes dont la Banque formerait le bastion central. On réfléchit que ça ressemblerait à une provocation, et, à regret, on abandonna ce projet, dont l'exécution eût peut-être fouetté l'énergie trop somnolente du gouvernement de Versailles.

On s'attendait du reste si bien à être obligé de livrer bataille, que M. Méline vint rendre compte au gouverneur des dispositions prises pour défendre la Banque, dont la situation morale devenait très singulière. Elle avait remis la veille un million au Comité central pour payer les fédérés, et de la même main elle donnait 50 000 francs à M. Tirard, maire du IIe arrondissement, 20 000 à un adjoint du VIIe, 400 000 francs au comité du IIe arrondissement et 100 000 francs à l'amiral Saisset pour solder la résistance ; en outre, elle acquittait les mandats que Versailles tirait sur elle ; du 20 au 30 mars, elle envoya plus de 15 millions de francs au gouvernement régulier, par des trésoriers-payeurs, par des inspecteurs des finances qui risquaient au moins leur liberté, et qui eurent le bonheur de déjouer la surveillance très active que Raoul Rigault avait organisée autour de la Banque. Le but qu'elle poursuivait par des moyens qui, en première apparence, pouvaient sembler contradictoires, était le même : endormir le cerbère de la révolte en lui jetant le gâteau de miel, fortifier le parti de l'ordre en subvenant à ses besoins.

Le soir du 21 mars, à la veille de la manifestation pacifique qui le lendemain devait se disperser, rue de la Paix, sous les coups de fusil du Comité central, le gouverneur voulut se rendre compte par lui-même de l'état de Paris. Accompagné de M. de la Rozerie, et lui donnant le bras, il sortit. La rue de la Banque, la place de la Bourse, militairement occupées par les gardes nationaux restés fidèles au gouvernement régulier, parurent avoir un aspect rassurant. Les boulevards étaient couverts par une foule de promeneurs et de curieux, dont le flot ondulait lentement sur les trottoirs. Les cafés étaient pleins; on se gourmait autour des marchands de journaux; on s'arrêtait pour discuter, et, selon les opinions auxquelles appartenaient les ergoteurs de politique, on maudissait Versailles ou l'Hôtel de Ville. De toutes les conversations que l'on pouvait saisir au passage, il résultait que personne ne comprenait rien aux évènements qui s'étaient produits. Quelques drapeaux rouges, prématurément apparus dans la journée, avaient été hués; on avait ri en les voyant et l'on avait haussé les épaules.

M. Rouland, appuyé sur le bras de son ami, allait de groupe en groupe, prêtant l'oreille et tâchant d'entendre quelque chose de raisonnable. Comme il était arrêté près de la rue Grange-Batelière devant un cercle d'hommes qui gesticulaient, il sentit qu'on lui mettait la main sur l'épaule et il entendit quelqu'un lui dire à voix basse : « Monsieur le gouverneur de la Banque de France, votre place n'est pas ici, et vous êtes bien imprudent de vous y promener. Aujourd'hui même on a arrêté M. Bonjean, et il est sous les verrous; n'oubliez pas que vous avez été procureur général et que l'heure des représailles vient de sonner. » M. Rouland se retourna et se trouva en présence d'un inconnu qui le salua en disant : « A bon entendeur, salut ! » Le gouverneur continua sa promenade, longea la rue de la Paix, jeta un coup d'œil sur la place Vendôme, dont l'approche était interdite par des sentinelles, et rentra à la Banque. Il put se convaincre que l'on y était sur le qui-vive. Le commandant Bernard se promenait dans la cour, car il redoutait que les fédérés ne tentassent d'entrer par surprise, comme ils l'avaient essayé la nuit précédente. Le 162e avait en effet longtemps parlementé à la porte vers deux heures du matin, afin de se la faire ouvrir, sous prétexte de veiller à la sécurité de la Banque, par pur amour de l'ordre. Derrière les grilles fermées on avait répondu avec politesse que l'on était touché de tant de bon vouloir, mais que la Banque se trouvait suffisamment gardée par elle-même ; le jour, il est vrai, elle n'était qu'un établissement financier, mais, dès que le soir venait, elle se transformait en citadelle : on y faisait des rondes, on y montait faction avec des fusils chargés, on triplait les postes pour n'être point pris au dépourvu, et l'on n'avait besoin de l'aide de personne pour faire son devoir. Le 162e bataillon fut convaincu, car il fit volte-face et s'éloigna au pas accéléré.

IV. — LE DÉPART DU GOUVERNEUR.

François Jourde, délégué aux finances. — Son portrait, ses origines. — Très probe. — Eugène Varlin. — Relieur de livres de messe. — Commis-voyageur de la révolution. — *La Marmite.* — Très troublé après le 18 mars. — Ce qu'on trouve dans la caisse du Trésor. — Dans celle de l'Hôtel de Ville. — Nouvelle réquisition. — Le reçu des délégués. — Le conseil général de la Banque. — La conduite de M. Rouland est approuvée. — Il eût fallu continuer la solde de la garde nationale. — L'attentat de la rue de la Paix. — Des bataillons de Belleville et de la Villette veulent s'emparer de la Bourse. — Ils échouent dans leur tentative. — L'abnégation du parti conservateur. — M. Rouland reçoit l'ordre de se rendre à Versailles. — M. Thiers l'y retient.

Le véritable délégué aux finances du Comité central et de la Commune fut François Jourde, qui, né le 4 juillet 1843, à Chassagne (Puy-de-Dôme), avait alors vingt-huit ans. C'était une sorte d'utopiste qui n'eût point recherché la violence, mais qui n'aurait peut-être pas refusé de s'y associer, s'il l'eût cru nécessaire à la réalisation de ses rêveries. Il était entré de plain-pied dans le Comité central, dont il était devenu le secrétaire. Sobre et laborieux, mais se faisant d'étranges illusions sur sa propre valeur, il se considérait comme un grand financier, parce qu'il était un bon comptable, semblable à un calligraphe qui se croirait poète parce qu'il a une belle écriture. De santé douteuse, chétif malgré sa haute taille, assez triste, volontiers emphatique, il avait la paupière lourde, la lèvre inférieure épaisse et le menton ravalé comme celui de presque tous les rêveurs. Sa personne était non pas débraillée, mais négligée; il y avait en lui quelque chose du vieil étudiant qui a longtemps traîné sur le banc des écoles. M. Francisque Sarcey en a fait un portrait peu flatté. « Ce Jourde, dit-il, était un grand blond, cheveux et barbe à tous crins, jamais peigné, horriblement sale et très fier. » La silhouette me paraît exagérée; il n'avait ni bonne ni mauvaise tenue, il n'en avait pas; il s'abusait sur lui-même et s'estimait de force à diriger les finances d'un grand pays, lorsque, — au dire de ceux qui l'ont connu, — il était à peine capable de faire un employé de troisième catégorie. En 1868, il avait fondé une maison de commerce et avait subi une déconfiture qu'il attribua naturellement à ses adversaires politiques. Néanmoins, au milieu des gens de la Commune, il apparaît avec une physionomie spéciale : il était probe et, à cet égard, reste à l'abri de tout soupçon.

Son associé aux finances jusqu'à la date du 22 avril, Eugène Varlin, était un autre homme. Relieur de son métier, ouvrier peu habile, car son outil l'humiliait, ayant la spécialité de relier les livres de messe, ce qui est singulier pour un libre penseur, rêvant tout éveillé d'économie sociale, au lieu de chercher à marcher sur la trace des Derôme, des Pasdeloup, des Bauzonnet, des Marius Michel ; il s'était affilié à l'Internationale, recrutait des adhérents, entretenait une correspondance active avec « le prolétariat » de France, de Portugal, d'Espagne, d'Allemagne, d'Amérique, et vivait on ne sait trop comment. C'était un sectaire socialiste dans toute la force du terme et sans aucune opinion politique bien arrêtée : il se fût accommodé de toute forme de gouvernement, pourvu que le prolétariat devînt une sorte d'aristocratie privilégiée et prédominante. Il fut le grand commis-voyageur de la revendication sociale ; à tous les congrès où l'on agite les questions redoutables, il fait acte de présence ; je le trouve à Bruxelles en 1863, à Londres en 1864, à Genève en 1866, à Lausanne en 1867, à Bâle en 1869 ; le 18 mars 1869 il constitue la fédération des sociétés ouvrières, point de départ lointain de la fédération de la garde nationale et du Comité central qu'il organise secrètement en février 1871, après s'être compromis dans la journée du 31 octobre 1870.

En dernier lieu il avait été mêlé à une association appelé *la Marmite*, destinée à fournir la nourriture à prix réduit aux ouvriers ; il avait cru, et ses amis avaient cru avec lui, qu'il état capable de débrouiller un budget. C'était une erreur, dont Jourde revint tout le premier et dont Varlin dut convenir lui-même, car il fut bientôt, par la seule force des choses, réduit au rôle de satellite du délégué aux finances. Sa nature sombre, silencieuse, était capable de frénésie ; il se composait volontiers et semblait profond lorsqu'il n'était que vide. Dans son milieu révolutionnaire, il passait pour intelligent, un peu comme les mulâtres qui paraissent blancs parmi les nègres. En somme, c'était alors un garçon de trente-deux ans, assez « en dessous », d'une ambition démesurée, se payant de phrases et haïssant une société où il ne trouvait pas la place qu'il n'avait rien fait pour mériter. Le 18 mars l'avait étonné et peu rassuré. Dès le principe, il avait compris que le triomphe ne serait qu'éphémère et que la défaite était inévitable. En qualité de membre du Comité central, il assista à plusieurs réunions dans lesquelles les maires de Paris essayaient de trouver une base de conciliation possible ; il s'y montra très troublé, très anxieux ; il se rapprochait volontiers de René Dubail, maire du Xe arrondissement, qui dans ces tristes circonstances fut d'une droiture et d'une énergie irréprochables ; il lui faisait part de ses craintes. « Est-ce qu'on nous persécutera ? est-ce que l'on va nous mettre en prison ? » lui disait-il ! René Dubail répondait : « Non, le gouvernement s'est engagé à ne poursuivre que les assassins des généraux Lecomte et Clément Thomas ; soyez donc en paix ! » Cela ne calmait pas Varlin, qui savait bien que, dans la journée du 18 mars, il avait été chargé de commander les forces insurrectionnelles du XVIIe arrondissement.

C'était sur Jourde, c'était sur Varlin que retombait la charge de subvenir aux besoins du Comité central, dont chaque membre, sans se préoccuper des ressources disponibles, signait volontiers des mandats. « Le peuple » était le maître ; on eût été imprudent de rejeter ses demandes ; coûte que coûte, on payait les ordonnancements et l'argent fondait entre les mains inhabiles qui en avaient la garde. L'évacuation du gouvernement sur Versailles avait été si précipitée, que l'on n'avait pas eu le temps, dans plus d'une administration, de vider les caisses et d'en emporter le contenu. Le Comité central avait trouvé 4 638 112 francs au ministère des finances et l'Hôtel de Ville avait remis à Jourde 1 284 405 francs 35 centimes sur une somme de 1 700 000 francs que l'on y avait abandonnée[1]. Qu'était devenu le surplus ? Il est difficile de le dire, car il a été impossible de le savoir d'une manière positive. On a prononcé des noms que nul document ne nous permet de répéter. Il est probable toutefois que l'arrestation dont un membre du Comité central et de la Commune fut l'objet à la date du 1er avril se rattache à cette affaire, qui reste encore obscure. Ce que nous pouvons affirmer, c'est que la somme disparue n'a jamais été retrouvée.

Malgré le million accordé par la Banque, malgré les encaisses découvertes au ministère des finances et à l'Hôtel de Ville, le Comité central était fort pauvre ; la bourse de l'insurrection était à sec ; mais les fédérés exigeaient que la solde fût régulièrement fournie tous les jours. Les délégués Jourde et Varlin résolurent d'aller faire une nouvelle visite à la Banque de France. Ils y trouvèrent le gouverneur, qui, malgré les appels réitérés de M. Thiers, ne s'était point encore rendu à Versailles. C'était le 22 mars, dans la matinée. En voyant entrer les délégués du Comité central, M. Rouland comprit de quoi il s'agissait ; cela le mit de méchante humeur, et son premier mot fut : « Je n'ai point d'argent à vous donner ; du reste, je ne puis rien

---

[1] Voir *Pièces justificatives*, n° 5.

faire sans consulter le conseil, qui se réunit aujourd'hui; revenez demain, et je vous ferai connaître ce que l'on aura décidé! » Jourde et Varlin ne l'entendaient pas ainsi ; il y avait péril pour eux à s'en aller les mains vides ; ils insistèrent.

Ce fut Jourde qui parla. Ce que l'on demande à la Banque n'est qu'un simple prêt, car le pouvoir du Comité central, pouvoir essentiellement provisoire, va prendre fin, puisque les élections sont prochaines; de ces élections sortira un gouvernement « régulier » qui assoira les bases d'un budget; les recettes de la ville de Paris, l'octroi, les contributions, toutes les ressources, en un mot, vont être organisées, et si, dans l'avenir, on a recours à la Banque, ce ne sera plus que pour des opérations autorisées par les statuts. Aujourd'hui, pressé par la nécessité, on s'adresse encore une fois à elle : il faut un million et on vient le chercher.
— M. Rouland répliqua qu'en l'absence d'une décision approbative du conseil des régents, il lui était impossible de donner un million, et que cette somme du reste dépassait la paye quotidienne de la garde nationale. On discuta, on se fit des concessions de part et d'autre ; M. Rouland promit de provoquer la décision du conseil, et en attendant, comme il fallait faire face à des nécessités impérieuses, il se résigna à donner un mandat de 300 000 francs sur la caisse. Le libellé du reçu est intéressant à reproduire, car il délimite le terrain sur lequel la Banque comptait se tenir et se tint jusqu'au dernier jour :

« Nous, membres du Comité et délégués au ministère des finances, déclarons à M. le gouverneur de la Banque qu'une somme de cent cinquante mille francs est indispensable à l'instant pour parfaire les indemnités dues aux gardes nationaux, à leurs femmes et enfants, — que, faute de cette somme, il y aurait à craindre des conséquences qu'il importe d'éviter dans l'intérêt de l'ordre public, — et nous requérons doncs la Banque d'avancer d'urgence cette somme pour et au compte de la Ville de Paris. Paris, le 22 mars 1871. Les délégués du Comité central de la garde nationale : Signé : Jourde, E. Varlin. Reçu la somme : Signé : Jourde, E. Varlin ». — Un second reçu de 150 000 francs indique que les 300 000 francs concédés ont été touchés le même jour.

Lorsque les deux délégués sortirent de la caisse centrale et traversèrent la grande cour, ils furent accueillis par une bordée de huées et de sifflets. C'étaient les garçons de recette, les « habits gris », qui s'empressaient de la sorte à ne point reconnaître le pouvoir insurrectionnel. Jourde et Varlin ne soufflèrent mot et hâtèrent le pas. Le même jour, à deux heures de l'après-midi, il y eut conseil général. Sept régents y assistaient : MM. Durand, Rothschild, Mallet, Pillet-Will, Denière, Siber, Millescamps ; M. Rouland présidait, ayant à ses côtés le marquis de Plœuc, sous-gouverneur. M. Rouland rendit compte de sa conduite, qui fut approuvée, quoiqu'un des membres du conseil ait cru devoir faire remarquer que solder les fédérés dans les circonstances qui opprimaient Paris, c'était soudoyer la révolte et lui fournir les moyens de se fortifier en se prolongeant. Un autre membre répondit : « La Banque ne soudoie pas le désordre ; elle subit un état de choses qu'a établi le gouvernement de la défense nationale et qu'il nous a légué. Il est impossible de laisser ces masses armées venir prendre elles-mêmes ce que nous leur refuserions. » C'était le vrai mot de la situation, il n'y en avait pas d'autre à dire ; mais l'on aurait pu ajouter que si le gouvernement, tenant compte de l'état des esprits, du chômage général, de l'absence du travail régulier, avait consenti à prolonger, pendant deux ou trois mois encore, l'indemnité de service accordée à la garde nationale, au lieu de la supprimer brusquement, il est probable que la honte du 18 mars nous eût été épargnée[1]. Le conseil fut unanime à reconnaître que le gouverneur avait bien agi et l'autorisa à livrer un nouveau million aux délégués du Comité, mais, autant que possible, par petites fractions, afin de gagner du temps et de donner à « Versailles » celui d'arriver au secours de Paris ; car on croyait encore à la possibilité d'une action prochaine du gouvernement régulier.

Pendant que le conseil général délibérait et faisait de réels sacrifices pour éviter toute collision, le Comité central engageait la lutte et commettait quelques assassinats. Un groupe d'hommes appartenant à ce grand parti de la probité sociale qui, jusqu'à présent du moins, a toujours réussi à sauver notre pays, était parti du Grand-Hôtel et, marchant par la rue de la Paix, se dirigeait vers la place Vendôme, occupée par les fédérés, afin de ramener ceux-ci à des sentiments de conciliation et d'apaisement. Du Bisson estima qu'il y avait quelque gloire et peu de péril à commander le feu sur une foule désarmée. Les amis de l'ordre furent

---

[1] Ceci avait été compris par un des candidats aux élections législatives du 8 février 1871. M. Brette, capitaine au 151e bataillon de la garde nationale pendant la période d'investissement, pose sa candidature dans une affiche intitulée : *La guerre est finie, mais la misère va commencer.* Il y propose expressément un projet de loi ainsi libellé : *Art. 1er. Le gouvernement s'entendra avec les propriétaires et créanciers des gardes nationaux nécessiteux, afin que ces derniers ne puissent être inquiétés pour dettes contractées pendant le siège de Paris. Art. 2. Tout garde national nécessiteux conservera son allocation de 1 fr. 50 par jour, et sa femme, s'il est marié, ses 0,75 c., jusqu'à ce qu'il soit parvenu à retrouver le travail qui lui assurait avant la guerre le pain quotidien.* M. Brette ajoute : *C'est aussi une question d'ordre ; qu'on y réfléchisse !* — Il est regrettable que cette voix n'ait pas été entendue.

fusillés à bout portant par ceux qui ne l'aimaient pas. Le bruit de la détonation parvint jusqu'à la Banque et y retentit dans tous les cœurs. On expédia quelques hommes pour savoir les nouvelles. Celles que l'on rapporta furent bien mauvaises; on citait le nom de plusieurs morts, et parmi ceux-ci M. Hottinguer, régent de la Banque de France, qui le matin même avait fait acte de sa fonction, en assistant avec M. Chazal, le contrôleur, à la déformation des clichés à billets hors de service. Heureusement la nouvelle était exagérée; M. Hottinguer n'était que blessé; il était tombé aux côtés de M. Henri de Pène et près du colonel Tiby, qui ne devait plus se relever [1].

L'impression produite dans Paris, lorsqu'on apprit ce guet-apens, fut énorme; on était exaspéré et prêt à se jeter dans une lutte sans merci contre cette bande de malfaiteurs qui se ruait sur la ville blessée par un long siège et affaiblie par sa défaite. La honte de ce que l'on supportait, l'horreur de ce qu'on aurait à supporter avaient exalté les esprits les plus calmes, et si, dans la soirée, Versailles eût expédié quelque mille hommes escortant un convoi de munitions, il est fort probable que le fœtus de la Commune eût été écrasé et ne fût jamais parvenu à terme. Ceci fut compris à la Banque, où l'on s'attendait à subir un assaut prochain. Le personnel inférieur surtout, celui des plantons, des garçons de recette, des garçons de bureau, était hors

[1] Le 1er juin 1880, dans une réunion tenue à la salle Graffard pour une élection municipale au XXe arrondissement, un sieur Varennes, auquel on reprochait d'avoir abandonné son bataillon (80e) le 20 mars 1871, a répondu : « Je n'ai pas donné ma démission le 20 mars, mais le 23. J'étais à la tête de mon bataillon à la place Vendôme le 22. J'ai entendu le citoyen Bergeret dire en parlant des manifestants : Je leur en tuerai 500 ou 600 et ils me f... la paix. C'est pour cela que j'ai juré de ne plus servir le Comité central. » (*Moniteur universel*, 2 juin 1880.)

de lui et demandait à combattre. Il semblait dur à ces hommes de rester inutilisés, lorsque à leur porte même on commettait des meurtres. Il fallut calmer cette ardeur, et rappeler que la Banque de France, fermement décidée à se défendre, si on l'attaquait, ne devait, sous aucun prétexte, sortir de chez elle pour aller chercher des ennemis qui jusqu'à présent l'avaient respectée.

Pendant la nuit il y eut une émotion dans le quartier et l'on crut bien, cette fois, que la fusillade allait s'engager. Les fédérés, enivrés de leur victoire du matin et contemplant avec orgueil la rue de la Paix trempée de sang, crurent qu'il leur suffisait maintenant de sonner du clairon et de se montrer pour s'installer en maîtres où bon leur semblerait. L'occupation de la place de la Bourse et des environs par les bataillons « tricolores » leur déplaisait et à ceux-ci ils voulurent substituer des bataillons « rouges ». La Villette et Belleville, les deux bourgs pourris de l'insurrection permanente, fournirent le contingent de l'expédition qui dans la soirée se présenta par la rue Vivienne et par la rue Notre-Dame-des-Victoires, pour gravir l'escalier du palais de la Bourse et établir son bivouac sous le péristyle. Les sentinelles avancées de l'ordre crièrent : Halte-là! Les grand'gardes du désordre s'arrêtèrent; un ban fut battu, les gardes nationaux réguliers se jetèrent sur leurs armes et l'on attendit. L'attitude des défenseurs de la légalité qui subsistait encore fit réfléchir les soldats de la sortie à outrance contre toute société constituée, et au lieu de désarmer « la réaction », comme on en avait proclamé le dessein, on trouva moins imprudent de parlementer avec elle.

La réaction, fort têtue ce jour-là, déclara qu'il lui plaisait de rester sur la place de la Bourse et qu'elle n'en bougerait. Quelques braillards poussèrent des cris injurieux, leurs officiers les firent taire et, après une conversation plus ou moins amicale qui dura environ une heure, les fédérés retournèrent chez eux en s'égaillant dans les cabarets ouverts sur leur route. Encore une fois la lutte était évitée. Le meurtre de Clément Thomas et du général Lecomte, l'incarcération des gendarmes et des sergents de ville, l'arrestation du président Bonjean, les réquisitions frappées sur la Banque, les assassinats commis rue de la Paix, prouvaient à l'insurrection et prouveront à l'histoire que le parti de l'ordre poussa la patience et l'abnégation jusqu'au martyre.

Dès les premières heures du mardi 23 mars, M. Rouland avait reçu une nouvelle dépêche de M. Thiers, impérative cette fois; ce n'était pas une invitation, c'était un ordre. Le gouverneur se décida à se rendre à Versailles; il quitta la Banque; il ne devait y rentrer que le 25 mai, à la suite de l'armée française, après avoir traversé Paris écroulé dans les flammes. Accompagné de M. Taschereau, administrateur de la Bibliothèque nationale, précédé de M. de la Rozerie, que l'on avait bourré de billets de banque réclamés par le gouvernement régulier, il gagna le chemin de fer de l'Ouest et sans encombre parvint à son but. Il croyait bien pouvoir rentrer le soir à Paris, mais il avait compté sans les insistances qui l'accueillirent. M. Thiers fut très absolu; « je vous tiens, je vous garde, parce que j'ai besoin de vous; j'ai besoin de vous, parce que j'ai besoin d'argent. Nous sommes gueux comme des rats d'église; nous avons fouillé dans toutes les poches et nous n'avons pu réunir que 10 millions; or au bas mot, il m'en faut 200; installez-vous ici, écrivez à vos succursales, arrangez-vous comme vous voudrez, mais donnez-moi de l'argent et encore de l'argent, sans cela tout est perdu. » M. Rouland voulut résister, mais, quoiqu'il eût été procureur général, il avait affaire à un avocat dont la voix fit taire la sienne. — « Que ferez-vous à Paris? reprit M. Thiers; qu'y pouvez-vous faire? Rien, sinon nous créer des embarras. Vous serez arrêté, et en votre lieu et place les gens de l'insurrection qui sont mieux armés que moi nommeront un gouverneur de la Banque de France. Nous aurons beau ne pas le reconnaître; il sera le maître, le maître de la caisse, des dépôts, des comptes courants, et fera la ruine générale. Ne retournez pas à Paris, je vous le demande, au besoin je l'exige, et vous nous aurez aidés à débrouiller une situation qui fait perdre la tête à tout le monde. » — M. Thiers avait raison; M. Rouland le comprit et resta[1]. Mais ce jour-là même la Banque eut à supporter une alerte qui faillit être sérieuse.

V. — L'ABANDON DE PARIS.

Le marquis de Plœuc, sous-gouverneur. — Il veut savoir sur quel concours il peut compter. — Indécision. — Jourde et Varlin réclament 700 000 fr. — M. Marsaud, secrétaire général. — Sa foi en la Banque. — Les délégations s'impatientent. — Arrivée du renfort promis. — Les délégués s'esquivent. — Leur lettre. — Réponse du sous-gouverneur. — Le conseil des régents fait payer. — M. de Plœuc apprend par M. de la Rozerie que M. Rouland reste à Versailles. — Les projets du gouvernement. — Ils sont abandonnés. — L'amiral Saisset et M. de Plœuc. — Paris est abandonné à la révolte.

M. Rouland était à peine parti pour Versailles que la Banque fut avertie que les délégués aux finances viendraient dans la matinée chercher les 700 000 francs complémentaires du million que l'on avait consenti, la

---

[1] La présence du gouverneur de la Banque auprès du chef de l'État était absolument indispensable, » dit M. J. Simon. Voir *Le gouvernement de M. Thiers*, t. I, p. 256. Paris, 1878.

veille, à leur accorder. Le marquis de Plœuc, sous-gouverneur, était officiellement substitué au gouverneur absent ; il devenait la principale autorité, le chef même de la Banque de France et toute responsabilité lui incombait. Il se préoccupa d'abord de savoir sur quels secours il pourrait compter, dans le cas où l'hôtel de La Vrillière serait attaqué, car une lutte à Paris était encore possible, sinon probable à ce moment, et les faits qui s'étaient produits place Vendôme, dans la journée du 22, étaient de nature à faire redouter un acte de brigandage. Pour organiser sa défense et la prolonger utilement, il lui était nécessaire de connaître les dispositions des maires et du commandant en chef des gardes nationales régulières. Le marquis de Plœuc chargea M. Mignot, auquel les missions pénibles ne furent point épargnées pendant cette période, d'aller conférer avec l'amiral Saisset et avec les maires des deux arrondissements voisins. Les réponses qui accueillirent sa communication prouvent que l'unité d'action sous une seule autorité est indispensable aux œuvres de salut.

Au Grand-Hôtel, où l'amiral Saisset avait établi son quartier général, M. Mignot ne rencontra personne qui pût lui donner un renseignement sérieux. L'amiral, dit-on, était à Versailles, et nul en son absence n'avait qualité pour mettre les troupes en mouvement. A la mairie du Ier arrondissement, il fut difficile de voir l'adjoint faisant fonctions de maire, qui était occupé à célébrer un mariage. M. Mignot s'impatientait ; il insista si bien que l'adjoint, quittant les futurs époux, accourut, l'écharpe en sautoir, demander de quoi il s'agissait. A la question de M. Mignot : « Si la Banque est attaquée, viendrez-vous la défendre ? » il répondit : « Tâchez de gagner du temps, faites de la conciliation ; il n'y a pas moyen de songer à la lutte, nous n'avons pas de cartouches. » M. Mignot se transporta à la mairie du IIᵉ arrondissement, où il rencontra le colonel Quevauvilliers, qui lui dit : « Soyez sans crainte, il m'est facile d'aller à votre secours ; je vais vous envoyer des hommes, et, s'il faut se battre, eh bien ! nous nous battrons. »

M. Mignot revint à la Banque. Pendant qu'il courait d'une mairie à l'autre, les délégués Jourde et Varlin étaient venus réclamer la somme qu'ils exigeaient. Avant de donner ordre de payer, le marquis de Plœuc voulut connaître la résolution prise à l'égard de la Banque par l'amiral Saisset et par les maires ; il fit donc répondre aux délégués qu'ils eussent à attendre le retour du caissier principal, qui était absent pour cause de service. Jourde et Varlin n'étaient point satisfaits ; la Banque, toute pleine de ses employés en armes, n'avait pas un aspect rassurant ; les caisses étaient fermées, ce qui était anormal ; les garçons de recette regardaient les délégués de travers. Jourde et Varlin échangèrent un coup d'œil : « Il y a quelque chose. » Ils allèrent trouver M. Marsaud, le secrétaire général, pour lui persuader que l'on devait les payer tout de suite et sans plus tarder.

Convaincre M. Marsaud dans un cas pareil n'est point chose facile ; il a une façon ironique et douce de répondre qui démonte les plus entreprenants. Il avait alors soixante-huit ans, et l'on peut dire qu'il n'avait jamais quitté la Banque, où il était entré en qualité de petit employé. Portant vertement son âge, très artiste, faisant de bonne peinture à ses moments perdus, grand chasseur, aimant, lorsqu'il a quelque loisir, à ranger sa collection d'estampes, qui est fort belle, il a vu, depuis qu'il est au monde, tant de barricades et tant de révolutions, qu'il ne s'émeut plus guère. Il a une sorte de bravoure philosophique à la fois compatissante et gaie qui lui permet de traverser sans affaissement les périodes les plus troublées. Il croit à l'immortalité de la Banque de France; elle peut être malade, être attaquée, mais elle ne périra pas : rien ne prévaudra contre elle, il le sait, et le reste, même le danger qui le menace personnellement, lui importe peu. Avec un tel homme, Jourde et Varlin auraient perdu leur latin, s'ils avaient eu à en perdre. M. Marsaud parut étonné : « Comment? M. Mignot n'est pas là, j'en suis surpris; ayez la complaisance de l'attendre, il ne tardera pas à rentrer; je regrette de ne pouvoir vous satisfaire; ce n'est pas moi qui ai les clés de la caisse, c'est M. Mignot. » De guerre lasse, Jourde et Varlin retournèrent à la caisse centrale et attendirent M. Mignot, qui n'avait point reparu, par la bonne raison qu'il était en conférence avec le marquis de Plœuc, auquel il rendait compte de sa mission.

Impatients et inquiets tout à la fois, Jourde et Varlin commençaient à trouver le temps long. M. de Plœuc continuait à les laisser attendre, car il avait grande envie de repousser cette nouvelle réquisition. Tout à coup un bruit de tambour se fit entendre et se rapprocha; les portes furent ouvertes et trois compagnies entrèrent dans la cour. C'était le renfort promis à M. Mignot et envoyé par le colonel Quevauvilliers. Jourde et Varlin pâlirent : allaient-ils donc être arrêtés et retenus prisonniers? Ils se levèrent : « Nous rendons la Banque responsable du refus qui nous est fait ! » et ils se retirèrent. Une heure après, la sommation suivante était apportée à la Banque et remise à M. de Plœuc :

« Ministère des finances. Cabinet du ministre. Paris, 25 mars 1871. — Monsieur le gouverneur, affamer la population, telle est l'arme dont se sert un parti qui se dit honnête. La faim ne désarmera personne, elle ne fera que pousser les masses aux massacres et à la dévastation. Nous voulions éviter tous ces maux, la Banque pouvait nous y aider. Elle a préféré se mettre du côté d'hommes qui veulent coûte qui coûte triompher de la république. Nous ramassons le gant qui nous est jeté, laissant à ceux qui, pour leurs personnalités, n'hésitent pas à irriter les fureurs populaires, l'épouvantable responsabilité de leur conduite. Quant à nous, nous avons fait notre devoir, et si notre attitude conciliatrice a été prise pour de la crainte, nous prouverons qu'on s'est trompé. Puisse la Banque revenir sur les décisions funestes qu'elle paraît avoir prises ; nous ne nous represserons (*sic*) pas devant elle ; si la Banque est disposée à verser le complément du million demandé, elle le fera parvenir au ministère des finances avant midi. A partir de cette heure, toutes les mesures nécessaires et les plus énergiques seront prises. *Vive la république!* Les délégués aux finances : JOURDE, E. VARLIN. »

C'est Varlin qui a écrit cette épître, dont la minute a été conservée. Il y aurait eu bien des choses à répondre à cette lettre, dont les arguments sont d'une fragilité dérisoire, mais l'on savait d'avance que toute discussion serait inutile. M. de Plœuc se contenta de répondre verbalement que les menaces ne constituaient pas un compte courant et qu'elles avaient peu d'influence sur la Banque ; en qualité de sous-gouverneur, il n'était que pouvoir exécutif ; le conseil des régents serait consulté, et l'on en ferait connaître les décisions aux délégués du Comité central.

A deux heures, selon la coutume de la Banque, le conseil général se réunit sous la présidence de M. le marquis de Plœuc ; on lui donna connaissance de la lettre écrite par Jourde et par Varlin. La discussion s'ouvrit, elle fut très calme. Quelqu'un insista de nouveau sur le mauvais effet que produisait, parmi les défenseurs de l'ordre, l'espèce de subvention accordée aux chefs de la révolte : cela affaiblit les sympathies et peut faire craindre qu'en cas d'attaque on ne se porte avec mollesse au secours de la Banque. Cette observation était sans valeur en présence des circonstances; elle fut combattue au nom du salut même de l'établissement. La Banque se trouvait en face de deux dangers qu'il fallait envisager froidement, afin de les savoir éviter : d'une part, une entrée de vive force qui amènerait la destruction du portefeuille des valeurs et du dépôt des titres, ce qui constituerait l'effondrement d'une grande partie de la fortune publique. D'autre part, si le Comité central imposait un gouverneur de son choix à la Banque, le désastre ne serait pas moins grave, car la fabrication sans mesure ni limite des billets produirait la ruine de la Banque et celle du pays; il faut faire comme les vaisseaux assaillis par la tempête : carguer les voiles et courir dans le vent pour ne point sombrer.

La sagesse prévalut; on décida que l'on était lié par l'engagement pris la veille de donner un million au Comité central; que si le complément était exigé, il serait versé; mais qu'il était préférable de payer en deux fois, afin d'éviter une réquisition trop rapprochée. Tout en adoptant ces mesures, le conseil déclara que sous aucun prétexte l'argent ne serait porté au ministère des finances, car cela était contraire aux usages de la Banque de France. Les délégués seraient prévenus et feraient prendre quand il leur conviendrait la somme mise à leur disposition. A quatre heures et demie les délégués des délégués vinrent réclamer le solde du million; c'étaient E. Faillet, receveur général des contributions directes, et G. Durand [1], caissier central au

---

[1] Durand (Gustave-Paul-Émile), ancien sergent de zouaves, ancien commandant du 63ᵉ bataillon pendant le siège, était un fort hon-

ministère des finances; ce dernier était un ouvrier bijoutier. Pour cette circonstance, ils s'étaient passé des revolvers à la ceinture; cela n'effraya personne, et ils se contentèrent d'emporter 350 000 francs, promettant de venir en chercher autant le lendemain : ce qu'ils n'eurent garde d'oublier.

Vers la fin de cette journée, qui ne s'était point écoulée sans émotion à la Banque, le marquis de Plœuc se promenait dans la cour, lorsqu'il fut accosté par M. de la Rozerie, arrivant de Versailles; il apprit par lui que le gouverneur ne reviendrait pas. M. Rouland était convaincu que son absence ne serait pas de longue durée; il croyait, et tout le monde croyait comme lui, que la résistance à l'insurrection s'organisait et se fortifiait dans Paris. Le gouvernement de Versailles, appuyé par une délégation parlementaire que l'on appelait la Commission des Quinze, semblait décidé à faire un essai simultané de conciliation et de répression. A cet effet, le lendemain, vendredi 24 mars, une députation des membres de l'Assemblée nationale, escortée d'un corps de troupes d'environ 1500 hommes, devait pénétrer dans Paris et tâcher de mettre fin à la révolte, par la persuasion ou par la force. Dans ce dessein, les députés se seraient réunis aux maires qui négociaient avec le Comité central, et les soldats auraient donné la main aux gardes nationaux groupés sous le commandement de l'amiral Saisset. Dans la journée du 23 mars, à Versailles, la résolution paraissait arrêtée; on en parlait sans mystère dans les cou-

---

nête homme, poli, sans morgue, et qui, dans l'exercice de ses fonctions sous la Commune, accomplit plusieurs actes de probité. On n'a à lui reprocher aucune violence. Il paraît avoir obéi à un entraînement irréfléchi et disait : « C'est la politique qui m'a perdu; je me suis trop avancé pour reculer. » (Procès Durand, dix-neuvième conseil de guerre; débats contradictoires, 29 mars 1873.)

loirs de l'Assemblée, quelques généraux donnaient même volontiers des détails rassurants et disaient qu'il suffirait de deux compagnies de fusiliers marins pour bousculer les fédérés cantonnés à Levallois-Perret et ressaisir les communications par voie ferrée entre Paris et Versailles. Ces nouvelles, M. de la Rozerie avait été chargé de les communiquer au marquis de Plœuc et de les faire connaître à qui de droit dans les mairies du Ier et du IIe arrondissement. C'était un peu d'espoir qui venait soulever les cœurs, mais ce ne fut que cela. Nul soldat de Versailles n'apparut le lendemain et nul député à l'Assemblée nationale ne vint marcher contre l'émeute, comme l'avaient fait les représentants du peuple en 1848, pendant l'insurrection de juin.

La journée du 24 fut calme à la Banque, malgré les cris de *Vive la France!* et de *Vive la Commune!* que l'on poussait autour de la mairie du IIe arrondissement, malgré la promenade de canons chevauchés par des femmes, malgré les roulements de tambours et les sonneries de clairons. Ce jour-là, à la suite de la négociation entreprise par Brunel, on crut que l'œuvre de conciliation était enfin terminée et l'on éprouva une joie qui ne dura guère, car on ne tarda pas à comprendre que les chances d'une entente pacifique venaient de s'évanouir et que Paris allait entrer dans la nuit de l'inconnu. Le soir, M. de Plœuc se rendit à la mairie du IIe arrondissement, où les maires devaient ratifier le prétendu traité dont on les abusait, où les délégués du Comité central arrivèrent en retard, et où l'amiral Saisset était attendu. Lorsque l'amiral entra, le marquis de Plœuc se fit reconnaître de lui et lui demanda s'il était disposé à protéger la Banque. L'amiral, élevant la voix et parlant avec énergie, répondit affirmativement et déclara qu'il était en mesure d'infliger une leçon aux imprudents qui oseraient attaquer notre grand établissement financier. M. de Plœuc, le cœur soulagé, se retirait ; l'amiral Saisset le rejoignit près de la porte et lui dit à voix basse : « Faites de votre mieux ; louvoyez, négociez s'il le faut, mais ne comptez pas sur moi : je n'ai pas un homme, je n'ai pas une cartouche à vous donner. »

A cette heure en effet l'amiral ne pouvait plus garder aucune illusion. Il n'ignorait pas que la révolte était bien armée et que les soldats en étaient par leur masse plus redoutables que les chefs. A la suite de quelques négociations secrètes entreprises par lui, soldées avec les fonds que la Banque lui avait remis, il avait pu se convaincre que les maîtres du peuple de Paris étaient, pour la plupart, des gaillards sans scrupule, gueusant l'argent du Comité central, soutirant l'argent de Versailles et prêts à se vendre au plus offrant. La caisse de la Banque et celle de la Société générale pourraient dire précisément ce qu'ont coûté certaines consciences militaires ou législatrices de la Commune. Mais l'amiral devinait aussi que ces gens se vendraient, empocheraient et décamperaient, ce qu'ils firent pour la plupart. Le seul dont la défection fut honnête, si ces deux mots peuvent être accouplés, fut Dombrowski ; il en mourut. L'amiral ne comptait guère sur les gardes nationaux qui lui demandaient de courir la fortune d'un combat. Il n'eut pas reculé devant une action de guerre ; il était même résolu à l'entreprendre ; mais, avant de jeter au hasard la vie de tant de braves gens, il voulut savoir quelle aide Versailles pourrait lui apporter. Ce qu'il apprit ne lui laissa aucun doute. Il put se convaincre qu'il était abandonné et qu'il ne lui restait plus qu'à se retirer.

C'en était fait, Paris appartenait à la révolte ; le gouvernement légal ne devait y entrer que deux mois après, au milieu des massacres et de l'incendie. Pendant ces deux mois, un personnel admirable, quatre chefs de service intelligents et dévoués, un conseil de régents impassibles dans l'accomplissement du devoir, vont assister le marquis de Plœuc, sous-gouverneur, auquel échoit l'honneur de prendre en main la barre du navire, — bien menacé, — qui porte le crédit de la France.

VI. — JACOBINS ET SOCIALISTES.

Le vote. — Première proclamation. — Appel à la délation. — La majorité : jacobins, blanquistes, hébertistes. — La minorité : économistes. — Leurs idées économiques. — Jourde est le financier de la Commune. — La perception des droits d'octroi. — Refus de la Banque. — Impossibilité de transporter le portefeuille. — Réquisition. — Les Bretons. — Première entrevue de Charles Beslay et de M. de Plœuc. — Le tentateur. — Charles Beslay est nommé délégué de la Commune près de la Banque de France.

Le 26 mars, les urnes furent déposées dans les sections; on avait encore à cette époque, malgré tous les déboires supportés, un tel besoin de conciliation, que plus d'un honnête homme alla voter, dans l'espoir que Paris, secouant le poids de toutes ses ivresses, aurait assez de bon sens pour faire des choix raisonnables. On ne fut pas long à reconnaître que l'on s'était abusé et que derrière de prétendues réclamations de franchises municipales se cachait la volonté de s'emparer du gouvernement de la France. Quelques candidats d'esprit modéré, élus en dépit de la masse fédérée, s'aperçurent à temps de la faute qu'ils avaient commise, reculèrent à la pensée d'être associés, pour si peu que ce fût, à cette mascarade et donnèrent leur démission. Des élections complémentaires faites le 16 avril pourvurent au remplacement des démissionnaires et donnèrent à la Commune sa constitution définitive.

Ce qui domina dans la Commune, c'est la bêtise, au sens originel du mot, c'est-à-dire ce qui rend l'homme semblable à la bête. Paris, le vrai Paris, celui qui pense, qui travaille et qui aime son pays, ne connaissait pas ses nouveaux maîtres; leurs noms n'avaient aucune signification, et cependant ils avaient déjà été prononcés lors des élections législatives du 8 février, que M. de Bismarck avait rendues plus libres que l'on n'aurait voulu; la *fusion des Comités républicains, démocrates, socialistes*, les avait, sur affiche rouge, proposés au choix des électeurs, qui ne s'en étaient souciés. Aujourd'hui la tourbe des insurgés les poussait au pouvoir, et les élus se donnaient pour les représentants de Paris, « comme si un égout était la Seine, » disait Camille Desmoulins en parlant d'Hébert.

Lorsqu'ils discutaient contre les maires qu'ils chassaient des mairies, ou contre les administrateurs dont ils voulaient spolier les administrations, ils disaient orgueilleusement : Nous sommes la force ! Mais non, pas même; ils étaient la violence, ce qui n'est pas la même chose. En effet, la Commune a été violente, forcément violente, parce qu'elle était impuissante et qu'elle le savait. Lorsqu'elle essaye de rassurer la population parisienne, lorsqu'elle lui fait des promesses, lorsqu'elle la flatte jusqu'à l'abjection, elle ne croit pas un mot de ce qu'elle dit : « Citoyens, vous êtes maîtres de vos destinées; forte de votre appui, la représentation que vous venez d'établir va réparer les désastres causés par le pouvoir déchu. L'industrie compromise, le travail suspendu, les transactions commerciales paralysées vont recevoir une impulsion vigoureuse. » Partir de là pour arriver au massacre des otages et à l'incendie de Paris, c'est dépasser l'interprétation permise à toute rhétorique, mais c'est prouver que dans la caverne de l'Hôtel de Ville il y avait plus d'un petit journaliste,

« tous de personnalité excessive », a dit M. Lissagaray, qui les connaît bien. Cette proclamation est du 29 mars; c'est par elle que Paris apprit qu'il avait un gouvernement; deux jours après, un appel à la délation lui explique comment il va être administré : « La plupart des services publics étant désorganisés à la suite des manœuvres du gouvernement de Versailles, les gardes nationaux sont priés d'adresser par lettres, à la police municipale, tous les renseignements pouvant intéresser la commission de sûreté générale. *Le chef de la police municipale*, A. Dupont. » J'ai intentionnellement rapproché ces deux proclamations; car elles indiquent les deux courants qui divisaient alors la Commune et qui la divisèrent jusqu'à l'heure de son effondrement. L'un est celui qui dirige la minorité, l'autre entraîne la majorité.

Les soixante-dix-neuf personnages qui, à la veille même de leur défaite, siégeaient à l'Hôtel de Ville se partageaient en deux groupes principaux : d'un côté les jacobins, de l'autre les socialistes, qui aimaient à se nommer les *économistes*. Les premiers, au nombre de cinquante-sept et formant une majorité qui eût fini par se désagréger si on lui en eût laissé le temps, représentaient trois partis bien distincts : les jacobins, à la tête desquels Delescluze était placé par droit d'ancienneté, qui voulaient exercer le pouvoir à l'aide d'un Comité de salut public; les blanquistes, — Vaillant, Eudes, Protot, Ranvier, — qui rêvaient de donner la dictature à Blanqui, que ses nombreuses condamnations élevaient dans ce monde-là au rang de pontife-martyr; enfin, les hébertistes, enfants perdus de la révolte à tout prix, Rigault, Ferré, Vésinier, qui se réjouissaient à l'idée que l'instant était peut-être venu de mettre à sac toute civivilisation. Ce parti grouillait depuis longtemps dans les bas-fonds des brasseries du quartier latin et des cabarets de Belleville. Sous le règne de Louis-Philippe, un ouvrier nommé Constant Hilbey avait chanté Marat; en 1865, Alfred Bougeard avait, en deux volumes, célébré cette vermine eczémateuse; un an auparavant, un futur membre de la Commune, G. Tridon, avait bâclé une brochure sur le père Duchêne : « Plus que les héros de musée taillés sur le patron officiel et vêtus à la grecque, plus que ces mannequins placés pour nous mettre en fuite dans le champ de l'idée, plus que ce ramas d'eunuques que l'on nous montre pour des hommes, je vous aime et vous glorifie, ô grands damnés de l'histoire[1]. » C'est d'Hébert et de ses complices qu'il s'agit. Si Paris s'est laissé surprendre par la Commune, il faut du moins reconnaître que les avertissements ne lui ont pas manqué.

La minorité, composée de vingt-deux membres qui parfois luttèrent, non sans courage, contre l'oppression de la majorité, était, en grande partie, empruntée aux adhérents de l'Internationale, auxquels s'étaient mêlés des rêvasseurs habitués à prendre leurs chimères pour des idées et leurs rancunes pour des opinions. Ce petit groupe était beaucoup plus divisé que le premier : communistes, communalistes, mutuellistes, débris des sectes socialistes qui firent parler d'elles à la fin de la Restauration et après la révolution de Juillet; disciples abusés de Proudhon; inventeurs d'escargots sympathiques, comme Allix; créateurs de religion fusionnienne et enfants du règne de Dieu, comme Babick; « capitaliste fraternitaire, » comme Charles Beslay; peintre infatué de son génie, comme Courbet. Il y avait un peu de tout dans cette étroite chapelle où les cultes

---

[1] *Les Hébertistes : plainte contre une calomnie de l'histoire*, par M. G. Tridon Paris, 1864.

divers de la revendication sociale s'étaient donné rendez-vous; j'y trouve un réfractaire, Jules Vallès; un écrivain de talent, Vermorel; un homme de quelque intelligence, Andrieu; j'y vois aussi Jourde et Varlin.

Dans la majorité, il y eut du grabuge, lorsque l'on s'aperçut que l'un de ses membres, qui, se faisant appeler Blanchet, se nommait en réalité Pourille, avait été agent de police, capucin et banqueroutier, et lorsque l'on découvrit les lettres par lesquelles Émile Clément s'offrait à servir l'Empire. Si l'on eût bien cherché, m'est avis que l'on eût fait d'autres trouvailles analogues. Il n'y eut rien de semblable dans la minorité, car les méchants bruits qui ont couru sur Vermorel et sur Vallès paraissent ne reposer sur rien de sérieux.

Tous les membres de la minorité, quoique différant sur les moyens à employer, visaient au même but : rendre l'État propriétaire, par voie de confiscation, des grandes institutions de crédit, des chemins de fer, des compagnies d'assurance; le faire fabricant et pourvoyeur universel; monopoliser par lui la vente des denrées de nécessité première, comme l'on a monopolisé la vente des tabacs; abolir l'héritage et supprimer les impôts. Pour ces novateurs peu pratiques, les établissements financiers devaient être non seulement ménagés, mais protégés, car ils comptaient bien en faire le pivot de leur système économique, lorsqu'ils seraient devenus les chefs du gouvernement; c'est à cela, en bonne partie, qu'il faut attribuer le salut de la Banque, du Crédit foncier, du Crédit mobilier, des compagnies d'assurances, car la majorité, se réservant la direction politique et militaire de la Commune, avait, par une sorte de compensation, abandonné la direction financière à la minorité, qui prétendait sur cet objet pouvoir appliquer des idées nouvelles. Aussi, lorsque la Commune, se distribuant le travail gouvernemental, se divisa en commissions, elle prit sa commission des finances presque exclusivement dans la minorité; elle y ajouta Félix Pyat, qui, n'appartenant à aucun groupe, se fourrait partout, afin de faire le plus de mal possible.

L'homme important de cette commission fut Jourde, que la Commune maintint au poste de délégué aux finances dont le Comité central l'avait pourvu. Plusieurs fois, et pour des causes tout à son honneur, il donna sa démission, qui ne fut jamais acceptée. En effet, les gens de l'Hôtel de Ville étaient si particulièrement ignorants en toute matière, qu'ils le considéraient comme possédant seul les aptitudes spéciales qui font les bons financiers; or, nous le répétons avec certitude, Jourde comptait bien, établissait rapidement une balance, n'ignorait rien de ce qui constitue le doit et l'avoir; il tenait à l'irréprochable régularité de ses écritures, mais il eût été incapable de manœuvrer un budget et d'imaginer des combinaisons financières. Malgré cela il était le Turgot de la Commune, qui ne s'en montrait pas moins fière que lui et qui ne voulut jamais s'en séparer; jusqu'aux dernières heures, il resta donc en communication avec la Banque de France.

Celle-ci, sans vouloir entrer en lutte, s'était mise sur la réserve; elle n'était point sur le pied de guerre; mais la paix armée qu'elle pratiquait prouvait qu'au besoin elle saurait résister. Se renfermant dans la lettre même de ses statuts, elle avait déclaré, dès le 24 mars, qu'elle cesserait de centraliser les recettes de l'octroi pour le compte de la Ville de Paris, comme elle avait l'habitude courtoise de le faire. Elle pouvait subir les lois dictées par la révolte, puisqu'elle n'était pas en situation de s'y soustraire, mais il ne lui convenait pas de la reconnaître, de la légitimer en quelque sorte, en percevant pour elle les fonds dont elle s'emparait et en lui ouvrant ainsi un compte courant. Il n'y a nulle hésitation à cet égard dans la délibération des régents qui fut signifiée au délégué. Cette décision répondait à la note que voici : « La perception des octrois sera effectuée comme par le passé. Les mesures les plus énergiques seront prises contre les employés de ce service qui n'accompliraient pas leurs versements par voie administrative à la délégation des finances. Signé : Varlin, Fr. Jourde. » Les menaces eurent peu d'effet et l'octroi ne produisit que des sommes insignifiantes tant qu'il ne fut pas attribué (2 avril) à la haute direction de Bonnin dit Volpesnil, qui excellait à confondre les revenus de son administration avec les siens[1]. La Banque, en refusant d'aller chaque matin relever aux barrières le produit de la veille, évitait le danger de faire circuler ses voitures dans Paris, au milieu de fédérés qui n'auraient demandé qu'à regarder ce qu'il y avait dedans. La Banque en outre se préoccupait beaucoup de son portefeuille, c'est-à-dire de la masse d'effets escomptés ou prorogés qui représentait pour elle une avance de plus de 900 millions; elle eût voulu l'expédier hors de Paris, afin de le mettre à l'abri des recherches. Après avoir examiné les moyens que lui suggérait la sagacité des régents et des chefs de service, elle fut obligée de reconnaître que le transport seul de ces richesses constituait un danger et exposait à des risques qu'il était plus sage d'éviter.

On fut en repos pendant trois jours. Le solde du second million consenti avait été versé le 24 mars; on

[1] Procès Bonnin dit Volpesnil et Alphonse Pichot; jugement contradictoire : sixième conseil de guerre, 3 février 1872. — Tribunal civil de Montpellier, procès en répétition contre Mme Bonnin dite Volpesnil, 7 août 1874.

ne se croyait pas quitte de toute réquisition, mais on fut satisfait de passer les journées du 25 et du 26 sans avoir à discuter avec les délégués aux finances. L'embellie ne dura guère; le 27, dans la soirée, le marquis de Plœuc reçut la lettre suivante :

« Monsieur le gouverneur de la Banque de France, nos services ne pouvant être définitivement organisés avant le 29 mars, il est de la plus haute importance que notre service des finances ne soit pas interrompu demain mardi. En conséquence nous vous prions de vouloir bien tenir à notre disposition pour demain mardi la somme de 500 000 francs qui nous est indispensable. Le remboursement de cette avance pourrait s'effectuer dans un bref délai, grâce aux ressources dont nous allons disposer. Agréez l'assurance de notre considération la plus distinguée. *Les délégués aux finances*, Fr. Jourde, E. Varlin. — Nous attendons une réponse à cette lettre avant dix heures du matin, la somme demandée devant servir aux besoins de notre caisse à partir de onze heures du matin. »

Ce fut la répétition exacte de ce que déjà nous avons raconté. M. Mignot alla au ministère des finances s'informer à quel usage les 500 000 francs « empruntés » devaient servir. — A la solde de la garde nationale, pour le compte de la Ville de Paris. — Après approbation du conseil des régents, la somme fut mise à la disposition des délégués ; elle fut touchée par le caissier, G. Durand, le 28 mars, pendant que, sur la place de l'Hôtel-de-Ville, au milieu des étendards rouges, à travers les cris, les vociférations, les Marseillaises et toutes les farandoles révolutionnaires, on acclamait la Commune, qui s'installait officiellement après quelques discours que l'on n'entendit pas.

Le soir même, le marquis de Plœuc, lisant dans un journal le nom des membres de ce gouvernement extraordinaire, remarqua celui de Charles Beslay, car il connaissait le personnage. M. de Plœuc est de Quimper, Charles Beslay était de Dinan ; Bretons tous deux, ils étaient « pays ». Au moment où Paris allait être investi, lorsqu'on y eut attiré les gardes mobiles de la vieille Armorique qui savaient bien peu le français, on avait formé un comité breton, afin de fournir à ces jeunes gens les secours matériels et moraux dont ils se sentiraient privés au milieu d'une population presque étrangère. Dans une réunion tenue à cet effet place Royale, le marquis de Plœuc et Charles Beslay avaient échangé des observations un peu vives, que pouvait justifier la divergence d'opinions qui les séparait. Malgré l'opposition de Charles Beslay, le marquis de Plœuc avait été élu président du comité breton. Après le combat de Champigny, Charles Beslay écrivit à M. de Plœuc pour lui demander de s'intéresser à M. Hovius, son neveu, qui avait été blessé, et porté à l'ambulance bretonne. M. de Plœuc avait répondu à Beslay et, n'en ayant plus entendu parler, croyait que toute relation était terminée entre eux ; il fut donc surpris lorsque, dans la matinée du 29 mars, on lui annonça le citoyen Beslay, membre de la Commune.

Charles Beslay vint-il à la Banque de son propre mouvement ? y fut-il envoyé par les délégués aux finances ? c'est là un point douteux qu'il est difficile d'éclaircir. Il est probable que Beslay entendit quelque membre de la Commune dire : Si la Banque nous refuse l'argent dont nous avons besoin, nous l'occuperons militairement et nous viderons ses caisses. Animé d'un bon sentiment et comprenant le danger d'une telle exécution financière, il se proposa en quelque sorte comme médiateur et fut accepté. Beslay avait alors soixante-seize ans ; petit, très alerte malgré son âge, d'une activité un peu fébrile, il ressemblait à un quaker qui aurait été soldat : apparence que ne démentait pas l'expression de douceur répandue sur toute sa physionomie.

Il semblait embarrassé en entrant chez M. de Plœuc, et ses premières paroles cherchèrent à donner le change sur le but de sa visite, car il remercia le sous-gouverneur de l'intérêt dont M. Hovius blessé avait été entouré à l'ambulance bretonne. M. de Plœuc répondit quelque mots de politesse banale et attendit. Beslay n'était pas homme à dissimuler longtemps sa pensée ; il la laissa échapper en disant : « Je sors du ministère des finances, on y est irrité contre vous ; on rencontre ici un mauvais vouloir déguisé que l'on est résolu à ne point tolérer ; j'ai cru devoir vous en prévenir, afin d'éviter une collision qui pourrait mettre en péril l'existence même de la Banque. » Le marquis de Plœuc répondit aussitôt : « Pour arriver jusqu'à mon cabinet vous avez traversé nos cours et nos couloirs ; vous avez pu reconnaître que nous sommes sous les armes ; j'ai des hommes et je me défendrai. » M. de Plœuc avait parlé avec animation ; Beslay répliqua : « La ! la ! il n'est pas question de mettre le feu à la soute aux poudres ; mais rien n'empêche la Commune d'installer ici un gouverneur. — Nous ne le supporterons jamais, reprit M. de Plœuc ; notre livre des comptes courants est pour ainsi dire l'acte de confession du commerce, de la finance et de l'industrie, c'est un secret que sous peine de forfaiture nous ne pouvons livrer à personne. » — Charles Beslay se taisait et M. de Plœuc, calmant l'émotion dont il avait été saisi, se demandait si de cet adversaire il ne convenait pas de tenter de faire un allié qui pût l'aider à sauver la Banque.

Après quelques instants de silence, le marquis de Plœuc reprit : « Les autorités qui dirigent la Banque existent, elles ne peuvent être ni déplacées ni remplacées ; le gouverneur est à Versailles, mais je suis sous-gouverneur et je remplis, de mon mieux, le devoir qui m'est imposé. Nous ne pouvons déserter le poste où nous sommes ; la Banque a des relations avec la Ville de Paris, avec l'État et avec les particuliers. J'admettrais, jusqu'à un certain point, que la Commune nommât près de la Banque une sorte de commissaire civil, comme il en existe près des chemins de fer, afin de s'assurer que nous ne manquons pas à nos statuts et que nous exécutons les engagements pris par nous vis-à-vis de l'État ou vis-à-vis de la Ville ; mais c'est là seulement ce que nous pourrions tolérer ; toute prétention pour connaître les comptes courants, les dépôts d'objets précieux, les dépôts de titres, les avances faites sur dépôts, serait invariablement repoussée par nous ; car, je vous le répète, c'est là un secret, le secret même du crédit, qu'il nous est interdit de divulguer. »

Beslay ne disait rien ; il avait pris les pincettes et tisonnait machinalement. « Voyons, monsieur Beslay, reprit M. de Plœuc avec une sorte de bonhomie émue, est-ce que ce rôle n'a rien qui vous tente ? Vous n'êtes point un homme d'aventure, vous, je le sais ; vous avez été un grand industriel, vous avez été député ; quoique je ne partage aucune de vos opinions, j'ai toujours rendu hommage à l'honorabilité de votre caractère ; vous n'ignorez pas ce que c'est que la Banque, vous n'ignorez pas que son écroulement serait un désastre sans pareil pour le crédit du monde entier ; aidez-moi, aidez-nous à sauver l'honneur financier de la France ; devenez notre associé dans une certaine mesure et faites comprendre à vos collègues de la Commune que toucher à la Banque, c'est produire la ruine universelle. Dès que nos billets seraient sortis de nos mains, ce ne seraient plus que des chiffons de pa-

pier bons à vendre au tas, vous le savez bien. »
Charles Beslay se leva et dit : « Je ferai de mon mieux. »

Dans la journée du 30 mars, le marquis de Plœuc avait reçu une lettre écrite par le ministre des finances : « Je ne saurais insister trop vivement, au nom du gouvernement de la République française siégeant à Versailles, pour que le conseil de régence de la Banque continue à délibérer à Paris sur toutes les questions que la situation exceptionnelle et anormale de Paris commande. La direction des affaires de la Banque est confiée aux régents et nous ne saurions trop insister pour qu'ils continuent leur mission en présence des exigences inadmissibles qui peuvent se présenter de la part des comités révolutionnaires de la capitale. Le gouvernement saura gré aux régents de tous leurs efforts et de toutes les mesures conservatrices qu'ils pourront prendre. POUYER-QUERTIER. »

Le soir, vers neuf heures, M. de Plœuc causait de cette lettre dans son cabinet avec M. Davillier, l'un des régents, et avec M. de Benque, secrétaire du conseil, lorsque Charles Beslay se fit annoncer. « Je suis délégué de la Commune près la Banque de France, dit-il, voici ma nomination. » Il remit un papier à M. de Plœuc. « J'accepte sans contestation, dit le sous-gouverneur ; mais il est bien entendu que votre rôle de surveillance est strictement limité à nos rapports avec la Ville et avec l'État ; vous vous engagez à ne jamais demander communication ni de nos comptes courants ni de nos dépôts. — Je m'y engage, répondit Beslay ; mais de votre côté vous vous engagez à ne plus envoyer d'argent à Versailles, comme vous ne vous êtes guère gêné pour le faire depuis le 18 mars. » — Le marquis de Plœuc s'inclina et échangea une poignée de main avec Charles Beslay. — La Commune venait d'entrer à la Banque ; il importe de dire par quel homme elle s'y faisait représenter [1].

VII. — CHARLES BESLAY.

Un ataxique. — Délire partiel. — Proudhon. — Admiration de Ch. Beslay. — Proudhon prophète. — La révolution sociale entrevue par lui. — La bonté de Ch. Beslay. — Il s'engage pendant la guerre. — Sa profession de foi. — Doyen de la Commune. — La mer rouge. — Prenez des douches. — M. de Plœuc à Versailles. — M. Denière, régent de la Banque, est arrêté. — Société de tempérance. — Ch. Beslay fait relâcher M. Denière.

Au bon temps de ma jeunesse et de mes voyages, un jour que j'étais sur les bords de la mer Rouge avec des Arabes Ababdehs, je vis venir vers moi un homme qui marchait à reculons. Cet homme, déjà vieux, était atteint d'un des plus curieux cas d'ataxie locomotrice que j'aie vus et il était nerveusement obligé de tourner le dos aux objets vers lesquels il voulait se diriger. Les Arabes racontaient qu'un soir, dans le désert, près de la route qui va vers Bérénice, il avait rencontré Schîtan le lapidé, le diable, que celui-ci lui avait soufflé au visage et que depuis cette époque le malheureux ne pouvait plus « aller qu'à l'envers ». Cette histoire est celle de Charles Beslay ; un jour il a rencontré Proudhon, et depuis ce temps il a été à l'envers. Il était bien réellement frappé d'ataxie mentale ; mais sa

---

[1] Charles Beslay a écrit que, lors de sa première visite au marquis de Plœuc, 29 mars, il avait sa commission en poche ; ses souvenirs l'ont mal servi. J'ai sous les yeux le texte original de sa nomination ; le voici : « Mairie de Paris, cabinet du maire, Paris, le 30 mars 1871. — République française, liberté, égalité, fraternité. — Commune de Paris. — La Commune de Paris nomme le citoyen Ch. Beslay en qualité de son délégué à la Banque de France. *Les délégués à la Commission exécutive*, G. LEFRANÇAIS, G. TRIDON, E. VAILLANT, FÉLIX PYAT. »

moralité était restée intacte, comme un fer sans paille et bien forgé. Son délire n'était que partiel; il divaguait, il est vrai, sur toute question qui se rapportait à l'économie financière et à la politique, mais sur d'autres points il raisonnait juste. Il était riche, ou pour mieux dire il l'avait été par lui-même et par ses alliances; mais, quoique la ruine l'eût visité, il croyait de bonne foi l'être encore et le disait. Appartenant à une bonne famille des Côtes-du-Nord, fils d'un député conservateur, il avait toujours été systématiquement de l'opposition, quoiqu'il eût refusé de se laisser nommer commissaire général par Ledru-Rollin et qu'il eût été, en 1848, élu représentant du peuple par 90 000 voix qui le placèrent en tête de la liste « réactionnaire » de son département.

Il avait tenté bien des choses dans sa vie, les entreprises industrielles, le journalisme, la banque, la politique; il avait toujours oscillé entre des conceptions contradictoires et crut avoir découvert le prophète qui le mènerait au salut, lorsqu'il eut fait, vers 1848, la connaissance de Proudhon. Celui-ci, qui, malgré son talent et sa forte cervelle, n'était qu'un paysan ambitieux de renommée, se souciant peu des formes gouvernementales, discourant sur les réformes plutôt que réformateur, méprisant sans contrainte tous les partis dont il apercevait d'abord la vacuité, exclusivement proudhonniste et développant jusqu'à l'hypertrophie son orgueilleuse personnalité, celui-ci fut ravi de compter parmi ses disciples un homme important et déjà connu dans la politique. Il choya « le père Beslay », comme il l'appelait familièrement, lui adressait des lettres, en faisait son confident, son confesseur, disait-il, son factotum et son banquier, lorsque l'on avait à créer quelque journal destiné à bientôt disparaître ou quelque Banque du peuple réservée à la faillite. Pour Proudhon, qui fut un incomparable acrobate de la contradiction, Charles Beslay était un chef de claque d'autant plus précieux qu'il était naïf et convaincu. Lorsque Proudhon donnait quelques représentations de science sociale, le père Beslay ne se sentait pas d'aise, applaudissait, et, s'il le fallait, dénouait les cordons de sa bourse. Il ne s'apercevait pas que cet apôtre de la démolition universelle changeait d'opinion perpétuellement et qu'il se dupait lui-même à ses propres raisonnements, sorte de Narcisse socialiste qui s'enivrait de volupté au seul bruit de ses paroles. Le père Beslay, la bouche bée, regardait, écoutait, admirait, sans même remarquer que la prédication du jour détruisait souvent celle de la veille. Il crut s'être approprié la doctrine d'un maître, alors qu'il ne s'était rempli que des incohérences d'un rhéteur agile, mais sans puissance créatrice, qui était à un véritable réformateur ce qu'un virtuose serait à un compositeur de musique. Dès lors Beslay entra dans le rêve et crut qu'il suffisait de quelques décrets pour modifier les relations économiques qui régissent les rapports de la société avec elle-même et des peuples entre eux.

Ces conceptions de réformation sociale qui s'imposent à certains esprits avec l'évidence d'un théorème mathématique, ont entraîné bien des hommes jusqu'au crime. Le maître de Charles Beslay, Proudhon, avait compris cela de bonne heure; d'avance, il avait répudié les conséquences des prémisses qu'il avait posées; lui aussi, ne voulant pas que la société fût jugée et condamnée d'après les principes qu'il essayait de formuler, il s'était « lavé les mains », il avait prononcé son *nescio vos* et dans un jour de clairvoyance il avait écrit :

« La révolution sociale ne pourrait aboutir qu'à un immense cataclysme dont l'effet immédiat serait de stériliser la terre, d'enfermer la société dans une camisole de force ; et s'il était possible qu'un pareil état de choses se prolongeât seulement quelques semaines, de faire périr par une famine inopinée trois ou quatre millions d'hommes. Quand le gouvernement sera sans ressources ; quand le pays sera sans production et sans commerce ; quand Paris affamé, bloqué par les départements ne payant plus, n'expédiant plus, restera sans arrivages ; quand les ouvriers, démoralisés par la politique des clubs et le chômage des ateliers, chercheront à vivre n'importe comment ; quand l'État requerra l'argenterie et les bijoux des citoyens pour les envoyer à la Monnaie ; quand les perquisitions domiciliaires seront l'unique mode de recouvrement des contributions ;... quand la première gerbe aura été pillée, la première maison forcée, la première église profanée, la première torche allumée ; quand le premier sang aura été répandu ; quand la première tête sera tombée ; quand l'abomination de la désolation sera par toute la France, oh ! alors vous saurez ce que c'est qu'une révolution sociale : une multitude déchaînée, armée, ivre de vengeance et de fureur ; des piques, des haches, des sabres nus, des couperets et des marteaux ; la cité morne et silencieuse ; la police au foyer des familles, les opinions suspectées, les paroles écoutées, les larmes observées, les soupirs comptés, le silence épié, l'espionnage et les dénonciations ; les réquisitions inexorables, les emprunts forcés et progressifs, le papier-monnaie déprécié ; la guerre civile et l'étranger sur la frontière ; les proconsulats impitoyables, le comité de salut public, un comité suprême au cœur d'airain : voilà les fruits de la révolution dite démocratique et sociale. Je répudie de toutes mes forces le socialisme, impuissant, immoral, propre seulement à faire des dupes et des escrocs. Je le déclare, en présence de cette propagande souterraine, de ce sensualisme éhonté, de cette littérature fangeuse, de cette mendicité, de cette hébétude d'esprit et de cœur qui commence à gagner une partie des travailleurs. Je suis pur des folies socialistes!... »

Ces folies socialistes prédites par Proudhon et que la Commune a réalisées, Charles Beslay ne s'y associa jamais, et cependant les rêveries dont il nourrissait son esprit devaient y aboutir ; mais il croyait naïvement que l'on peut bouleverser une civilisation de fond en comble sans produire ni désordre ni douleur. Il était d'une bonne foi imperturbable, il ressemblait à ces trois moines d'un couvent des bords de l'Euphrate qui sont partis pour découvrir l'endroit où le soleil se lève ; la légende affirme que depuis quinze cents ans ils marchent les yeux fixés devant eux, soutenus par une croyance que rien n'ébranle. Beslay était ainsi, et c'est pour cela qu'il représente une forme de révolutionnaire intéressante à étudier.

Ce qui l'a éloigné de toute violence, ce qui en a fait, dans plus d'un cas et surtout dans celui de la Banque, un instrument de salut, c'est qu'il était doué d'une bonté incomparable. Il était impossible de ne pas l'aimer, ont dit tous ceux qui l'ont connu. C'était un simple, comme Allix, comme Babick ; tous trois eussent composé un triumvirat animé d'intentions excellentes, mais funestes. Beslay avait une bonté sans limite, sans critique, véritablement extraordinaire et tout à fait intempestive ; une bonté délirante, diraient les aliénistes. Toute sa vie, il a été dupe : dupe des inventeurs, des intrigants, des victimes du cléricalisme et de la monarchie ; dupe de ceux qui s'en moquaient, dupe de ceux qui l'exploitaient. Pourvu qu'on lui demandât, il donnait ; pourvu que l'on parvînt à l'attendrir, et tout l'attendrissait, il fouillait dans sa poche et livrait les clés de sa caisse. A ce métier, il a perdu plus d'une fortune; il ne sortait d'une ruine que pour tomber dans une autre; ses combinaisons n'avaient guère d'autre but que le bonheur de l'humanité; il voulait les mettre en pratique, commanditer la félicité universelle, et n'arrivait qu'à la faillite. *Beati misericordes!* Si l'intention est réputée pour le fait, le père Beslay fut héroïquement vertueux.

Malgré son âge, malgré de sérieuses infirmités, il avait conservé une sorte d'excès de jeunesse qui l'entraînait à des actions qu'un mobile très honorable empêchait à peine d'être excessives. Ainsi, en 1870, à la première nouvelle de nos défaites, il s'engagea dans le 26e de ligne, qui était en garnison à Metz, et, muni de sa feuille de route, voyageant par étapes, il s'en va le sac au dos, sans réfléchir qu'un homme de soixante-quinze ans est un embarras et non pas un secours pour une armée. Après Sedan, il signe une adresse dont la naïveté mériterait un autre nom : « A la démocratie socialiste de la nation allemande. Proclamons : la liberté, l'égalité, la fraternité des peuples; par notre alliance, fondons les États-Unis de l'Europe. Vive la République universelle! » Il rentra à Paris avant l'investissement; pendant la période du siège, il écrit, il parle, il affiche; il s'agite, il se tourne, il se retourne dans son propre vide, et désarme tout le monde par sa bonhomie. Dans les maladroits, dans les ambitieux trop pressés, dans les criminels même, il ne voit que des persécutés; il ne sait refuser son adhésion à aucune sottise collective. Après la journée du 31 octobre, il proteste : « contre l'incroyable violation de la liberté individuelle commise par les membres du gouvernement de la défense nationale en arrêtant, au mépris du droit et de la foi jurée, les républicains ayant pris part au mouvement patriotique du 31 octobre[1]. »

Il se présenta aux élections législatives du 8 février, et dans sa proclamation adressée « aux travailleurs, aux petits industriels, aux petits commerçants, aux boutiquiers », il dit : « J'ai soixante-seize ans, et malheureusement j'ai encore trop de vie, car je crains d'assister à la destruction finale de mon pays. » Il put reconnaître depuis que ses amis de la Commune ont, sans hésiter, fait ce qu'ils ont pu pour réaliser ses craintes. Il les a reniés avec horreur; il a écrit : « Je déclare hautement que je n'accepte, ni de près ni de loin, aucune solidarité avec les hommes qui ont brûlé Paris et fusillé des otages. » Mais il les avait suivis, sinon précédés, comme un myope, qui ne sait où il va et qui prend des flammes de pétrole pour le soleil. Dans un tel homme, qui passait pour riche, ancien ami de Proudhon, ayant siégé dans nos assemblées parlementaires, la Commune voyait une recrue qu'il ne fallait par négliger d'acquérir.

Aux élections du 26 mars, Charles Beslay fut nommé dans le VIe arrondissement par 3714 voix sur 9499 votants et 24807 électeurs inscrits. Il était le doyen des membres de la Commune, et en cette qualité il présida la première séance. Son discours d'ouverture est, pour qui a étudié l'homme, d'une sincérité irréprochable : « C'est par la liberté complète de la Commune que la République va s'enraciner chez nous. La République de 93 était un soldat... la République de 1871 est un travailleur qui a surtout besoin de liberté pour fonder la paix. Paix et travail ! voilà notre avenir, voilà la cer-

---

[1] Cette protestation est signée : Ch. Beslay, ancien représentant du peuple ; Kin, monteur en bronze ; Edm. Aubert, gazier ; Lacord, cuisinier ; Florent, mécanicien ; Lucipia, étudiant ; Chotet. Elle porte la date du 25 novembre 1870.

titude de notre revanche et de notre régénération sociale, et ainsi comprise, la République peut encore faire de la France le soutien des faibles, la protection des travailleurs, l'espérance des opprimés dans le monde et le fondement de la République universelle... Le pays et le gouvernement seront heureux et fiers d'applaudir à cette révolution si grande et si simple, et qui sera la plus féconde révolution de notre histoire. »

On peut assurer, sans couder la vérité, que Ch. Beslay était de bonne foi et qu'il voyait dans l'installation de la Commune l'avènement du bonheur du genre humain; mais pendant qu'il débitait ces naïvetés, il est probable que Pyat, Ferré, Ranvier, Rigault et consorts souriaient avec commisération. Ch. Beslay, en effet, n'était point « à la hauteur des circonstances »; il l'avait démontré en essayant d'obtenir la mise en liberté du général Chanzy; il devait le démontrer encore en voulant arracher Gustave Chaudey aux griffes de Raoul Rigault; mais le meurtrier tint bon et ne lâcha pas sa proie. Pendant toute la durée de la Commune, quels que fussent les évènements dont on s'attristait, il resta immuable dans son optimisme, semblable à un yoghi des Indes qui se regarde le nombril et y voit son Dieu. Quand la bataille se rapprochait de Paris, quand on emprisonnait les magistrats, les prêtres, les sœurs de charité, les gendarmes; quand on forçait la porte des hôtels particuliers pour les mettre au pillage, quand on dévalisait les églises, le père Beslay hochait la tête et disait : « C'est vrai! on va un peu loin; ce n'est qu'un moment à passer, et vous verrez après comme on sera heureux. » — « Faudrait-il donc, lui demandait un de ses interlocuteurs, faire comme les Hébreux et traverser la mer Rouge pour entrer dans la terre promise! » « Non, non, répondait l'incorrigible utopiste; nous resterons sur le bord; je connais bien le peuple de Paris : il aime à faire un peu de bruit, j'en conviens, mais il est incapable de commettre une violence. Vous verrez, vous verrez ; avant deux mois, toute la France sera avec nous, et dans moins d'un an l'Europe entière, convertie par l'exemple de notre prospérité, aura proclamé la république. » Le jour où il causait ainsi avec un des hauts fonctionnaires de la Banque, il était souffrant et il demanda discrètement s'il pouvait faire venir un bain dans son cabinet. — « Certainement, lui répondit-on ; prenez un bain, monsieur Beslay : prenez même des douches, si vous voulez. » — Il se mit à rire : « Vous me croyez fou ? Eh bien, je ne le suis pas, et je gage avec vous que l'avenir, un avenir très prochain, me donnera raison. »

Tel était l'homme auquel la Commune confiait le sort de la Banque de France. Il était convaincu que cet incomparable instrument de crédit serait utilisé pour le plus grand bonheur de tous par l'État modèle qu'il apercevait au milieu de ses songeries et qui devait sortir du trouble momentané que Paris traversait. On peut affirmer avec toute certitude que le 30 mars 1871, lorsque Charles Beslay se présenta muni de sa commission auprès du marquis de Plœuc, il était résolu à tout faire pour assurer le salut et le fonctionnement de la Banque. Il en devenait et en restait le protecteur. Il y eut peut-être quelque orgueil en cela. Toute sa vie il avait rêvé de diriger un grand établissement de crédit, car, à l'instar de Jourde, il se croyait financier parce qu'il était comptable ; aussi ne se sentait-il pas de joie d'être délégué, seul délégué à la Banque, et de saisir l'objet de sa plus haute ambition. La Banque était devenue sa chose, et il sut, dans une circonstance grave, la défendre avec l'énergie d'un souverain qui ne veut pas abdiquer.

Le marquis de Plœuc, faisant contre mauvaise fortune bon cœur, préférant Beslay à tout autre, puisqu'il n'avait pu repousser l'intrusion de la Commune à l'hôtel de la Vrillière, et désirant le garder sous ses yeux, afin de pouvoir le surveiller plus facilement, lui proposa de prendre logement à la Banque et d'occuper l'appartement de M. Cuvier, retenu en province pour affaires de service. Beslay refusa ; il demeurait alors rue du Cherche-Midi et se contenta de demander qu'on lui réservât à la Banque même un cabinet où il pût venir travailler. M. de Plœuc l'installa dans un cabinet voisin du sien et put mettre immédiatement son bon vouloir et sa confiance à l'épreuve. Le gouvernement de Versailles, ne se rendant pas compte des dangers auxquels la Banque de France était exposée à Paris, continuait à tirer des mandats que le caissier central acquittait avec mille précautions, mais qui pouvaient faire naître des complications redoutables ; en outre, on avait pris vis-à-vis de Charles Beslay l'engagement de cesser toute relation avec « la réaction monarchique ». La réaction monarchique, c'était le gouvernement régulier qui se préparait à tenter un effort désespéré pour sauver la république que la Commune était en train d'étrangler. Il y avait donc là un état de choses plein de périls auquel le marquis de Plœuc voulut mettre fin, après avoir pris l'avis du conseil des régents. Les correspondances, très surveillées, pouvaient être saisies et créer de nouveaux inconvénients ; il résolut d'aller lui-même à Versailles s'en expliquer avec M. Thiers, et dans ce but il demanda un laissez-passer à Beslay, qui l'obtint de Raoul Rigault[1].

[1] Le texte du laissez-passer est curieux : « Permis au citoyen Ploouc, gouverneur de la Blanque, d'aller et revenir de Versailles. Paris, le 1ᵉʳ avril 1871. Le délégué civil à l'ex-préfecture de police, RAOUL RIGAULT. » La signature seule est de Rigault ; le texte est d'une écriture assez rapide, quoique incorrecte.

Le 2 avril, M. de Plœuc arrivait à Versailles et obtenait une audience de M. Thiers. Celui-ci ignorait ce qui se passait à la Banque ; le bilan lui en avait cependant été remis, mais il l'avait lu superficiellement sans doute, ou ne l'avait pas lu du tout, car il croyait que l'encaisse ne formait qu'une somme de sept millions ; on était loin de compte, car les valeurs renfermées à l'hôtel de la Vrillière à cette date représentaient environ trois milliards. M. Thiers fut à la fois surpris et découragé en apprenant la vérité. Lorsque M. de Plœuc lui demanda d'envoyer un régiment au pas de course pour occuper la Banque aussitôt que les murs de Paris seraient forcés, il répondit avec tristesse : « Nous n'en sommes pas là ! » mais il comprit la nécessité de suspendre tout envoi de mandats et promit que, sous ce rapport du moins, il veillerait à ce que la Banque fût protégée. M. de Plœuc avait agi en temps utile, car le soir même, lorsqu'il revenait à Paris, il se rencontra en wagon avec M. X. qui était porteur d'un mandat de 60 000 francs, payable à vue sur la Banque.

Le lendemain, le marquis de Plœuc fut très étonné et un peu effrayé d'apprendre que l'un des régents de la Banque, M. Denière, avait été arrêté la veille et n'avait point encore été relâché. Il courut prévenir Charles Beslay. « Vous connaissez notre constitution, lui dit-il ; je ne puis rien faire sans le conseil des régents : si on les arrête, il me sera impossible de ne pas repousser les réquisitions de la Commune ; cela est très clair : pas de régents, pas d'argent ; allons faire délivrer M. Denière. » Charles Beslay s'empressa de suivre M. de Plœuc, tout en disant : « Ça ne peut être qu'un malentendu. »

M. Denière en effet avait été arrêté, et voici dans quelles circonstances. La veille, jour du dimanche des

Rameaux, vers onze heures du matin, il avait passé près de la place Vendôme où le 150ᵉ bataillon de fédérés se massait avant de se diriger vers Courbevoie. Parmi les officiers qui s'ingéniaient à faire mettre leurs hommes en rang, M. Denière en avait remarqué un d'assez bonne tournure, sur la tunique duquel brillaient la médaille d'Italie et la croix de la Légion d'honneur; il n'avait pu réprimer un mouvement de surprise, et, avec une chaleur de cœur que la prudence aurait dû attiédir, il lui dit : « Comment, vous? un soldat décoré, vous allez combattre contre le drapeau de votre pays! » — L'officier ne répondit pas. M. Denière s'éloigna et continua sa route par la rue Saint-Honoré; il était parvenu près de l'Assomption, lorsqu'il entendit courir derrière lui; il se retourna et fut arrêté par une douzaine de fédérés lancés à sa poursuite. On le conduisit place Vendôme, dans l'hôtel où était établi l'état-major de la garde nationale. Là on lui fit déposer son argent, sa montre et on l'enferma dans une sorte de poste servant de dépôt.

L'officier, portant les insignes de chef de bataillon, qui fit les formalités de l'écrou était un homme d'un certain âge, vigoureux, grisonnant, à la boutonnière duquel on voyait un large ruban rouge. Sur ce ruban M. Denière distingua quelques traits noirs qui ressemblaient à de l'écriture; il concentra toute son attention et lut : Société de tempérance. Ces mots permettraient, si cela en valait la peine, de nommer l'homme qui s'affublait de cette étrange décoration. M. Denière passa la journée et la nuit en prison; il y fut témoin d'un fait qui mérite d'être raconté. La pièce où les détenus étaient placés n'avait que des dimensions restreintes et, pour en faciliter l'aération, on en laissait la porte ouverte; deux soldats fédérés la gardaient. L'un, fort jeune, dit à son camarade bien plus âgé que lui :

« Qui es-tu, toi? es-tu vengeur, franc-tireur ou enfant perdu? » — L'autre répondit : « Je ne suis rien de tout cela; je suis ouvrier, et lorsque la journée de travail a pris fin, j'aime à rentrer chez moi et à lire mon journal après avoir dîné avec ma femme. » — Cinq minutes après, il était arrêté et écroué : Propos séditieux.

Dans la matinée du 3 avril, M. Denière put, moyennant bon « pourboire », faire prévenir le marquis de Plœuc, qui accourut avec Charles Beslay. Celui-ci n'était pas content; il se fit reconnaître par le commandant de poste décoré de l'ordre de la Tempérance et exigea la mise en liberté immédiate de M. Denière. On se confondit en excuses devant le doyen de la Commune et l'on s'empressa de lui obéir, car il avait donné ses ordres avec un ton qui n'admettait pas de réplique. Il était alors midi. Quelques heures plus tard, le dénoûment eût été peut-être moins rapide. Ce jour-là en effet le général Henry devait être fait prisonnier, Duval et Flourens allaient être tués. La Commune, exaspérée de sa défaite, se préparait à systématiser le régime de terreur qu'elle avait jusqu'alors laissé exercer selon les fantaisies particulières de ses représentants; l'heure des otages était sur le point de sonner, et M. Denière, régent de la Banque de France, aurait bien pu passer de la place Vendôme au Dépôt, du Dépôt à Mazas, et de Mazas à la Grande-Roquette, d'où plus d'un détenu n'est pas sorti.

VIII. — LES DIAMANTS DE LA COURONNE.

Beslay refuse de laisser occuper le poste de la Banque par les fédérés. — Décret de septembre 1792. — La Banque se garde elle-même. — Le commandant Marigot. — On fraternise. — Bonnes relations. — Ça vaut bien ça ! — Opinions littéraires de Marigot. — Documents relatifs aux diamants de la couronne. — Les délégués les réclament à M. Mignot. — A la Commission exécutive. — Intervention de Ch. Beslay. — Lettre de Delescluze. — Altercation entre M. de Plœuc et Ch. Beslay. — Nul ne sait où sont les diamants. — Procès-verbal inquiétant. — On écrit à M. Rouland. — Tout s'explique. — Les diamants sont à l'arsenal de Brest. — Fausse information. — Opérations restreintes. — Comment l'octroi de la Commune paye ses dettes.

Dans cette circonstance, Charles Beslay avait agi avec spontanéité, on n'avait point eu besoin de faire appel à ses bons sentiments. L'arrestation de M. Denière l'avait irrité, parce qu'elle était arbitraire et aussi, il faut le dire, parce qu'elle avait atteint un des régents de la Banque; or il n'est point douteux qu'il ne s'en regardât comme le chef, en quelque sorte comme le dictateur. Toucher aux choses ou aux fonctionnaires de la Banque sans l'avoir consulté, c'était usurper sur son pouvoir; il était décidé à ne point le tolérer, et ne le toléra pas. On le vit bien à la même date, dans les premiers jours d'avril, à propos d'une question d'ordre intérieur qui pouvait amener des complications.

Depuis le 25 mars, depuis que l'amiral Saisset, contraint par les circonstances, avait licencié les gardes nationaux réunis autour de lui, le poste extérieur de la Banque n'avait point été occupé; on se contentait de faire des factions et des rondes à l'intérieur. Le Comité de l'arrondissement trouva l'occasion bonne pour envoyer quelques fédérés à la Banque et fit demander pourquoi le poste restait vide. Beslay, consulté, déclara que les employés de la Banque, organisés militairement, suffisaient à garder l'établissement tout entier, et le commandant Bernard fut chargé d'aller s'entendre à ce sujet avec la délégation du Comité. M. Bernard fut habile; il écouta les objections qui lui furent faites, et répondit : « Nous sommes organisés selon le vœu de la loi; en gardant nous-mêmes la Banque à laquelle nous appartenons, nous nous conformons au décret du 2 septembre 1792. »

Ce fut de l'hébreu pour les interlocuteurs du commandant Bernard, qui leur communiqua le document que voici : « 2 septembre 1792 : L'Assemblée nationale décrète que tous les secrétaires-commis des bureaux de l'Assemblée nationale, ceux des ministères et autres administrations publiques, seront tenus, dans les dangers de la patrie et aux signaux d'alarme, de se rendre sur-le-champ dans leurs bureaux, qui deviennent pour eux le poste du citoyen. » C'est Eugène Duclerc qui, ministre des finances en 1848, avait exhumé ce décret dont la Banque avait le bon esprit de se servir au moment opportun; il n'y avait rien à répliquer; le texte de la loi était formel et la date, — 2 septembre 1792, — date des massacres dans les prisons, le rendait sacré à des gens qui ne devaient point reculer devant l'égorgement de la rue Haxo. Séance tenante, il fut convenu que les trois compagnies de la Banque seraient divisées en cinq, de façon à former un bataillon complet; que le mot d'ordre serait remis chaque soir au commandant et que le poste de la rue de la Vrillière serait réoccupé militairement par les employés. C'est tout ce que l'on désirait. Le commandant Bernard eut soin de ne mettre entre les mains des hommes qui étaient de service au poste extérieur que des fusils à percussion, afin de laisser ignorer au public et surtout à la Commune que la Banque possédait une réserve de fusils chassepot et de fusils à tabatière.

Non seulement la Banque était maintenue dans son privilège de se garder elle-même, mais, grâce à l'entregent des officiers et à la conduite diplomatique du commandant Bernard, on vivait en bonne intelligence avec le bataillon sédentaire cantonné au Palais-Royal, et dont le chef s'appelait Marigot. Les relations étaient si cordiales que l'on se fit « des politesses » et qu'avec l'autorisation du marquis de Plœuc, le bataillon de la Banque invita le bataillon du Palais-Royal à déjeuner. On « fraternisa » à la buvette que l'administration a fait établir dans les sous-sols, ce qui permet aux employés d'être nourris convenablement à prix réduit. On se quitta bons amis, en échangeant force poignées de main et en se disant au revoir. Le commandant Marigot ne se tenait pas d'aise, il avait le vin chevaleresque et disait : « Si jamais on vous attaque, venez me chercher, j'arriverai avec mon bataillon et vous verrez ce que je sais faire ! » Ce n'était point un méchant homme, mais il aimait à « rigoler », c'était son mot, et ça l'a mené loin. Il n'était pas fort délicat sans doute, car il avait été condamné à deux ans de prison pour abus de confiance ; de plus, c'était un déserteur ; au 18 mars, il était détenu à la Petite-Roquette, transformée en prison militaire ; au lieu d'une condamnation capitale à laquelle il devait s'attendre, car il y avait droit, il fut, comme tous ses compagnons de captivité, mis en liberté par ordre de Raoul Rigault et promptement élu chef de bataillon. Il s'installa dans les grands appartements du Palais-Royal, s'y trouva bien et y menait une existence qui ne lui semblait point déplaisante.

Depuis qu'il avait déjeuné à la Banque, il y revenait souvent voir ceux qu'il appelait ses amis. Un jour qu'il causait avec un employé, celui-ci, voyant sa bonne humeur qui paraissait inaltérable, fut attristé de tant d'insouciance et ne put s'empêcher de lui dire : « Vous êtes-vous parfois demandé comment tout cela finirait ? » Marigot devint grave ; puis, faisant claquer ses doigts et levant le bras avec ce geste qui signifie : je m'en moque, il répondit : « Vous avez raison, ça finira mal, je m'en doute bien; mais, ma foi, je suis philosophe, j'habite un palais, j'ai ma loge à la Comédie-Française où tout le monde est aimable avec moi; j'ai du vin et de l'eau-de-vie tout mon soûl, je ne sors qu'en voiture, je suis commandant, on me présente les armes quand je passe; j'ai des bonnes amies comme un vrai sultan; qu'est-ce que ça durera? Je l'ignore; un mois, deux mois, trois mois? Je sais bien qu'il y a un conseil de guerre au bout et qu'on me récurera la cervelle avec du plomb; je n'aurai pas à me plaindre; ça vaut bien ça, car j'aurai rudement rigolé. » Il y en eut plus d'un comme celui-là dans la Commune; c'est le fait de bien des criminels : deux mois de bombance et le bagne après!

Une fois, Marigot, descendant d'une victoria, entra dans la Banque et demanda un des officiers du bataillon pour affaire de service; on chercha l'officier, on ne le trouva pas. Marigot, impatienté d'attendre, dit alors gravement : « Je lui inflige trois jours de salle de police; ça lui apprendra à n'être pas là quand je viens le chercher pour aller boire un bock. » — Il suivait assidûment les représentations de la Comédie-Française, tout en avouant qu'il ne s'y amusait guère. Il disait au directeur : « Toutes ces pièces-là, ça n'est pas assez corsé; vous devriez reprendre *le Naufrage de la Méduse.* » Un soir qu'il venait d'entendre *les Femmes savantes*, il dit à « la dame » qui l'accompagnait : « Est-ce assez bête, hein? Eh bien, c'est la littérature de l'Empire; ça fait pitié! » Ses opinions littéraires ne l'empêchaient point d'être serviable; lorsque la Banque n'avait pas reçu le mot d'ordre, il le donnait entre deux « chopes ». On en a gardé bon souvenir rue de la Vrillière, et lorsque l'on en parle, on dit : Ce pauvre Marigot!

La Banque vivait à peu près tranquille, à la condition de subir les réquisitions que Jourde et Varlin ne lui ménageaient pas, lorsqu'elle fut mise en émoi pour un objet qu'elle ne soupçonnait guère. Le ministre des finances avait si rapidement opéré sa retraite, le 18 mars, qu'il avait abandonné, nous l'avons déjà dit, une somme importante dans ses caisses, et qu'il avait négligé d'emporter certains documents que l'on aurait dû soustraire aux investigations du comité révolutionnaire qui venait de s'emparer de Paris. Parmi ces documents, il en était plusieurs qui étaient relatifs aux diamants de la couronne; ils furent découverts, lus, commentés, mal compris, et valurent à la Banque de France une algarade dont elle se souviendra longtemps.

Le 13 avril, comme l'on venait d'apprendre que l'un des régents, M. Pillet-Will, était mort à Bruxelles, où il avait dû se réfugier pour éviter l'arrestation dont la Commune l'avait menacé, M. Mignot, caissier principal, ayant charge du dépôt des objets précieux, vit entrer dans son cabinet Jourde, Varlin, Amouroux, accompagnés de Charles Beslay qui paraissait fort animé. « Nous venons réclamer la remise des diamants de la couronne.
— Nous ne les avons pas, répondit M. Mignot, nous ne les avons jamais eus. » Tous les délégués se mirent à parler à la fois. « Vous les avez, nous le savons, nous en avons la preuve entre les mains : nous prenez-vous pour des imbéciles? » Le plus violent était Amouroux, qui, nommé secrétaire de la Commune depuis deux jours, représentait le gouvernement central et affirmait par sa seule présence que l'affaire était grave. M. Mignot, avec la loyauté d'un honnête homme dont, en aucun cas, la parole ne peut être mise en doute, faisait face à l'orage sans se décontenancer et se contentait de répéter : « Je ne puis vous remettre ce que je n'ai pas; je ne sais où sont les diamants de la couronne, mais

je suis certain qu'ils ne sont point ici. » En présence de cette résistance où les délégués s'obstinaient à voir de la mauvaise foi, ils déclarèrent qu'ils voulaient visiter eux-mêmes, tout de suite, les dépôts de diamants faits par les particuliers, car ils étaient certains d'y découvrir les diamants de la couronne. C'était exiger de M. Mignot qu'il livrât le secret de la Banque; le dépôt des pierreries était caché et muré; il refusa : il ne pouvait agir sans ordres. Les délégués, furieux, se retirèrent : « Soit! vous entendrez parler de nous! »

M. Mignot courut prévenir le marquis de Plœuc, qui fut fort surpris. Il eût été impossible d'introduire et de déposer les diamants de la couronne à la Banque à l'insu du caissier principal. — Pendant la discussion, pour ne dire plus, qu'il avait eu à supporter, M. Mignot avait entendu un de ses interlocuteurs crier : « Nous vous dirons même où ils sont; vous avez voulu les descendre dans votre puits; la corde a cassé, et parce qu'ils sont au fond de votre puits, vous vous imaginez que nous ne pourrons les découvrir. » — Il n'y a pas de puits à la Banque, et M. Mignot avait compris que cet homme, si bien renseigné, voulait parler de l'escalier étroit qui donne accès aux caves. Tout ceci était évidemment le fait d'une erreur, mais les délégués avaient eu un tel accent de sincérité, une telle raideur d'affirmation, que tout était à redouter. Abusés sans doute par un document mal interprété, ils pouvaient exiger qu'on leur livrât l'entrée des caisses, des caves, des dépôts, des serres aux titres, arriver en force, s'établir en maîtres, et alors que serait-il advenu?

Il n'y avait pas à argumenter avec eux; il n'y avait pas à essayer de leur faire comprendre qu'ils avaient la prétention de représenter la Ville et non pas l'État; que les diamants de la couronne appartenaient à l'État et non pas à la Ville, que par conséquent ils n'avaient aucun droit d'en exiger la remise. Ç'eût été peine perdue, et les hommes auxquels le salut de la Banque incombait étaient trop intelligents pour faire de la logomachie avec des énergumènes. Il leur paraissait dur d'avoir déjà fait tant de sacrifices pour éviter à la Banque une intrusion violente et de se sentir menacés, plus sérieusement qu'on ne l'avait jamais été, pour un fait qui ne pouvait être que le résultat d'une fausse interprétation. On était fort inquiet.

On l'eût été bien plus encore si l'on avait su ce qui se passait. Jourde, Varlin, Amouroux, Beslay, s'étaient rendus à l'Hôtel de Ville, près de la Commission exécutive. Amouroux avait demandé que des forces suffisantes fussent dirigées sur la Banque; qu'elle fût occupée militairement, que des recherches y fussent opérées, jusqu'à ce que l'on eût mis la main sur les diamants de la couronne : — Nul n'a le droit de se soustraire à l'autorité légitime; or l'autorité légitime, c'est la Commune de Paris; la Banque a une attitude hostile; elle est infectée de monarchisme; cela mécontente la partie républicaine de la population; la Banque n'a pas le droit de se soustraire à l'action des lois; elle refuse d'obtempérer aux ordres régulièrement transmis par les délégués; c'est elle qui commence les hostilités, c'est elle qui se met en révolte; elle fait naître elle-même une occasion que l'on ne cherchait pas, mais dont il est prudent de profiter; puisqu'elle ne veut pas obéir, on s'y installera et on l'administrera.

Varlin approuvait, Jourde ne disait mot; Beslay prit la parole et fut écouté. Il affirma qu'il n'y avait pas à douter de la loyauté des fonctionnaires de la Banque et qu'il ne pouvait admettre qu'on eût voulu le tromper; toutes les preuves sont contre la Banque, il le reconnaît, et cependant il se peut que tout ceci ne soit qu'un malentendu ; avant d'user envers elle des moyens de rigueur que l'on sera toujours à même d'employer, il demande à être autorisé à faire seul une démarche courtoise près de M. de Plœuc et il se fait fort d'obtenir à l'amiable la remise des diamants de la couronne ; mais comme il ne veut pas qu'on lui oppose de nouvelles dénégations, qu'il est indispensable pour lui de parler preuves en main, il prie la Commission exécutive de lui confier les procès-verbaux constatant le dépôt des diamants. Si la Banque persiste dans son refus, la Commune avisera.

La motion de Charles Beslay fut adoptée ; une lettre fut rédigée d'un commun accord par laquelle les délégués aux finances étaient invités à remettre au citoyen Beslay les fameux procès-verbaux qui avaient amené le conflit. Il est expressément dit que c'est Charles Beslay qui s'oppose à l'emploi des moyens violents ; on comprend qu'il a su faire prévaloir son opinion, car cette lettre, signé de Delescluze et de Tridon, se termine ainsi : « La Commission vous prie de ne voir dans cette invitation que le désir de ménager les rapports de la Commune et d'un établissement financier qui nous a été et nous sera encore utile. » Ce jour-là, si l'on n'eût écouté Beslay à l'Hôtel de Ville, c'en était peut-être fait de la Banque.

Charles Beslay, muni des procès-verbaux accusateurs, se rendit chez M. de Plœuc ; son premier mot fut dur : « Vous m'avez trompé. » — M. de Plœuc riposta : « Jamais ; j'ai toujours joué cartes sur table avec vous, comme cela avait été convenu ; je n'ai aucun intérêt à n'être pas sincère avec vous, vous le savez bien ! » — Alors commença entre eux une discussion sur le dépôt fait à la Banque des diamants de la couronne : affirmation d'une part, dénégation de l'autre. Les deux Bretons, fort entêtés, ne démordaient point : « Ils y sont. — Ils n'y sont pas. — Je sais qu'ils y sont. — Je sais qu'ils n'y sont pas. » L'altercation aurait pu durer longtemps, car chacun de ces deux hommes honnêtes savait bien qu'il ne cherchait pas à abuser son interlocuteur, mais instinctivement il sentait qu'il y avait un point douteux qui obscurcissait la vérité.

Beslay pouvait avoir quelque patience, car la Commission exécutive, ne croyant pas aux succès de la démarche tentée, lui avait remis des ordres d'arrestation concernant individuellement MM. de Plœuc, Marsaud, Chazal, Mignot, de Benque et tous les régents présents à Paris; il avait été laissé libre d'en faire usage, s'il le croyait nécessaire. Sûr d'arracher par la force ce qu'il était décidé à ne devoir qu'à la persuasion, Beslay se calma et écouta toutes les explications que le marquis de Plœuc s'efforçait de lui donner. La bonne foi du sous-gouverneur était évidente, elle parlait avec un accent auquel Beslay ne pouvait se méprendre; comme pour rassurer sa conviction qui commençait à s'ébranler, il interrompit M. de Plœuc en lui disant : « Tout cela serait fort bien si je n'avais en poche la preuve que les diamants de la couronne sont ici; j'admets que vous l'ignoriez, mais je suis certain que le dépôt a été fait et je vais vous le démontrer. »

Alors, à la stupéfaction de M. de Plœuc, il lui présenta deux procès-verbaux en original, l'un daté du mercredi 10 août 1870, constatant que les diamants de la couronne ont été déposés « dans la resserre principale à deux clés de la caisse centrale du trésor public »; le second, dans lequel Charles Beslay, articulant lentement et appuyant sur chaque mot, lut : « D'une décision prise cejourd'hui 30 août 1870 par le conseil des ministres réunis au palais des Tuileries sous la présidence de S. M. l'impératrice, il résulte que, pour parer aux éventualités de la guerre, il convient de transférer le colis ci-dessus indiqué à la Banque de France, qui prendra pour la sûreté et la conservation de ce dépôt les soins et les précautions qu'elle prend pour la sûreté et la conservation de son encaisse. En exécution de cette décision, nous maréchal Vaillant, ministre de la maison de l'empereur, assisté du trésorier de la cassette de Sa Majesté et d'un des joailliers de la couronne, avons retiré de la resserre du trésor public, pour en faire la remise au gouverneur de la Banque, la caisse dont la description précède et nous avons reconnu que les cachets apposés sont intacts. — Nous, ministre des finances, assisté du caissier-payeur central du trésor public et du contrôleur central, avons reconnu également l'intégrité des cachets. — Et nous, Rouland, sénateur, gouverneur de la Banque de France, ayant reçu ladite caisse garnie des cachets ci-dessus indiqués et recevant ce dépôt, nous avons déclaré et déclarons que nous prendrons pour sa conservation et sa sûreté les soins et précautions que nous prenons pour les valeurs de la Banque, entendant d'ailleurs ne répondre en aucune façon des évènements de force majeure, tels que cas de guerre. »

Charles Beslay s'arrêta. « Est-ce clair ? » dit-il. Puis, mettant le doigt sur chaque signature et les montrant au marquis de Plœuc : « Voyez, le ministre de la maison de l'empereur, Vaillant ; — le trésorier de sa cassette, Ch. Thélin ; — le joaillier de la couronne, Alfred Bapst ; — le ministre des finances, Magne ; — le caissier central, A Tourneur ; — le gouverneur de la Banque de France, Rouland. Rouland, c'est sa signature, vous le reconnaissez. S'il a reçu les diamants de la couronne au nom de la Banque, c'est à la Banque que sont les diamants de la couronne, ce procès-verbal en est la preuve absolue; qu'avez-vous à répondre ?

— Rien, dit M. de Plœuc, sinon que les diamants ne sont pas ici ; je vous l'affirme sur l'honneur. » On fit appeler les chefs de service, on leur donna lecture de ce document, qui semblait ne laisser aucun doute sur la réalité du dépôt ; chacun se contenta de déclarer que les diamants n'étaient pas à la Banque [1].

On était fort embarrassé. Il y avait là un problème dont la solution échappait. M. Marsaud prit le procès-verbal, le relut attentivement ; il fit remarquer qu'il était spécifié que la Banque prendrait pour ce dépôt le soin qu'elle prend pour la conservation de son encaisse ; plus loin le gouverneur déclare qu'il prendra les mêmes précautions que pour les valeurs de la Banque. « Eh bien ? dit Beslay. — Eh bien, répondit M. Marsaud avec son fin sourire, l'encaisse et les valeurs de la Banque ont été emportées loin de Paris à la fin d'août et dans les premiers jours de septembre ; il est fort probable que les diamants de la couronne ont suivi la même route ; le gouverneur se sera directement arrangé avec les ministres et nous n'en aurons rien su. » Charles Beslay, qui ne demandait qu'à gagner du temps, auquel une exécution de vive force contre la Banque eût singulièrent répugné, qui ne pouvait douter de la loyauté de ses contradicteurs, Beslay se sentit ébranlé. M. de Plœuc s'en aperçut. « Il y a, dit-il, un moyen bien simple de savoir la vérité, car il est évident que nous l'ignorons et que M. Rouland seul la connaît. Faites-nous donner un laissez-passer au nom de M. de Lisa, l'un de nos inspecteurs ; M. de Lisa se rendra à Ver-

---

[1] Les diamants de la couronne, composés de 77 486 pierres pesant ensemble 19 141 karats, ont été évalués, lors du dernier inventaire, qui date du 27 janvier 1818, à 20 318 551 fr. 80 cent. Dans cette somme, le Régent, dont le poids dépasse 136 karats, est compté pour 12 millions : on estime qu'aujourd'hui la valeur de ces pierres s'élèverait à une trentaine de millons.

sailles, verra M. Rouland, et demain nous saurons à quoi nous en tenir. — Mais, dit Beslay, j'ai promis à la Commission exécutive de lui rapporter une réponse aujourd'hui avant quatre heures. — Vous la prierez d'attendre ; un jour de plus ou de moins c'est peu de chose en pareille circonstance. » Beslay se leva : « Vous avez raison ; je ne puis, du reste, me figurer que vous vouliez me tromper ; je vais chez Raoul Rigault. » — Une heure après M. de Lisa avait son laissez-passer et pouvait partir pour Versailles.

Le soir le conseil général de la Banque se réunit en séance extraordinaire pour entendre le récit des faits qui s'étaient produits dans la journée ; on rappela alors que déjà cette question des diamants de la couronne avait été soulevée ; que M. de Kératry, préfet de police après le 4 septembre, avait questionné à cet égard M. Rouland, qui l'avait renvoyé à M. Ernest Picard, ministre des finances ; que les journaux avaient prétendu à cette époque que les diamants étaient à la Banque, et que M. Marsaud avait adressé une rectification qui avait paru dans le *Journal officiel* du 8 septembre 1870. — Avant de prendre aucune résolution, il convenait d'attendre le retour de M. de Lisa et la réponse de M. Rouland, mais il était bon de redoubler de prudence pour empêcher que, sous un tel prétexte, les dépôts de la Banque ne fussent visités. Le lendemain M. de Lisa était revenu, rapportant une longue lettre de M. Rouland qui contenait toutes les explications désirables. Ces explications M. de Plœuc venait de les recevoir par le contrôleur, M. Chazal, qui avait été chargé d'effectuer lui-même le transport des diamants et qui, absent de la Banque au moment de la réclamation des délégués et de l'altercation avec Charles Beslay, n'avait pu confier plus tôt au sous-gouverneur le secret dont il était le dépositaire. La lettre de M. Rouland confirmait les faits dont le marquis de Plœuc venait d'avoir connaissance.

Dans la dernière quinzaine du mois d'août, au moment même où la Banque préparait l'évacuation de son encaisse métallique, espèces et lingots, M. Rouland avait été mandé près du ministre d'État, qui lui avait proposé de recevoir en dépôt les diamants de la couronne. M. Rouland avait refusé : « Ce n'est pas au moment, dit-il, où je cherche à transporter hors de Paris mes valeurs monétaires, que je puis me charger d'un dépôt qui, par sa seule importance, appellerait sur la Banque une attention qu'il est prudent d'éviter. » Le maréchal Vaillant avait alors offert à M. Rouland de mettre à sa disposition, en lieu sûr, un local où il pourrait transférer et abriter ses richesses métalliques, à la condition qu'à ce dépôt il ajouterait celui des diamants de la couronne et que le tout serait surveillé par des garçons de recette placés sous les ordres d'un inspecteur de la Banque. Ce traité avait été conclu ; les diamants, reçus en charge par le gouverneur, étaient partis le 30 août dans les wagons qui emportaient plusieurs millions appartenant à la Banque. Les diamants et les millions n'avaient point été déplacés ; ils étaient encore à l'arsenal de Brest, où, ajoutait M. Rouland en terminant sa lettre, les membres de la Commune avaient tout loisir de les envoyer chercher. Ces explications furent transmises à Charles Beslay, qui s'en montra satisfait. La Commune fut moins contente et estima que les membres du gouvernement de Versailles étaient des voleurs.

Cette négociation, que Jourde semble avoir eu l'intention de mener un peu brusquement, car il avait déclaré qu'en dissimulant les diamants de la couronne la Banque faisait acte politique et qu'ainsi elle sortait de la neutralité qu'elle invoquait chaque jour en affirmant qu'elle n'était qu'un établissement financier, cette né-

gociation n'était point restée secrète. On en avait parlé
à l'Hôtel de Ville, à la Préfecture de police; on n'ignorait pas que des mandats facultatifs d'arrestation avaient
été remis à Beslay, et le bruit avait couru aux environs
du cabinet de Raoul Rigault, dans la journée du 19 avril,
que les principaux administrateurs de la Banque devaient être appréhendés au corps et incarcérés pendant
la nuit. Un fédéré du 124e bataillon, qui était de service à la sûreté générale, entendit ces propos et vint en
donner avis aux intéressés. Les régents furent prévenus. Depuis longtemps M. de Plœuc, dont le premier
devoir était de se mettre à l'abri d'une arrestation
qui eût pu avoir de redoutables conséquences pour la
Banque, avait pris l'habitude d'aller coucher dans divers
domiciles; on recommanda aux employés de faire bonne
garde; M. Mignot demeura près de ses caisses, et M. Chazal, en qualité de contrôleur, resta sur pied pour inspecter le service intérieur et s'assurer que toute précaution
était prise; la nuit s'écoula sans incident. La nouvelle
apportée était-elle réelle? était-ce une simple rumeur
de corps de garde? était-ce un avis peu scrupuleux qui
fut payé plus tard? y eut-il là un projet sérieux, qui,
pour une cause ignorée, ne fut pas mis à exécution? Nos
documents ne peuvent nous aider à répondre.

Depuis l'alerte que les diamants de la couronne avaient
value à la Banque, on y vivait assez paisiblement. M. de
Plœuc et les régents se réunissaient souvent en conseil, le petit bataillon faisait son service avec dévouement; on s'étonnait un peu de la lenteur des opérations
militaires de Versailles et l'on attendait avec angoisse
l'heure de la délivrance. Les relations avec les délégués
aux finances étaient tolérables; Jourde, surmené par une
tâche trop pesante pour lui, avait parfois des impatiences
que l'on feignait de ne point remarquer; Varlin, toujours taciturne et poseur, inspirait une vive défiance aux

fonctionnaires de la Banque, depuis qu'il avait été surpris cherchant à lire la feuille des comptes courants. Le père Beslay, plus naïf que jamais, se frottait les mains et croyait que la Commune était en train de forger les clefs qui ouvrent la porte du paradis terrestre.

Malgré les trompettes et les tambours, malgré les promenades des fédérés, malgré l'arrêt de tout commerce, le chômage de toute industrie, la stagnation des affaires, la Banque n'avait pas fermé ses bureaux; comme par le passé, elle continuait ses opérations, singulièrement réduites par la misère du temps. Les régents et les censeurs étaient chaque jour à leur poste; quelques rares effets étaient présentés à l'escompte; par-ci, par-là, on encaissait un petit écu; on avait des loisirs beaucoup plus que d'habitude; tout ce grand établissement était morne et semblait bâiller d'ennui. Les garçons de recette ne sortaient plus dans les rues avec leur habit gris compromettant. On avait même presque complètement suspendu la recette en ville, depuis qu'un des garçons, se présentant à l'octroi pour toucher le montant d'un effet échu, avait été accueilli par ces mots : « Le premier garçon de la Banque qui osera montrer son nez ici sera passé par les armes. »

IX. — LE CONSEIL DES RÉGENTS.

Réquisitions chez les particuliers. — Vol à la Compagnie du gaz. — Jourde veut emprunter sur titres. — La Banque refuse. — Les régents. — M. Durand. — Dévouement de tout le personnel. — La Banque n'arbore pas le drapeau rouge. — Le compte courant de la Ville est épuisé. — On écrit à Versailles. — Réponse illusoire. — Nouvelle lettre. — Réponse verbale satisfaisante. — Les engagements pris par l'État. — Établissement du Comité de salut public. — Protestations de la minorité — Jourde rend ses comptes et donne sa démission. — Il est réélu délégué aux finances. — Il veut faire mieux que ses prédécesseurs.

La Commune requérait l'argent déposé à la Banque et ne se faisait faute de réquisitionner celui des particuliers. Dans le compte rendu de la délégation des finances publié au *Journal officiel* du 4 mai 1871, on trouve quelques indications qu'il est bon de recueillir, car elles prouvent par quels moyens le gouvernement de l'Hôtel de Ville essayait de remplir ses caisses : Produits de diverses saisies ou réquisitions. — Archevêché (numéraire), 1308 francs; communauté de Villers, 250 francs; numéraire trouvé chez les frères Dosmont et Demore (suivant procès-verbal), 7370 francs.— C'était, comme on le voit, le régime du vol à main armée, appliqué par des gens qui excellaient à faire sauter les serrures. Ces exécutions prenaient dans le langage des communards le nom de visites domiciliaires. On en fit une, le 21 avril, à la Compagnie du gaz et l'on y enleva 183 210 fr. 32 c. C'était le 208e bataillon qui avait été lui-même conquérir ce butin; il n'avait pas agi sans ordre[1]. Il avait été pour cette conquête mis en mouvement par Raoult Rigault, qui jamais en cas pareil n'avait à lutter contre des scrupules trop étroits. Charles Beslay fut prévenu de ce crime qualifié; il le déplora et reconnut que les agents de la Commune montraient trop de zèle. Certes l'appréciation était indulgente, mais

---

[1] Dans un des nombreux procès jugés par les conseils de guerre, je trouve des détails curieux sur la façon dont se faisaient alors « les réquisitions ». Des voitures chargées d'effets militaires sont saisies, le 19 mars, sur la route de Versailles par les insurgés. D'après l'ordre du Comité de vigilance du XVe arrondissement, présidé par un certain Dagincourt, la maison des Frères de la doctrine chrétienne sise rue Violet, n° 73, est réquisitionnée pour servir de dépôt aux susdits effets. Le 24 mars, les fédérés Conducé, Affre, Pierre et Lecoq vont pour les retirer et dans la cave découvrent deux sacs contenant ensemble 6000 fr. en or. Dagincourt prévenu se rend sur les lieux, fait appeler le frère directeur et, en sa présence, vérifie les sacs, auxquels il manque déjà 460 fr., puis il transmet le reste de la somme, soit 5540 fr., à la délégation des finances, qui ne restitue que 500 fr. aux Frères. (Procès Affre; jugement contradictoire; quatrième conseil de guerre, 25 mars 1873.)

Charles Beslay ne s'en tint pas là ; tout ce qui blessait la probité lui était naturellement insupportable. Il alla à la Commission exécutive, s'y mit fort en colère et exigea le remboursement de la somme volée à la Compagnie du gaz. On fit droit à sa demande et la Compagnie rentra en possession de son argent.

C'était là une opération d'un nouveau genre auquel Jourde ne se serait pas associé, mais il en tenta une qu'il croyait régulière et qui ne l'était pas. Il avait trouvé au ministère des finances un certain nombre de bons du Trésor à 3, à 4 et 5 pour 100 ; c'étaient des titres émis en exécution du décret du 24 juillet 1870, mais qui n'étaient point cotés à la Bourse. Jourde, par une lettre du 21 avril, adressée au citoyen Marsaud, demande si la Banque consent à lui avancer trois millions sur dépôt de bons du Trésor représentant la même somme. La réponse du Conseil des régents fut précise : La Banque est liée par ses statuts, auxquels, à moins d'être autorisée par un acte législatif, elle ne peut déroger ; l'ordonnance du 15 juin 1834 régit les conditions des avances sur dépôt et titres ; l'article 3 dit expressément que l'avance ne peut excéder les quatre cinquièmes de la valeur, au cours de la Bourse ; or les bons du Trésor sur lesquels le délégué aux finances demande à emprunter trois millions ne sont pas cotés ; il n'y a donc pas lieu de suivre une négociation que la loi fondamentale interdit même d'entamer. — Communication de cette décision est transmise à Jourde, qui répond le lendemain par une demande de deux millions.

La Banque savait bien qu'elle finirait par accorder en fractions successives la grosse somme qu'on exigeait en un seul payement, mais elle comprit qu'à supporter toutes ces réquisitions elle épuiserait le solde créditeur de la Ville de Paris et que l'heure viendrait bientôt où elle serait forcée de se découvrir elle-même. Cette situation préoccupait les régents, qui, fidèles à leur mandat, continuaient à défendre pied à pied les intérêts qu'on leur avait confiés. Ils ne se réunissaient plus à la Banque; cela aurait eu des inconvénients et peut-être des dangers; mais ils multipliaient les séances de leur conseil, car il ne se passait guère de jour qu'ils n'eussent à délibérer pour parer à des éventualités menaçantes.

Tantôt chez l'un, tantôt chez l'autre, ils s'assemblaient; M. de Plœuc les présidait et parfois on appelait au conseil les chefs de service dont on avait à consulter l'expérience. Sur les procès-verbaux, je retrouve les mêmes signatures, et ce n'est pas sans émotion que je vois toujours celle de M. Durand, le doyen des régents, un vieillard chétif, malingre, dont la mort a fait élection depuis ces mauvaises heures, mais qui alors, malgré sa débilité, développa un amour du bien, un esprit de justice, une force de résistance, un dévouement qu'il est impossible de ne pas admirer; ses collègues, M. Denière, M. Fère, M. Davillier, M. Millescamps, l'assistent et n'ont point besoin de soutenir son énergie, qui semble dépasser ses forces. A côté des régents et du sous-gouverneur, dans ces séances qui allaient chercher quelque sécurité derrière le huis-clos des habitations particulières, je vois le secrétaire du conseil général, M. de Benque, tenant la plume, résumant les délibérations d'un style calme et lucide, ne se laissant troubler par rien, ni par les menaces des révoltés, ni par les dangers qui s'accumulent, et résolu comme les autres à faire son devoir jusqu'au bout. Ce qui ressort de l'étude des faits et des documents pendant cette période, c'est qu'il n'y eut pas une seule défaillance à l'hôtel de la Vrillière; et, remarque plus importante encore, parmi plus de huit cents employés dont la plupart connaissaient le secret de l'encaisse métallique, il n'y eut pas une seule délation, que dis-je? pas une seule indiscrétion.

D'accord avec le marquis de Plœuc, les régents avaient adopté certaines mesures préservatrices qui avaient été mises à exécution : les clichés servant à la fabrication des billets avaient été mystérieusement transportés à la succursale de Lille; on avait essayé de détruire une certaine quantité de billets; mais à cette époque on n'avait pas encore pris la bonne habitude de les réduire en pâte : on les brûlait; toutes les parcelles de papier consumé voltigeaient dans le quartier et éveillaient chez les fédérés une attention qu'il valait mieux assoupir; on fut donc obligé de renoncer à ce travail, que l'on n'osait accomplir que pendant la nuit. Sur l'injonction de Jourde on avait amené le pavillon tricolore qui flottait au-dessus de la porte principale; mais on ne le remplaça pas par le drapeau rouge, au grand scandale des « patriotes » de la Commune. On avait donc été à la fois très ferme et très prudent; on avait livré sou à sou, pour ainsi dire, les sommes réquisitionnées, imputables au solde créditeur de la Ville de Paris; mais ce solde s'épuisait; les deux millions exigés par Jourde devaient y ouvrir une brèche considérable. Ce compte courant allait prendre fin sans pour cela faire cesser les demandes de la Commune. La Banque avait-elle le droit, même en présence d'un cas de force majeure, d'abandonner à un comité insurrectionnel des sommes qui représentaient le nantissement d'une partie de ses billets en circulation? pouvait-elle subir ces nécessités, ou y résister, sans consulter le gouvernement légal et sans en recevoir l'assurance qu'il prendrait à sa charge les réquisitions que l'on aurait encore à supporter? La question était sérieuse et le conseil des régents se réunit dans la soirée du mardi 25 avril pour la résoudre.

De cette délibération très grave, où l'on ne s'occupa

que de l'application abstraite de la loi fondamentale, sortirent une négociation avec le gouvernement de Versailles et une correspondance avec le ministre des finances qui doivent être connues, car elles prouvent que la conduite des régents, que celle du sous-gouverneur, reçurent en haut lieu une approbation sans réserve. Les réquisitions successives avaient réduit le compte de la Ville à la somme de 2 576 860 francs. Charles Beslay avait fait pressentir qu'incessamment des demandes importantes seraient adressées à la Banque. — Le conseil, à l'unanimité, éprouve une répugnance extrême à continuer des versements au delà du reliquat encore dû à la Ville de Paris. Un membre propose de protester publiquement contre l'atteinte qui serait portée au crédit du pays et à la valeur réelle des billets de Banque, si des réquisitions nouvelles tentaient de dépasser la limite du chiffre indiqué. Un autre membre déclare que la Banque doit mettre sa responsabilité à couvert et qu'une fois le solde de la Ville épuisé, elle ne peut, sous aucun prétexte, remettre des fonds aux délégués de la Commune, à moins d'y être autorisée par le ministre des finances. A cet effet une lettre explicative sera adressée au gouverneur, M. Rouland, qui sera instruit de la décision prise par le conseil de se refuser à subir toute réquisition et qui en conférera avec le ministre. — Cette motion fut adoptée; le marquis de Plœuc écrivit la lettre et dans la journée du 26 M. de Lisa la porta à Versailles, à l'aide d'un de ses nombreux laissez-passer; il n'en manquait pas, car il savait où on les vendait.

La lettre du marquis de Plœuc, après avoir expliqué l'état des choses, se terminait ainsi : « Nonobstant le grave danger qu'il y aurait à pousser la Commune à agir par la force et à mettre la main sur la Banque, le conseil refuserait tout nouveau subside, si M. le ministre des finances ne lui envoyait l'autorisation écrite d'agir autrement. Je crois, monsieur le gouverneur, qu'il est de la plus haute importance que M. le ministre des finances ne refuse pas cette autorisation au conseil. Jusqu'ici, grâce à beaucoup de prudence, la Banque a échappé aux désastres qui la menaçaient; il serait fâcheux qu'elle échouât au port. Il faut qu'elle puisse aller jusqu'au bout dans l'intérêt du crédit public en France. »

Il y eut à ce sujet quelques pourparlers à Versailles entre M. Rouland et M Pouyer-Quertier, ministre des finances; aussi M. de Lisa ne put rentrer à Paris que le 27 avril. Il rapportait la réponse attendue et le conseil des régents se réunit le vendredi 28, à une heure, pour en recevoir communication. Il était impossible de se méprendre sur la lettre du marquis de Plœuc : elle rendait compte de la situation avec une clarté irréprochable et demandait, en termes précis, que le gouvernement acceptât pour son compte les sacrifices qui allaient être imposés à la Banque; la déconvenue, pour ne pas dire l'irritation, du conseil fut donc excessive, lorsqu'il entendit lecture de la réponse suivante :

« Mon cher gouverneur, je suis de plus en plus préoccupé de la situation de la Banque au milieu des épouvantables évènements de Paris ; je ne saurais donc trop vous recommander toutes les mesures possibles de prudence pour mettre en sûreté et préserver les grands intérêts qui sont confiés à ce grand et utile établissement. Je sais que votre rôle est difficile, mais je suis convaincu que nous n'aurons qu'à approuver tout ce qui aura été fait sous votre inspiration pour sauvegarder le crédit et la confiance dont cette institution jouit à si juste titre. Croyez, mon cher gouverneur, à mes sentiments les plus distingués. POUYER-QUERTIER. »

Le conseil se demandait, non sans raison, si l'on

avait voulu se moquer de lui, car les phrases banales de cette lettre ne signifiaient rien, et semblaient indiquer la volonté d'éluder de répondre à la question posée. Séance tenante, le conseil décida qu'une nouvelle lettre directement adressée au ministre des finances, signée par le sous-gouverneur et par les régents, serait portée le plus tôt possible à Versailles par M. de Lisa. Le secrétaire du conseil, M. de Benque, fut chargé de la rédiger et l'on s'ajourna au soir même pour la signer après en avoir pris connaissance. Cette lettre est d'une grande fermeté et elle démontre à quel haut degré chacun dans le conseil était animé par le sentiment du devoir.

Après avoir rappelé les réquisitions déjà supportées, les encouragements que le ministre avait fait parvenir à la Banque par sa lettre du 30 mars, après avoir fait remarquer que la réponse reçue ne répondait pas, les régents et le sous-gouverneur concluaient en disant : « La menace du péril personnel que court chacun de ses membres (du conseil) en restant ici pour veiller aux graves intérêts qui représentent une notable portion de la fortune de la France, est déjà assez grande pour qu'il ne soit pas possible d'y ajouter la responsabilité morale que nous prions le gouvernement d'alléger, en partie du moins, en la partageant avec nous dans la mesure du possible. Les membres du conseil actuellement à Paris pourraient se soustraire à une charge que les évènements actuels rendent presque redoutable; ils ne le font pas, dans l'unique intérêt d'un établissement qui est le soutien et le crédit de tous, de l'État comme des particuliers. Ce dévouement, monsieur le ministre, mérite quelque encouragement de votre part, et nous ne croyons pas dépasser les bornes d'une demande juste en réclamant de vous un acte exceptionnel, il est vrai, mais que justifie entièrement la position particulière qui nous est faite. » La lettre est signée : « Marquis de Plœuc, sous-gouverneur ; Durand, Henri Davillier, Denière, Millescamps, Fère, régents, seuls membres du conseil présents à Paris. »

Dans la soirée du 30 avril, M. de Lisa était de retour. Il avait eu un entretien avec le ministre des finances, il en avait reçu une nouvelle lettre d'où il résultait que les désirs exprimés par les régents avaient été favorablement accueillis à Versailles. Le 1er mai, le conseil se réunit en une séance extraordinaire, à laquelle M. de Lisa fut convié, car il avait à rendre compte de son entrevue avec M. Pouyer-Quertier. La lettre du ministre était un peu plus concluante que la précédente, mais pas beaucoup plus ; elle était évidemment écrite par un homme qui ne voulait compromettre personne, ni lui, ni M. de Lisa, ni les membres du conseil de la Banque. Cette prudence, excessive en tout autre cas, était justifiée par les circonstances. En effet, si M. de Lisa avait été fouillé, en rentrant à Paris, par quelques-uns de ces fédérés curieux qui ne se gênaient guère alors pour visiter les portefeuilles et regarder dans les poches ; si l'on eût trouvé sur lui une note ministérielle approbative, encourageant la Banque à ne se point refuser aux versements que l'on exigeait d'elle, la Commune, promptement instruite, se serait empressée de vider les caisses et les caves de l'hôtel de la Vrillière, tout en mettant le messager sous les verrous comme inculpé de relations criminelles avec Versailles. Le ministre eut donc raison d'avoir quelque circonspection dans sa correspondance, mais franchement il en mit trop et le conseil dut bien peser tous les mots pour découvrir une approbation tacite dans des phrases aussi vagues que celle-ci : « Nous n'ignorons pas les déplorables difficultés au milieu desquelles vous vous trouvez et le gouvernement reste convaincu qu'en persistant dans la voie modérée que vous avez suivie jusqu'à ce jour, vous rendrez encore à la France et à son crédit tous les services compatibles avec l'état périlleux dans lequel vous vous trouvez et au milieu duquel vous êtes contraints d'agir. Le gouvernement ne saurait donc trop vous encourager à persister dans les moyens employés par vous et qui, loin d'atténuer sa confiance dans votre direction sage et modérée, n'ont fait que la confirmer. »

Comme on le voit, c'était un simple encouragement mêlé à quelques compliments de condoléance ; nul engagement, nulle promesse, et la Banque aurait pu se croire abandonnée à sa propre responsabilité, si M. de Lisa n'avait été expressément chargé d'une communication verbale pour le conseil. Il avait mission de dire que le ministre des finances entendait que l'État prendrait à sa charge les avances que la Banque se verrait contrainte de faire à la Commune en dehors des 8 829 860 francs formant la totalité du crédit disponible au compte de la Ville de Paris, à la date du 18 mars 1871. Ceci était net, c'était un engagement formel consenti par un fonctionnaire de l'État ayant qualité pour conclure un contrat. Le sous-gouverneur, les régents, persuadés que jamais on ne pourrait élever d'objection contre la valeur de l'espèce de traité que le ministre des finances venait d'accepter au nom du gouvernement, s'applaudirent d'avoir provoqué cette seconde réponse et furent satisfaits. Ils allaient pouvoir, sans résister ouvertement à la force qui les opprimait, continuer à discuter les demandes d'argent qui seraient faites à la Banque et sauver celle-ci en entr'ouvrant quelquefois sa bourse pour apaiser les délégués et nourrir les fainéants déguisés en soldats qui vaguaient dans Paris. L'engagement pris par le ministre des finances et transmis au conseil de la Banque par M. de Lisa était d'autant plus nécessaire, que le gouvernement de la Commune venait de se modifier et avait installé un Comité de salut public. A ce sujet, la Banque, sans même le soupçonner, avait couru un danger réel, car Jourde avait voulu donner sa démission.

A l'Hôtel de Ville, dans la séance du 28 avril, le citoyen Miot, représentant du XIXᵉ arrondissement à la Commune, proposa la motion suivante : « Vu la gravité des circonstances et la nécessité de prendre promptement les mesures les plus radicales et les plus énergiques, la Commune décrète : 1° un Comité de salut public sera immédiatement organisé; 2° il sera composé de cinq membres nommés par la Commune au scrutin individuel; 3° les pouvoirs les plus étendus sur toutes les commissions sont donnés à ce Comité, qui ne sera responsable qu'à la Commune. » — Le 1ᵉʳ mai, à l'heure même où le conseil de la Banque recevait les promesses rassurantes du ministre des finances, la Commune votait sur l'ensemble du projet et l'adoptait à une majorité de 45 voix contre 23. Ant. Arnaud, Léo Meillet, Gabriel Ranvier, Félix Pyat, Charles Gérardin, étaient nommés membres du Comité de salut public. Il y eut des protestations; au bas des plus raisonnables[1], je trouve les signatures de Jourde, de Beslay, de Varlin, de Vermorel, de Jules Vallès.

---

[1] Tout le parti « économiste » protesta : « Les soussignés, considérant qu'ils ont voté contre l'institution dite Comité de salut public, dans lequel ils n'ont vu que l'oubli des principes de réformes sociales et sérieuses d'où est sortie la révolution communale du 18 mars, le retour dangereux et inutile, violent ou inoffensif, d'un passé qui doit nous instruire sans que nous ayons à le plagier, déclarent qu'ils ne présenteront pas de candidats et qu'ils regardent, en ce qui les concerne, l'abstention comme la seule attitude digne, logique et politique. *Signé :* Ch. Longuet, Lefrançais, Arthur Arnould, Andrieu, Ostyn, Jourde, Malon, Serraillier, Beslay, Babick, Clémence, Cour-

Dans la séance du 2 mai, François Jourde fit mieux que de protester, il rendit ses comptes et donna sa démission de délégué aux finances. « Je ne puis rien faire, dit-il, je ne puis rien entreprendre, car incontestablement, après votre décret d'hier, le délégué aux finances n'est que le commis du Comité de salut public. » — Au citoyen Billioray qui affirmait que le crédit allait renaître et rappelait avec quelque perfidie qu'après le 18 mars la Banque avait donné un million, Jourde répondit : « La Banque de France n'est pas tenue de faire ce qu'elle a fait le 19 mars; il est du plus grand intérêt pour la Commune de ménager et d'aider même cette institution. » Malgré les supplications dont il fut l'objet de la part de ses collègues, Jourde maintint sa démission, répétant à satiété qu'il ne lui convenait pas d'être le commis du Comité de salut public, en d'autres termes, qu'il n'acceptait la responsabilité de ses fonctions qu'à la condition d'en avoir l'indépendance. Ce fut bien ainsi que sa retraite fut comprise; aussi lorsqu'on alla aux voix pour lui donner un successeur, 38 votants sur 44 le renommèrent délégué aux finances. C'était le placer en dehors de l'action du Comité de salut public et lui confier la dictature financière de la Commune.

Son ambition était satisfaite; il accepta, fort heureusement pour la Banque qu'il voulait ménager, ainsi qu'il l'avait dit très sincèrement, mais qu'il avait intérêt à ménager, car dans les cas difficiles, lorsque les caisses étaient vides, lorsque les fédérés, à court

---

bet, Gérardin, Langevin, Rastoul, J. Vallès, Varlin. — Vu que nous ne pouvons nommer personne à une institution considérée par nous comme aussi inutile que fatale, nous nous abstenons. *Signé* : Avrial, V. Clément, Vermorel, A. Theisz, G. Tridon, Pindy, E. Gérardin. » (Réimpression du *Journal officiel* de la république française sous la Commune, p. 461.)

d'eau-de-vie, réclamaient leur solde, lorsque la Commune, s'inquiétant de la pénurie générale, menaçait de faire des réquisitions partout, Jourde allait rue de la Vrillière, y grapillait quelques centaines de mille francs, apparaissait à l'Hôtel de Ville, les poches pleines, comme le sauveur financier de la révolte et consolidait de la sorte sa situation de délégué aux finances, à laquelle il tenait plus qu'il ne voulait bien le dire. Il avait fini par se prendre tout à fait au sérieux, et un jour qu'il se complaisait à expliquer au marquis de Plœuc ses idées sur une nouvelle organisation du Mont-de-Piété, il lâcha ceci : « Je ferai mieux que mes prédécesseurs. » Ses prédécesseurs, c'étaient le baron Louis, M. de Villèle, M. Humann, M. Magne.

Cette foi en lui-même, que l'on pourrait proprement appeler de la vanité, maintint Jourde dans une voie moyenne et l'empêcha de tomber dans des excès où le parti jacobin de la Commune aurait voulu l'entraîner; il résista par orgueil, par conviction, par probité, par tous ces sentiments à la fois sans doute, mais il résista, et s'il n'a pu faire le bien, ce qui était impossible dans une situation si complexe, il a souvent empêché le mal et il n'est que juste de lui en être reconnaissant. Pendant le mois d'avril il n'a frappé sur la Banque que des réquisitions modérées; mais le mois de mai commence, le Comité de salut public, bientôt modifié dans un sens terroriste, vient d'entrer en fonction, l'armée de Versailles pousse ses approches plus rapidement; le péril va s'accentuer de jour en jour et tous les désastres sont à redouter.

X. — LE MONNAYAGE DES LINGOTS.

Les francs-maçons. — M. Rouland à Versailles. — Altercation avec M. Thiers. — M. Rouland fournit tout l'argent qu'on lui demande. — Plus de 250 millions. — Un train de 28 millions en détresse. — Éventualité redoutable. — Appel à la protection diplomatique. — Triple nécessité. — L'hôtel de la monnaie. — Les lingots de la Banque. — Camélinat. — Négociation. — La Banque, forcée de céder, livre pour plus d'un million de lingots. — Le frappage de Camélinat. — Jourde explique ses idées économiques et demande 10 millions. — Refus de la Banque. — On transige. — Difficulté de la situation de Jourde. — La Commune et le Comité central. — M. Mignot est arrêté. — Relâché. — Peuchot trésorier-payeur des marins de la garde nationale.

Les combats d'avant-poste ne cessaient plus; les fédérés ne ménageaient point leurs munitions; ils en avaient en abondance et en usaient avec une prodigalité tapageuse qui les divertissait. Les journées étaient tièdes, les feuilles s'épanouissaient, les hirondelles étaient revenues; l'impassible nature, indifférente aux colères humaines, resplendissait dans toute sa beauté. Les francs-maçons, auxquels Charles Beslay s'était mêlé, avaient, le 29 avril, momentanément planté leurs bannières sur les remparts et avaient ébauché une tentative de conciliation qui ne pouvait qu'avorter entre deux adversaires décidés à ne se faire aucune concession. Paris, à la fois désert et bruyant, ressemblait à une maison de fous. Au milieu de cette inondation de bêtise, de violence et d'ivrognerie qui faisait de la capitale de la France un des marais les plus abjects où jamais peuple ait failli se noyer, la Banque semblait un îlot où ce qui restait de la civilisation naufragée s'était réfugié. Là, du moins, sur ce tout petit coin de terre, on savait encore ce que c'est que le droit, le respect de la loi et l'accomplissement du devoir. On avait fait autour de soi une sorte de cordon sanitaire; on se gardait contre l'épidémie sociale et l'on sut se préserver.

Pendant que le personnel de la Banque enfermé dans Paris donnait ce grand exemple, M. Rouland, ayant, vaille que vaille, installé ses services à Versailles, réunissant autour de lui M. Mallet, M. Rothschild, quelques autres régents et leur demandant conseil, s'associait aux efforts du gouvernement et mettait la France en situation de reconquérir sa capitale. Dans les premiers temps de son séjour, il avait eu de nombreuses conversations et même plusieurs altercations avec M. Thiers, à qui il eût voulu persuader qu'il fallait se jeter hardiment dans Paris à la tête de quelques soldats, afin d'y former un noyau de résistance autour duquel tous les honnêtes gens auraient pu venir se grouper. Il avait échoué; il lui avait été impossible d'ébranler la conviction du chef de l'État, conviction profonde chez lui et qui datait de loin, car, le 24 février 1848, il avait donné au roi Louis-Philippe le conseil de s'arrêter à Saint-Cloud pour reprendre, de haute lutte, Paris insurgé.

Lorsque M. Rouland eut compris que tout espoir d'une action immédiate devait être abandonné, il travailla sans repos à faciliter la tâche entreprise. Il fallait rapatrier nos soldats prisonniers en Allemagne, les armer, les habiller, les nourrir; il fallait aller chercher dans nos ports militaires de l'artillerie de gros calibre qui devait battre les murailles de l'insurrection; il fallait payer, quelquefois un peu à l'aventure, les chefs de la révolte qui offraient de se vendre. Pour mener à bonne fin toutes ces opérations qui convergeaient au même but, l'argent était nécessaire, et le gouvernement, ruiné par la guerre, rejeté hors de Paris où il avait oublié sa bourse, n'en avait pas. A qui en demander? A la Banque de France, à l'inépuisable

Banque dont, fort heureusement, l'on avait le gouverneur sous la main. M. Rouland ne s'épargna pas ; quelques-unes de ses succursales de province étaient bien munies, on s'en aperçut, et pendant que la Commune harcelait la Banque de Paris pour lui soutirer quelques billets de mille francs, la Banque de France donnait des millions au gouvernement de la légalité. Les troupes affluaient, prenaient corps, s'organisaient et la paye ne leur faisait point défaut. Lorsque M. Thiers avait besoin d'argent, il prévenait M. Rouland; celui-ci envoyait à qui de droit une dépêche télégraphique et l'argent arrivait; pendant la durée de la Commune, 257 630 000 francs furent ainsi versés par la Banque au trésor, qui les employa à l'œuvre de la délivrance.

Par suite d'un hasard qui aurait pu devenir une mauvaise aventure, un train porteur de 28 millions en or était en route pour revenir de Brest à Paris, lorsque le 18 mars éclata. On n'eut que le temps d'arrêter le train pour l'empêcher de tomber aux mains des hommes de la Commune; on le dirigeait vers Lyon, vers Toulouse, vers Marseille; la veille du jour où il devait entrer en gare, on apprenait que la ville se soulevait et se haillonnait de rouge. Le train stoppait, rétrogradait, se réfugiait dans quelque petite station inconnue, reprenait sa route à la moindre alerte et marchait comme un bataillon bloqué par des armées ennemies. Ces 28 millions firent ainsi une sorte de retraite des dix mille qui ne manqua point d'imprévu et, après avoir réussi à éviter tous les dangers, finirent par se réfugier à l'arsenal de Toulon, où l'amiral Jauréguiberry leur offrit un asile.

La situation de la Banque à Paris préoccupait M. Rouland; il savait qu'elle n'échappait que par miracle aux périls qui l'entouraient. Il en connaissait assez le personnel pour être convaincu que nul n'y faiblirait, qu'elle serait défendue, qu'on y livrerait au besoin un combat à outrance, mais que sans doute on ne parviendrait pas à la sauver. Si le parti jacobino-blanquiste de la Commune, fatigué des concessions qu'il avait faites jusqu'à ce jour au parti économiste, se débarrassait violemment de celui-ci en le jetant à Mazas, à côté de l'archevêque, ou à la Grande-Roquette, à côté des gendarmes, tout était à craindre ; la Banque serait alors envahie et administrée par les vainqueurs, c'est-à-dire mise au pillage. Cette éventualité, que Paris aurait vue se réaliser si l'entrée des troupes avait seulement été retardée jusqu'au 23 mai, cette éventualité, M. Thiers ne pouvait l'ignorer, car quelques membres de la Commune rivalisaient d'empressement pour lui envoyer des renseignements sur les projets qui agitaient les cervelles à l'Hôtel de Ville ; cette éventualité vraiment redoutable a dû être connue de M. Rouland et l'inquiéter sur le sort de l'institution dont il était le gouverneur.

Il crut qu'une action diplomatique était possible et que la Commune reculerait devant une exécution de la Banque de France, si celle-ci était officiellement prise sous la protection, sous la sauvegarde des puissances étrangères. A ce moment la serre du dépôt des titres de la Banque contenait 746 580 titres de valeurs étrangères, représentant la somme de 327 695 879 francs. Était-ce assez pour motiver une intervention? M. Rouland le crut et écrivit dans ce sens à M. Pouyer-Quertier, ministre des finances, lui demandant de soumettre ce projet « aux lumières et à la haute expérience de M. le chef du pouvoir exécutif, président du conseil ». La réponse de M. Pouyer-Quertier ne se fit pas attendre. Il a communiqué la lettre du gouverneur au conseil et au président; aucune décision n'a été prise, il en reparlera; puis il ajoute : « Veuillez bien donner des instructions précises pour que des coupures soient mises à la disposition des Allemands et aussi quelque numéraire, pour le payement de leurs troupes. » Ainsi, à cette heure, la Banque se trouvait dans la situation de fournir de l'argent pour l'entretien des troupes allemandes, — d'avancer des millions au gouvernement légal afin de lui permettre de réoccuper Paris, — de subvenir, dans une certaine mesure, aux besoins de l'armée de la révolte, afin que celle-ci ne mît pas la ville à sac. Cela méritait peut-être que l'on sollicitât pour elle l'initiative diplomatique que M. Rouland réclamait et dont il ne fut même plus question au conseil des ministres.

Pendant que la Banque de France, représentée à Versailles par son chef, ne ménageait pas ses sacrifices, la Banque de Paris voyait se terminer à son détriment une négociation qu'elle avait traînée en longueur avec une obstination qui ne fut point du goût de la Commune. L'insurrection du 18 mars n'était que communale, on le sait; elle avait eu pour but de donner à Paris un gouvernement municipal, rien de plus; on l'avait répété sur tous les tons; bien incrédule qui en eût douté, encore plus sot qui y aurait ajouté foi. La Commune a voulu être diplomate, militaire, législatrice, avoir tous les pouvoirs et les exercer tous, même ceux qui, en chaque pays, sont exclusivement du ressort de l'État. Pendant deux mois, elle s'est emparée de tous les droits, excepté du droit de grâce, dont elle ignorait l'existence.

Elle voulait, usurpant le droit régalien par excellence, faire frapper monnaie, de même qu'elle voulait créer une décoration dont le modèle avait été demandé à Raoul Rigault. Le 10 avril, tout le personnel de l'hôtel des Monnaies s'était retiré; la Commune s'était saisie de cette grande administration et l'avait abandonnée à Camélinat, ouvrier bijoutier-fondeur, affilié depuis longtemps à l'Internationale. Il faut plus que des coins et des balanciers pour battre monnaie, il faut du métal, et la Commune n'en avait guère. Malgré les vases sacrés volés dans les églises, les presses du quai Conti risquaient fort de chômer, lorsque l'on se souvint qu'il y avait des lingots à la Banque ; on les lui demanda, et dès le 15 avril Charles Beslay pria M. Mignot, le caissier principal, d'envoyer des « matières » au monnayage. On fit à Charles Beslay des objections qu'il comprit ; il engagea M. Mignot à aller voir Camélinat. Le 17 avril, à titre courtois, M. Mignot fit la visite que Beslay, désireux d'éviter tout conflit, avait conseillée et il se promit de ne la point renouveler. On voulut le retenir prisonnier à l'hôtel des Monnaies, jusqu'à ce qu'il y eût fait parvenir les lingots que l'on exigeait. Il lui fallut argumenter à outrance et menacer de l'intervention du délégué de la Commune près de la Banque pour être rendu à la liberté.

Le Conseil des régents, le sous-gouverneur, les chefs de service éprouvaient de la répugnance à livrer leurs matières d'or et d'argent au monnayage de la Commune, car ils comprenaient que l'on profiterait de cette « opération » pour faire fondre et disparaître des objets en métal précieux enlevés dans les monuments du culte, dans les ministères et chez les particuliers. On se donnait garde de mettre en avant les motifs, qui auraient paru trop « monarchistes et trop cléricaux » à la libre-pensée communarde, mais on se contentait de dire à Charles Beslay que l'absence des fonctionnaires nommés par l'État pour constater la régularité des diverses opérations de monnayage, depuis l'entrée des matières au bureau de change jusqu'à la délivrance des espèces [1], pouvait faire naître des doutes sur l'aloi

---

[1] Voir *Paris, ses organes*, etc., t. II, chap. x.

des pièces fabriquées. Charles Beslay admettait ces raisons d'un ordre exclusivement financier, mais il essayait en vain de les faire prévaloir dans les conseils de la Commune. On avait gagné du temps et l'on espérait parvenir à éviter l'abandon de quelques lingots, lorsque la Commune, irritée de ces lenteurs et voulant faire taire les scrupules de la Banque, nomma une commission des monnaies dont la composition fut signifiée au marquis de Plœuc[1]. Ce fut le 5 mai que la Banque reçut cette notification, et le 8, sur une invitation de Charles Beslay, si pressante qu'elle ressemblait à une sommation, elle livra quelques matières à monnayer.

Il faut épuiser tout de suite, pour n'y plus revenir, l'histoire des relations de la Banque de France avec la Monnaie de la Commune. Du 8 au 17 mai, M. Mignot se vit contraint d'abandonner à Camélinat 169 lingots d'argent représentant une valeur de 1 112 843 francs. La fabrication ne languit pas, car, d'une part, la Banque était pressante, et, de l'autre, la Commune avait hâte de faire acte souverain. Camélinat put battre monnaie, en employant les coins en cours de service; mais il remplaça l'abeille, déférent de M. de Bussière, directeur régulier de la fabrication, par le déférent qu'il s'attribua : un trident; c'est à cela que l'on pourra reconnaître les monnaies frappées sous la Commune. Elles ne sont pas nombreuses. En dehors des lingots fournis par la Banque, le bureau de change de l'hôtel Conti a reçu des objets d'argenterie soustraits à divers ministères et à quelques administra-

---

[1] Camélinat, délégué à la direction; Perrachon, commissaire des monnaies; Fournier, contrôleur au change; Férent, chef du laboratoire des essais; Desmarais, essayeur; Lampérière, contrôleur au monnayage; Barre, graveur général; Garnier, contrôleur aux coins et poinçons; Murat, délégué à la fabrication. Le décret est signé : V. Clément, Billioray, E. Lefrançais; contre-signé, Jourde.

trations publiques, évaluées à une valeur approximative de 461 000 fr.

De ces matières Camélinat à tiré onze ou douze cent mille francs, en pièces de cinq francs qui, presque toutes rentrées à la Banque, ont été refondues pour être transformées en monnaies divisionnaires. On peut donc affirmer, presque à coup sûr, que les pièces « communales » sont dans la circulation en nombre assez restreint pour être devenues une rareté numismatique. Au dernier moment de la Commune, lorsque les troupes françaises se jetaient en avant malgré les incendies, Camélinat fit placer 70 000 francs sur un fourgon qu'il conduisit, sous l'escorte d'un détachement du 138⁰ bataillon fédéré, à la mairie du XIᵉ arrondissement. Lorsqu'il revint vers le quai Conti pour renouveler son chargement, il aperçut le drapeau tricolore qui flottait sur l'hôtel des Monnaies ; il trouva prudent de tourner bride et s'esquiva [1].

Le 5 mai, trois jours avant que la Banque eût livré, pour la première fois, des lingots au monnayage de la Commune, Jourde avait demandé un rendez-vous au marquis de Plœuc ; il avait, disait-il, d'importantes propositions à faire à la Banque, car il désirait entretenir avec elle des relations amicales qui mettraient fin aux réquisitions dont il était souvent forcé de la frapper. Sans croire que la négociation pût aboutir à un résultat pratique, le marquis de Plœuc se déclara prêt à écouter François Jourde ; mais comme de l'entrevue pouvait naître une décision à prendre, il appela près de lui deux régents, MM. Denière et Davillier. Devant ces hommes accoutumés aux grandes affaires du com-

---

[1] L'actif abandonné à l'hôtel des Monnaies par le départ précipité de Camélinat fut placé sous scellé le 26 mai ; la réalisation de cet actif, qui ne représentait plus que 58 pour 100 au profit des intéressés, a été effectuée au mois de novembre 1871.

merce, de l'industrie et de la banque, Jourde, accompagné de Charles Beslay, exposa son plan financier. On l'écouta avec attention, car on allait enfin savoir, on l'espérait du moins, quels étaient les principes économiques de la Commune. On s'attendait à beaucoup de divagations, à beaucoup de projets sans consistance; on ne fut point déçu.

Parmi les phrases vagues de Jourde, on put apercevoir le dessein d'augmenter les revenus, tout en diminuant les impôts. Par suite d'une série de mesures énoncées plutôt que formulées et dont le mécanisme n'était point expliqué, Jourde comptait rassurer le crédit, amener le retour du numéraire à force d'économie, diminuer les droits d'octroi de 50 pour 100, réduire la dépense de la Ville à moins de 50 millions par an, dégrever les contribuables. — Cela n'est pas si difficile qu'on le croit : l'erreur vient de ce que l'on compare à tort notre époque à celle de 1793. En 1793, la France vivait de ses propres produits; aujourd'hui elle vit surtout des produits étrangers; le devoir de l'économiste est donc de favoriser l'échange des produits; lorsque cet échange sera solidement établi, le travailleur aura les instruments de travail dont il a besoin et auxquels il a droit. — C'était bien diffus, et les auditeurs étaient accoutumés à prendre des décisions sur des théories moins nuageuses. Après avoir parlé, Jourde s'arrêta. — M. de Plœuc lui dit : « Concluez. » — Jourde reprit : « Le plan que je viens de développer devant vous produira infailliblement les résultats que j'ai annoncés; mais il me faut le temps de l'appliquer et en attendant nous avons besoin d'argent; je prie donc la Banque de m'ouvrir un crédit de 10 millions pour dix jours. Jusqu'au 15 mai, je prendrai, par jour, un million qui m'est indispensable. »

A cette exigence greffée sur un exposé théorique,

personne ne répondit ; Charles Beslay lui-même semblait embarrassé. Le silence était tellement significatif que Jourde modifia sa première proposition pour en faire une autre qui ne devait pas paraître plus acceptable : Le revenu quotidien de la Ville est actuellement de 600 000 francs, la Banque se chargera de le percevoir et de l'encaisser ; elle donnera un million par jour à la délégation des finances ; de la sorte elle ne se découvrira que de 400 000 francs. — Le sous-gouverneur et les régents refusèrent : L'insécurité des rues de Paris constituait seule un péril que la Banque devait éviter de braver ; et puis, en vertu de quel droit encaisserait-elle des sommes dont la provenance inconnue pouvait n'être pas régulière ? La Banque avait démontré sa volonté de vivre en bonne intelligence avec le gouvernement que Paris s'était donné depuis le 18 mars ; il était facile de le prouver, car le solde créditeur de la Ville était épuisé et même dépassé de 154 797 francs ; mais exiger qu'elle devînt le garçon de recette du délégué des finances, c'était lui imposer une charge que ses statuts ne lui permettaient pas d'accepter ; on ne pouvait donc que rejeter, d'une manière absolue, la proposition formulée par le citoyen Jourde.
— Celui-ci, pris par sa propre argumentation, réduisit ses prétentions et pria la Banque de lui accorder 400 000 francs par jour pendant dix jours, soit quatre millions. On discuta un peu, pour sauvegarder les apparences, et l'on ouvrit au délégué de la Commune le crédit qu'il réclamait.

A cette heure, la situation de Jourde était des plus difficiles : le Comité central tentait de reprendre le pouvoir excercé par la Commune, ou tout au moins de s'y associer. Rossel, alors délégué à la guerre, cherchant à opposer tous les partis les uns aux autres, afin de mieux les annuler et de s'élever sur leur ruine,

vait créé cet état de choses qui formait un véritable
chaos, car chacun se donnait des attributions et tirait
des mandats sur la délégation des finances. Jourde n'en
pouvait mais, faisait des efforts sincères pour ménager
les ressources de la Commune, et disait à l'Hôtel de
Ville : « Qui est-ce qui gouverne ? Est-ce la Commune,
est-ce le Comité central ? J'ai besoin de contrôle pour
ne dépenser que 800 000 francs par jour. » Cette confusion retombait jusqu'à un certain point sur la Banque,
car c'est vers elle qu'on levait des mains suppliantes
ou menaçantes toutes les fois que les mandats du Comité de salut public, de la Commune, du Comité central, des délégués aux ministères et aux administrations
centrales épuisaient les caisses que Jourde avait tant de
peine à ne pas laisser vides.

Pendant que les partis qui divisaient la Commune
semblaient prendre position pour s'attaquer et se combattre, Paris, semblable à une fille outragée par des
soudards, était livré aux avanies. Sous le prétexte d'arrêter les réfractaires et les agents de Versailles, les fédérés saisissaient les passants inoffensifs et les poussaient dans leurs geôles[1]. Le caissier principal de la
Banque de France, M. Mignot, en fit l'épreuve et se tira
d'une mauvaise aventure avec un bonheur que d'autres
n'ont pas eu. Le 9 mai, dans la soirée, il passait sur le
boulevard, à la hauteur du nouvel Opéra, et s'était mêlé
à un groupe d'une vingtaine de personnes qui venaient
de protéger une femme maltraitée par un garde natio-

---

[1] L'illusion des adhérents de la Commune était telle, que Jean-
Baptiste Millière, parlant aux membres de l'*Alliance républicaine
des départements*, le 30 avril, dans le square du nouveau Louvre,
crut pouvoir leur dire : « Jamais les citoyens n'ont vu régner un
ordre aussi parfait, jamais on n'a constaté moins de vols et de
délits, jamais la liberté des citoyens n'a été si respectée, — sauf
quelques cas d'arrestation motivés par les circonstances exceptionnelles où nous nous trouvons. »

nal ivre, lorsqu'une compagnie des marins de la Commune, débuchant au pas de course de la rue de la Paix, se sépara en deux escouades, entoura les promeneurs et les conduisit au quartier général de la place Vendôme. Nul ne résista ; M. Mignot ne prit d'autres précautions que de se placer le dernier. Pendant que ses compagnons de captivité étaient interrogés, il trouva moyen de se débarrasser de quelques lettres peu sympathiques à la Commune qu'il avait en portefeuille. Lorsque vint son tour de comparaître devant le chef de poste, il se trouva en face d'un jeune homme vêtu en officier de marine, passablement chamarré, et qui ricanait en voyant la mine des prisonniers que l'on envoyait dans une des caves de l'hôtel, convertie en *violon*. M. Mignot déclina ses noms et qualités. L'officier s'écria : « Caissier principal de la Banque ! Pourquoi diable vous a-t-on arrêté ? — Je n'en sais rien. — Ni moi non plus. » M. Mignot se mit à rire. L'officier reprit : « Vous avez l'air d'un bon enfant, vous ; allons boire un bock ! » Puis il mit son képi sur le coin de l'oreille, prit le bras de M. Mignot et alla s'installer devant un café du boulevard des Italiens.

Il était expansif et disait avec bonhomie : « Il ne faut pas en vouloir à mes caïmans s'ils vous ont empoigné ; il y a à Paris un tas de mouchards expédiés par Versailles, qui voudraient bien faire un coup et s'emparer de la place de Vendôme par surprise ; mais nous avons l'œil et nous coffrons les suspects. Versailles est perdu ; je sais cela, moi, je suis aux premières loges ; je suis chef des équipages de la flotte, et mes marins tapent si dru sur les Versaillais que les lignards n'en veulent plus. Vous verrez comme cela marchera bien quand nous aurons administré à l'armée du petit père Thiers une brossée définitive. Sans le 18 mars, qu'est-ce que je serais ? Rien du tout ; la Commune se connaît en hommes, elle m'a mis à ma place. Mon père était huissier chez le garde des sceaux, il annonçait les visites ; ce n'est pas une position, ça ; il a obéi toute sa vie : moi je commande, c'était mon tour ; c'est difficile, il faut de la tenue avec les soldats : j'en ai, et je vous réponds que l'on ne bronche pas. » Lorsque l'heure de se quitter fut venue, M. Mignot porta la main à sa poche. L'officier comprit le geste : « Du tout ! je vous ai invité, c'est moi qui régale ; je n'ai pas comme vous les caves de la Banque à ma disposition, mais la bourse est rondelette, » et il tira un porte-monnaie gonflé de pièces d'or. Ce « chef des équipages de la flotte » n'était autre que le trésorier-payeur des marins de la garde nationale, Peuchot, dont j'ai déjà parlé et à qui la Commune elle-même fut obligée de faire rendre gorge[1] !

XI. — LA JOURNÉE DU 12 MAI.

Les attaques se rapprochent. — Les papiers d'identité. — Précautions pour la fuite prochaine. — Conciliabule chez Raoul Rigault. — On décide d'occuper la Banque. — L'opinion des hébertistes. — La Banque dénoncée par Paschal Grousset. — Le Moussu. — La Banque est cernée. — M. de Plœuc se met à l'abri. — La Banque se prépare à la lutte. — MM. Marsaud, Chazal et le citoyen Le Moussu. — On fait prévenir Ch. Beslay. — Sa colère. — Il accourt à la Banque. — Il malmène Le Moussu. — Chasse les fédérés. — La Banque délivrée reprend ses services. — Jourde demande que le poste de la Banque soit occupé par des fédérés. — Beslay s'y oppose. — Beslay donne sa démission motivée. — Elle est refusée. — La candeur de Beslay. — Ce qu'il demande à emporter comme souvenir de son passage à la Banque. — Cournet destitué, remplacé par Ferré. — Fausse alerte. — Monsieur le marquis !

Les millions que le gouverneur de la Banque, M. Rouland, avait prêtés au gouvernement de Versailles n'étaient point demeurés stériles ; on les avait utilisés. Une forte armée gagnait chaque jour un terrain que les

[1] Voir le chapitre précédent, *Le ministère de la marine.*

fédérés ne lui disputaient plus que mollement. Le 10 mai, la ligne d'attaque de Montretout, commandée par le capitaine de vaisseau Ribourt, avait démasqué son feu et pulvérisait les remparts; le drapeau tricolore flottait sur le fort d'Issy, abandonné par les insurgés. L'heure de la débâcle allait bientôt sonner. Les simples soldats de la fédération pouvaient en douter et croire encore aux promesses qu'on ne leur ménageait pas; leur crédulité acceptait en pâture toutes les fables dont on les nourrissait. De même que pendant la guerre allemande ils avaient cru que Paris ne capitulerait pas, de même ils croyaient que les bandes de « chouans » qui composaient l'armée de Versailles ne prévaudraient jamais contre eux. Ceux-là étaient des naïfs que l'eau-de-vie abrutissait et qui se figuraient que la série de leurs reculades constituait des mouvements stratégiques. Mais pour les membres de la Commune, pour la plupart des officiers, il n'en était pas ainsi; ils comprenaient que la défaite était inévitable. Ils le savaient, comptaient les jours de grâce qui leur restaient à parader et s'arrangèrent pour en profiter.

Il se produisit alors un fait remarquable qui n'a pas été suffisamment signalé et qui explique la quantité de coupables, — de grands coupables, — dont on n'a pas retrouvé trace après la victoire de l'armée française. A partir du jour où le fort d'Issy tombe en notre pouvoir, où l'artillerie de marine tire en brèche, où les mouvements d'approche s'accentuent, les arrestations se multiplient dans Paris. On arrête dans les rues, on fouille les maisons, on cerne des quartiers sous prétexte de faire la chasse aux réfractaires; prétexte menteur : on fait la chasse aux papiers d'identité. On vide les poches des personnes consignées, on y prend des cartes de visite, des passeports, des ports d'arme, des livrets d'ouvrier, des cartes d'électeur, de simples enveloppes de lettres portant une suscription; ces papiers ne sont jamais rendus; plus tard, ils ne seront pas inutiles à ceux qui s'en emparent : ils serviront à franchir les portes de Paris, à passer la frontière, à moins qu'ils n'aient servi à obtenir un passeport régulier sous le faux nom que l'on s'est attribué. C'était, on le voit, une précaution prise en cas de revers. Le 20 mai, à Paris, tout le monde avait de la barbe; le 28, les gens barbus étaient devenus rares, et l'on fut surpris de la quantité de rasoirs que l'on trouva sur les cadavres des fédérés tués ou fusillés. Dans les jours qui précédèrent la rentrée des troupes, on fut étonné de voir presque tous les officiers et même beaucoup de simples gardes modifier leur uniforme en y ajoutant une grosse ceinture de laine bleue. Si l'on eût déroulé cette ceinture, on aurait vu qu'elle renfermait une cotte et une blouse de toile, qui devaient servir à changer de costume au moment du dernier péril.

Quelques-uns des chefs de la Commune, appartenant presque tous au parti hébertiste, ne se faisaient plus d'illusion sur le sort qui leur était réservé. Voulurent-ils se pourvoir d'argent afin de fuir avec plus de facilité? voulurent-ils s'emparer d'une forte somme pour mieux activer la lutte ou terrifier Versailles en se rendant maîtres d'une partie de la fortune publique? Nous ne savons; mais il est certain que, le 11 mai, dans un conciliabule qui fut tenu au parquet du procureur général de la Cour de cassation que souillait Raoult Rigault, on décida que la Banque serait occupée. On ne consulta ni la Commune, ni le Comité de salut public, car l'on redoutait les objections des économistes, surtout celles de Beslay, que l'on ne se gênait guère pour traiter de vieille bête, et celles de François Jourde, qui, à cause de sa probité, était déjà accusé de pencher vers la réaction. Tout se passa entre compères; il est probable que c'est Raoul Rigault et Théophile Ferré qui imaginèrent le coup, auquel ils associèrent Cournet, alors délégué à la sûreté générale.

Pour la plupart des blanquistes et des jacobins, le respect relatif témoigné à la Banque de France était une faute; c'est là qu'il eût fallu s'installer dès l'abord : le capital était vaincu et Versailles capitulait devant la ruine du crédit public. Deux hommes qui ont pris une part active aux œuvres de le Commune ont résumé les projets que le parti excessif de l'Hôtel de Ville nourrissait à cet égard. L'un, M. Lissagaray, a écrit à propos du décret sur les otages : « Les membres du Conseil, dans leur emportement enfantin, n'avaient pas vu les vrais otages qui leur crevaient les yeux : la Banque, l'enregistrement et les domaines, la caisse des dépôts et consignations. Par là on tenait ..... [1] la bourgeoisie; on pouvait rire de son expérience, de ses canons. Sans exposer un homme, la Commune pouvait tordre la main, dire à Versailles : Transige ou meurs. » L'autre est Paschal Grousset, qui, le 27 juin 1876, envoyant à Jourde une sorte de certificat de « civisme », dit en terminant, sa lettre : « Votre erreur, à mon sens, est d'avoir pensé, avec plusieurs autres, qu'il fallait sauver « le crédit de Paris », quand c'est son existence même (l'existence de Paris) qui en était cause. »

Une fois entré à la Banque, on n'en serait plus sorti ; elle avait beau être sur le pied de guerre et être défendue par un bataillon dévoué, on espérait bien s'en emparer et s'y maintenir. Le moment était propice pour tenter un coup de main audacieux dans Paris; la Commune était en désarroi. Le 10 mai, Rossel avait donné sa démission de délégué à la guerre; le 11,

---

[1] Il y a ici une expression tellement grossière que je ne puis la reproduire, même par un équivalent. *Histoire de la Commune*, p. 211-212. Bruxelles, 1876.

Delescluze le remplaçait; il y avait donc une sorte d'interrègne dont il était bon de profiter. Mais pour pénétrer en force dans l'hôtel de la Vrillière il fallait un prétexte. Ce fut Paschal Grousset qui le fournit. Le lui demanda-t-on, le livra-t-il spontanément? Nous ne savons rien de positif à cet égard; mais nous avons sous les yeux l'original d'une lettre écrite par lui et qui contient un passage que l'on doit citer : « Relations extérieures à guerre, Paris, le 11 mai 1871. — La Banque de France, position stratégique intérieure de premier ordre, est toujours occupée par le 12e bataillon (bataillon formé par les employés) depuis le 18 mars; elle recèle un dépôt clandestin d'armes à tir rapide, échangées là contre des fusils à piston par des réfractaires menacés de perquisition. On peut dire qu'elle constitue le véritable quartier général de la réaction à l'intérieur et le centre de réunion des innombrables agents versaillais qui pullulent dans Paris. » C'était une dénonciation formelle et calomnieuse, — en ce sens que la Banque ne cachait aucun dépôt d'armes et que les agents de Versailles ne s'y réunissaient point.

Ceci importait peu aux politiques de crémerie qui barbotaient dans le mensonge comme dans leur élément naturel; le prétexte était trouvé. On résolut d'agir sans retard; on savait que Charles Beslay, malade, était depuis quatre jours retenu à son domicile de la rue du Cherche-Midi; l'occasion semblait favorable, on voulut en profiter. L'expédition fut décidée pour le lendemain et confiée aux soins de Benjamin-Constant Le Moussu, dessinateur-graveur-mécanicien, dont la Commune avait fait un commissaire de police aux délégations judiciaires.

C'était une sorte de bellâtre, alors âgé de vingt-cinq ans, grand buveur d'absinthe, phraseur prétentieux, rugissant de fureur à la vue d'un prêtre, fort

bête en somme et passablement violent. Sa haine contre
« les curés » étant connue, c'est lui que, dans plus
d'une circonstance, on lâcha sur les églises, où l'on
voulait découvrir la preuve des crimes du catholicisme.
Muni d'ordres qu'on lui transmettait ou qu'il se donnait à lui-même, il envahit et ne respecta pas Notre-Dame-de-Lorette, Saint-Germain-l'Auxerrois, la Trinité,
Notre-Dame-des-Victoires; c'était dans ses attributions
et dans ses goûts. On s'en fia à son énergie, tout en lui
recommandant d'user de prudence au début, de n'effaroucher personne et de se glisser dans la place. C'était
à lui de n'en plus sortir, lorsqu'une fois il y aurait
pénétré.

Le 12 mai, un peu avant dix heures du matin, deux
compagnies des Vengeurs de Flourens, sous la conduite
du commandant Joseph Greffier, directement venu de la
Préfecture de police, prirent position sur le trottoir
qui fait face à la Banque. Le commandant Bernard fut
prévenu. Il alla interroger les capitaines et leur demander dans quel but ils se réunissaient dans la rue de la
Vrillière. Les capitaines répondirent que leurs compagnies s'étaient assemblées là en attendant le reste du
bataillon, qui devait venir les rejoindre pour être dirigé
ensuite sur un autre point. La réponse pouvait paraître
satisfaisante, mais le commandant Bernard, rentré dans
la Banque, fit armer ses hommes; chacun se prépara
et l'on mit des cartouches dans les gibernes. M. de
Plœuc avait couché à la Banque; il venait à peine d'être
averti de la présence des Vengeurs de Flourens, lorsqu'on lui annonça l'arrivée d'un détachement de francs-tireurs qui, se présentant par la rue d'Aboukir, occupait la rue de Catinat et la rue de la Vrillière jusqu'à
la jonction avec la rue Croix-des-Petits-Champs.

M. de Plœuc donna quelques ordres et s'éloigna; il
avait compris que, s'il était arrêté, on nommerait un

gouverneur à sa place, et que son devoir était de soustraire aux recherches la plus haute autorité de la Banque de France. Il se réfugia dans une maison voisine, d'où il pouvait rester en communication avec son personnel. Peu après son départ, le 208e bataillon, appartenant à Ménilmontant, cernait la Banque par les rues Croix-des-Petits-Champs, Baillif et Radzivill. On fit fermer les portes. Le commandant Bernard sortit plusieurs fois, poussa quelques reconnaissances pour voir si de nouvelles troupes n'étaient point dirigées vers lui, et sans doute il pensa avec regret que Marigot n'était plus au Palais-Royal. Marigot en effet avait été jeté de force hors de la demeure où il aimait à vivre, et il y avait été remplacé par un marchand de vin nommé Boursier, renforcé de Napias-Piquet, qui devait avoir l'honneur d'être le chef des « fuséens ». Il n'y avait donc plus à compter sur le secours éventuel d'un bataillon ami, et le commandant Bernard put se demander si le moment de la lutte n'était point venu.

Ces mouvements de troupes qui pressaient la Banque de toutes parts avaient eu lieu par ordre direct de Le Moussu, ainsi qu'il résulte de la pièce suivante, dont l'original est sous nos yeux. « Commune de Paris; cabinet du commissaire de police. Paris, le 12 mai 1871. Le commissaire chargé par le Comité de salut public de la direction des hommes du 208e bataillon, des francs-tireurs et des Vengeurs de Flourens prie le colonel de vouloir bien enfermer ces hommes dans les bâtiments les plus proches de la mairie. Salut et fraternité. Le commissaire : *Le Moussu*. Commune de Paris. Commissaire aux délégations. — Parquet. (Timbre rouge.) » La mairie, on le sait, est située rue de la Banque, c'est-à-dire presque porte à porte avec l'hôtel de la Vrillière.

Vers dix heures et demie le citoyen Le Moussu, ceint

d'une écharpe, demanda à parler au citoyen de Plœuc, sous-gouverneur, ou, en son absence, au citoyen Marsaud, secrétaire général. Le Moussu, escorté de deux estafiers, pénétra dans la cour; il y rencontra M. Marsaud, et M. Chazal, le contrôleur, et M. Mignot, le caissier principal, et M. de Benque, le secrétaire du conseil ; il y rencontra aussi une partie du bataillon massé, en armes, derrière son commandant; il entendit un murmure, comprimé aussitôt par l'ordre : Silence dans les rangs! Le Moussu fut extrêmement poli ; il se fit reconnaître : — Commissaire aux délégations, mandataire de la Commune. Puis montrant un papier qu'il tenait en main et ne lâcha pas : « Je suis chargé de faire une perquisition dans les différents locaux de la Banque pour m'assurer que l'on n'y cache pas un dépôt d'armes clandestin. » M. Marsaud le regarda gaiement par-dessus ses lunettes et lui répondit : « Mais, mon cher monsieur, vous vous dérangez inutilement; nous n'avons point de dépôt d'armes; nous possédons le nombre de fusils correspondant au nombre d'hommes qui forment notre bataillon, pas un de plus, et notre bataillon est exclusivement composé de nos employés, ainsi qu'il est prescrit par le décret du 2 septembre 1792. »

Le Moussu prit un air conciliant et parlant à demi-voix, comme lorsque l'on fait une confidence, il répliqua : « Je sais bien que vous n'avez pas d'armes; mais, que voulez-vous, j'ignore qui vous a dénoncés, on est très soupçonneux à l'Hôtel de Ville, il faut donner satisfaction à ces gens-là; ce ne sera qu'une simple formalité et j'y mettrai, vous pouvez le croire, toute la réserve possible. » M. Chazal, qui, en sa qualité de contrôleur, avait la police intérieure de l'administration, intervint alors et dit : « Je me ferais un véritable plaisir de vous conduire moi-même dans la Banque tout entière si je n'étais retenu par un scrupule que vous partagerez certainement. M. Charles Beslay, régulièrement délégué par la Commune près la Banque de France, est absent; je vais le faire prévenir et le prier de guider lui-même votre perquisition, à laquelle sa présence seule peut donner le caractère de légalité que vous êtes le premier à rechercher. » Le Moussu sembla hésiter; il avait affaire à plus fort que lui et se sentait deviné. « Mais le citoyen Beslay sera peut-être long avant d'arriver ici. — A peine une heure, répondit M. Marsaud. — Eh bien! alors, citoyen secrétaire général, dans une heure je reviendrai, puisque vous voulez bien me le permettre. » On se salua courtoisement, Le Moussu s'en alla et l'on referma la porte derrière lui.

M. Marsaud envoya un messager porter un mot d'avertissement à Charles Beslay; de son côté, M. de Benque expédiait au marquis de Plœuc un court billet : « Tentative de perquisition à la Banque pour y chercher des armes, soi-disant cachées. Le Comité de salut public a fait cerner la Banque par des forces considérables; le citoyen Le Moussu est chargé de la perquisition. » Sur la même feuille de papier, M. de Plœuc répondit : « Entendons-nous bien, faites-le savoir aux nôtres. S'il s'agit de ma personne, j'ai pour devoir de me mettre à l'abri; s'il s'agit d'autre chose, faites-le-moi savoir et je serai avec vous immédiatement. Je recommande une extrême prudence dans les rapports personnels, du calme et de la confiance. Je serai avec vous, je le répète, s'il s'agit d'autre chose que de moi. » Puis, sur une carte de visite, il écrivit au crayon : « Faites protestation contre la perquisition pour maintenir le droit; cela fait, ne vous y opposez pas, facilitez même. Je ne veux pas motiver de violences. Souvenez-vous que si je mets ma personne à l'abri, ce n'est que pour assurer le gouvernement de la Banque. Au premier péril, je serai avec vous. »

Nous avons dit que Charles Beslay était malade; il souffrait d'une infirmité assez fréquente chez les vieillards et avait, la veille, subi une opération douloureuse; il était couché et fort dolent, lorsque le message expédié par M. Marsaud lui parvint. Il se jeta à bas de son lit avec une ardeur toute juvénile, déjà furieux et disant : « Nous allons voir ! » Il prit à peine le temps de se vêtir, monta en voiture et se fit conduire rue de la Vrillière. Il reconnut qu'on ne l'avait pas trompé, que la Banque, en effet, était cernée par des troupes nombreuses qui, l'arme au pied, semblaient attendre l'ordre d'agir. Dès qu'il fut entré dans la Banque, on s'aperçut qu'il était très irrité; l'acte que l'on tentait de commettre sans l'avoir averti était un fait d'usurpation contre son pouvoir; c'était en outre une sorte d'insulte qu'il était décidé à ne point subir; on le vit à ses premiers mots : « Qui est-ce qui a apporté le mandat de perquisition? — Un commissaire de police nommé Le Moussu. — Le Moussu ! un galopin; il est du Morbihan, je le connais. Est-ce qu'un Breton devrait se charger d'une telle besogne ! »

Lorsque Le Moussu, exact au rendez-vous fixé, se présenta, il fut fort mal accueilli par Charles Beslay : « Pourquoi tous ces soldats? pas un d'eux ne mettra le pied à la Banque, sachez-le bien ! A quoi bon ce déploiement de forces contre un établissement financier qui vous empêche de mourir de faim? A quoi servent ces billevesées, sinon à inquiéter le crédit et à ébranler toute confiance? Dites à vos gardes nationaux de s'en aller. » Le Moussu dit qu'il était le mandataire de la Commune. Charles Beslay se récria : « La Commune, c'est moi, moi seul, entendez-vous? qui la représente à la Banque. Allez-vous-en, jeune homme, c'est ce que vous avez de mieux à faire ! » Le Moussu parla du dépôt d'armes qui avait été dénoncé. M. Marsaud s'interposa : « Vous pouvez, monsieur, vérifier par vous-même que la Banque ne recèle pas une seule arme ; je vous convie à visiter toute la maison avec moi. » Le Moussu comprit que sa mission avortait ; parcourir la Banque seul sans pouvoir y introduire les fédérés qu'on y aurait laissés lui paraissait une mince satisfaction ; il refusa, disant qu'il s'en rapportait à la parole du citoyen secrétaire général. « Dépêchons, reprit Beslay, que ces lenteurs et sa propre souffrance rendaient nerveux ; allez faire votre rapport au Comité de salut public, et remmenez vos hommes ; non, je veux les renvoyer moi-même. » La colère l'avait gagné ; il était blême, m'a dit un des témoins, ses lèvres tremblaient, il écumait de fureur.

Il fit ouvrir la grande porte, et escorté de Le Moussu, suivi des chefs de service de la Banque, il s'arrêta sur le seuil : « Au nom de la Commune, faites venir le commandant. » Le commandant, vêtu d'écarlate, arriva en caracolant. Il était ivre, oscillait sur son cheval et tomba. Beslay cria : « Les voilà, vos officiers, tous soûls comme celui-là ! » Le commandant s'était remis en selle ; Beslay marcha vers lui ; de la main gauche il prit sa montre, de la main droite il brandit sa longue écharpe rouge à crépines d'or qu'il ne portait jamais, puis, de façon à être entendu par tout le monde : « Écoutez bien, dit-il : si dans cinq minutes vous n'avez pas fait retirer vos troupes, je vous brûle la cervelle, » et, joignant le geste à la parole, il dirigea violemment son écharpe vers le visage du commandant. Moins de deux minutes après, les Vengeurs de Flourens, les francs-tireurs, le 208e bataillon partaient au pas accéléré. Charles Beslay, tenant toujours en mains sa montre et son écharpe, marchait à côté du commandant, qu'il vitupérait, et le conduisit ainsi jusqu'à l'entrée de la rue Coquillière.

Lorsque le dernier soldat eut défilé, il revint à la Banque. Il était encore ému et disait : « Leur conduite est odieuse ; je vais envoyer ma démission. » M. Marsaud fit immédiatement rouvrir les portes, et la Banque reprit son service.

Cette algarade, qui avait mis tout le quartier en rumeur, avait pris fin à midi et demi. Le même jour, vers trois heures, François Jourde vint, d'un air assez embarrassé, demander que le poste qui forme l'angle de la rue de la Vrillière et de la rue Radzivill, et qui jusqu'alors avait été occupé par un détachement du bataillon de la Banque, fût placé dorénavant sous les ordres de l'état-major de la place, comme tous les autres postes de Paris ; il veillerait lui-même à ce qu'on ne le fît garder que par des fédérés de choix, pris parmi les meilleurs bataillons. Jourde faisait comprendre que c'était en quelque sorte une satisfaction que l'on devait à l'opinion publique, qui s'inquiétait et s'obstinait à voir dans la Banque une forteresse réactionnaire que l'on disait bien armée et systématiquement hostile à la Commune.

Sans être las de la lutte, sans cesser d'être résolu à se défendre pied à pied, on eût peut-être cédé aux exigences formulées par Jourde, car la conservation d'un poste extérieur ne semblait pas très importante, si Charles Beslay ne s'y était opposé. Il reprit son argumentation favorite : Tout ce qui touche, tout ce qui effleure le crédit public est de nature à altérer la confiance et doit être évité ; la Banque se conforme strictement au décret du 2 septembre 1792 : qu'exige-t-on de plus? Le poste que l'on veut confier à des fédérés est partie intégrante de l'hôtel de la Vrillière ; comme tel, il relève de la Banque, qui l'occupe et fait bien. — Jourde voulut insister ; Charles Beslay répondit : « Je ne veux pas. » Cette fois encore un péril fut éloigné.

Charles Beslay n'avait point obéi à un simple mouvement de mauvaise humeur en menaçant de donner sa démission. Il venait de la libeller et de l'adresser au Comité de salut public. Elle est basée sur deux motifs sérieux : d'abord l'investissement de la Banque, qu'il considère « comme une désapprobation de sa conduite et de ses actes, et comme une mesure essentiellement préjudiciable à la Commune et à la République »; ensuite la destruction de la maison de M. Thiers, prescrite par un arrêté du 10 mai, mis à exécution. Charles Beslay proteste : « Entre la saisie et l'expropriation, avant jugement, et la démolition d'immeubles, il y a pour moi un abîme. Ne démolissons pas les maisons; c'est un capital que nous anéantissons, et nous en avons besoin pour nous libérer des lourdes charges qui pèsent sur nous[1]. »

La démission de Charles Beslay eût été fatale à la Banque; heureusement elle ne fut point acceptée par le Comité de salut public, qui protesta que l'investissement de la Banque avait eu lieu à son insu, par suite d'ordres

---

[1] « Le Comité de salut public, vu l'affiche du sieur Thiers se disant chef du pouvoir de la république française ; considérant que cette affiche, imprimée à Versailles, a été apposée sur les murs de Paris par les ordres dudit sieur Thiers ; que dans ce document il déclare que son armée ne bombarde pas Paris, tandis que chaque jour des femmes et des enfants sont victimes des projectiles fratricides de Versailles; qu'il y est fait un appel à la trahison pour pénétrer dans la place, sentant l'impossibilité absolue de vaincre par les armes l'héroïque population de Paris, arrête : 1° Les biens meubles des propriétés de Thiers seront saisis par les soins de l'administration des domaines; 2° la maison de Thiers, située place Saint-Georges, sera rasée ; 3° les citoyens Fontaine, délégué aux domaines, et J. Andrieu, délégué aux services publics, sont chargés, chacun en ce qui le concerne, de l'exécution immédiate du présent arrêté. Les membres du Comité de salut public : Ant. Arnaud, Eudes, F. Gambon. G. Ranvier. Paris, le 21 floréal an 79. — 12 mai 1871 : Le citoyen Fontaine, directeur des domaines, met à la disposition des ambulances tout le linge trouvé au domicile de M. Thiers. Le linge du bombardeur doit servir à panser les blessusures de ses victimes. »

sans doute mal compris ou mal expliqués, expédiés par la sûreté générale. Quoique le Comité de salut public fût alors composé de Delescluze, de Gambon, d'Ant. Arnaud, d'Eudes et de Ranvier, quoique ces deux derniers fussent capables de toute mauvaise action, la protestation doit être sincère ; le Comité de salut public, malgré l'affirmation de Le Moussu, paraît avoir ignoré la tentative dirigée contre la Banque. Beslay fut vivement pressé de conserver son poste de délégué à l'hôtel de la Vrillière ; mais peut-être eût-il maintenu sa démission, que justifiait le mauvais état de sa santé, si le marquis de Plœuc, se rendant près de lui et insistant avec ardeur, ne lui eût fait comprendre que le crédit public, profondément troublé, attendait le salut de son dévouement et de sa probité. C'était prendre Beslay par son faible ; il tendit la main à M. de Plœuc : « Je resterai et vous verrez, malgré vos craintes, que nous réussirons à la sauver, notre pauvre Banque. » Il y avait un peu d'orgueil dans cette réponse ; mais il y avait surtout une volonté de bien faire que jamais on n'invoquait en vain. Sous ce rapport, le père Beslay fut irréprochable.

Un fait démontrera ce qu'il y avait de candeur chez cet homme que ses fausses théories avaient jeté dans un milieu qui l'eût épouvanté s'il avait pu en reconnaître la corruption. Le 12 mai, lorsqu'il venait d'expédier sa démission au Comité de salut public, il alla chez M. Marsaud et lui dit : « Je vais quitter la Banque ; je n'y veux plus rester après l'insulte personnelle qui m'a été infligée ce matin ; je crois n'avoir pas été inutile, et je vous prie de me permettre d'emporter un souvenir de mon passage parmi vous. » M. Marsaud, tout en se figurant que le quart d'heure de Rabelais sonnait et qu'il allait falloir payer en belles espèces les services rendus, fit bonne contenance et répondit : « Mon cher monsieur Beslay, nous sommes tout à votre disposition, autant que nos règlements nous y autorisent. » Beslay reprit en souriant : « Je voudrais emporter l'encrier qui est dans mon cabinet et qui m'a servi pendant mon séjour à la Banque. » C'était un de ces encriers en porcelaine, garnis d'une éponge, achetés à la grosse et dont la valeur moyenne ne dépasse pas 2 francs 50 centimes.

L'avortement de la tentative d'occupation de la Banque par les fédérés eut des conséquences dans les hautes régions de l'administration communarde. Raoul Rigault était furieux contre Cournet ; il l'accusait de mollesse, de bêtise, et lui reprochait de n'avoir rien compris à la grandeur de l'acte révolutionnaire qu'il s'était chargé d'accomplir. Quoique le Comité de salut public se fût tenu à l'écart dans cette occasion, Rigault eut assez d'influence pour faire mettre à la porte Cournet, que l'on délégua, afin de lui donner une fiche de consolation, à la commission musicale et à la commission militaire. Heureux hommes que ceux de la Commune ! ils étaient d'instinct aptes à toute chose et maniaient, sans éducation préalable, la plume du préfet de police, l'archet du violoniste, l'épée du général. Cournet fut remplacé à la sûreté par l'ami, par l'émule de Rigault, par Ferré. Ces deux fauves, l'un procureur général, l'autre chef de la police, étaient les maîtres de la sécurité de Paris ; les incendies et les assassinats nous ont montré comment ils la comprenaient.

Le 14 mai, Théophile Ferré s'installa dans l'ancien hôtel des présidents du parlement et dès le 15, dans la soirée, on apprend qu'il est de nouveau question d'occuper la Banque. Quelques indiscrets se vantent, racontent que l'on en a assez du père Beslay, que c'est un vieux « réac », qu'il empêche le peuple de reprendre son bien où il se trouve, c'est-à-dire à la Banque, dont la richesse, comme chacun sait, est formée de la sueur des travailleurs exploités par la tyrannie du capital. On parle d'arrêter Beslay qui s'oppose aux vœux de la population parisienne et de mettre fin, une fois pour toutes, à l'oppression que la Banque exerce sur le commerce et sur la production. Dans la soirée du 15 mai, l'écho des corps de garde répète ces bruits, qui parviennent jusqu'aux oreilles du délégué aux finances.

Jourde n'hésita pas; il ne voulut pas tolérer que l'on renouvelât contre la Banque un investissement plein de menaces, et le 16 mai il alla, en compagnie de Charles Beslay, chez le marquis de Plœuc, afin d'être là si les gens de la sûreté générale essayaient encore un coup de force. Il s'était préalablement rendu au Comité de salut public et en avait obtenu la promesse qu'il serait averti le premier si quelques mesures étaient dirigées contre la Banque. On en fut quitte pour la peur; nul Vengeur de Flourens, nul Enfant du Père Duchêne obéissant au commandant Gustave Maître, nul lascar marchant sous les ordres du lieutenant-colonel Janssoulé ne vint faire sonner son fusil sur les trottoirs de la rue de la Vrillière. Jourde profita de la circonstance pour demander 1 600 000 francs à M. de Plœuc. Le sous-gouverneur déclara que ces réquisitions incessantes épuisaient la Banque, qui bientôt n'y pourrait plus répondre que par un refus.

« Vous nous croyez riches, disait M. de Plœuc, mais nous ne le sommes pas; vous savez bien qu'au moment où les troupes allemandes ont marché sur Paris, nous avons fait partir toutes nos valeurs; elles ne sont pas revenues. Je ne vous trompe pas; les traces de ce transbordement sont faciles à trouver; interrogez les layetiers qui ont fabriqué nos caisses, vérifiez les registres des chemins de fer qui ont transporté nos colis, et vous vous convaincrez que la majeure partie de notre fortune est en province. — Eh! mon Dieu! monsieur le marquis, répondit Jourde, je le sais bien; mais, en m'avançant de l'argent, la Banque se protège elle-même, et m'aide à la sauver, ce qui sans cela me serait impossible. » On discuta, et l'on finit par tomber d'accord. La Banque verserait 400 000 francs à la délégation des finances, si le conseil des régents, qui continuait à se réunir chaque jour, y consentait. M. de Plœuc, rencontrant M. Marsaud quelques instants après cette conversation, lui dit : « La Commune est bien malade ; elle ne tardera pas à mourir. — A quoi voyez-vous cela? demanda M. Marsaud. — Eh! eh! reprit M. de Plœuc, Jourde m'a appelé Monsieur le marquis! c'est un signe! »

XII. — L'ENSABLEMENT DES CAVES.

L'église Notre-Dame-des-Victoires est envahie et pillée. — Les menaces. — Lettre de Jourde à Ch. Beslay. — Jourde et Ch. Beslay très menacés. — Le *Père Duchêne*. — Appel à la violence. — La Banque cède. — Les bruits du dehors. — Délibération du conseil. — Exigences de Camélinat. — On décide le transport des valeurs dans les caves et l'ensablement de celles-ci. — L'opération. — Tristesse. — C'est comme au cimetière. — De l'argent, ou sans cela!

M. de Plœuc avait raison : la Commune était bien malade ; elle venait d'entrer dans la dernière période de son existence, ou pour mieux dire de sa maladie. Le 16, elle renverse la colonne de la grande armée; le 17, au moment où la cartoucherie de l'avenue Rapp va sauter, elle envahit l'église Notre-Dame-des-Victoires par le 159ᵉ bataillon fédéré, la saccage, y vole tous les objets précieux, et y laisse plus de quatre cents bouteilles vides apportées pleines de chez le marchand de vin du coin. Ces taupes de la libre pensée fouissaient le sol de l'église pour y trouver, dans des cadavres ensépulturés depuis plus d'un siècle, la preuve des crimes récents commis par les prêtres catholiques. Le délégué à la justice, Protot, y était. M. de Benque, secrétaire du conseil général, y fut arrêté, retenu pendant quelques heures dans la sacristie et enfin relâché. On fit main basse sur quelques vicaires que l'on envoya à Mazas. Par bonheur, un plombier-gazier, membre du Comité central, Lavalette, qui au début de l'insurrection avait vivement insisté pour que le général Chanzy fût rendu à la liberté et qui était un homme de bien, se trouvait là. Il cacha dans sa voiture un médecin, un prêtre, le maître de chapelle de l'église, qu'on voulait arrêter, et parvint ainsi à les sauver.

Le péril semblait se rapprocher de la Banque, sur laquelle le Comité de salut public avait directement tiré un mandat de 10 000 francs, qu'elle refusa de payer malgré les menaces de l'officier d'état-major qui en était porteur. Le 19 mai on vit bien, rue de la Vrillière, que « le bon temps » était passé et qu'aux violences de langage les voies de fait allaient peut-être succéder. Durand, le caissier central de la délégation des finances, présenta lui-même à Charles Beslay une lettre que celui-ci communiqua à M. de Plœuc. Voici cette lettre, qui faisait pressentir des malheurs prochains : « Paris, 19 mai 1871. Cher et honoré citoyen Beslay, mon caissier Durand vous expliquera quelle importance j'attache à une ouverture d'un million de plus pour demain. Coûte que coûte, il faut que demain avant midi j'obtienne au moins 500 000 francs. Nous règlerons avec la Banque la différence que cela produira. Si je succombais une heure, vous savez ce qui en résulterait. Dévoué à notre grande cause socialiste et communale, je puis, en étant soutenu, éviter des écarts et des violences que notre situation explique et que je ne reproche pas à nos collègues. Mais, au nom du salut de la révolution, il faut absolument que je sois secondé. Je sais combien vous m'honorez de votre précieuse estime; aidez-moi, je vous prie, à la mériter. Respectueux et fraternel salut. Jourde. »

Jourde ne mentait pas et n'exagérait rien. Lui et Beslay appartenaient à la minorité de la Commune; on commençait à les trouver « intempestifs », ainsi que disait Robespierre en parlant d'Anacharsis Clootz, et l'on voulait s'en débarrasser. Le parti violent, le parti nombreux était alors représenté dans la presse quotidienne par le *Père Duchêne,* que rédigeait un polisson nommé Vermersch; — M. Veuillot l'appelle Verminersch. — Comme un « voyou » qu'il était, il se plaisait à exciter les uns contre les autres les loups-cerviers de l'Hôtel de Ville; tous ceux qui ne voyaient pas rouge, il les prenait à partie : « Tu pouvais, toi, Clément, rester teinturier; toi, Pindy, rester menuisier; toi, Amouroux, rester chapelier; toi, Arnould, rester imbécile. » Il faut reconnaître qu'il n'y a que ces gens-là pour se dire leurs vérités. « Vous craignez pour votre tête, leur disait Vermersch; et qu'est-ce que cela nous fait, votre tête! Fusillez, guillotinez, mais que la révolution soit sauvée! » Il dénonce, en les désignant nominativement, Jourde, Beslay, Vallès, Vermorel, Andrieu et dix autres. « Le Père Duchêne dit : ... que les lâches doivent être passés par les armes; au fond, nous aimons mieux ça, et nous préférons que vous débarrassiez la Commune de vos personnes. Mais le Père Duchêne ajoute que la Commune en sera bien plus débarrassée encore, une fois que la cour martiale aura statué sur vos destinées. »

Cet article porte la date du 10 mai; il était grave; nul n'ignorait alors parmi les gens de la Commune que la feuille de ce Vermersch avait mission de préparer l'opinion publique aux mesures violentes que l'on méditait; c'est ainsi que l'on fit dénoncer Gustave Chaudey dans le *Père Duchêne*, lorsque l'on eut résolu de l'arrêter pour l'assassiner plus tard. Jourde se sentait menacé et, à ce moment de grand péril pour tout ce qui n'était pas devenu fou furieux, il lui suffisait de manquer d'argent pendant une heure pour être écroué et remplacé. Son successeur, pris parmi les jacobins, eût immédiatement jeté le père Beslay à la porte et occupé la Banque.

On le comprit à l'hôtel de la Vrillière : on sauva Jourde et Beslay pour mieux se sauver soi-même. Le soir, à neuf heures, MM. Durand, Denière, Davillier, Fère, se réunirent en conseil, sous la présidence de M. de Plœuc, pour délibérer; les 500 000 francs que Jourde réclamait d'une façon désespérée lui sont accordés. Les termes de la lettre du délégué aux finances font redouter des brutalités; en outre, des bruits vagues courent dans Paris : des portes sont abandonnées, les remparts sont pulvérisés sous l'action des batteries de Montretout; les Versaillais cheminent dans le bois de Boulogne; ils ne sont plus à cent mètres du fossé; deux fois, dans le courant de la semaine, on a désigné le soir de leur rentrée; ils ne peuvent tarder, ils vont apparaître. C'est la délivrance, à coup sûr, mais c'est peut-être la bataille dans les rues; qui sait alors si la Banque ne sera pas le théâtre d'un combat? Elle peut être bombardée, saccagée, incendiée; il est donc urgent de mettre à l'abri du feu et d'un accès de violence toutes les valeurs qu'elle renferme; il faut ne rien négliger pour arracher aux mauvaises chances les trois milliards dont elle est dépositaire.

Les chefs de service avaient été appelés à cette délibération, qui empruntait aux circonstances une sorte de gravité funèbre. Chacun était oppressé, car il y avait longtemps que le cauchemar durait, et l'on craignait de n'en pas sortir indemne. Il fut décidé que, pour parer aux éventualités financières d'une huitaine de jours, on garderait quelques millions en disponibilité à la grande caisse, puis que tout le métal, tous les billets, tous les clichés qui servent à l'impression de ceux-ci, tous les effets de l'escompte, tous les effets prorogés, tous les titres en dépôt, seraient descendus dans les caves, dont l'escalier serait ensablé. Ce n'est pas sans un serrement de cœur qu'une telle résolution fut adoptée, car c'est là une mesure extrême qui ressemble à la construction d'un radeau sur un navire en détresse; c'est, en outre, une humiliation que la Banque de France n'a subie qu'une seule fois depuis qu'elle existe, le 29 mars 1814, à la veille du jour où les ennemis allaient pénétrer dans Paris.

M. Mignot, en sa qualité de caissier principal, avait insisté pour que cette mesure extrême ne fût plus reculée, car dans la journée même il avait reçu la visite de Camélinat, qui, avec de vives instances, était venu réclamer, exiger qu'on lui envoyât immédiatement à l'hôtel du quai Conti une réserve de 5 200 000 francs en monnaies aurifères que le trésor avait déposées à la Banque. M. Mignot s'y était refusé, par la raison que la Banque n'était point libre de disposer d'un dépôt qui ne lui appartenait pas. Charles Beslay, qui voyait encore dans la Commune le début de l'âge d'or, s'était lancé à la rescousse et, sous prétexte que le premier devoir de l'État est de fournir du travail aux ouvriers, avait adjuré M. Mignot de livrer aux presses de la Monnaie les pièces destinées à la refonte que la Banque conservait dans ses caves. Le caissier principal avait tenu bon, mais avait pris l'engagement de faire à ce sujet un rapport au conseil des régents, qui aviserait et déciderait si la requête de Camélinat, appuyée par Charles Beslay, devait être accueillie ou repoussée.

La lettre menaçante de Jourde, la demande de Camélinat, peut-être concertées et se produisant presque à la même minute, annonçaient de la part de la Commune des projets de violence ou tout au moins d'intimidation contre lesquels il était prudent de se mettre en garde ; il fut donc décidé que, dès le lendemain, le transport des valeurs dans les caves et l'oblitération de l'escalier de celles-ci seraient effectués. On consacra la journée du 20 mai à cette opération, qui fut longue. Le contrôleur, le caissier général étaient là, car chacun d'eux est dépositaire et responsable de six des douze clés qui ferment l'entrée des caves. Successivement ils firent jouer le pêne des trois serrures et les quatre portes massives qui servent de défense au trésor souterrain furent ouvertes l'une après l'autre.

L'accès des caves était libre ; on plaça des bougies allumées dans les vieux chandeliers en fer qui datent de la création de la Banque, et le transbordement commença à une heure de l'après-midi. D'abord l'or, l'argent et les billets ; cela dura trois heures. De quatre heures à six heures on transporta les effets de commerce en portefeuille ; de six heures à minuit on descendit les titres déposés. Du haut de la Banque jusqu'au fond des sous-sols, les garçons de recette, habit bas et manches retroussées, sur les escaliers, dans les couloirs, dans les serres et dans les bureaux, faisaient la chaîne, se passaient de main en main les sacs d'or contenant 10 000 francs, les sacs d'argent de 1000 francs, les liasses de billets représentant un million, les billets à ordre, les enveloppes contenant les titres de toute provenance et de tout pays. Il y avait là de vieux garçons de recette dont le dos s'était courbé à porter des sacoches pleines, qui se mouchaient plus longtemps que d'habitude, et qui, furtivement, s'essuyaient les yeux du revers de la main.

Lorsque tout fut fini, lorsque le dernier billet, le dernier titre eut trouvé place dans les caves, on souffla les bougies. Le contrôleur, le caissier, repoussèrent les quatre portes après avoir fermé les douze serrures, et, tristes, sans se parler, ils remontèrent l'étroit escalier en vrille où deux personnes ne peuvent passer de front. Alors on apporta les sacs de sable, et, pendant plus de deux heures, on les vida dans cette sorte de puits muni de degrés par où l'on va dans les caves. Le sable glissait avec un petit bruit strident ; un des chefs de service dit : « C'est comme au cimetière lorsque l'on jette la terre sur le cercueil. » Il avait des larmes dans la voix et plus d'une paupière était humide. Il y avait de la douleur, mais il y avait surtout un sentiment de honte inexprimable.

Être la Banque de France, être la première institution de crédit du monde, avoir créé un papier qui est l'équivalent de l'or, avoir développé l'industrie d'une nation, favorisé les transactions du commerce, être le dépositaire respecté de la fortune publique, avoir versé ses richesses entre les mains de la France pour l'aider à se défendre, et être obligée de se cacher, de fuir, parce qu'une poignée de bandits règne par la violence, commande à des ivrognes, protège les assassins, discipline les incendiaires et menace d'anéantir tout ce qui fait la gloire des civilisations, c'est dur, et tous les honnêtes gens qui étaient là le sentaient avec une insupportable amertume. Lorsque tout fut comblé, lorsque la cage où tourne l'escalier ne fut plus qu'un monceau de sable nivelé, M. Mignot ferma l'énorme porte à trois pênes, à sept verrous, à neuf combinaisons ; il était alors trois heures du matin. Vienne l'incendie, les caves, abritées de toutes parts restitueront le dépôt qu'on leur a confié.

La journée du dimanche 21 mai était commencée,

journée qui venait mettre fin aux ribaudailles de la Commune et déchaîner sur Paris le plus énorme cyclone révolutionnaire où jamais ville ait failli disparaître. Le marquis de Plœuc avait réuni le conseil des régents pour lui communiquer une nouvelle sommation de Jourde, plus vive encore que les autres; la menace n'y était pas déguisée. On voit cependant qu'une sorte de scrupule a retenu le délégué aux finances; ce n'est pas à M. Marsaud, ni à Charles Beslay qu'il écrit, comme il le faisait d'habitude, c'est à son caissier Durand, à un subordonné auquel il peut parler confidentiellement, à la condition toutefois que celui-ci répétera tout haut la confidence. Cette lettre, qui fut transmise à la Banque dans la soirée du 20 mai, pendant que l'on procédait à l'inhumation des valeurs, est ainsi conçue : « Citoyen Durand, il est indispensable que la Banque nous avance cette somme de 500 000 francs sur le million que, du reste, j'avais demandé au citoyen Beslay. Faites donc le nécessaire auprès de la Banque pour lui faire comprendre quel intérêt il y a à obtenir cette somme. Sans cela!... Jourde. »

Ce fut le caissier lui-même, le citoyen Durand, qui apporta la lettre. Comme on lui faisait observer que les demandes de la Commune se multipliaient dans des proportions excessives, il répondit : « Le Comité de salut public, la Commune, le Comité central et tous leurs représentants tirent des mandats sur nous; si nous refusons de payer, on pillera la délégation des finances et ensuite on pillera la Banque; le plus sage est de payer, car nous ne savons plus où donner de la tête. » Le conseil des régents partagea l'opinion du caissier Durand et estima aussi que le plus sage était de payer. Le marquis de Plœuc fut donc autorisé à satisfaire Jourde et à éviter les suites de son « Sans cela!... » Lorsque le conseil se sépara, il était un peu plus de trois heures; à ce moment même les premiers soldats de l'armée française pénétraient dans Paris.

XIII. — LES DERNIÈRES RÉQUISITIONS.

On apprend que l'armée française est dans Paris. — M. de Plœuc et Ch. Beslay en permanence à la Banque. — Illusions. — Le Comité de salut public tire sur la Banque. — Les quatre chefs de service réunis en conseil. — Reçu de Ch. Beslay. — Jourde à l'Hôtel de Ville. — Campement à la Banque. — La dernière réquisition. — On pourrait tenir pendant 24 heures. — Dernière concession. — Total des réquisitions. — Les mouvements de l'armée. — Inhumanité de la Commune. — Les théories et la pratique. — Les incendies. — Désespoir des économistes. — Résultats des fausses doctrines.

Ce fut le lundi 22 mai dans la matinée que la Banque apprit le mouvement de l'armée française; il avait fallu dix-sept heures pour pousser dans Paris les 135 000 hommes avec lesquels on allait livrer la bataille suprême. On se doutait encore si peu des évènements de la veille que l'équipe des trente maçons occupée à la reconstruction de la Banque y était arrivée à l'heure réglementaire et y avait repris son travail. M. de Plœuc, mû par un pressentiment confus d'une action militaire prochaine, avait quitté la maison où depuis le commencement d'avril il avait trouvé un asile pour la nuit et était venu coucher rue de la Vrillière, afin d'être là si le péril devenait trop menaçant. Charles Beslay était accouru dès les premières heures et M. de Plœuc, tout en ayant l'air de plaisanter, lui dit sérieusement : « Vous êtes mon prisonnier; je vais vous faire préparer un appartement, vous ne nous quitterez plus, car la bataille est engagée; vous m'aiderez à sauver la Banque, — et, lui serrant la main, il avait ajouté : A charge de revanche. » — Charles Beslay avait accepté et M. de Plœuc l'avait installé dans son propre logement.

Les illusions que les hommes les plus modérés de la Commune conservaient encore à cette heure où l'écroulement avait déjà commencé sont inexplicables. Charles Beslay se promenait dans la grande cour avec un de ses amis, qu'il est inutile de nommer; ils causaient ensemble du mouvement de l'armée, des ressources de l'insurrection, de la lutte dont les rumeurs lointaines venaient jusqu'à eux. Charles Beslay déplorait ce combat, car la guerre, et surtout la guerre civile, lui était antipathique. Son ami lui dit : « C'était inévitable; cette dernière bataille était nécessaire pour nous permettre d'asseoir définitivement notre système politique; nous touchons au terme de nos efforts; ces pauvres Versaillais! je ne puis m'empêcher de les plaindre; les voilà dans Paris; ils vont y être cernés et pas un d'eux n'en sortira vivant. » Le témoin, homme fort considéré, qui m'a rapporté ce fait, m'a dit : « Ce M. X... parlait avec une telle conviction que j'en ai été troublé. »

Le Comité de salut public et les membres de la Commune qui s'établirent en permanence à l'Hôtel de Ville, ne doutant plus du sort que leur défaite allait leur réserver, eurent besoin d'argent pour donner une haute paye aux combattants, et aussi pour se remplir les poches, s'assurer un asile et préparer leur fuite; c'est l'heure où les mentons barbus vont devenir glabres et où les chamarrures de l'uniforme vont faire place à la veste de l'atelier. Le Comité de salut public s'adressa à son délégué aux finances pour avoir de l'argent et celui-ci eut recours à la Banque. A dix heures du matin, le citoyen Durand se présenta à la caisse centrale porteur d'un reçu de 700 000 francs signé par Jourde; il s'était fait accompagner de Charles Beslay, qui appuyait la demande. Prévenu par M. Mignot, qui refusait de payer en l'absence d'un ordre régulier, le marquis de Plœuc accourut, trouva la réquisition excessive et la réduisit à 200 000 francs, qu'il consentit à faire verser. Le caissier Durand les empocha ; Charles Beslay fit quelques observations que l'on n'accueillit pas, et comme il comprenait qu'en présence de la bataille qui bruissait dans Paris, la Banque était exposée à subir une exécution militaire de la part de la Commune, il se rendit à l'Hôtel de Ville afin de prendre langue et de savoir ce que l'on pouvait avoir à redouter. Au bout de deux heures il revint ; le résultat de la négociation n'était point satisfaisant. « Paris, le 22 mai 1871. Au nom du Comité de salut public : Sommation est faite à la Banque de France de remettre au citoyen Jourde la somme de cinq cent mille francs, réquisitionnée pour le compte et service de la Ville de Paris. *Pour le Comité de salut public*, G. Ranvier, E. Eudes. » Et par le travers : « Si cette somme n'était pas payée, la Banque serait immédiatement envahie par la garde communale. *Le délégué aux finances*, Jourde. » La menace de Jourde n'était point vaine ; deux bataillons et deux pièces d'artillerie se rapprochèrent de la Banque.

Charles Beslay insistait pour que les 500 000 francs lui fussent remis, afin qu'il pût les porter à l'Hôtel de Ville et apaiser les colères qui y grandissaient contre « les conspirateurs de la Banque ». Le marquis de Plœuc résistait ; il était seul et ne pouvait assumer sur lui une responsabilité aussi grave. L'état des rues de Paris ne permettait pas de convoquer les régents dont, par un hasard singulier, trois demeuraient dans le VIIIe arrondissement, où les fédérés et les troupes françaises étaient aux prises. Cependant le danger était pressant, il fallait prendre un parti, car le salut de la Banque était en jeu. M. de Plœuc réunit en consultation les quatre chefs de service : M. Marsaud, secrétaire général; M. Chazal, contrôleur; M. Mignot, caissier principal; M. de Benque, secrétaire du conseil. Les avis ne furent point unanimes; un des membres de ce petit conseil estima qu'une lutte engagée à la Banque pourrait faire une diversion en faveur de la légalité et créer de graves embarras à la Commune. Cette opinion ne prévalut point. Qu'était-ce en effet qu'un sacrifice de 500 000 francs en présence des sommes bien autrement considérables que jusqu'à ce jour on avait soustraites à la rapacité de la Commune? Malgré l'entrée des troupes dans Paris, pourrait-on, en cas de résistance, éviter un envahissement qui serait infailliblement suivi de pillage? La réponse à cette question était douteuse; il valait mieux céder encore, car l'on était bien réellement contraint et forcé; le conseil des régents approuverait certainement une détermination que les circonstances mêmes imposaient. Pendant que l'on délibérait, Jourde, remué par l'impatience, sentant que le terrain manquait sous ses pieds, était venu à la Banque. On lui donna l'argent qu'il exigeait. Au bas de la réquisition, Charles Beslay écrivit : « La somme de 500 000 francs demandée ci-dessus *ont* été remis au citoyen Jourde en ma présence. »

Ce même jour, probablement en sortant de la Banque, Jourde se rendit à l'Hôtel de Ville; il était triste et résolu; il savait bien, — il avait peut-être toujours su, — que sa cause était désespérée. Il entra dans le cabinet d'un chef de service administratif et y rencontra l'agent du matériel de l'Hôtel de Ville, le directeur de l'Imprimerie nationale, Vaillant, délégué à l'enseignement, et Andrieu, délégué aux services publics. Il faisait chaud et on avait apporté de la bière. On causait, car aucun des hommes qui étaient là ne mettait en doute le succès définitif de l'armée française. Andrieu surtout était soucieux; il parlait de ses enfants avec émotion, et montrant l'œil borgne qui le défigurait, il disait avec un sourire plein d'amertume : « Voilà un signe particulier qui me condamne à mort, car il me fera reconnaître partout. — Bah! dit Jourde, redressant sa haute taille et se plaçant immobile contre le mur, quand ils me fusilleront, je me tiendrai comme cela. » Ce fait m'a été raconté par un des témoins de cette scène, et m'a paru assez caractéristique pour mériter de n'être point passé sous silence [1].

La Banque chômait, on peut le croire; elle avait retiré ses sentinelles extérieures, son poste était fermé, le branle-bas de combat avait été fait, et le commandant Bernard ne se reposait guère. Les rues voisines semblaient se préparer à la bataille; au carrefour de la rue des Petits-Champs et de la rue de la Feuillade, quelques fédérés, aidés par les gamins du quartier, avaient élevé une barricade, assez piteuse du reste, et composée d'éléments qui ne la rendaient pas bien redoutable. Un ouvrage de défense construit à l'entrée de la rue Coquillière et armé d'une pièce de canon était plus sérieux; mais il était dominé par la Banque, et quelques coups de fusil eussent suffi pour le réduire au silence. La situation de Paris était telle que l'on ne pouvait même pas songer à renvoyer dans leur domicile les maçons qui étaient venus le matin rue de la Vrillière pour y continuer leurs travaux. On les installa dans la galerie des recettes, convertie en campement; la buvette les avait nourris. Les provisions ne man-

---

[1] Le signe particulier que portait Andrieu aida singulièrement à son évasion : Andrieu se réfugia chez un de ses amis, qui le cacha avec dévouement. Il fit enlever son œil borgne et le remplaça par un œil de verre qui le rendait méconnaissable. Vers le mois d'août, sous un déguisement militaire, il put gagner une ville maritime et passer à l'étranger. Il n'eut, du reste, pendant la Commune, aucun fait grave à se reprocher.

quaient pas; depuis plusieurs jours, en prévision de cette dernière bataille et des difficultés qu'elle pouvait entraîner, l'économe n'avait point ménagé les achats de vivres et avait amplement garni les garde-manger. La nuit fut calme, chacun veilla à son poste; on entendit passer quelques patrouilles signalées par leurs voix avinées; mais on n'eut aucune alerte à subir.

A l'aube du mardi 23 mai, dès que l'on fut éveillé à la Banque, le premier mot fut : « Où sont les Versaillais? » Nul ne put répondre. Le vent ne portait pas, comme l'on dit, et l'on n'entendait rien, ni coups de canon ni fusillade. L'armée marchait lentement; la révolte se fortifiait, réquisitionnant le pétrole et conduisant les otages à la Grande-Roquette. A la Banque, on était comme dans un fort assiégé : portes closes, grilles fermées, tout le monde sous les armes, murs crénelés, matériaux pour une barricade réunis dans la cour, fenêtres matelassées, oblitérées par des sacs de terre. On était prêt, toujours prêt, et cette attitude, que n'ignoraient pas les fédérés, éloigna peut-être les grands dangers de la dernière minute.

Dans la matinée, on entendit un bruit de tambours et de pas cadencés dans la rue de la Vrillière; puis le commandement : « Halte! front! » On regarda et l'on vit une troupe d'une centaine d'hommes obéissant à un chef de bataillon à cheval, qui prenait position devant la Banque. Un délégué du Comité de salut public, accompagné du citoyen Hubert-Arman, directeur général du contrôle de la solde de la garde nationale, entra dans la cour. Tous deux portaient des revolvers à la ceinture et se donnaient des airs de matamore; cependant ils tenaient leur chapeau à la main et ne paraissaient pas aussi rassurés qu'ils auraient voulu l'être. Ils demandèrent à parler à Charles Beslay, auquel ils remirent ce que l'euphémisme de la Commune appelait un mandat. C'était un reçu libellé d'avance et renforcé de signatures qui, comme le « quoi qu'on die » de Trissotin, en disaient beaucoup plus qu'elles ne semblaient. « Paris, 23 mai 1871. Reçu de la Banque de France la somme de cinq cent mille francs, valeur réquisitionnée d'ordre du Comité de salut public. Le refus de cette somme entraînerait l'occupation de la Banque. *Le membre de la Commune délégué aux finances,* JOURDE ; *le membre du Comité de salut public,* E. EUDES ; vu et approuvé, *le délégué civil à la guerre,* DELESCLUZE. »

Comme la veille, on tint conseil ; il était bien tentant de s'emparer des deux émissaires et de les mettre en sûreté en attendant l'armée française, qui ne pouvait plus tarder longtemps à montrer ses têtes de colonnes. On avait bonne envie de disperser à coups de fusil la bande qui piétinait devant la Banque et n'eût point été fâchée de s'y approvisionner un peu. Cet avis fut donné ; on hésitait à le suivre. La commandant Bernard fut appelé au conseil : « Combien de temps pouvez-vous tenir avec votre armement et vos munitions ? — Vingt-quatre heures. » Si l'on eût su où étaient les troupes régulières, on aurait peut-être couru cette aventure ; mais, comme la veille encore, ce fut l'opinion de la sagesse qui l'emporta. Était-ce au moment où la Banque allait recueillir les fruits de sa conduite qu'il fallait compromettre le résultat par le refus d'une somme relativement faible ? On ne le pensa pas, et l'on fit droit à cette réquisition, qui fut la dernière. Elle fermait le compte des sommes extorquées à la Banque par le Comité central et par la Commune. Le total s'élève à 16 625 202 francs[1]. C'est une moyenne quotidienne de 237 500 francs, qui, si elle a été exclusivement employée à la solde des fédérés, suppose que 158 000 hommes par-

---

[1] Voir *Pièces justificatives,* n° 6.

ticipaient chaque jour à la distribution des trente sous règlementaires. Ce chiffre ne concorde pas avec ceux du *Rapport en date du 3 mai* 1871 *sur la situation des légions*, qui fixe le nombre des fantassins à 190 425 et à 449 celui des cavaliers (bataillons de marche, 96 325 ; bataillons sédentaires, 94 100).

Si la Banque était délivrée des réquisitions forcées qui faisaient brèche à ses caisses, elle l'ignorait et, en tout cas, elle n'était pas délivrée de ses craintes. On ne savait ce que devenait l'armée française ; on avait beau monter sur les toits, se munir de longues-vues et regarder vers tous les points de l'horizon, on n'apercevait rien ; à peine çà et là, dans le lointain, quelques fumées blanches, flottant sous le ciel et s'éparpillant au vent, indiquaient l'emplacement possible d'un combat. On était harassé. On allait, on venait dans les cours, dans les couloirs ; souvent on jetait un coup d'œil dans les rues qui étaient désertes ; de rares passants se hâtaient, parfois un ivrogne chantant mettait un peu de bruit dans ce silence. Vers les quatre heures, on eut quelques nouvelles. L'armée s'avançait ; Ladmirault et Clinchant avaient fait leur jonction sur le sommet des buttes Montmartre ; Vinoy tiraillait aux environs de l'esplanade des Invalides et cherchait à s'emparer du Corps législatif ; Cissey, brisant à angle droit la marche de son corps d'armée, venait de s'installer dans la gare Montparnasse. Ce sont là les mouvements des ailes ; la Banque est au centre et le corps du général Douay est encore arrêté sur le boulevard Malesherbes ; mais sa droite chemine dans le haut du faubourg Saint-Honoré. Cela n'était pas rassurant. La Banque était au cœur même du quartier que l'insurrection occupait ; entre elle et l'armée française s'élevaient les ouvrages de la rue de Rivoli, de la place Vendôme, sans compter vingt barricades improvisées, dont une seule, celle de la rue de la Chaussée-d'Antin, neutralisait les efforts du général L'Hériller, qui cependant l'attaquait en s'appuyant sur l'église de la Trinité, en haut de laquelle les marins avaient hissé leurs batteries mobiles.

S'il eût existé l'ombre d'un sentiment humain dans l'âme des terroristes qui dirigèrent la dernière résistance de la Commune, ils auraient mis bas les armes. Ces hommes qui, dans leurs discours et leurs proclamations, faisaient sonner si haut leur tendresse humanitaire, n'eurent pas même la simple humanité dont l'impulsion commande d'arrêter l'effusion du sang devenue inutile. Ils allèrent jusqu'au bout de leur crime, Sardanapales de la charcuterie et de l'absinthe que leur vanité poussait à disparaître au milieu d'un cataclysme. Mourir en anéantissant une des plus énormes villes du monde, c'était quelque chose pour ces exaspérés de leur propre médiocrité. Soit ! mais combien sont morts ? combien ont affronté « l'ennemi social » et sont tombés en défendant leur rêve qui n'était qu'un cauchemar ? Il ne faut pas bien longtemps pour les compter : deux seulement, en réalité, sont frappés mortellement sur les barricades, Delescluze, et Vermorel qui mourut dans le mois de juin des suites de ses blessures, repentant et désespéré, dit-on, de s'être associé à cette débauche de sang, de pétrole et d'eau-de-vie.

La plupart des autres ont prestement décampé, laissant leurs dupes mourir pour une cause qu'elles ne comprenaient guère, car ceux qui l'avaient prêchée ne la comprenaient pas. On peut reconnaître que les membres de la Commune qui eurent à rendre compte de leurs crimes à des conseils de guerre avaient tout fait pour se soustraire à cette extrémité, car il n'est cachettes ni déguisements qu'ils n'aient imaginés pour éviter d'expliquer leurs doctrines devant des juges. Ce sera là la honte éternelle de ces hommes ; ils n'ont rien négligé pour mettre leur personne à l'abri et ils ont, sans pitié ni scrupule, chassé vers la mort les malheureux qu'ils avaient réduits en servage. Enivré par ces césarillons d'estaminet, le peuple de la fédération a joué le rôle du gladiateur antique : il s'est fait tuer pour des maîtres qui ne le regardèrent même pas mourir, car la plupart étaient déjà loin et bien cachés.

Le 25 mai, dans la journée, les socialistes, les économistes de la Commune pouvaient se dire encore que l'on combattait pour une doctrine ; mais ceux-là mêmes qui s'opposaient à la démolition de la maison de M. Thiers, parce qu'un immeuble représente un capital, et que le capital est indispensable au fonctionnement régulier des sociétés, que pensèrent-ils, lorsque le crépuscule leur montra le ciel s'empourprant au reflet des incendies? Comprirent-ils alors que les théories dont se repaissait leur esprit relativement cultivé devenaient entre les mains des ignorants, des jouisseurs, comme disent les parlementaires, des envieux et des méchants, un prétexte à tous les forfaits que la guillotine punit et que le bagne réprime? Rêver l'ère de la vertu et de la richesse universelles, prêcher des appels à la concorde, bâtir la Jérusalem céleste sur le sable mouvant des idées fausses, être un apôtre, se croire un prophète, réunir autour de soi, dans un but de fraternité économique et de solidarité pastorale, les délaissés, les déclassés, les paresseux surtout, les estropiés de la cervelle, les atrophiés du cœur; s'imaginer qu'avec ces pauvres êtres on va, par la vertu de quelques décrets, faire un peuple nouveau, et s'apercevoir que l'on n'a réussi qu'à déchaîner toutes les bêtes fauves qui habitent l'homme ; reconnaître que pour ces gens-là fraternité signifie assassinat et que solidarité veut dire incendie, c'est une terrible déconvenue, et plus d'un des illuminés du socialisme en a souffert. Je puis le dire : Malon s'arracha les cheveux de désespoir; Vermorel, montrant ses compagnons, disait : « J'aime mieux être fusillé par les Versaillais que d'être condamné à vivre avec de pareilles crapules; » Jourde éclata en larmes lorsqu'on lui apprit l'incendie du ministère des finances; Jules Vallès lutta pour empêcher l'exécution des otages; vainement, il ne fut point écouté.

Il était trop tard, la semence qu'ils avaient jetée à pleines mains produisait ses fruits, et ils restèrent les spectateurs impuissants de crimes dont la responsabilité remonte jusqu'à eux. Dans notre pays, sans privilèges et sans préjugés, où sur dix patrons on compte actuellement sept anciens ouvriers, quiconque, à propos de réformes économiques et sociales, a prêché autre chose que le travail et l'épargne, a menti, a développé les instincts mauvais chez ses auditeurs et les a disposés à tomber dans la violence des revendications qui se traduisent par le meurtre, le pillage et la destruction. C'est là une vérité que l'histoire explique à chaque page et que la Commune a démontrée inutilement une fois de plus.

Cette vérité, la Banque a failli en faire l'expérience; si l'attitude de son personnel n'eût inspiré quelque crainte aux fédérés, si la volonté de Beslay, de Jourde, de tout le parti économiste n'eût refréné les velléités des jacobins, si les régents, le sous-gouverneur, les chefs de service n'étaient restés à leur poste, livrant toujours la même bataille pour le salut de la fortune publique, c'en était fait d'elle; elle disparaissait et à sa place l'on n'aurait plus découvert que le gouffre d'une banqueroute où trois milliards se seraient engloutis.

XIV. — L'INCENDIE DU PALAIS-ROYAL.

On rôde autour de la Banque. — Les vedettes signalent les incendies. — Le docteur Latteux. — Incendies de la rue de Lille. — On apprend à la Banque que les insurgés mettent le feu partout. — Les habits gris. — Le sentiment du devoir. — Halte-là ! au large ! — On abrite les documents importants. — M. de Plœuc demande un cartel de sauvegarde. — Beslay à l'Hôtel de Ville. — Delescluze. — Ordres d'incendier. — Retour de Ch. Beslay. — On croit que la Banque est en feu. — Incendie du Palais-Royal. — Les incendiaires. — Les trois foyers. — Organisation des premiers secours. — M. Alfred Lesaché. — M. de Plœuc envoie une équipe d'ouvriers pour combattre l'incendie. — Trois pompiers. — La Banque envoie encore cinquante hommes de son bataillon. — Vive la ligne ! — Le sixième régiment provisoire et le colonel Péan. — C'est l'initiative de la Banque qui a sauvé le quartier du Palais-Royal.

La journée du mardi 23 mai fut très pénible pour Paris ; les incendies ne flambaient pas encore, les massacres n'avaient point commencé, les otages n'étaient que prisonniers, la colère n'avait point envahi nos soldats ; mais le cœur des Parisiens était oppressé, car l'on ne savait rien de précis sur les mouvements de l'armée française ; on ne comprenait pas alors le plan stratégique auquel elle obéissait et l'on trouvait qu'elle s'attardait trop dans les zones excentriques, laissant à la révolte le loisir de se masser dans la vieille ville, facile à défendre et pleine de refuges. A la Banque, fermée, presque prisonnière quoique sur la défensive, ces impressions d'angoisse étaient plus poignantes peut-être qu'ailleurs, car à chaque minute on s'attendait à voir arriver les pantalons rouges qui n'arrivaient pas. On était silencieux, comme toutes les fois que l'on se trouve sous l'appréhension d'un danger certain quoique inconnu et qui doit se produire sous une forme que l'on ignore. Il n'y avait pas eu à proprement parler de mouvements de troupes fédérées aux environs de la rue de la

L'INCENDIE DU PALAIS-ROYAL.

Vrillière, mais des groupes de gardes nationaux avaient rôdé autour de la Banque et avaient jeté des regards peu rassurants sur ses portes closes.

Plus d'un, qui s'était imaginé que la Commune allait enrichir « le prolétariat » et qui se trouvait obligé de se battre pour une cause criminelle à son début, scélérate dans sa chute, se disait, en voyant la Banque intacte, que toute richesse était là et qu'il était dur de ne pas tenter au moins un coup de force contre des caisses si bien garnies. Il était trop tard; les fédérés qui eussent voulu l'attaquer étaient hésitants et l'aspect de la Banque en armes les faisait réfléchir. Je crois pouvoir affirmer que, le 23, dans un des états-majors de l'insurrection, il fut question de se précipiter sur la Banque, et, comme ils disaient dans leur grossier langage, de la « chambarder ». Un chef de légion qu'il est inutile de nommer, car il a échappé à toute recherche, mit fin à la discussion, en disant : « Il n'y a rien à faire par là; ils sont en nombre et prêts. Le vieux Beslay est avec eux, c'est un traître ! »

Quelques vedettes placées sur les toits de la Banque annoncèrent vers six heures du soir que l'on apercevait des fumées dans la direction du sud-ouest, comme si un incendie eût éclaté dans les Champs-Élysées. En temps de guerre, un incendie est un fait pour ainsi dire normal, et il n'y avait pas de quoi s'étonner; on crut que des baraquements allumés par un obus brûlaient et l'on n'attacha pas d'importance à cet incident. On se préoccupait beaucoup plus de quelques détonations d'artillerie qui semblaient indiquer que nos troupes se rapprochaient de la place de la Madeleine. Cependant on levait involontairement la tête et l'on interrogeait le ciel; on n'y voyait rien que quelques nuées blanches entraînées par le vent d'est; nul reflet rouge, car le soleil se couchant, le 23 mai, à sept heures quarante-deux minutes, la nuit n'était pas près de venir. Ce fut vers neuf heures du soir, quand déjà le crépuscule avait fait place à l'obscurité, que l'on apprit que les fédérés incendiaient les quartiers qu'ils étaient contraints d'abandonner.

Le docteur Latteux, faisant fonction d'aide-major dans le bataillon des employés de la Banque, avait essayé le 22, au matin, de quitter le faubourg Saint-Germain qu'il habitait pour venir prendre son service à la rue de la Vrillière. Il lui avait été impossible de franchir les rues encombrées de barricades et transformées en champs de bataille. Retenu prisonnier par les fédérés et respecté en qualité de chirurgien, il avait établi une ambulance où il soignait les blessés, se conformant ainsi au devoir professionnel, qui ne peut, sous aucun prétexte, se préoccuper de la nationalité ou des opinions de celui qui souffre. Le docteur Latteux s'était pendant cette journée rencontré avec le colonel fédéré J..., qui commandait en chef les barricades du quartier. Le 23, la bataille se rapprocha et la lutte se resserra de telle sorte autour des insurgés, que ceux-ci comprirent que toute partie était perdue pour eux et qu'ils commencèrent à se débander.

Le colonel J... faisait grand'pitié; s'il ne pleurait de terreur, peu s'en fallait. Ses hommes, lui attribuant leur défaite, voulaient le fusiller, en vertu de tous les articles du code communard; en outre, il se doutait bien que s'il tombait entre les mains des soldats français, il courait risque d'être expédié d'un coup de revolver au coin d'un mur; il se lamentait : « Que vais-je devenir? O major, sauvez-moi! » — Le docteur Latteux ne fut point inexorable; il rasa lui-même ce malheureux, le revêtit d'habits bourgeois et le cacha dans l'appartement vide d'une maison de la rue de Lille. Lorsque le docteur crut avoir placé son colonel en sûreté, il redescendit et recula d'épouvante. Le coup de clairon commandé par Émile Eudes avait retenti dans la rue de Lille; à ce signal les incendiaires s'étaient lancés dans les maisons et les bombonnes de pétrole répandues avaient été allumées. Marchant droit devant lui, le docteur avait pu traverser le pont Royal, le Carrousel, la rue Richelieu, franchissant les barricades, grâce à son uniforme de chirurgien-major, et malgré bien des périls il avait réussi à pénétrer dans la Banque.

Sauf les sentinelles disséminées en vigies, tout le personnel de la Banque était réuni dans la grande cour. Il y avait là non seulement le sous-gouverneur et les chefs de service, les employés, les garçons de recette, les plantons, les ouvriers, mais les femmes et les enfants des fonctionnaires qui ont logement à l'hôtel de la Vrillière. C'était presque une foule. L'arrivée du docteur Latteux et les nouvelles qu'il apportait produisirent une impression terrible. Il y eut un cri arraché à la colère, à l'inquiétude, au découragement. Ce fut comme une houle qui agita ces hommes; la plupart étaient mariés, ils pensaient à ceux qui leur étaient chers et dont ils ignoraient le sort, car ils étaient en permanence à la Banque et n'en sortaient plus depuis que la bataille avait dépassé les fortifications. Le cœur a dû faillir à plus d'un. Où était le devoir à cette heure? Près de la famille ou dans la fonction acceptée? Il y eut là, parmi ces honnêtes gens, une minute d'angoisse et de doute qui fut atroce.

Cinq ou six « habits gris » semblèrent se concerter, puis marchèrent vers le marquis de Plœuc ; l'un d'eux lui dit d'une voix étranglée : « Monsieur le sous-gouverneur, nous habitons les quartiers incendiés, nos enfants, nos femmes, nos mères sont là-bas dans les flammes ; laissez-nous partir pour aller à leur secours. » M. de Plœuc était très ému; il répondit : « Je n'ai pas le droit de m'opposer à votre départ; vous pouvez donc quitter la Banque, mais je crois que vous ne le devez pas. » — Ce seul mot suffit à faire évanouir une faiblesse trop humaine pour n'être pas respectable. « C'est bien, monsieur le marquis, nous resterons. » — Et tous restèrent. Nulle consigne n'avait été donnée aux portes; on était tellement sûr de cet excellent personnel que l'on n'avait même pas songé à défendre aux concierges « de tirer le cordon ». Pendant cette nuit lamentable pas un seul employé, pas un seul, ne quitta son poste. Tous demeurèrent fidèles au devoir, prêts à se sacrifier au salut de la Banque.

La nuit était venue; les teintes de pourpre dont le ciel était éclairé prouvaient que le docteur Latteux n'avait rien exagéré; de la Banque même on pouvait croire que toute la partie sud-ouest de Paris était en feu. Le ministère des finances, les Tuileries, la rue de Lille, le bas de la rue du Bac, projetaient des flammes qui, aperçues de Versailles, durent troubler jusque dans leurs moelles ceux dont la retraite précipitée avait, le 18 mars, livré Paris à la révolte. Dans la Banque on avait éteint les lumières, mais chacun veillait. Tout le monde levait les yeux en l'air, comme si l'on eût espéré reconnaître dans la marche des nuages rouges l'emplacement et la direction des incendies. Lorsque l'explosion des barils de poudre effondra la coupole de Tuileries et que l'on en ressentit la commotion qui glissa sous le sol comme la trépidation d'un tremblement de terre, cette foule poussa un cri : Ah!

Vers minuit on entendit un bruit de charrettes qui ferraillaient dans la rue Radzivill; des sentinelles signalèrent trois camions chargés de touries et de tonneaux, escortés par quelques fédérés. On ne fut pas long à crier : Halte-là! Au large! — Une patrouille sortit de la Banque en reconnaissance; les gardes placés aux fenêtres armèrent leur fusil. Les fédérés comprirent que la place allait devenir plus chaude qu'il ne leur convenait; ils s'éloignèrent et furent rejoints par une demi-douzaine de chenapans en uniforme qui jusqu'alors avaient occupé, sans danger, la barricade élevée au carrefour de la rue des Petits-Champs et de la rue de La Feuillade. Ce chargement de pétrole était-il destiné à brûler la Banque de France? devait-il allumer le Palais-Royal du côté de la rue Beaujolais? Nous l'ignorons; mais ce fut un avertissement que l'on écouta. M. de Plœuc fit immédiatement transporter dans les sous-sols accessibles et que l'ensablement de l'escalier des caves n'avaient point obstrués les documents les plus importants de la Banque, c'est-à-dire les registres des procès-verbaux du conseil, les statuts, les registres d'inscription des actions, la statistique, les archives.

Dans la cour les femmes s'agitaient et les petits enfants pleuraient sans savoir pourquoi, parce qu'ils voyaient leur mère inquiète. M. de Plœuc se demanda s'il n'y aurait pas moyen de protéger ces pauvres créatures, de les faire sortir de Paris qui devenait une fournaise et même, s'il se pouvait, d'obtenir quelque cartel de sauvegarde pour la Banque. Il alla trouver Charles Beslay et lui demanda de faire une démarche en ce sens auprès des membres de la Commune. Beslay partit pour l'Hôtel de Ville. On se préparait à l'évacuer; le menuisier Pindy prenait ses dispositions pour l'incendier au moment où la Commune se retirerait, ainsi qu'on venait de le décider, sur la mairie du XIe arrondissement. Les estafettes galopaient sur la place; tous les chefs d'insurgés réclamaient du renfort; des gens ivres battaient le mur des escaliers; le corps de Dombrowski reposait sur un lit tendu de satin bleu dans une chambre qui avait été longtemps occupée par une des filles de M. Haussmann, et qu'à cause de cela on appelait la chambre de Valentine; tout le monde donnait des conseils, parlant à la fois, et chacun accusait les autres de trahison.

Théophile Ferré parlait à Gabriel Ranvier, qui demandait de « grands exemples », à Raoul Rigault, rouge du meurtre de Chaudey, à Émile Eudes, qui puait le pétrole du palais de la Légion d'honneur et de la Cour des Comptes. Charles Beslay fut ahuri; que venait-il faire dans la caverne de ces singes mâtinés de chats-tigres? C'était peine perdue d'essayer de leur arracher une proie. Il en fut promptement convaincu. Nul ne voulait lui répondre. Il parvint cependant jusqu'à Delescluze : « Est-ce donc vous qui avez ordonné d'incendier Paris? — Non, répondit le délégué à la guerre d'une voix à peine distincte; j'ai seulement prescrit de mettre le feu aux maisons qui gêneraient notre défense, ou dont l'incendie pourrait paralyser l'attaque de Versailles[1]. » Lorsque Charles Beslay lui parla de faire évacuer les femmes et les enfants pour les soustraire au danger, Delescluze répondit : « C'est impossible ! » Il avait raison; une évacuation n'eût été praticable qu'à la faveur d'une suspension d'armes, qu'aucun des deux partis en lutte n'aurait consentie.

En revenant à la Banque, Beslay passa par la rue de Rivoli, et l'océan de flammes qui voilait l'horizon lui prouva qu'il ne suffit pas de placarder quelques proclamations pour rendre les peuples heureux. Il était fort abattu. « Il n'y a rien à espérer, dit-il au marquis de Plœuc; il n'y a plus de gouvernement, plus de Commune; il n'y a plus rien, tout est perdu. » Comme il traversait la petite cour des caisses pour remonter dans son appartement, M. Mignot, lui montrant le ciel en feu, lui dit : « Eh bien! citoyen Beslay, la voilà, l'œuvre de

---

[1] Voir *Pièces justificatives*, n° 7.

votre Commune ! » Beslay laissa tomber sa tête dans ses mains et s'éloigna ; mais au mouvement de ses épaules on comprit qu'il sanglotait.

Vers quatre heures du matin des gens du quartier frappèrent à la porte et dirent : « Le feu est à la Banque, à l'angle de la rue Baillif et de la rue Radzivill. » On courut, on grimpa sur les toits, on regarda ; c'était une fausse alerte, mais le Palais-Royal était en flammes et les gerbes d'étincelles qui s'en échappaient avaient fait croire à des habitants de la place des Victoires que la Banque commençait à brûler. Les fédérés que commandait le colonel Boursier, marchand de vin de profession, n'avaient pas voulu, en effet, quitter le Palais-Royal, « laissé en l'air » par l'abandon de la place Vendôme, sans l'incendier, et ils y avaient mis le feu. Un premier ordre de détruire le palais fut expédié par le Comité de salut public vers dix heures du soir ; un second fut transmis à onze heures ; celui-ci était signé E. Eudes et ainsi conçu : « Incendiez et repliez-vous sur l'Hôtel de Ville ; en cas de refus, faites passer les officiers par les armes. »

On a dit que cet ordre avait été apporté par Lullier ; j'affirme que l'on s'est trompé, car depuis plusieurs jours déjà il était en relations avec les agents du gouvernement de Versailles. On a dû commettre quelque confusion en prenant son nom pour celui de L. A. Leullier, colonel d'état-major, directeur des ateliers de pyrotechnie, installés, dans les premiers jours de mai, au Palais de l'Industrie. Ceci n'est qu'une supposition, mais elle me paraît fondée, et je dois me hâter de dire qu'aucun des documents que j'ai consultés ne prouve que Lullier ou Leullier ait été compromis dans l'incendie du Palais-Royal[1]. Boursier suffi-

---

[1] En ce qui concerne A. Leullier je suis très affirmatif. Il avait

sait; il y fut aidé par Victor Bénot, qui vint lui donner un coup de main, après avoir brûlé les Tuileries et avant de mettre le feu à la bibliothèque du Louvre[1]. Un camion chargé de bombonnes de pétrole, traîné par une douzaine de fédérés, entra dans la cour du Palais-Royal. Sans plus tarder on se mit à la besogne. Léopold Boursier fut aidé par Joseph Hinard, capitaine d'état-major à la première légion, et par Alfred Bernard, ouvrier bijoutier, colonel délégué du IIIe arrondissement de Paris.

Ils procédèrent méthodiquement, après avoir fait disparaître beaucoup d'objets précieux appartenant au prince Napoléon et après s'être amusés à briser les glaces à coups de crosse de fusil. Peut-être quelques-uns de ces badigeonneurs au pétrole se rappelèrent-ils avec orgueil que, le 24 février 1848, le peuple victorieux, « calme dans sa force et dans sa majesté, » avait jeté par les fenêtres tout ce que renfermait le palais, meubles, tentures, tableaux, objets de collection, et en avait fait, dans la cour d'honneur, plusieurs tas que l'on avait allumés[2]. On allait recommencer, mais en se conformant aux lois du progrès et en utilisant les moyens que la science fournit actuellement aux incendiaires.

Trois foyers furent préparés : le premier dans le pavillon de Valois, au rez-de-chaussée, au premier et au second étage; le second dans le bâtiment qui fait

été arrêté le 8 mai à la suite d'une dénonciation du colonel Henry et le 21 mai il était encore détenu à la prison du Cherche-Midi. Une lettre écrite par lui, adressée au citoyen B..., et que j'ai sous les yeux, ne laisse aucun doute à cet égard. Cette lettre se termine ainsi : « Je prépare, du reste, un dossier que je livrerai incessamment à la publicité. Alors nous verrons si le règne des intrigants, pour ne pas dire plus, peut durer toujours. »

[1] Voir *les Convulsions de Paris*, t. II, chap. III et IV.
[2] Voir *Souvenirs de l'année* 1848, par Maxime Du Camp, chap. V. *La proclamation de la république*, 1 vol. in-18, Hachette.

face à la cour d'honneur; pour bien démontrer comment la Commune comprenait la protection des lettres, les huiles minérales furent versées dans la bibliothèque; le troisième foyer fut disposé de façon à enflammer le pavillon de Nemours et à atteindre la Comédie-Française. Dans ce but, l'on entassa au milieu du corps de garde, sur un monceau de sable, des bancs, des chaises, des coffres en bois : cela constituait un bûcher qui remplissait presque toute la salle; on y cassa une bombonne de pétrole et ainsi tout fut disposé. Boursier avait fait refluer ses hommes sur l'Hôtel de Ville. Ce furent Alfred Bernard et Joseph Hinard qui, une torche à la main et aux cris de : Vive la Commune! mirent le feu aux foyers. Il était alors plus de trois heures du matin.

Le pavillon de Valois, saturé de pétrole à tous les étages, s'enflamma avec une rapidité extraordinaire et bientôt les vitres éclatées laissèrent échapper les tourbillons de feu et de fumée. Les habitants du quartier, éperdus, sachant que si les flammes n'étaient maîtrisées, tout le Palais-Royal, le Théâtre-Français, la rue de Richelieu pouvaient brûler, se désespéraient et n'osaient sortir de chez eux, car des fédérés embusqués dans les combles de l'hôtel du Louvre et derrière une barricade de la rue de Rivoli tiraient sur tout individu qui faisait mine de vouloir combattre le feu. Cela n'arrêta pas quelques hommes qui risquèrent leur vie pour sauver le quartier. Le premier qui prit l'initiative du sauvetage fut M. Alfred Lesaché, graveur dessinateur. Demeurant rue de Valois, il comprenait mieux que nul autre l'imminence du péril; il réunit des hommes de bonne volonté; on gréa une pompe que plusieurs fois il fallut abandonner à cause de la fusillade que les fédérés dirigeaient sur les sauveteurs; des femmes, de pauvres vieux hommes tremblottants et courbés apportaient des seaux d'eau; on cherchait des échelles, et l'on n'en trouvait pas. Il fallait faire la part du feu, opérer des coupures dans les murailles, étouffer les foyers en y poussant les cloisons de briques; ce n'était pas l'énergie qui faisait défaut, c'étaient les outils, c'étaient les bras. En sacrifiant le pavillon de Valois on pouvait sauver le reste du palais et empêcher l'incendie de gagner la Comédie-Française. Si le Théâtre-Français, rempli de décors, de pans de bois, d'étoffes, de papiers, était touché par une étincelle, c'en était fait, tout était perdu. Pour éviter un tel désastre, il fallait du monde; où donc en trouver? — A la Banque.

Le marquis de Plœuc n'était point sans crainte; si le feu, débordant le palais proprement dit, envahissait les boutiques, si, ravageant les galeries, s'avivant à l'alcool des parfumeurs et des restaurateurs, il atteignait les approches des vieilles et hautes maisons où circule le passage Radzivill, la Banque elle-même pouvait se trouver compromise. Le sous-gouverneur pensait, en outre, que c'était un devoir d'humanité d'attaquer l'incendie et de le limiter à la part que l'on ne pourrait lui arracher. Il avait sous la main les trente ouvriers que l'on gardait en hospitalité depuis le lundi matin, il résolut de les utiliser et de les faire concourir au salut commun. Il les appela près de lui, excita leur courage, fit appel à leur dévouement et leur promit une gratification dont leur bon vouloir n'avait pas besoin. Ils appartenaient à M. Frédéric Vernaud, entrepreneur de travaux publics, et étaient placés sous les ordres de leur conducteur, M. Louis Dupont. Ils n'hésitèrent pas et s'offrirent, sans condition, à courir au Palais-Royal. Une pompe fut amenée, ils s'y attelèrent; on ouvrit à deux battants les portes de la Banque et ils apparurent dans la rue de la Vrillière.

Nul n'avait dormi dans le quartier. Les habitants des rues voisines, secoués par l'inquiétude, étaient accoudés à leur fenêtre ou jasaient sur les trottoirs. Lorsqu'ils virent les ouvriers traînant la pompe, ce fut un cri unanime : Vive la Banque ! Et pour mieux leur faire la route libre, chacun se jeta sur la barricade de la rue Radzivill que ne défendait plus aucun fédéré et s'empressa de la démolir. Précédés par Louis Dupont, les vingt-neufs ouvriers maçons, tailleurs de pierre, terrassiers, menuisiers, serruriers et fumistes, partirent au pas de course. La petite pompe sonnait allègrement sur le pavé, pendant que la fusillade de la guerre civile crépitait dans le lointain.

Le premier soin de M. Dupont, averti probablement par M. Lesaché, fut de courir au poste du pavillon de Nemours, d'en faire enlever les lits de camp, d'en démolir le bûcher qui « braisait » sans flamber encore, grâce au tas de sable dont l'action absorbante avait en partie neutralisé celle du pétrole, et de préserver de la sorte l'aile du palais contiguë à la Comédie-Française. On arma les deux pompes amenées dans la cour d'honneur par les habitants du quartier et l'on put combattre l'incendie d'une façon quelque peu sérieuse, malgré les coups de fusil isolés qui parfois venaient encore troubler les travailleurs sans les interrompre. On avait pu monter sur la terrasse, briser les fenêtres et opérer le déménagement d'une partie des objets précieux. « Ce que l'on a sauvé du gouffre est incalculable, dit la lettre d'un témoin qui fut toujours au poste le plus périlleux, tentures, meubles, pendules, etc., arrachés du milieu des poutres qui tombaient du plafond du deuxième étage dans le grand salon d'attente ; les maçons se servirent de la lance comme de vrais pompiers ; ah ! les braves gens ! »

A sept heures, trois pompiers de Paris, le caporal

Barthélemy, les sapeurs Polet et Fouquet, qui appartenaient au poste spécial de la Banque, sont envoyés par M. de Plœuc, arrivent et, sous leur direction, les efforts de sauvetage deviennent raisonnés et méthodiques. Quelques minutes après, cinquante hommes du 12ᵉ bataillon, c'est-à-dire du bataillon de la Banque, accourent conduisant une nouvelle pompe. Ce renfort est reçu avec un cri de joie. Le caporal Barthélemy dit aux nouveaux venus : « C'est bien ! maintenant nous sommes en nombre pour nous rendre maîtres du feu ! » — Si le massif du Palais-Royal, si le Théâtre-Français et tout ce qui l'avoisine n'ont pas été détruits par l'incendie pendant la matinée du 24 mai, on le doit à l'escouade des trente ouvriers, à la compagnie du 12ᵉ bataillon que la Banque de France a dirigées sur le lieu du sinistre. Elle se protégeait de la sorte contre un danger éventuel, j'en conviens ; mais ce danger était encore assez éloigné pour qu'il y ait eu quelque mérite à aller le chercher afin de le vaincre.

Il fallait empêcher le feu de glisser le long des combles du Palais-Royal et d'atteindre les bâtiments de la Comédie-Française ; le caporal Barthélemy, les sapeurs Polet et Fouquet, M. Lesaché, M. Torribio, maître machiniste du théâtre, parvinrent à pratiquer plusieurs coupures qui devaient arrêter le cheminement des flammes. On avait de l'eau ; les pompes du théâtre, celles du palais, celles de la Banque, étaient amplement alimentées ; on n'était pas encore maître du feu, mais on avait du moins réussi à le concentrer et à protéger les approches de la rue Richelieu. Il n'était pas huit heures du matin, lorsque les premiers pantalons rouges apparurent. Ah ! quel cri : Vive la ligne ! Des soldats du 6ᵉ provisoire (actuellement 106ᵉ de ligne) arrivaient au pas de course déployés en tirailleurs, par le jardin, sous la conduite de M. Péan, leur colonel[1]. M. Lesaché, qui les avait aperçus le premier, s'était élancé sur la galerie; il agitait un drapeau d'ambulance, et criait : Au feu! au feu! Vive la France!

Les soldats se précipitèrent, et dès que leur présence fut connue, tous les gens du quartier, sortant des caves et des arrière-boutiques où ils s'étaient réfugiés, accoururent. On ne manquait plus de bras pour faire la chaîne, tout le monde s'y mit. Cette fois le feu, maté, fut forcé d'épargner une partie du palais et n'eut à dévorer que le pavillon de Valois. La retraite, ordonnée par Boursier, avait été si rapide, que les fédérés avaient abandonné dans le vestibule du palais plus de cent cinquante fusils, leurs sacs, leurs gamelles; les soldats s'en emparèrent, et comme la plupart de leurs fusils étaient vieux, ils les échangèrent contre les fusils neufs dont la fédération avait armé ses troupes. Malgré les progrès que l'on faisait contre le feu, le travail ne languissait pas, et pendant que la toiture des Tuileries s'écroulait dans les flammes, le Palais-Royal échappait à la destruction. A midi l'incendie était dompté; vers cinq heures du soir, il fumait, ne flambait plus et commençait à s'éteindre.

De tous les incendies allumés par ordre du Comité de salut public, celui du Palais-Royal est le seul qui fut partiellement dominé, ou du moins cerné de telle sorte qu'il ne put répandre ses ravages sur les quartiers voisins. Si la Banque de France eût tardé d'une heure seulement à envoyer une première pompe et son équipe d'ouvriers, le malheur devenait irréparable, et le palais « marchand » était détruit. Les négociants le comprirent, et ils firent entre eux une souscription

---

[1] C'est le général Douay qui, rencontrant le colonel Péan à la tête de son second bataillon, près de la rue Castiglione, lui dit : « Portez-vous en hâte au Palais-Royal et sauvez tout ce que vous pourrez. »

dont le montant, remis au marquis de Plœuc, fut distribué par lui aux ouvriers qui, sur son initiative, étaient partis en volontaires pour combattre le pétrole de la Commune. Pendant la période de la révolte, la Banque était restée chez elle, veillant sur son trésor; elle n'en sortit qu'une seule fois, le 24 mai, entre quatre et cinq heures du matin, pour courir la première contre un désastre qu'elle sut conjurer.

XV. — LE DOUBLE DU GRAND-LIVRE.

La délivrance. — MM. Auguste Michel et Eugène Louvet. — Une compagnie du 58° de ligne. — L'armée prend possession de la Banque. — Le bataillon de la Banque conserve exceptionnellement ses armes. — On cache Ch. Beslay. — Le conseil des régents. — Retour de M. Rouland. — Le grand-livre de la dette inscrite. — Sauvé. — *Le double.* — M. Chazal, le commandant Peaucellier, le capitaine Garnier. — La Caisse des dépôts et consignations. — Les pompiers improvisés. — Enterrement des bulletins. — 40 millions pour Versailles. — Le procès-verbal du conseil. — Varlin. — Arrêté sur dénonciation. — Conduit à Montmartre. — Fusillé. — Cruauté des foules. — Illusions de Varlin. — Pourquoi il est bien mort. — Ch Beslay réfugié à la Banque. — M. Thiers est décidé à le sauver. — Ses projets financiers. — Conduit en Suisse par son fils et par M. de Plœuc.

Pendant que la Banque de France sauvait le quartier du Palais-Royal, elle était enfin sauvée elle-même et voyait mettre un terme aux angoisses qui ne lui avaient pas été épargnées depuis le 18 mars. Ces soixante-huit jours écoulés devenaient pour elle de l'histoire, histoire singulièrement pénible, mais glorieuse, et qui affirmait qu'à tous les degrés de l'échelle administrative chacun avait fait son devoir sans marchander ni le dévouement ni la fatigue. On avait sauvegardé l'existence même du crédit de la France, et après tant de semaines tourmentées on se retrouvait intact, diminué seulement de quelques millions que l'État, représenté par le ministère des finances, s'était engagé à rembourser.

Ce fut dans la matinée du 24 mai que les troupes françaises apportèrent la délivrance. Les habitants du quartier, examinant les rues désertes, dans l'espérance d'y voir passer quelques-uns de nos soldats, aperçurent un drapeau tricolore déployé sur la barricade qui défendait les approches de la place Vendôme. M. Auguste Michel, ancien sous-officier de l'armée, ayant, depuis sa libération du service militaire, toujours fait partie de la garde nationale, de nature hardie, habitué à regarder le danger en face, et qui déjà s'était distingué par une action d'éclat lors de l'insurrection de juin 1848, se dit qu'il fallait hâter l'arrivée des troupes, afin de mettre la Banque à l'abri d'un retour — possible quoique peu probable — de la part des fédérés. Seul, il partit en courant vers la place Vendôme, dans l'espoir d'y rencontrer quelque chef de corps dont il pourrait obtenir une ou deux compagnies. Arrivé près des débris de la colonne renversée, il se trouva en présence de M. Eugène Louvet, négociant de la rue Vivienne, qui, mû par le même désir, venait, lui aussi, demander du secours pour la Banque et pour la Bourse. Ces deux hommes de bon vouloir se concertèrent et, voyant le général Douay, qui fut un des mieux méritants de cette longue bataille, apparaître à la tête de son état-major, ils s'adressèrent à lui et lui expliquèrent rapidement l'état de la Banque. « Vous voulez des soldats, répondit le général ; vous feriez mieux de me demander des pompiers, car Paris brûle. » MM. Eugène Louvet et Auguste Michel insistèrent. Le général Douay comprit qu'il avait affaire à deux hommes dévoués qui s'étaient jetés à travers bien des chances de danger pour lui apporter un avis utile et il donna ordre au capitaine Boiteux du 58e de ligne de prendre sa compagnie et de la diriger sur la Banque, vers laquelle MM. Michel et Louvet allaient le guider. Le général Douay prenait là un surcroît de précautions, car dès la veille au soir il avait prescrit au général L'Hériller de manœuvrer de façon à dégager la Banque le plus tôt possible. — Le capitaine Boiteux et le lieutenant Solia placèrent entre eux MM. Michel et Louvet et l'on se mit en marche, au pas de course, par la rue Saint-Honoré, la rue Richelieu, la rue Montpensier; on traversa le jardin du Palais-Royal; on escalada le perron, on franchit le passage des Deux-Pavillons et on arriva en vue de la Banque, où les employés, le fusil en main, placés aux fenêtres, sentirent battre leur cœur à la vue des soldats français. Un fédéré armé rôdait encore par là : M. Auguste Michel se jeta sur lui et le fit prisonnier. Peu d'instants après, des détachements de l'armée, suivant les éclaireurs du 58e de ligne, prirent position dans la rue de la Vrillière.

Un seul homme peut-être ne partageait pas l'allégresse générale : c'était le commandant Bernard; il se disait sans doute que le 12e bataillon, ayant suffi à garder la Banque pendant les jours de danger, était bon pour la garder encore lorsque le péril était passé, et que l'on aurait dû faire l'honneur de n'adjoindre aucune troupe régulière à des employés qui s'étaient transformés en soldats et qui seuls, dans Paris, avaient maintenu le privilège de défendre l'établissement auquel ils appartenaient. Le commandant Bernard avait raison; la Banque ayant par elle-même, par elle seule, fait face aux éventualités dont elle avait été menacée, n'aurait pas dû recevoir de garnison militaire. On le comprit plus tard, mais d'une façon incomplète. Lorsque l'ordre fut donné de désarmer tout Paris, le général Douay autorisa exceptionnellement le bataillon de la Banque à conserver ses armes [1].

---

[1] Voir *Pièces justificatives*, n° 8.

Dès que les soldats eurent pénétré dans la cour, on hissa au-dessus de la grande porte le drapeau tricolore, qui fut acclamé. A huit heures, le général L'Hériller venait établir son quartier général à la Banque et était installé dans les appartements du gouverneur. M. de Plœuc put immédiatement faire partir des dépêches adressés à M. Thiers, au ministre des finances, à M. Rouland : « Sans pouvoir vous dire en ce moment ce qu'a été le personnel si dévoué de la Banque pendant ces deux mois si douloureux, j'ai l'honneur de vous faire connaître que ce matin à sept heures et demie la Banque de France a été délivrée par la brigade du général L'Hériller. »

Les soldats étaient répandus dans les cours. M. de Plœuc se promenait parmi eux, lorsque l'on prononça le nom de Beslay; il vit un officier se retourner et l'entendit brusquement dire : « Beslay, le membre de la Commune? Où est-il donc? » — Il se hâta de répondre : « Un de nos employés porte ce nom; quant à Charles Beslay, il y a longtemps qu'il est parti. » M. de Plœuc courut à l'appartement où se trouvait Beslay, et l'y enferma à clef, après lui avoir dit : « Ne vous montrez pas aux fenêtres; comptez sur moi; vous nous avez aidés à sauver la Banque; à mon tour, je réponds de vous sauver. » — Beslay était triste et surtout fort surpris; il disait avec son incorrigible naïveté : « Qui jamais aurait pu prévoir cela? » — Tout le monde, père Beslay, tout le monde; quand on débute par l'assassinat, on finit logiquement par le massacre et l'incendie.

Les fédérés refoulés par l'armée française, reculant sur les quartiers du centre, regardant déjà vers les hauteurs de Belleville et des Buttes-Chaumont, s'en allaient, suivant leurs maîtres qui discutaient entre eux, faisaient des motions, et qui, au lieu de se faire tuer sur leurs barricades, trouvaient moins périlleux d'aller massacrer quelques vieillards à la Grande-Roquette. La rue de Rivoli, l'Hôtel de Ville, l'Octroi, l'Assistance publique, en feu, apprenaient que le Comité de salut public s'était réfugié à la mairie du XIe arrondissement, sous la protection de la batterie du Père-Lachaise, qui tirait à toute volée sur la place de la Concorde, les Tuileries et les Halles centrales. La Banque se trouvait sur la trajectoire des projectiles; plus d'un coup trop long ou trop court vint l'avertir que tout danger n'était pas passé pour elle; des obus effleurèrent ses toits, brisèrent ses corniches ; des balles perdues ricochèrent le long de ses murs, et des biscaïens venus on ne sait d'où cassèrent quelques-unes de ses fenêtres. Ce n'était là qu'un dégât matériel insignifiant, comme presque toutes les maisons de Paris eurent à en supporter pendant la bataille.

Le jeudi 25 mai, les rues étaient à peine libres et déjà cependant le conseil général de la Banque était en séance. Dès que les régents, MM. Durand, Denière, Davillier, Fère, avaient pu passer, ils étaient accourus, et, sous la présidence du marquis de Plœuc, ils délibéraient, ou plutôt ils causaient, car la Banque était sauve, il n'y avait pas de mesure immédiate à prendre, et chacun était préoccupé de cette résistance désespérée que l'on avait eu le tort de ne pas prévoir. Dans cette séance, on lut un récit des évènements qui avaient assailli la Banque dans les journées du 22, du 23 et du 24 mai, récit écrit par M. Marsaud et que les régents écoutaient avec avidité. Cette lecture venait de prendre fin, lorsque M. Rouland entra dans la salle du Conseil. On ne se revit pas sans quelque émotion. La séparation avait été courte, mais les circonstances l'avaient rendue singulièrement longue, et avaient plus d'une fois failli la rendre éternelle.

Le gouverneur remercia les régents et le marquis de

Plœuc; il parlait en son nom, mais il était l'organe du gouvernement qui, de son refuge de Versailles, avait suivi de loin, il est vrai, mais avec anxiété, les péripéties que la Banque avait eu à traverser. « Le devoir seul a retenu les membres qui ont formé le conseil depuis deux mois au poste le plus périlleux; ils en sont récompensés, aujourd'hui que, par le salut de la Banque, se trouve assuré le salut de la France et de la fortune publique. » Puis la conversation se généralisa et M. Denière dit : « Le ministère des finances est détruit; le grand-livre de la dette inscrite est brûlé. — Mais il y a un double, dit M. Rouland; où est-il ? — A la Caisse des dépôts et consignations. » M. Rouland fit appeler M. Chazal, le contrôleur, et lui dit : « Allez vite, je vous prie, à la Caisse des dépôts et consignations; voyez si le double du grand-livre peut être sauvé et prenez toute mesure pour le soustraire à l'incendie, s'il en est encore temps. » M. Chazal ne se le fit pas répéter; une compagnie de soldats du génie, appartenant au bataillon du commandant Paucellier, était dans la cour de la Banque; il l'entraîna avec lui et partit pour le quai d'Orsay [1].

Heureusement « le grand-livre » lui-même, qui occupait le second étage du ministère des finances, n'avait pas été consumé; du moins, la portion représentant la dette inscrite actuelle avait pu être arrachée aux flammes, grâce au dévouement du personnel, — employés et garçons de bureau, — resté à son poste. Dix mille registres environ, formant ce que l'on pourrait appeler la partie historique de la dette publique, furent

---

[1] Dans les jours qui suivirent le 4 septembre, une députation se présenta à l'Hôtel de Ville et demanda comme mesure urgente de salut que l'on jetât au feu le livre de la dette inscrite. Henri Rochefort répondit assez spirituellement à l'orateur et ajourna toute opération de ce genre jusqu'à la fin de la guerre.

dévorés par le feu, car on s'empressa de sauver d'abord les forts cahiers cartonnés, comprenant chacun mille noms des créanciers de l'État pour des émissions en cours aujourd'hui. C'était une masse de quatre mille registres que l'on enleva du milieu des brasiers à travers des dangers et des difficultés qui auraient pu paraître insurmontables à tout autre qu'à des gens dévoués jusqu'au sacrifice d'eux-mêmes. Les autres, enveloppés par l'incendie, laissèrent échapper leurs feuillets rongés par le feu, qui, sur l'aile du vent, allèrent apprendre aux départements voisins que Paris brûlait.

D'après la loi du 24 août 1793, un double des registres de la dette inscrite doit être fait sur fiches volantes et nominatives ; ce double, par une sage précaution, ne peut jamais être déposé dans le local qui contient le grand-livre, afin de diminuer les chances de destruction. Le double du grand-livre a été longtemps placé, rue Neuve-du-Luxembourg, dans l'ancien couvent des Haudriettes réformées, auquel l'Assomption servait jadis de chapelle. Lorsque, sous le second empire, il fut question de prendre tout le massif de constructions entouré par les rues Saint-Honoré, Luxembourg, Mondovi et Rivoli pour y établir l'Hôtel des Postes, *le double*, comme l'on dit en langage administratif, fut transporté à la Caisse des dépôts et consignations, où il fut installé sous la surveillance d'un fonctionnaire appartenant au ministère des finances. C'est ce double qu'il s'agissait de préserver, s'il se pouvait, de l'action des flammes.

Escorté du commandant Peaucellier, suivi de quatre-vingt-six sapeurs du génie, M. Chazal se hâtait ; la vue des Tuileries, qui n'étaient qu'une fournaise, indiquait assez qu'il n'y avait pas un instant à perdre. Depuis plus de trente-six heures que la rue de Lille était en feu, n'arriverait-on pas trop tard? Eudes et Mégy avaient passé par là, tout flambait[1]; les étages supérieurs de l'hôtel de la Caisse des dépôts et consignations poussaient des torrents de fumée dans les airs; de larges traînées visqueuses glissant le long des murs qu'elles engluaient prouvaient que le pétrole avait été versé dans les combles. Par bonheur, les fortes boîtes en bois contenant les douze ou quinze cent mille bulletins composant le double du grand-livre « habitaient » le rez-de-chaussée, dans une basse maison presque isolée.

Lorsque M. Chazal pénétra dans l'hôtel, il aperçut sept pompiers[2] dirigés par deux jeunes hommes qui, tête et bras nus, couverts de sueur, s'escrimaient de leur mieux contre l'incendie : c'étaient M. Gaston de Boves, directeur du syndicat des transports de la guerre par voies ferrées, et M. Delambre, qui pendant une partie de l'année 1877 a été préfet de la Charente. Tous deux s'employaient à préserver les bâtiments que les flammes n'avaient pas encore attaqués; mais ils ne s'occupaient point du double, dont ils ignoraient l'existence; les pompiers les secondaient de leur mieux avec une pauvre pompe que l'on alimentait vaille que vaille. Ils n'étaient guère aidés par un employé subalterne de la maison qu'il vaut mieux ne pas désigner et qui, ivremort, roulant de droite et de gauche, disait en bavant : « A quoi bon se donner tant de mal, puisque c'est le jugement dernier ? »

La compagnie du génie avait pour capitaine en second M. Féraud, qui devait être tué le lendemain, et pour capitaine en premier M. Garnier, le même qui deux jours auparavant avait jeté un pont par où l'armée française put entrer dans Paris. M. Chazal, le commandant

---

[1] Voir *les Convulsions de Paris*, t. II, chap. II.
[2] Je crois qu'ils étaient de Rouen, mais je n'ose l'affirmer.

Peaucellier, les capitaines, les sapeurs, coururent au petit bâtiment où les fiches du double étaient rangées dans de lourdes caisses en bois posées sur des tables ; tout était intact. Mais les combles brûlaient, les poutres, rongées par l'incendie et flambantes, pendaient sous la toiture effondrée ; deux étages ruisselants de flammes pouvaient s'écrouler tout à coup, ensevelir sous les débris les salles qui renfermaient le double et les réduire en cendre. On forma une sorte de conseil et il fut décidé que le double devait être transporté ailleurs. — Où ? Les voitures manquaient, les bras manquaient. Transporter jusqu'à la Banque cette masse de papiers, et les registres qui s'y attachaient, et les répertoires et les cartonniers remplis de documents administratifs, il n'y fallait point songer. On prit un parti qui permettait d'agir sur place.

Chacun se rappelle que pendant la période d'investissement, lorsque Paris subit un essai de bombardement à la fois inutile et cruel qui tua quelques enfants dans une école et quelques infirmes dans un hôpital, on reçut ordre de disposer des monceaux de sable dans la cour des maisons, afin d'amortir et de neutraliser le choc des obus. De cette époque l'hôtel de la Caisse des dépôts et consignations avait gardé des tas de sable dans ses deux cours ; on allait en profiter pour enterrer les bulletins du double, puisque l'on ne pouvait les enlever. Dans le sable les sapeurs du génie ouvrirent des tranchées ; on y apportait les fiches par paquets bien serrés, que l'on couchait les uns à côté des autres, comme des cercueils dans la fosse commune. L'opération fut longue, mais menée sans encombre jusqu'au bout.

Lorsque, vers onze heures du soir, tous les bulletins eurent été déposés dans leur lit de gravier, on repoussa le sable dessus ; cela formait trois tumulus sous lesquels dormait la sécurité de la dette inscrite ; si le grand-livre avait été brûlé, comme on le croyait alors, chaque créancier de l'État, grâce à l'initiative de la Banque, grâce à l'intelligence de M. Chazal, du commandant Peaucellier, du capitaine Garnier, eût retrouvé là le document authentique qui affirme sa créance. Lorsque l'ensablement fut complet, on jeta sur les monceaux des prélarts que l'on découvrit dans une remise, des pavés, des dessus de poêle en faïence et tous les objets incombustibles que l'on put trouver; car il fallait non-seulement garantir les fiches contre les atteintes du feu, mais aussi contre les infiltrations de l'eau lancée par les pompes. M. Chazal put donner, dans la journée même, avis à M. Denière que le double du grand-livre était à l'abri de toute destruction. Le bâtiment qui contenait les bulletins a été épargné par l'incendie : on aurait donc pu éviter ce déménagement; soit; mais quels regrets et quel labeur de reconstitution, si la maisonnette avait brûlé, comme tout le faisait présumer !

M. Rouland n'avait fait qu'une courte visite à la Banque; il était retourné à Versailles; il y arrivait à l'heure où M. Thiers, debout à la tribune de l'Assemblée, disait aux députés consternés : « Ne me demandez pas de vous consoler, je suis inconsolable ! » Dans la matinée même le chef du pouvoir exécutif avait prévenu le gouverneur de la Banque de France que quarante millions lui étaient indispensables pour le lundi 29 mai; M. Rouland, avant de quitter Paris, avait donc donné l'ordre de désensabler l'escalier des caves, afin de pouvoir verser au gouvernement l'argent demandé. On voit qu'en ce temps-là on n'accordait guère de repos à la Banque; elle est à peine délivrée des obsessions de la Commune, qu'elle est obligée de fouiller dans ses coffres pour fournir à l'État les sommes que l'Allemagne réclame et qu'il est de notre dignité de ne lui point laisser attendre. Mais avant de procéder à la délivrance des millions qui devaient être portés à Versailles, le conseil des régents, réuni en séance extraordinaire, s'occupa de témoigner au personnel de la Banque la reconnaissance que son dévouement méritait.

Le procès-verbal est à citer, car il constitue un titre de noblesse pour la Banque. M. de Plœuc ayant dit qu'il avait « le devoir de rendre un hommage tout spécial au dévouement et au courage du personnel pendant les deux mois de si grandes épreuves », le conseil, « en particulier, exprime le désir que les quatre chefs principaux de l'établissement, MM. Marsaud, secrétaire général, Chazal, contrôleur, Mignot, caissier principal, de Benque, secrétaire du conseil, dont le concours de tous les instants n'a fait défaut ni au gouvernement de la Banque, ni au conseil général, soient nommément désignés en témoignage des services qu'ils ont rendus. » Enfin le conseil décide « qu'une médaille d'honneur, dont le module et la suscription feront l'objet d'une décision ultérieure, sera frappée pour être distribuée comme un titre permanent vis-à-vis de la Banque à chacun des employés présents à leur poste jusqu'à la dernière heure. » Six cent quatre-vingt seize fonctionnaires, employés, garçons de recette, subalternes, auxiliaires, reçurent cette récompense exclusivement honorifique[1]. Tous la méritaient, car nul d'entre eux n'avait été atteint de défaillance pendant ces deux mois d'épreuve.

Le samedi 27 mai, pendant que l'insurrection, acculée sur les hauteurs de Belleville, cernée de tous côtés, allait être, par un dernier effort, rejetée sur le faubourg du Temple, où elle devait périr sans qu'un seul

---

[1] La valeur intrinsèque de cette médaille ne dépasse pas 30 fr.

membre de la Commune fût là pour l'aider à pousser son dernier hoquet, la Banque faisait enlever le sable qui oblitérait la cage de l'escalier des caves. Lestement on fit cette besogne, et plus gaiement que l'on n'avait travaillé huit jours avant à enfouir toutes les richesses pour les mettre hors de la portée des griffes et des torches des fédérés. Aussi, le lendemain dimanche, M. Mignot put mettre 40 millions dans ses poches et les porter à Versailles, où l'on était certain de les recevoir, puisque la Banque les avait promis.

Ce jour-là même un des hommes qui avaient signé les réquisitions du Comité central et les premiers reçus de la Commune, Varlin, allait mourir. Sa mémoire, restée chère aux partisans de toute insurrection sociale, est aujourd'hui invoquée comme celle d'un martyr. Une sorte de légende s'est cristallisée autour de son nom, et l'on a singulièrement dénaturé la vérité qu'il était inutile d'amplifier, car elle est déjà bien assez douloureuse. On a dit que « la réaction » avait conduit Varlin à la mort en lui faisant traverser une voie pleine d'injures, de malédictions et de coups. En est-on bien certain et ne s'est-on pas volontairement trompé? Si Varlin a été menacé, insulté, frappé avant de mourir, c'est précisément par ceux-là mêmes pour lesquels il combattit le 18 mars, qu'il appelait ses frères, et dont il avait peut-être sérieusement rêvé le bonheur.

Le dimanche 28 mai, vers trois heures de l'après-midi, Varlin était assis, place Cadet, à la table extérieure d'un café. Il n'avait en rien modifié sa physionomie; il portait comme d'habitude ses cheveux grisonnants rejetés en arrière et sa forte barbe acajou qui lui cachait le menton et découvrait les lèvres. On a dit que, le matin, il avait été un des combattants de la dernière barricade, dans la rue Fontaine-au-Roi; c'est une erreur. Cette barricade, commandée par un clerc d'huissier, membre du Comité central, nommé Louis-Fortuné Piat, était défendue par une soixantaine de fédérés de toute provenance, parmi lesquels on ne comptait pas un seul membre de la Commune. Pas plus que ses anciens collègues de l'Hôtel de Ville, Varlin n'était là ; à cet égard nulle hésitation n'est possible, car on sait le nom des derniers soldats de la révolte. Avec imprudence Varlin se montrait donc en public. Un homme décoré, qui, dit-on, était un prêtre revêtu d'habits bourgeois, l'aperçut et le dénonça à un lieutenant de la ligne, qui le fit arrêter. Ce prêtre, si c'en était un, eût mieux fait de continuer sa route. Si Mgr Darboy, si le père Olivaint, si le père Caubert, ressuscités par miracle, eussent passé par là et eussent reconnu Varlin, ils auraient détourné la tête et se seraient éloignés en priant pour cette âme fourvoyée.

On a prétendu que, par un raffinement de cruauté, on avait conduit Varlin jusqu'au sommet des buttes Montmartre. Il n'y eut là aucune cruauté, mais un fait naturel imposé par la discipline militaire. L'officier appartenait à la division du général Laveaucoupet ; celui-ci avait son quartier à Montmartre, et c'est là que le prisonnier devait être mené, car le lieutenant n'avait point qualité pour statuer sur le sort d'un membre de la Commune. On a dit aussi que Varlin avait été attaché, que des liens serraient ses poignets jusqu'à lui faire gonfler les mains ; je crois que c'est encore une erreur, et que Varlin, laissé libre, marcha entre six soldats. Tant qu'il fut dans la rue Lafayette, dans le faubourg Poissonnière, nul ne fit attention à lui. La population, exaspérée par cette longue lutte, par l'incendie, par le massacre des otages, réservait ses fureurs et ses basses insultes pour les bandes de prisonniers que l'on dirigeait sur les prévôtés ou sur Versailles ; elle restait indifférente à la vue d'un seul homme placé au milieu d'une petite escorte. Au coin d'une rue, un groupe de curieux s'approcha; quelqu'un lui cria : « Comment t'appelles-tu? » Il répondit orgueilleusement : « Varlin ! » Chacun se regarda comme pour s'interroger; nul ne connaissait ce nom. Dès qu'il eut franchi les anciennes barrières et qu'il eut mis le pied sur la gibbosité qui porte Montmartre, l'attitude de la population fut modifiée, et le supplice commença. Il était là sur le territoire de l'émeute et du meurtre, sur ce fameux « mont Aventin » qui avait tant fait parler de lui le 18 mars; il entrait dans la zone où le général Lecomte et Clément Thomas avaient rencontré la mort que l'on sait. Varlin put s'apercevoir que les opinions politiques et sociales préoccupent peu les gens qui ont du goût pour le meurtre. Dans la rue Ramey, dans la rue Fontenelle, les mégères de Montmartre, suivies de leurs petits, se ruèrent sur le prisonnier, que les soldats eurent grand'peine à protéger. Comme pour le général Lecomte, comme pour Clément Thomas, on criait : A mort ! A mort ! — On ne sait quel accès de vertu subit avec envahi cette populace qui hurlait : C'est un assassin ! c'est lui qui a tué l'archevêque ! c'est un incendiaire ! A la torture, il faut qu'il avoue !

La foule était énorme, plus de mille femelles accompagnées de quelques mâles pressaient les soldats qui hâtaient le pas et s'ouvraient passage à coups de crosse. Varlin était impassible, très pâle, mais très ferme; on lui jetait des pierres, des ordures, on essayait de le frapper; on avait crié : « Chapeau bas! » et un voyou, d'un coup de latte, lui avait enlevé sa coiffure. Se souvint-il à ce moment du cortège qui, deux jours auparavant, presque à la même heure, avait gravi la rue de Belleville pour aller s'engouffrer dans la rue Haxo? Il y était; il était au secteur, et, dans l'espoir de sauver les otages, il lutta contre Hippolyte Parent, dernier chef de la révolte et cinq fois repris de justice. Il est désolant que ce fait n'ait point été connu, car, sans aucun doute, il eût aidé à protéger la vie de ce malheureux. L'heure n'était point à la clémence. Dans chaque insurgé prisonnier on voyait un des assassins de l'archevêque, dont le meurtre, plus que tout autre, avait mis les soldats en fureur. La victoire frappait en aveugle, elle frappa Varlin.

La cohue mugissait; au milieu des mille clameurs qui composaient son cri, on ne distinguait que deux mots : A mort! On arriva ainsi rue des Rosiers, auprès du général Laveaucoupet[1]. Les papiers trouvés sur Varlin ne permettaient d'avoir aucune hésitation sur son identité, que du reste il revendiquait : « Oui, je suis Varlin ; Louis-Benjamin Varlin ; oui, j'ai été membre du Comité central et de la Commune ; j'ai été délégué aux finances jusqu'au 22 avril ; puis délégué aux subsistances ; j'ai été directeur de la manutention ; j'ai été adjoint, le 6 mai, à la délégation de la guerre, et depuis le 21 je suis intendant en chef de la garde nationale fédérée. » Ces aveux, prononcés avec quelque jactance, entraînaient un ordre d'exécution. On voulut le fusiller dans le jardin, là même où le général Lecomte était tombé. Un officier dit : « Non, pas dans notre quartier ! » On emmena Varlin ; quatre chasseurs, commandés par un adjudant sous-officier, l'entouraient. La foule criait : « Il faut qu'on le promène ; encore ! encore ! Faites-lui faire le tour des Buttes ! »

---

[1] On a dit qu'au moment de sa mort Varlin était porteur de 400 000 fr. ; c'est une calomnie, que des historiens sérieux ont eu tort de ne pas repousser. La vérité est que la veille, samedi matin, lors d'un dernier payement fait aux membres de la Commune, le chef de la comptabilité de la délégation aux finances avait eu quelque peine à faire accepter 300 francs à Varlin, qui refusait en disant : « Je n'ai plus besoin de rien, je veux mourir. »

— On a affirmé que les soldats avaient obéi à cette injonction : c'est faux. Moins de dix minutes après être sorti de la rue des Rosiers, Varlin était mort[1]. On le conduisit au sommet de la colline, à l'endroit où l'on découvre la plaine de Saint-Ouen. L'adjudant sous-officier eut la sottise de lui faire une allocution. Varlin, les deux bras pendants le long du corps, se tenait très droit, et regardait la foule avec des yeux terribles. Deux soldats s'aprochèrent presque à bout portant et voulurent faire feu; les deux fusils ratèrent. Les deux autres chasseurs tirèrent, il s'affaissa sur le côté et ne remua plus; une balle traversant le cœur l'avait foudroyé. Toute la tourbe battit des mains, comme deux mois auparavant elle avait applaudi en voyant tomber Clément Thomas. Ainsi mourut Varlin pour avoir dédaigné son bon outil d'ouvrier et avoir demandé à la révolte la réalisation de ses chimères.

La façon courageuse dont il mourut fit croire qu'il n'était pas mort, et que la justice sommaire de l'armée s'était égarée sur un faux Varlin. Une lettre que j'ai sous les yeux, écrite par des ouvriers relieurs qui l'avaient souvent fréquenté, dit : « Le Varlin que l'on a fusillé à Montmartre ne peut être le vrai, qui était, par nature, un peu sournois et beaucoup poltron; depuis treize ou quatorze ans que nous le connaissons, nous n'avons jamais cru chez lui à un acte quelconque de courage ou d'énergie. » Cette observation est sans valeur. On a du reste systématiquement nié la mort de quelques personnages de la Commune; on a été jusqu'à soutenir que Millière, que Delescluze, que Raoul Rigault, n'avaient point été tués. Ce sont là des légendes dont la réalité ne laisse même pas subsister l'appa-

---

[1] Je suis pas à pas le récit d'un témoin oculaire; j'y lis : « Je me rappelle aussi qu'après l'exécution je regardai l'heure à ma montre : il était à peine quatre heures. »

parence, mais qui serviront peut-être plus tard à motiver d'étranges revendications; il est possible que nous voyions apparaître un jour quelque faux Raoul Rigault, comme Hérodote nous raconte qu'il y eut un faux Smerdis. Quant à la ferme attitude que Varlin a conservée non seulement devant la mort, mais devant les malédictions des bandes qui lui faisaient cortège, elle me semble facile à expliquer.

Bien des êtres que l'on croit faibles et qui le sont se redressent et trouvent en eux-mêmes une force d'extrême résistance lorsqu'ils sont placés en présence de l'inéluctable; on dirait qu'ils empruntent au destin quelque chose de son impassibilité[1]. Ceci fut-il le cas de Varlin, on peut le présumer; mais lorsque l'on connaît les illusions dont il s'était enivré, les efforts qu'il avait faits pour grouper tous les ouvriers dans une sorte d'affiliation générale dont le seul poids eût ébranlé les assises de la société française, lorsque l'on sait dans quels rêves il vivait, on peut affirmer qu'il est mort résigné, car l'heure qui a précédé son supplice a mis à nu devant lui les instincts de ceux qu'il se croyait appelé à régénérer.

Pour lui la foule, c'était le peuple et il comprenait trop tard, par une sorte d'illumination suprême, en voyant comme elle le malmenait, lui son bienfaiteur et son apôtre, qu'en la conviant, sans éducation préalable, à l'exercice de droits nouveaux, il n'avait fait qu'ouvrir un champ plus vaste aux convoitises qu'aucun scrupule n'atténue. Il dut avoir là une impression qui lui donna en une seule minute l'expérience des longues existences. Il comprit la lâcheté des foules qui

---

[1] L'épicier Pepin, complice de Fieschi, ne fut pas autrement. Tant qu'il crut pouvoir éviter une condamnation capitale, il fut misérable et lâche; dès qu'il comprit qu'il était perdu, il devint courageux et jusque sur l'échafaud garda une excellente attitude.

haïssent naturellement les vaincus, car elles ne respectent que la force; il devina que l'homme soustrait à l'action des lois redevient l'animal qu'il a été dans les temps préhistoriques; il s'aperçut qu'il s'était trompé en demandant aux instincts ce qui n'est que le produit de l'action de la morale et de l'instruction; il se sentit humilié jusque dans les derniers replis de son âme par les traitements que ses amis, — ses frères, — lui infligeaient. Pour échapper à cette vision qui lui révélait d'une façon foudroyante une série de vérités élémentaires qu'il ne souçonnait même pas, il fut satisfait de mourir; et c'est pour cela qu'il est bien mort. Le parti qui réclame aujourd'hui Varlin comme l'un de ses martyrs, comme l'un de ses héros, peut être certain que ce malheureux l'a maudit avant de périr.

Il n'en fut point ainsi de Charles Beslay; il n'eut point à faire, Dieu merci, une aussi cruelle expérience personnelle et les illusions de sa sénilité survécurent à la défaite de l'insurrection qu'il avait côtoyée, parfois blâmée et souvent contenue. Il put voir, lui, contrairement à Varlin, qu'il n'avait point créé d'ingratitude autour de lui. Il avait, dans une mesure considérable, porté secours à la Banque, il l'avait protégée de son mieux, très efficacement dans un jour de grand péril; la Banque fut reconnaissante, elle se referma sur lui, le cacha et lui donna une hospitalité que tous les employés soupçonnaient et que personne ne trahit. Dans le seul intérêt de sa sécurité, on ne lui permettait pas de sortir, mais on le laissait aller et venir à sa guise dans toutes les parties de la vaste maison. Il était calme; il se frottait les mains et disait : « Je n'ai jamais été si heureux. »

Sa première pensée avait été de solliciter de M. Thiers un sauf-conduit de trois jours pour mettre ordre à ses affaires; il écrivit au président de la république et au procureur général, demandant à partager le sort de ses collègues de la Commune, dont il condamnait les crimes, tout en se déclarant partisan de leurs principes. Ainsi, tandis que les hommes jeunes qui avaient siégé à l'Hôtel de Ville se déguisaient et ne reculaient devant rien pour se mettre à l'abri des lois, ce vieillard s'offrait en holocauste. Ses lettres, qui sont du 30 mai, ne reçurent point de réponse. M. Thiers savait déjà à quoi s'en tenir sur le rôle que le père Beslay avait joué à la Banque et il était décidé à ne jamais sévir contre ce doux aliéné. M. de Plœuc, de son côté, qui s'entremettait pour lui obtenir un passeport, se chargea de lui faire entendre raison et de le maintenir dans son appartement de la Banque, jusqu'au moment où sans danger on pourrait franchir une frontière.

Charles Beslay prit assez philosophiquement son parti de n'être point martyr. Il s'était mis au travail et préparait de nouveaux statuts qui élargiraient l'action de la Banque et qui, je me hâte de le dire, la ruineraient infailliblement si jamais ils étaient appliqués. Il eût voulu faire de la Banque de France le commanditaire du commerce, de l'industrie, de l'agriculture et des arts. C'est fort simple : tout individu ayant besoin d'argent vient en chercher à la Banque, qui s'empresse de lui en prêter sans intérêt sur sa bonne mine ; c'est cela que l'on appelle fournir des instruments de travail aux travailleurs ; en outre, l'argent n'est rendu que lorsque l'emprunteur est en mesure de le restituer. Cette opération, dont le résultat n'est douteux pour personne, paraissait une trouvaille au père Beslay, qui disait : « La Banque ne peut que s'enrichir par ce système ; car, chacun faisant fortune, grâce à elle, tiendra à honneur de lui rapporter le capital avancé en y ajoutant des intérêts proportionnels. » Il expliquait ce qu'il appelait ses idées à M. Marsaud, à M. Mignot, qui souriaient avec bienveillance et ne semblaient pas convaincus ; le père Beslay, toujours de bonne humeur, leur disait : « Vous êtes des routiniers ! » Lorsqu'on lui parlait des forfaits commis par les gens de la Commune, il s'assombrissait ; il avouait qu'on avait été « trop loin », mais ajoutait aussitôt : « On est venu les interrompre au milieu de l'élaboration, on ne leur a pas laissé le loisir de se constituer. Ah ! si nous avions eu le temps, nous aurions fondé la société modèle et tous les peuples, frappés d'admiration, nous eussent imités.

Je viens de relire un projet intitulé : « Réformes à réaliser, » qu'il écrivit pendant son séjour à la Banque, après la chute de la Commune ; à son insu, il a rédigé là un code de confiscation dont le premier article prescrit le remboursement de la dette publique. La fin justifie les moyens : afin de dégrever l'État, on confisque les fortunes particulières, ou peu s'en faut ; l'État reprend d'une main ce qu'il restitue de l'autre, à peu près comme un propriétaire qui diminuerait 1000 francs sur un loyer à la condition que le locataire lui servirait tous les six mois une rente de 500 francs. Le père Beslay était fier de son projet ; il frappait avec conviction sur son papier en disant : « L'avenir économique de la France est là ! — C'est possible, lui répondait M. Marsaud avec son sourire dont la bienveillance ne dissimule pas toujours l'ironie, c'est possible ; mais je crois que nous ne sommes pas encore mûrs pour de tels progrès. » Et Charles Beslay reprenait son refrain : « Vous êtes tous des routiniers. »

La fin de mai était passée et le mois de juin aussi ; les poursuites se ralentissaient, les grandes colères de la première heure s'apaisaient ; le marquis de Plœuc avait tout préparé pour le départ de celui qu'il nommait en plaisantant son prisonnier ; il avait reçu du secrétaire de la présidence un passeport qui l'autorisait à sortir de France avec deux personnes non désignées ; ces deux personnes furent Charles Beslay et son fils, qui ne voulut céder à nul autre le droit de l'accompagner. En quittant la Banque, où il ne devait jamais reparaître, le père Beslay fut ému ; il avait été touché de l'hospitalité qui l'avait accueilli et gardé. Lorsqu'il dit adieu aux chefs de service, il avait les larmes aux yeux ; on le vit partir avec regret ; il était aimé, car sa bonté ingénue inspirait cette sorte de commisération attendrie que l'on éprouve pour les « innocents ». Grâce à quelques précautions, les trois voyageurs arrivèrent en Suisse sans encombre. Beslay, malgré qu'il en eût, ne dissimula pas qu'il était satisfait d'avoir franchi la frontière. M. de Plœuc le conduisit lui-même jusqu'à l'asile qu'il s'était choisi, acquittant ainsi la dette de reconnaissance que la Banque avait contractée envers le délégué de la Commune.

Le procès de Beslay fut instruit selon les formes de la jurisprudence des conseils de guerre, et il se passa à ce propos un fait qui n'a peut-être pas de précédents. Quoique Beslay fût absent, les dépositions de tous les témoins furent tellement unanimes en sa faveur qu'il fut l'objet d'une ordonnance de non-lieu. Il eût pu rentrer en France ; il préféra rester à Neuchâtel, où il s'était établi et où il essaya de nouvelles combinaisons financières dont le résultat le plus positif consistait pour lui à ne jamais fermer sa bourse aux réfugiés, qui venaient y puiser souvent. Le père Beslay, qui a écrit : « J'étais impérialiste en 1815, libéral en 1820, républicain en 1848, maintenant je suis franchement socialiste, » le père Beslay est mort incorrigible, incorrigiblement bon. Lorsqu'on l'enterra (mars 1878), les réfugiés de la Commune voulurent faire quelque manifestation autour de son cercueil; son fils s'y opposa et fit bien.

XVI. — ÉPILOGUE.

Les derniers actes du délégué aux finances. — Expulsé de son refuge. — Il erre dans Paris. — N'y trouve pas d'asile. — Arrêté. — Faux papiers d'identité. — Reconnu et dénoncé. — Jugé. — Son attitude au procès. — Condamnation très sévère. — A Nouméa. — Évasion. — Jourde attaqué par Vermersch. — Calomnies dirigées contre lui. — Plus que nul autre Jourde a protégé la Banque. — La Banque et l'État. — Refus de remboursement. — Prétention de la Ville de Paris. — Correspondance avec le ministre des finances. — Le Conseil d'État. — Arrêt défavorable à la Banque. — Adresse de la finance et de l'industrie parisiennes. — On aurait dû décorer le drapeau de la Banque. — Ingratitude de l'État envers la Banque, envers M. Rouland et M. de Plœuc.

François Jourde n'eut point le sort de Charles Beslay. Pendant que les grands criminels de la Commune se cachaient et parvenaient à passer les frontières, le délégué aux finances ne trouvait personne qui s'intéressât à lui et n'échappait que par miracle à une exécution sommaire. Il avait suivi le Comité de salut public de l'Hôtel de Ville à la mairie du XIe arrondissement, s'était avec lui transporté à Belleville et avait sans doute présidé à la dernière distribution d'argent (40 000 francs), qui fut faite le samedi 27 mai, au matin, dans une petite maison portant le n° 145 de la rue Haxo, entre quelques chefs de la révolte encore présents, mais prêts à fuir.

La Commune n'est plus, le Comité central s'agite encore; nul ensemble dans les dernières convulsions de la défense; chacun se bat à sa guise. A ce moment, Jourde disparaît. Épuisé de fatigue, sur pied depuis six jours, ayant à peine pris quelques heures de repos pendant cette lutte pleine de crimes, à laquelle, quoi qu'il ait pu dire depuis, il ne s'est jamais associé, il entra dans une auberge de la rue du Chemin-Vert, monta dans une chambre au cinquième étage, se jeta sur un lit et s'endormit de ce sommeil frère de la mort que connaissent bien les fugitifs, lorsqu'une fois ils se croient en sûreté. Quand il se réveilla, le dimanche, au petit jour, la rue du Chemin-Vert était occupée par un bataillon de ligne. La fuite était impossible; il attendit. Des perquisitions furent faites, auxquelles il fut soustrait par l'inadvertance des soldats. Il fut imprudent; pour se rendre méconnaissable, il avait coupé ses cheveux et sa barbe. A cet instant de suspicion universelle, c'était se dénoncer. Le logeur remarqua la métamorphose et, dès le lundi 29, pria Jourde, — dont il ne savait même pas le nom, — d'aller chercher asile ailleurs.

Jourde avait sur lui 9770 francs, reliquat de son dernier compte, et des papiers d'identité très nombreux, — trop nombreux peut-être, — au nom de Roux : passeport, carte d'électeur, lettres, quittances de contribution, laissez-passer franco-allemand; il y avait là une profusion de renseignements qui devaient exciter les soupçons au lieu de les assoupir. Tout le jour il vagua dans Paris, espérant peut-être que quelque porte s'ouvrirait devant lui. Dans cette longue promenade, il put comprendre à la joie de la population l'horreur que l'insurrection avait inspirée. Paris avait subi la Commune; mais, délivré enfin, il se redressait contre elle, demandait la mort des coupables et les eût étranglés, s'il eût pu les saisir. Le *Siècle* constatait un fait vrai lorsque, dans son numéro du 27 mai 1871, il écrivait : « La vie des citoyens ne pèse pas plus qu'un cheveu dans la balance de la justice populaire; pour un oui, pour un non, on est fusillé. »

Pendant quinze heures, Jourde marcha, et la nuit était venue depuis longtemps déjà lorsqu'il arriva rue de la Glacière, où demeurait un vieux chiffonnier, ancien ami de son père. Il connaissait cet homme depuis vingt ans, lui avait rendu service pendant son passage à la délégation des finances, et venait lui demander un asile sur lequel il avait droit de compter. Il fut accueilli par un refus, et comme il insistait, sollicitant quelque pitié pour sa lassitude, il s'entendit menacer d'une dénonciation. C'est dur d'avoir cru travailler au bonheur du prolétariat et d'être reçu de la sorte par un prolétaire. Il éprouva l'amertume des bannis, pour qui tout cœur se ferme et toute porte se clôt. Il erra dans les terrains déserts qui bordent la Bièvre, évitant les patrouilles, faisant des crochets pour passer loin des sentinelles, nombreuses dans ce quartier, que l'on fouillait déjà pour y retrouver Sérizier, l'assassin des dominicains d'Arcueil. Il voulut revenir vers le centre de Paris, fut arrêté à deux heures du matin, rue de Grenelle-Saint-Germain, par des gardes nationaux porteurs du brassard tricolore, que tous les fédérés, du reste, s'étaient empressés d'arborer, dès le 22 mai, aussitôt que leur quartier avait été occupé par les troupes françaises.

Conduit au poste et interrogé, il montra ses papiers d'identité. Il soutenait qu'il se nommait Roux et qu'il demeurait rue du Bac. On envoya chercher le portier de la maison qu'il prétendait habiter ; le portier ne le reconnut pas. L'affaire se gâtait. Jourde était alors âgé de vingt-huit ans; l'étude des hommes n'avait point encore mûri son expérience; il se réclama de son ancien maître de pension. Celui-ci vint, poussa quelques lamentations et le dénonça. Jourde se crut perdu, destiné à être tout de suite passé par les armes ; il n'eut point de faiblesse ; il remit l'argent qu'il avait en poche, ne réservant que 120 francs qui lui appartenaient. Quelques instants après son arrestation, l'ordre fut envoyé à tous les chefs de corps, par le maréchal duc de Magenta, de ne plus procéder à aucune exécution. C'est ce qui le sauva. Après avoir été dirigé sur le ministère des affaires étrangères, où il subit un long interrogatoire, il fut « ligotté » et mené à l'ergastule du Luxembourg.

Il fut compris dans le procès fait aux membres de la Commune et comparut à Versailles devant le 3e conseil de guerre. Du 7 août au 3 septembre 1871, Jourde, en compagnie de ses coaccusés, resta sur la sellette. Son attitude fut remarquée : c'était peut-être celle d'un coupable, à coup sûr ce n'était pas celle d'un criminel ; elle ne ressemblait en rien à celle des seize autres individus que l'on jugeait en même temps que lui. En relisant ces débats on reste frappé d'un fait important : Jourde s'occupe à peine de la Commune et du Comité central ; il ne parle ni des massacres ni des incendies, que nul du reste ne songe à lui reprocher : ce n'est ni un homme politique, ni un socialiste, ni un conspirateur qui se défend, c'est un comptable qui fait effort pour prouver, et qui prouve, que ses comptes sont en balance et que sa probité est de bon aloi. Que cela soit à la décharge de Jourde. Tout lui semble indifférent, pourvu que ses additions soient reconnues exactes et que l'on ne puisse élever de doute sur son honorabilité professionnelle. Au cours du procès l'on apprit que, pendant la durée de la Commune, alors qu'il était au pouvoir, sa femme, — sa maîtresse, — avait continué à aller blanchir le linge au lavoir public ; que son enfant avait été envoyé à l'école gratuite et que lui-même prenait ses repas dans un humble restaurant de la rue de Luxembourg. Le restaurateur présenta sa facture ; du 16 avril au 22 mai, Jourde, pour ses déjeuners et ses dîners, avait dépensé 224 francs. Les viveurs de l'Hôtel de Ville et de la Préfecture de police qui, assis sur les bancs du conseil de guerre, ont écouté cette déposition, ont dû sourire en constatant la sobriété de l'ancien délégué aux finances.

Il eut tort d'accepter, — de rechercher, — une fonction sous un gouvernement insurrectionnel, mais il sortit de la Commune les mains pures de sang, de pétrole et d'argent. Il a prononcé devant ses juges un mot qui doit être retenu : « L'on a favorisé le départ de Beslay, délégué de la Banque, et de Theisz, délégué à l'administration des postes, parce qu'ils ont sauvé ces deux établissements; mais tous deux relevaient de la délégation des finances : si la Banque et les Postes ont été sauvées, croyez bien que je n'y ai pas nui et que je mérite les mêmes immunités que mes deux subordonnés. » Sans nous permettre d'incriminer la chose jugée, il nous semble que l'article 258 du code pénal, relatif à l'usurpation de fonctions, suffisait à le punir[1]. Le conseil de guerre n'a point été de cet avis, et Jourde fut condamné à la déportation simple.

Il fut envoyé à la Nouvelle-Calédonie et put utiliser ses aptitudes de comptable à Nouméa. Il eut l'esprit de n'y pas rester longtemps ; aidé par un Allemand auquel il avait inspiré de l'intérêt, il prépara un projet d'évasion hardi qu'il sut mener à bonne fin. Moyennant une somme de dix mille francs payables à Melbourne, un capitaine de vaisseau américain mit le navire qu'il commandait à la disposition de Jourde et de ses amis, qui en profitèrent. Dans la nuit du 20 mars 1874, Jourde, Ballière, Bastien-Granthille, partis en canot de Nouméa, furent rejoints par Henri Rochefort, Olivier Pain et Paschal Grousset, qui venaient de la presqu'île Ducos[2]. Les

---

[1] Art. 258. Quiconque, sans titre, se sera immiscé dans des fonctions publiques civiles ou militaires, ou aura fait les actes d'une de ces fonctions, sera puni d'un emprisonnement de deux à cinq ans, sans préjudice de la peine de faux, si l'acte porte le caractère de ce crime.

[2] Achille Ballière, capitaine d'état-major au bataillon des barri-

six évadés purent gagner le navire et ne tardèrent pas à rentrer en Europe. Cela fit du bruit dans le temps et le ministère de la marine n'eut point les rieurs de son côté.

A son arrivée en Suisse, Jourde éprouva une déconvenue. Il pouvait croire qu'en qualité de ministre des finances de la Commune, il avait droit à quelque reconnaissance de la part des insurgés impénitents. Au milieu d'une ville en désarroi et de l'administration la plus incohérente qui fut jamais, n'était-ce pas lui dont les efforts avaient réussi à nourrir une armée sans cohésion, une population sans ressource, un gouvernement où le grotesque se mêlait si bien à l'odieux que l'on ne savait jamais, au début, s'il fallait rire ou pleurer d'avoir à le subir. Certes un tel tour de force méritait quelques égards, car jusqu'à la dernière heure, jusqu'au refuge suprême de la rue Haxo, Jourde avait apporté leur pitance à tous ces gens-là. Il ne se doutait guère, pendant qu'il était en prison ou à Nouméa, de ce que ses anciens complices avaient dit de lui; il eut le loisir de l'apprendre à Genève.

Vermersch, aussitôt qu'il fut parvenu à Londres, après la chute de la Commune, s'était empressé de publier un de ces journaux que Jean-Jacques Rousseau désignait d'un nom que nous n'osons répéter. Cette feuille, trempée de venin et rédigée par une vipère, s'appelait *le Qui vive ?* Vermersch, qui, dans son *Père Duchêne*, avait dénoncé tout le monde, continuait le même métier parmi la bande d'assassins et d'incendiaires réfugiés loin de l'action des lois fran-

cadiers, commandé par le père Gaillard; Charles-François Bastien, dit Bastien-Granthille, chef du 259⁹ bataillon insurgé; Paschal Grousset, membre de la Commune, délégué aux relations extérieures; Olivier Pain, chef du cabinet de Paschal Grousset. Jourde et Rochefort sont connus.

çaises. Poursuivant de sa haine ceux qui n'avaient pas su tout tuer, tout brûler, tout voler, il disait : « Nous ne sommes ici, et six ou sept mille hommes du peuple ne sont à Nouméa et à l'île des Pins, que par la faute de ceux qui sollicitèrent les premiers postes de la cité, sans avoir aucune des qualités nécessaires pour les remplir. Nous payons tous pour leur sottise, et le sang de trente mille fusillés des journées de mai retombera éternellement sur leur tête[1]. »

De tous les fonctionnaires de la Commune, Jourde, alors condamné, détenu, ou déporté, fut celui que Vermersch attaqua avec le plus d'acrimonie. Pendant le mois de novembre 1871, *le Qui vive* s'acharne à baver sur l'ancien délégué aux finances. D'après ce Vermersch, François Jourde a volontairement trahi le peuple de Paris, au profit du gouvernement de Versailles, et M. Thiers, en reconnaissance des services rendus, le destinait à remplacer à la Préfecture de police le général Valentin, démissionnaire. Tout ceci est agrémenté des épithètes de lâche, de gredin, de mouchard et d'agent versaillais. Jourde fut très affecté de ce torrent d'injures, derrière lequel il croyait voir l'opinion formulée par ses anciens amis de la Commune; en ceci il prouva que son intelligence était médiocre et qu'il ignorait que le mépris de certains misérables est un titre au respect des honnêtes gens. Il voulut obtenir une réparation de Vermersch, ce qui était puéril, et se fit représenter par Avrial et par Lefrançais qui, comme lui, avaient appartenu au parti socialiste, à la minorité de l'Hôtel de Ville.

Ce fut peine perdue; le Vermersch débonda une fois de plus son tonneau de fiel et lâcha sur Jourde une

---

[1] Pour le nombre des morts et des condamnés, voir *les Convulsions de Paris*, t. II, chap. vii.

quantité d'insultes vraiment extraordinaire. Reprenant phrase à phrase tout l'interrogatoire que Jourde a subi devant le 3e conseil de guerre, il conclut : « Il résulte donc des pièces qu'on vient de lire que Jourde, de son propre aveu, n'est entré dans la Commune de Paris que dans le but de la trahir, de la priver de ses moyens d'action et de la faire tomber le plus vite qu'il lui serait possible dans les mains de ses ennemis...; que, loin de dissimuler son odieuse conduite pendant l'insurrection, il fait au contraire étalage de sa honte et de son infamie... il a feint d'être touché d'un mouvement populaire pour le faire dévier, dût s'ensuivre le massacre de toute une population. » — L'accusation est formelle; elle est à retenir, car en la rapprochant de l'opinion émise par Lissagaray, par Paschal Grousset, et que j'ai citée déjà, on peut comprendre ce que le parti terroriste, la majorité de la Commune, aurait fait de la Banque si le vieux Beslay et si Jourde ne l'avaient défendue : non point peut-être pour obéir aux injonctions de la probité abstraite, mais parce qu'ils la destinaient à servir de moteur à la machine économiste qu'ils avaient imaginée.

Que ce soit pour un motif, que ce soit pour un autre, ils ont aidé au salut de la Banque de France, et nous devons, en toute loyauté, leur en être d'autant plus reconnaissants, que les détritus de la Commune ne le leur ont point pardonné. La lutte a été souvent très vive sur ce point dans les conciliabules secrets de l'Hôtel de Ville. Pendant que quelques meurtriers, Rigault, Ferré, se jetaient sur les magistrats, les prêtres, les gendarmes, un bon nombre de blanquistes et de jacobins, sans négliger précisément l'incarcération des honnêtes gens, voulaient établir ce qu'ils nommaient la terreur des capitaux, c'est-à-dire faire main basse sur toutes les grandes compagnies industrielles et financières que l'on eût confisquées au profit de l'État. Dans ce cas, la Banque eût été la première dévalisée, et il est fort probable que les metteurs en œuvre du pillage se seraient retirés de là avec quelques rentes pour aller vivre à l'étranger. Par les reproches qui ont été adressés à Jourde, il nous est prouvé que sa probité n'a pas fléchi, qu'il a été résolûment le bon complice du père Beslay dans l'intention que celui-ci avait manifestée de protéger le crédit de la France en ne permettant point que l'on portât à la Banque des atteintes trop dures. Je le répète, Jourde ne faisait qu'émettre une vérité, lorsque le 19 mai il écrivit : « Si je succombais seulement une heure, vous savez ce qui en résulterait. » Il en serait résulté l'anéantissement de trois millards[1].

Ces trois milliards, la Banque a su les conserver; mais, quoi que l'on ait pu croire, elle n'est pas sortie absolument indemne de la crise qu'elle a traversée en 1871. Elle avait cependant agi avec prudence, et lorsqu'elle avait vu que le compte courant de la Ville de Paris n'allait pas tarder à être épuisé, elle avait signifié au gouvernement que si l'État ne prenait à sa charge les réquisitions qui lui seraient encore imposées, elle refuserait de s'y soumettre et courrait les risques d'une aventure définitive. J'ai reproduit, on se le rappelle, les lettres qui ont été échangées à ce sujet vers la fin du mois d'avril entre le conseil de la Banque et le ministre des finances. Le messager du sous-gouverneur, M. de Lisa, inspecteur, avait rapporté à cet égard les assurances les plus positives. Les paroles du ministre

[1] Est-ce pour reconquérir l'estime du parti dont Vermersch fut l'organe que Jourde a publié en 1877, à Bruxelles, une brochure intitulée : *Souvenirs d'un membre de la Commune*, et dans laquelle il a commis des erreurs trop manifestes pour ne pas paraître volontaires ?

pouvaient se résumer ainsi : « Donnez le moins d'argent possible, mais donnez ce qu'il faudra pour éviter un péril sérieux ; les sommes qui vous seront extorquées seront considérées comme des avances faites à l'État, qui vous les remboursera. » C'était rassurant, car dans l'état des choses, alors qu'il était impossible de faire approuver le contrat par une sanction législative, la Banque et le ministre des finances avaient qualité pour traiter. L'une et l'autre le croyaient du moins, car ils étaient de bonne foi. Il paraît qu'ils s'étaient trompés, et l'évènement se chargea de le leur démontrer.

Du 20 mars au 23 mai, la Banque de France avait payé à la Commune révolutionnaire la somme de 19 695 202 francs, qui avait été violemment réquisitionnée : sur ce total, 9 401 819 francs formaient le compte courant de la Ville de Paris et 7 293 383 francs provenaient des fonds appartenant à la Banque elle-même ou au public. La Ville de Paris émit d'abord, dès le 2 août 1871, la prétention de réclamer à la Banque le solde créditeur que celle-ci avait abandonné à la Commune. C'était insoutenable et le ministère des finances mit spontanément fin lui-même à ce commencement de conflit en écrivant au gouverneur (10 août 1871) : « Que la somme de 16 millions environ qui a été payée par la Banque à la Commune de Paris est reconnue par nous comme dette, soit de l'État, soit de la Ville ; mais que le compte à faire sera fait entre la Banque et l'État, qui se porte fort pour la ville de Paris. » Cinq jours après, sur les instances de M. Rouland, M. Pouyer-Quertier écrivait de nouveau : « Je n'hésite pas, puisque vous le désirez, à vous dire que le gouvernement accepte toute la responsabilité des sept millions et que la Banque n'a aucun risque à courir pour cette somme. L'État se réserve seulement son droit de régler définitivement son compte avec la Ville pour cette somme de sept millions. »

Il est probable que le ministre des finances, en libellant cette lettre qui équivalait à un engagement et qui reconnaissait la dette de l'État envers la Banque, pensait à l'article 4 de la loi du 15 vendémiaire an IV, en vertu de laquelle « chaque commune est responsable des délits commis à force ouverte ou par violence sur son territoire ». Cette loi seule, en effet, couvrait la Banque de France et lui assurait la restitution des sommes que l'insurrection lui avait arrachées. A la fin du mois d'août un traité intervint entre la Ville de Paris et la Banque pour régler les conditions du remboursement des 210 millions avancés pour frais de guerre en janvier 1871 (contribution imposée à la ville par les Allemands, au moment de la signature de l'armistice). Dans l'article 6 de ce traité, il est dit : « Quant aux 7 292 383 francs pris par les agents de la Commune révolutionnaire, mais sur les fonds propres de la Banque, ils seront directement remboursés par l'État, qui s'en est reconnu débiteur. » Tout cela est clair et n'a besoin d'aucune glose pour être compris. La Banque, assurée de rentrer dans sa créance, sachant que le gouvernement avait quelques embarras d'argent, ne se montrait pas exigeante et n'envoyait point de papier timbré à son débiteur. On se disait : Le Trésor est bon pour payer sept millions ; il les payera puisqu'il les doit, puisqu'il a reconnu qu'il les devait ; et l'on attendait.

On attendit si bien que le temps commença à paraître long. Le gouverneur, sans perdre patience, écrivit, le 27 juin 1874, au ministre des finances, pour le prier de faire rembourser à la Banque les sept millions qu'elle était en droit de réclamer. Le danger était passé, le souvenir des services rendus était affaibli ; on n'était plus au jour où l'on disait à la Banque : « Le crédit de la France est entre vos mains, ne reculez devant aucun sacrifice pour le sauver ; nous considérons comme avances faites à l'État les sommes que vous serez obligée de payer à la Commune. » Pour de petites gens, comme vous et moi, c'était là un engagement sacré que plusieurs fois on avait renouvelé sans hésitation ; mais l'État n'a pas de point d'honneur ; il est en cela semblable à la politique : il n'a que des intérêts et se moque du qu'en dira-t-on. A la Banque, qui demandait, pièces en main, le remboursement de sept millions, on offrit 1 200 000 francs.

C'était dérisoire ; elle refusa. On haussa le chiffre de la somme proposée ; on liarda, on marchanda sans parvenir à se mettre d'accord. L'État ne démordait pas de ses prétentions à réduire une dette contractée dans un but de salut général ; il niait que M. Pouyer-Quertier, ministre des finances, eût eu le droit d'engager le trésor ; il préféra faire, en quelque sorte, une banqueroute partielle et déclara tout net qu'il ne payerait pas la totalité de la somme. Le conseil général de la Banque rejeta toute transaction. L'affaire fut portée devant le Conseil d'État, qui, jugeant au contentieux, rendit un arrêt défavorable à la Banque [1].

Je suis, je l'avoue, un pauvre clerc en matière de finances et je suis persuadé que le Conseil d'État n'a point agi sans raisons sérieuses en prononçant cet arrêt qui m'étonne ; je croyais seulement que le vieil axiome : « Dette d'honneur ne se prescrit, » indiscutable entre particuliers, avait aussi toute valeur entre les administrations de l'État. C'est là une erreur dont il faut revenir. Lorsque le sous-gouverneur, les régents, tous les fonctionnaires de la Banque, demeurèrent à

---

[1] Voir *Pièces justificatives*, n° 9.

leur poste, ils se mirent en révolte ouverte contre l'insurrection et ne lui cédèrent pas. Quel que fût leur intérêt personnel à la conservation de l'établissement financier qu'ils représentaient, ils auraient été tentés de se mettre en sûreté et le souci de leur propre sécurité les aurait éloignés de Paris, si l'État ne leur avait déclaré qu'en restant là où étaient le péril et l'honneur, ils faisaient œuvre de salut public et de défense sociale. Au lieu de porter devant le Conseil d'État une question qu'il suffisait de connaître pour la résoudre, il fallait consulter la finance de Paris et lui demander ce qu'elle pensait des services que la Banque lui avait rendus par son attitude pendant la durée de la Commune. Cette réponse n'eût point été douteuse, car elle avait déjà été formulée, dès la fin de mai 1871, dans une adresse, solennellement portée à MM. de Plœuc, sous-gouverneur, Durand, Davillier, Denière, Millescamps, régents, Fère, censeur. Le haut commerce, la haute industrie, la haute finance sont unanimes : « Permettez donc, messieurs, aux soussignés de venir vous exprimer leur profonde reconnaissance pour le dévouement sans bornes avec lequel vous avez protégé les immenses intérêts qui vous étaient confiés[1]. » Si à ce moment l'État avait déclaré qu'il ne se considérait pas comme responsable du préjudice pécuniaire causé à la Banque par les exigences de la Commune, une souscription, en quelque sorte nationale, ouverte dans les régions parisiennes, eût fait rentrer dans les caisses de l'hôtel de la Vrillière, les sommes que, sur l'autorisation du ministre des finances, les régents et le sous-gouverneur avaient livrées à la Commune.

Je ne puis juger le fait en homme d'État ni en homme de finances, car je ne suis ni l'un ni l'autre ; au

---

[1] Voir *Pièces justificatives*, n° 10.

point de vue de la rectitude des relations, je le trouve peu correct; au point de vue économique, je le trouve maladroit. Que la Banque ait à supporter une perte de sept millions, c'est peu de chose, en vérité; j'en conviens; mais cela diminue d'autant la valeur des billets en circulation et cela nous apprend que l'État, quitte à léser son intérêt moral, peut nier ses dettes et refuser de les payer, lorsqu'il y trouve son intérêt matériel : ce qui est une révélation qu'il eût mieux valu ne point faire. En outre, l'affaiblissement de la protection que l'État doit à la Banque ne peut que produire l'affaiblissement de la confiance que la Banque avait dans l'État, d'où résulte l'affaiblissement du crédit public. Si les termes du procès étaient soumis au verdict de l'Assemblée nationale, il me semble certain qu'une majorité considérable donnerait gain de cause à la Banque [1]. L'Assemblée se rappellerait que si, en avril 1871, une sanction législative n'a pas été donnée aux engagements pris, au nom de l'État, par M. Pouyer-Quertier, c'est qu'alors il y aurait eu péril à proclamer que le gouvernement prenait à sa charge les réquisitions de la Commune. Celle-ci, forte de ce décret, eût immédiatement vidé les caisses de la Banque.

La leçon ne sera pas perdue. La Banque, qui a tant fait pour la France pendant la guerre et pendant la Commune, sait aujourd'hui à quoi s'en tenir ; du haut de sa grandeur elle peut accepter avec quelque commisération l'ingratitude qui a payé ses services. Après l'emprunt qui servit à accélérer la libération du territoire, notre ambassadeur en Angleterre célébrait, au

---

[1] Le vote a prouvé que mon opinion était erronée. Dans la séance du 13 décembre 1879, sur le rapport de la commission du budget, la Chambre des Députés a repoussé un projet de loi qui accordait à la Banque de France la moitié de la somme qui lui est due, soit 3 646 661 francs.

banquet donné, le 23 mars 1873, par le lord-maire, les ressources de la France. Soit ; sur ce fait il ne faut point disputer. Mais qu'auraient été alors les ressources et le crédit de la France, si la Banque avait été enlevée par les hommes de la Commune ? et elle l'eût été, sans aucun doute, si elle n'eût consenti à abandonner les sommes qu'on lui demandait, et ces sommes elle ne s'est résolue à les livrer qu'après avoir reçu la promesse que l'État les lui rembourserait. C'est ce qu'il ne faut pas oublier. Le meilleur de notre richesse était à la Banque ; si celle-ci avait été dévalisée, la France faisait banqueroute. Cela valait bien que l'on ne manquât pas aux engagements consentis vis-à-vis d'elle.

Mieux que tant d'autres, elle a, dans ces jours douloureux, bien mérité de la patrie et nulle récompense collective n'est venue lui prouver que la France ne l'ignorait pas. Lorsque dans une bataille un régiment a enlevé un étendard ennemi, on décore le drapeau. Quand, le 19 juin 1859, après Magenta, le maréchal Mac-Mahon décora le drapeau du 2e zouaves, il était tellement ému qu'il ne pouvait parler. Le drapeau de la Banque qui, pas une seule minute, n'a été remplacé par le drapeau rouge, était digne de cette distinction, et le jour où il a été relevé, en présence du petit bataillon sacré qui l'avait gardé intact, emblème du crédit qu'il avait eu à défendre, on aurait dû lui attacher à la cravate la croix de la Légion d'honneur.

On m'a dit qu'éclairée par l'expérience, la Banque s'était mise en mesure de ne plus s'exposer aux avanies et aux périls dont elle a été atteinte pendant les journées de la Commune et qu'elle pouvait désormais évacuer son encaisse métallique et fiduciaire avec une rapidité vraiment féerique. Toutes les dispositions sont prises ; à la première alerte, les caisses, les serres et les caves seraient vides. Quels moyens la science a-t-elle mis aux ordres de la Banque? C'est là un secret qu'il me sera d'autant plus facile de ne pas divulguer que je ne le connais pas. Dorénavant, du moins, l'État n'aura plus à refuser de rembourser des réquisitions forcées, puisque l'on n'en pourra faire en présence de coffres dégarnis ; la Banque n'aura plus à sauver Paris du pillage et elle n'aura plus à supporter une perte de quelques millions, sous le prétexte mal choisi que ceux-ci représentent pour elle une sorte de caution ou de prime d'assurance.

J'ai parlé d'ingratitude ; on n'en a pas seulement témoigné à l'institution financière elle-même, on en a témoigné aux hommes qui l'avaient dirigée pendant la guerre et pendant la Commune, à ceux qui, sans compter, s'étaient offerts à la France, à ceux dont les prudents sacrifices avaient évité un désastre. Dès le 8 juin 1871, M. Rouland est remplacé au gouvernement de la Banque par M. Ernest Picard. On se rappelle l'impression produite alors par ce fait sur l'opinion publique. Le conseil des régents fut peu satisfait et ne dissimula pas son mécontentement. M. Picard était un homme d'esprit. Il se rendit compte de la situation et comprit qu'il aurait, en qualité de gouverneur, à vaincre des difficultés qu'il ne rencontrerait pas ailleurs. Son ambition changea de but, et il troqua son fauteuil de gouverneur contre un portefeuille de ministre plénipotentiaire. Il s'épargna de la sorte bien des ennuis, et laissa M. Rouland continuer l'œuvre à laquelle il s'est consacré depuis déjà tant d'années[1].

Quand au marquis de Plœuc, qui avait été le capitaine du vaisseau pendant la tourmente et qui ne s'était point ménagé pour le conduire à bon port au

---

[1] M. Rouland est mort subitement, à la Banque, dans la matinée du 12 décembre 1878.

milieu des écueils dont il était entouré, peu s'en fallut, à l'heure de la victoire, qu'on ne lui dressât un autel : *Optimo, maximo.* Lui, du moins, il put croire qu'il avait inspiré quelque sentiment de reconnaissance au gouvernement. Il n'a point perdu pour attendre. Par un décret en date du 5 janvier 1878, signé du maréchal Mac-Mahon et rendu sur la proposition du ministre des finances, « M. le marquis de Plœuc, sous-gouverneur à la Banque de France, est nommé sous-gouverneur honoraire. » En bon français, le marquis de Plœuc est destitué. Dans sa lettre d'adieu au conseil des régents, il put dire sans s'exposer à être démenti par personne : « J'emporte dans ma retraite la satisfaction de pouvoir me dire qu'en toutes circonstances j'ai servi les intérêts qui m'étaient confiés avec le plus entier dévouement. »

Nous avions cru jusqu'à présent que certains services éclatants faisaient les fonctions inamovibles ; la tentative de remplacement dont M. Rouland a été l'objet au lendemain de la Commune, la révocation du marquis de Plœuc quelques années après son commandement en chef pendant l'insurrection, prouvent que nous nous étions trompé ; nous le regrettons, et tous les hommes que n'aveugle pas la passion politique le regretteront avec nous.

FIN DU TOME TROISIÈME.

PIÈCES JUSTIFICATIVES

NUMÉRO 1.

Incident Matillon.

Le chapitre intitulé le *Ministère de la marine* parut dans les livraisons du 1er et du 15 mars 1878 de la *Revue des Deux-Mondes*. Le 11 mai je recevais la lettre suivante :

« Monsieur, j'arrive de bien loin pour vous faire reviser mon jugement prononcé par défaut et après une mise en liberté par ordonnance de non-lieu et un séjour d'environ 5 mois (*aux plus mauvais jours*) dans les diverses prisons de Versailles. Demain soir, samedi, je serai à la prison du Cherche-Midi. Avant de me constituer prisonnier, je m'estimerais très heureux d'avoir un entretien de quelques minutes avec vous; j'aime à croire, monsieur, que votre équité, votre impartialité vous feront un devoir de m'accorder cette satisfaction. Demain matin à dix heures je frapperai à votre porte. Vous voudrez bien considérer ma démarche comme celle d'une conscience honnête et franche qui a été calomniée de la façon la plus indigne par ceux peut-être qui lui doivent la vie. Je vous donnerai des détails. Veuillez agréer, monsieur, mes civilités bien respectueuses.
Matillon. »

Matillon fut exact. Je vis en lui un homme de trente-deux ans, petit, parlant avec une animation un peu fébrile, très poli, courtois, répétant volontiers plusieurs fois la même argumentation, ne se laissant pas interrompre et suivant imperturbablement son raisonnement malgré les observations qu'on pouvait lui adresser Il resta environ deux heures chez moi; aussitôt après son départ, je pris sur notre conversation les notes que voici :

Matillon; engagé volontaire; réengagé pour la durée de la guerre; après le 18 mars reste au Grand-Hôtel à la disposition de l'amiral Saisset. Pour éviter de servir militairement la Commune, se fait attacher comme agent comptable au ministère de la marine par l'entremise de son ami Boiron, — s'est bien gardé de revêtir un insigne militaire quelconque, — a été serviable et bon pour les employés réguliers, qu'il a souvent protégés contre les brutalités de Peyrusset, — reconnaît avoir, le 23 mai, pris le titre de commissaire civil à la marine, avoir retenu et ramené au feu des fédérés qui voulaient s'enfuir, avoir été à l'Hôtel de Ville réclamer un chef énergique pour défendre la position; — il affirme n'avoir pris part à aucun pillage, — ne s'être montré dans les maisons que l'on allait incendier que pour engager les habitants à se retirer, — avoir refusé d'exécuter les ordres de Brunel qui lui prescrivaient de faire fusiller plusieurs employés, — avoir fait cacher sous la table du cabinet du ministre une bombonne de pétrole, afin qu'elle ne causât aucun accident dans la cour où elle était déposée, — avoir eu l'intention de faire fuir les incendiaires en criant : Le feu est aux poudres, tout va sauter, sauve qui peut! — Donne un démenti formel et absolu à tout témoin qui l'accuse de s'être mêlé des incendies, — croit fermement que Gérardot était un agent de police et qu'il a reçu 50 000 francs pour ne pas mettre le feu au ministère, — s'étonne et s'indigne qu'ayant été l'objet d'une ordonnance de non-lieu, il ait pu être poursuivi de nouveau et condamné à mort par contumace en 1872. — Cette condamnation lui pèse; déjà en 1876 il est venu à Paris, sans se cacher, bien décidé à demander justice; il a vu alors MM. (il me nomma des personnages considérables) qui l'ont détourné de son projet, en lui affirmant que pour les faits relatifs à la Commune on n'allait pas tarder à substituer l'action du jury à celle de la justice militaire. Cette seule considération lui a fait prendre patience, mais aujourd'hui la publication de mon étude sur le ministère de la marine lui paraît une occasion propice de faire reviser le jugement qui le frappe, et, malgré tout ce qu'on pourra lui dire, il est résolu à se présenter devant le conseil de guerre.

A l'appui de ses assertions, Matillon me lit une sorte de plaidoyer en quatre pages qui résume les faits dont il vient de m'entretenir. Plusieurs fois j'essaye de l'interrompre par des observations incidentes; il se contente de me répondre : « La logique est pour moi, je ne puis être qu'acquitté, » et il reprend sa lecture.

Après avoir écouté Matillon avec la plus sérieuse attention, je l'ai prié de prendre en grande considération ce que j'allais lui dire et de ne se déterminer à se constituer prisonnier qu'après mûre réflexion et après avoir consulté de nouveau les personnes influentes dont il avait déjà pris l'avis en 1876.

Je lui expliquai que deux instructions parfaitement distinctes avaient été dirigées contre lui : l'une concernant son immixtion dans des fonctions publiques, l'autre relative aux faits de la journée du 23 mai. Le dossier de la première affaire avait seul été soumis à l'examen du magistrat instructeur, qui, tenant compte de la longue détention préventive et de la bonne conduite de l'agent comptable installé par la Commune au ministère de la marine, avait rendu une ordonnance de non-lieu en vertu de laquelle lui, Matillon, avait été remis en liberté. Quant au dossier de la seconde instruction, il avait été momentanément égaré : ce qui n'a rien de surprenant, puisque la justice militaire a eu, immédiatement après la Commune, 38 578 dossiers à vérifier. Le dossier, retrouvé au mois de novembre 1871, motiva de nouvelles poursuites, qui se terminèrent par une condamnation à mort, prononcée le 15 octobre 1872. Il se trouvait donc ainsi dans un cas spécial auquel ne s'appliquait pas l'axiome : *non bis in idem ;* car en réalité il n'y avait pas eu « chose jugée ». Je lui dis que les charges qui pesaient sur lui étaient accablantes ; que l'unanimité et la concordance des témoignages ne paraissaient point devoir laisser subsister de doute dans l'esprit des juges ; que parmi les témoins nul n'avait, nul ne pouvait avoir un intérêt quelconque à faire une déposition mensongère ; que l'enquête faite au ministère était un acte d'accusation terrible, aux suites duquel il devait se soustraire au plus vite ; qu'en se constituant prisonnier, il commettait une véritable folie dont il se repentirait pendant sa vie entière ; que les dépositions écrites dont j'avais eu communication et sur lesquelles j'avais basé mon récit seraient forcément reproduites à l'audience par les témoins eux-mêmes et qu'elles entraîneraient infailliblement une condamnation redoutable ; qu'il se faisait d'étranges illusions sur les souvenirs qu'il avait laissés au ministère de la marine ; que j'étais persuadé que Gérardot n'était pas plus de la police que lui-même et que la somme dont il avait été gratifié était loin d'équivaloir à 50 000 francs.

Matillon m'écouta presque en souriant, le regard un peu perdu, comme s'il avait suivi sa propre pensée au lieu de s'associer au développement de la mienne ; il me répéta : « La logique est pour moi ; je suis certain d'être acquitté. »

Je repris avec insistance et avec une émotion dont je n'étais pas maître ; je lui dis que j'étais touché de sa confiance envers moi et que j'étais très troublé de le voir, lui, tout jeune encore, très vivant, visiblement énergique, se jeter tête baissée, sans motifs sérieux appréciables, dans le gouffre qui fatalement allait se refermer sur lui. Je l'adjurai de renoncer à un projet qui ne pouvait avoir qu'une issue désastreuse ; je le suppliai de partir, de quitter la France, me mettant à sa disposition pour lui en faciliter immédiatement les moyens.

Il me répondit : « Tout le monde m'a dit cela ; mais je suis décidé à me constituer prisonnier et ce soir je coucherai à la prison du Cherche-Midi. »

Je lui proposai alors de faire une démarche auprès d'un avocat célèbre que j'ai l'honneur de connaître, afin d'obtenir qu'il se chargeât de cette cause difficile. Je tentais ainsi de mettre ce malheureux sous la protection d'un très haut caractère et d'un grand talent, afin de le couvrir, en quelque sorte, par la situation exceptionnellement élevée de son défenseur. Matillon accepta avec reconnaissance. Je ne voulais pas offrir à l'avocat dont j'invoquais le secours une cause trop compromise d'avance et je lui écrivis : « Si Matillon ne se savait innocent, il ne viendrait pas réclamer justice. » L'avocat allégua un prétexte de santé et refusa.

Le soir même, ainsi qu'il l'avait résolu, Matillon s'était présenté devant le commissaire du gouvernement près le troisième conseil de guerre et était prisonnier. L'enquête fut longue et dura plus de trois mois. Les débats durèrent trois jours; Matillon fut condamné.

Matillon est-il victime d'une erreur judiciaire? C'est là une hypothèse qu'il est bien difficile d'admettre après la minutieuse instruction dont il a été l'objet, après les dépositions désintéressées et concordantes qu'il a vainement essayé de combattre à l'audience. Il me semble plus vrai que Matillon a fini par croire à l'histoire qu'il se racontait à lui-même, qu'il est, pour ainsi dire, de bonne foi dans ses affirmations, qu'il a eu peut-être, le 23 mai 1871, un accès d'exaltation morbide dont il n'a pas gardé le souvenir et qu'il a de son innocence une certitude naïve que les témoins de ses actes n'ont point partagée. Un mot a été dit au cours du procès, qui pourrait bien être l'explication de son inexplicable conduite : « Il avait comme *l'idée fixe* de se constituer prisonnier. » Je crois, en effet, que Matillon, vivant libre et dans une situation relativement bonne à l'étranger, ne se souvenant ni des observations pressantes qui lui furent adressées, ni du sort affreux qui l'attendait, et venant s'offrir bénévolement aux sévérités nécessaires de la justice, a été conduit par une idée fixe et a subi une impulsion à laquelle il n'a pu résister.

Je donne ici le procès tel qu'il a été reproduit par la *Gazette des Tribunaux*, qui est en quelque sorte le journal officiel de la justice.

JURIDICTION MILITAIRE.

TROISIÈME CONSEIL DE GUERRE, SÉANT A PARIS.

Présidence de M. SAINT-MARC, lieutenant-colonel au 101ᵉ de ligne.

Audience du 2 septembre 1878.

AFFAIRE MATILLON. — INCENDIES DE LA RUE ROYALE. — PARTICIPATION A L'INSURRECTION.

Pierre-Ludovic Matillon, âgé de trente et un ans, ex-chef de la comptabilité au ministère de la marine sous la Commune, condamné à la peine de mort par contumace, est venu spontanément de la Belgique, où il faisait de bonnes affaires comme commissionnaire en grains à Anvers, purger sa contumace et se faire juger contradictoirement.

Il est accusé : 1° de s'être, en 1871, à Paris, immiscé sans titre dans les fonctions publiques civiles de chef de la comptabilité du ministère de la marine ; 2° d'avoir, en même temps et au même lieu, dans un mouvement insurrectionnel, pour faire attaque et résistance à la force publique, occupé le ministère de la marine, édifice public ; 3° d'avoir, en 1871, à Paris, pillé en réunion et à force ouverte une somme de 1100 francs et deux médailles en or, appartenant à l'État et déposées à l'hôtel du ministère de la marine ; 4° de s'être, le 23 mai 1871, à Paris, rendu complice de l'incendie volontaire des maisons, appartenant à autrui, sises rue Royale, 15, 16, 17, 19, 21, et rue du Faubourg-Saint-Honoré, 1, 2, 3, maisons habitées, en provoquant à l'action, par abus d'autorité, des individus restés inconnus, en donnant des instructions pour la commettre et en procurant du pétrole ayant servi à l'action, sachant qu'il devait y servir ; 5° d'avoir, en 1871, à Paris, dans un mouvement insurrectionnel, porté des armes apparentes et des insignes militaires, étant revêtu d'un uniforme militaire et avoir fait usage de ces armes, crimes et délits prévus et punis, etc.

L'accusé est un homme brun, pâle, de taille moyenne ; il est vêtu de noir et a la main gauche revêtue d'un gant de Suède noir ; la droite est fine et blanche et suit par des gestes fréquents les paroles qu'il débite avec intelligence et une grande animation.

Après la constatation de l'identité de l'accusé, M. le greffier lit le rapport de l'affaire, dressé par M. le capitaine Lobert.

Ce document est ainsi conçu :

« Le 15 octobre 1872, le 4ᵉ conseil de guerre permanent de la 1ʳᵉ division militaire condamnait par contumace un nommé Matillon, Pierre-Ludovic, ex-chef de la comptabilité au ministère de la marine sous la Commune, à la peine de mort, reconnu coupable d'avoir pillé dans l'hôtel de la Marine des denrées ou propriétés mobilières et de s'être rendu complice du fait des incendies commis, les 23 et 24 mai, dans la rue Royale.

« Le nommé Matillon, en se réfugiant en Belgique, s'était dérobé dès le 24 octobre 1871 à la mise à exécution de trois mandats d'amener décernés contre lui et sa condamnation ne semble guère l'avoir préoccupé avant le mois de novembre 1876, époque à laquelle il aurait essayé, sans succès, d'être autorisé sous certaines conditions à venir purger sa contumace.

« Le 15 mars dernier, la *Revue des Deux-Mondes* publiait le récit émouvant d'un épisode de la Commune, où Matillon était principalement nommé et mis en évidence. Il se trouva étonné et offensé de voir son nom mêlé à ce récit, et, le 11 mai, il prit la résolution de se présenter devant la justice militaire, demandant à faire la preuve qu'il ne s'était jamais rendu coupable de pillage ni complice du crime d'incendie.

« Dans la séance du 20 mai 1878, le 3ᵉ conseil de guerre, ayant entendu Matillon dans ses moyens de justification, rendit, sur les réquisitions du commissaire du gouvernement, un jugement ordonnant qu'il fût procédé à un plus ample informé sur le fond de l'affaire.

« Le rapport suivant, qui est la reproduction aussi exacte que possible des nombreux témoignages entendus, permettra d'apprécier la valeur des explications données par l'inculpé.

« Matillon Pierre, né à Moulins le 29 octobre 1845, a contracté en 1863 un engagement volontaire de sept ans, pour aller servir en Afrique au 2ᵉ régiment de zouaves. Trois ans plus tard, il changea de corps par décision du gouverneur général, et il fut incorporé au 2ᵉ régiment de spahis. Il avait le grade de maréchal des logis fourrier, quand il passa dans la réserve, au mois de juillet 1869. A cette date il se retira à Moulins, où il se fit employé aux écritures dans diverses maisons de commerce.

« Au mois de septembre 1870, voulant reprendre du service pour la durée de la guerre, il se rendit à Paris, où se reformaient les régiments de spahis.

« Malgré certaines difficultés qui lui étaient suscitées à cause du peu de considération dont il jouissait de la part des gradés du cadre français, il parvint à se faire incorporer avec son grade au 1ᵉʳ régiment.

« Les besoins du service l'ayant appelé, par la suite, à remplir les fonctions de maréchal des logis chef, en l'absence du titulaire, M. le commandant de Balin-Corvet s'étonna de le voir manquer à l'appel le jour même où l'on parla du licenciement des engagés pour la durée de la guerre et il le fit chercher en ville pour le mettre à la salle de police.

« Son trouble quand il se retrouva en présence de son commandant, donne à supposer qu'il n'était pas bien certain de laisser en partant des comptes d'une irréprochable exactitude, et il fit connaître, avant de partir, l'adresse de sa famille, dans le cas où l'on aurait des réclamations à lui adresser.

« La journée du 18 mars trouva Matillon à Paris, sans ressources avouables. Il s'était abstenu de profiter des facilités accordées par l'autorité militaire pour retourner dans sa famille et il était allé prendre un logement, 19, rue Gaillon, dans un hôtel garni, où il cessa de reparaître à partir du 30 avril, ayant négligé toutefois de payer sa chambre et de rembourser une certaine somme d'argent qu'il s'était fait avancer.

« On n'est pas parvenu à connaître les relations qu'il s'était créées à Paris pendant le premier siège; on a lieu de s'étonner pourtant de la facilité avec laquelle il fut pourvu, au service de la Commune, d'un emploi tout à la fois important et lucratif.

« En effet, le 10 avril, le délégué à la marine, Latappy, se l'attacha comme chef de comptabilité. Ces fonctions, qui lui étaient rétribuées 425 francs par mois, lui assuraient en outre une indemnité de frais de table de 3 francs par jour et le logement au ministère de la marine.

« Il n'eut pas la fantaisie de revêtir un costume officiel. Il portait journellement un pardessus gris à collet de velours noir et il se coiffait d'un chapeau bas de forme, qu'on désigne vulgairement sous la dénomination de chapeau melon. Il est indispensable de signaler ce costume, car, pour les faits graves dont il sera question plus loin, certains témoins l'ont désigné en l'appelant l'homme au pardessus gris. Il n'est pas établi qu'il ait porté sur lui des armes apparentes ou cachées.

« Matillon et le personnel de la délégation à la marine vivaient plantureusement au ministère de la marine. Une femme Vignon leur faisait la cuisine. Le témoin Juin a remarqué qu'on y buvait du bon vin et du bon cognac et le témoin Langlet s'aperçut qu'on admettait quelquefois des femmes à table.

« Matillon faisait souvent diversion à l'ordinaire de la vie en commun en traitant des amis à la Taverne anglaise.

« Le premier acte de l'inculpé et de son ami Boiron, secrétaire général de Latappy, à leur entrée en fonctions, fut de faire forcer la caisse et de saisir une somme de 1100 francs, ainsi que deux médailles en or.

« Procès-verbal fut dressé et signé ; mais les médailles ne furent jamais retrouvées, et il est possible de douter que Matillon ait porté sur son registre les 1100 francs en recette. Les perquisitions se continuèrent par la suite sans trop d'interruption.

« Le sieur Juin, serrurier, fut requis pour ouvrir les serrures de toutes les portes et de tous les meubles, ce qui détermina la disparition de tous les menus objets appartenant au personnel absent et l'enlèvement d'une partie de la vaisselle d'argent, qui fut, dit-on, versée au Domaine, par ordre de la Commune.

« L'inculpé prétend être resté étranger à la prise de possession de la vaisselle d'argent. Rien ne vient le contredire. Il a signé, à la date du 13 avril, un bon de délivrance pour un étui de mathématiques et pour une carte grand-aigle, ainsi que différents autres bons de délivrance pour articles de bureau.

« Les fonctions de chef de la comptabilité ont consisté, a dit l'accusé, à tenir les registres des délibérations et le registre-journal des comptes courants, à assurer la solde des équipages, ainsi que celle des employés du ministère, à payer les fournitures courantes, enfin à surveiller la comptabilité du matériel. Matillon a cherché à établir, en faisant citer différents témoins, qu'il avait tenu une comptabilité régulière et fait le possible pour éviter les déprédations de ceux qu'il administrait.

« Il résulte de l'ensemble des renseignements obtenus, qu'à la délégation de la marine chacun s'attribuait le droit d'ordonner des commandes ou de faire à sa fantaisie toute sorte d'acquisitions pour usage personnel, et que les fournisseurs, toujours inquiets, au lieu de s'adresser à l'administration de la Marine, allaient porter leurs réclamations directement à l'Hôtel de Ville, qui faisait ou restituer la fourniture, en tout ou en partie, ou bien délivrer aux intéressés, en personne, des mandats nominatifs à toucher directement aux finances. Ainsi, la commission municipale elle-même éprouvait plus que de la méfiance à laisser intervenir les soi-disant comptables de son délégué à la marine.

« Dans la nuit du 21 au 22 mai, avant de céder la place à l'armée qui venait de franchir l'enceinte de Paris, au Point du Jour, le comptable et ses aides s'empressèrent de mettre le feu à la comptabilité et à tous les registres.

« Matillon prétend être resté étranger à ce singulier excès de précaution, et il affirme que cette mesure avait été prise par Latappy lui-même. Latappy, il faut le dire, a laissé après lui, sous quelques rapports, une impression moins mauvaise que celle de ses acolytes.

« Quel intérêt si grand aurait-il eu à faire anéantir des livres de comptes ? Il se savait entouré d'amis tarés à la délégation de la marine, et il n'est guère probable qu'il se soit naïvement sacrifié à couvrir leurs vols et leurs excès en tous genres.

« Le plus intéressé à faire disparaître les traces de sa gestion ne saurait être un autre que le chef de la comptabilité lui-même, qui, le 1ᵉʳ juin 1871, lors de son arrestation, a été trouvé nanti d'une somme importante et d'une montre en argent, n° 177, propriété de l'État.

« L'accusé croit qu'il n'avait alors en poche que 600 francs, fruit de ses économies.

« Mais, en examinant d'un peu plus près, on trouve qu'entré en fonctions sans un sou, avec des arriérés, le 10 avril, et sorti le 23 mai suivant, il n'a eu réellement droit qu'à quarante-trois jours de traitement à 14 francs l'un, c'est-à-dire à un total de 602 francs, sur lesquels il a été forcé de pourvoir à ses dépenses indispensables, à ses plaisirs, et s'assurer aussi les moyens de se soustraire aux recherches depuis le 24 mai jusqu'au 1ᵉʳ juin 1871.

« La conclusion forcée ne peut en aucun cas être favorable à l'inculpé, qu'on trouve en possession de soi-disant économies assez exagérées ; mais il a réponse à tout et il assure que ses dépenses journalières ne se sont jamais élevées à plus de 2 fr. 50 par jour, et qu'il a été payé de son traitement jusqu'au 10 juin inclus.

« Il serait plus simple de convenir qu'on s'est partagé la caisse avant de se séparer, après avoir brûlé le registre-journal des comptes courants.

« Il ne présente pas de raison plus sérieuse au sujet de la montre de marine, qu'il aurait arrachée, assure-t-il, dans la nuit du 23 au 24 mai, des mains d'un certain mousse qui venait de la voler. Mais, dans cette nuit même, que d'occasions l'accusé n'a-t-il pas eues de la remettre, même contre reçu, soit à M. Gablin, soit à d'autres aussi autorisés? Pourquoi ne l'a-t-il pas fait?

« Quand le 22 mai, de grand matin, on fut certain à la délégation de la marine que l'armée s'avançait dans Paris, la peur s'empara de tous les fonctionnaires de la Commune, qui décampèrent dans différentes directions.

« Le 30ᵉ bataillon de Belleville, qui faisait le service en permanence, prit la fuite avec les autres, et pendant quelques heures M. Mahé, médecin de marine, chef de l'ambulance, ainsi que tous les serviteurs dévoués qui par devoir étaient restés à leur poste, purent espérer être délivrés pour toujours de la bande de misérables qui les avaient envahis ; cependant leur soulagement ne fut pas de longue durée, car, vers dix ou onze heures du matin, ils voient reparaître plusieurs bataillons insurgés et avec eux l'accusé Matillon que le Comité de salut public venait de nommer commandant de la marine.

« Un colonel Brunel alla s'installer avec son état-major au n° 21 de la rue Royale, dans l'établissement connu sous le nom de « Taverne anglaise ».

« Le 169ᵉ bataillon envahit le cercle, rue Royale n° 1. La redoute de la place de la Concorde, construite à l'entrée de la rue de Rivoli, ainsi que toutes les barricades fermant les accès de la rue Royale, furent armées et occupées.

« L'inculpé, qui avait avec lui les hommes provenant de l'équipage de la flottille, canonniers et fusiliers, et le 135ᵉ bataillon, fit connaître qu'il était chargé de la défense du ministère et qu'en sa qualité d'ancien sous-officier de spahis, il saurait bien se tirer d'affaire.

« Le témoin Fauconnier rapporte que Matillon alla lui-même donner ses instructions aux artilleurs fédérés, leur prescrivant de pointer leurs pièces sur le Palais de l'Industrie et sur le ministère des affaires étrangères, et il leur promit des bombes à pétrole qu'il allait se faire envoyer soit de la délégation à la guerre, soit de l'Hôtel de Ville.

M. Berthaudin l'a vu ce jour même se tenir en communication et s'entendre avec le commandant fédéré du 109ᵉ bataillon. Enfin, M. Gablin affirme que Matillon se montra jusqu'à la fin combattant décidé, exécutant tous les ordres que la Commune lui faisait parvenir.

« Les insurgés entretinrent un feu incessant toute la journée du 22 et toute la nuit suivante. Le vin ne manquait pas derrière les barricades et ils étaient surexcités par la présence et les caresses de filles perdues de mœurs, attachées à leurs bandes en qualité d'ambulancières ou de vivandières.

« Le mardi 23, dans la matinée, l'armée occupait le Palais de l'Industrie; elle s'était avancée par la rue du Faubourg-Saint-Honoré presque en avant du palais de l'Elysée et elle était maîtresse de tout le boulevard Malesherbes jusqu'à la Madeleine. Entre deux et trois heures de l'après-midi, ses tirailleurs étaient parvenus à occuper quelques fenêtres donnant sur la place de la Madeleine et leur feu plongeant vint subitement mettre la déroute parmi les défenseurs de la rue Royale.

« On sait que l'ordre formel du Comité de salut public était d'incendier la rue Royale afin d'arrêter le plus longtemps possible les progrès de l'armée régulière. Les renseignements recueillis dans cette information permettent de préciser la direction que l'inculpé a su imprimer aux incendiaires, et les moyens qui ont été employés par lui pour en assurer l'exécution.

« A deux heures de l'après-midi, M. Berthaudin a revu Matillon en observation avec le commandant du 109ᵉ bataillon; il paraissait alors plus animé que la veille, et l'air d'autorité et de commandement qu'il prenait lorsqu'on s'approchait de lui, fit supposer au témoin qu'il avait devant les yeux un membre de la Commune.

« Mme Lambert, de son côté, a vu l'accusé dans cette après-midi, malgré la fusillade, traverser la rue Royale à trois reprises différentes. Matillon reconnaît que c'était dans le but de faire évacuer les maisons sacrifiées à la défense, et qu'il s'était particulièrement intéressé au personnel de l'établissement de la Taverne anglaise où venait de se déclarer, affirme-t-il, un commencement d'incendie allumé par les obus de l'armée.

« L'incendie de la Taverne anglaise n'a jamais été occasionné par les obus de l'armée régulière, mais bien par le pétrole des insurgés, et cela beaucoup plus tard, dans la nuit du 23 au 24, vers une heure du matin. (Déclaration de Mme Weber.)

« Et si l'inculpé voulait expliquer sincèrement son activité si bien remarquée, il avouerait qu'il avait intérêt à aller s'assurer par lui-même de la situation de l'armée, et qu'il allait se concerter avec Brunel sur la nécessité pressante de faire commencer les incendies.

« En effet, vers trois heures de l'après-midi, une panique se manifesta dans l'intérieur de l'hôtel du ministère ; les fédérés se mettaient à battre en retraite par la rue Saint-Florentin, mais l'inculpé courut les retenir et, étant parvenu à les arrêter dans la cour, il leur persuada qu'il fallait résister ; qu'il avait demandé du pétrole à l'Hôtel de Ville et que ce pétrole ne tarderait pas à arriver.

« Il leur fit faire une distribution de vin et de biscuit.

« Puis il prit soin d'aller lui-même les embusquer aux fenêtres et, pour donner l'exemple, il se mit à tirer avec eux plusieurs coups de feu dans la direction de la troupe.

« Quelques instants plus tard, les insurgés purent voir sortir du ministère, traînée par deux fédérés, une petite voiture à bras chargée de deux touries de pétrole. La voiture s'arrêta devant la maison où habite Mme Maréchal, 15, rue Royale. Le pétrole fut répandu dans la maison même, et les flammes ne tardèrent pas à jaillir par les fenêtres du premier étage.

« Le pétrole, en réserve au ministère, était livré aux incendiaires. L'œuvre de destruction allait s'étendre sans interruption aux maisons de la rue Royale portant les nos 15, 16, 17, 19, 21, et 1, 2, 3 de la rue du Faubourg-Saint-Honoré.

« La provision annoncée par Matillon ne tarda pas à arriver sur un camion, expédiée du grand dépôt central de l'Hôtel de Ville.

« Le feu ne prenait pas assez rapidement au gré des fédérés. Ils vinrent chercher une pompe qu'ils voulurent remplir de pétrole, et comme le jeu de cette pompe ne leur donnait pas le résultat attendu, ils retournèrent en chercher une seconde. Ils s'adressèrent même à l'inculpé pour se faire délivrer un entonnoir, afin de faciliter l'opération du remplissage.

« Celui-ci les envoya à M. Fauconnier.

« Matillon ne cessa pas de suivre tous ces préparatifs avec intérêt, et pour exciter ces scélérats, il n'hésita pas à s'avancer avec eux jusque sur la porte du ministère.

« Alors, leur désignant les maisons de la rue Royale, il s'écria :
« Mes amis, mettez le feu ! — Vive la Commune ! » vociférèrent les fédérés.

« M. Le Sage affirme avoir été le témoin oculaire de cette scène. Il se trouvait alors à côté de Matillon.

« L'inculpé fit ensuite avancer de la barricade un pièce de 12, qu'il fit placer en batterie sur le trottoir devant le n° 6. Cette pièce était servie par des femmes et des artilleurs en état d'ivresse. Elle était chargée avec des obus dont on entourait préalablement la capsule d'un tampon d'étoupe qu'on trempait dans un bidon rempli de pétrole, placé à proximité de la culasse du canon. Son tir était dirigé sur les maisons de la rue Royale portant les n°s 17, 19 et 21. Après chaque coup bien tiré, Matillon et ceux qui l'entouraient, jetaient leurs chapeaux en l'air et criaient : Vive la Commune ! »

« L'incendie ne tarda pas à se propager aux numéros impairs de la rue Royale avec une rapidité effrayante ; les incendiaires s'acharnaient sur plusieurs points à la fois. Ils avaient pratiqué des brèches de maison en maison et ils trouvaient à s'approvisionner de pétrole au dépôt établi au ministère.

« Au n° 13 de la rue Royale, Mme Laurent, intéressée à suivre les incendiaires qui avaient envahi sa maison, s'aperçut que l'appartement supérieur venait d'être inondé de pétrole. On en avait répandu jusque dans le lit. Un fédéré tira, en sa présence, un coup de feu pour communiquer la flamme au pétrole. Le procédé ne réussit pas. Par hasard, l'insurgé chargé de descendre pour se procurer une allumette se laissa gagner par une pièce de 20 francs. La maison fut épargnée.

« Mme Laurent eut encore à lutter pour faire éloigner de sa porte une pompe à incendie, remplie de pétrole. Cette pompe reparut quelques instants plus tard, mais elle s'arrêta définitivement devant le n° 15, où elle arriva après la petite voiture qui a été signalée plus haut. Les incendiaires qui étaient restés maîtres de la maison depuis la cave jusqu'au grenier, avaient répandu du pétrole partout. Le feu fut allumé par un paquet d'étoupe enflammée lancé de la rue dans une chambre de l'entresol.

« C'est par le n° 15 qu'on faisait arriver le pétrole aux n°s 1 et 3 de la rue du Faubourg-Saint-Honoré. Le feu s'est propagé des entresols aux étages supérieurs. Sept personnes ont péri étouffées dans l'incendie de la maison portant le n° 1 de la rue du Faubourg-Saint-Honoré.

« Au n° 2 de la rue du Faubourg-Saint-Honoré, le liquide inflammable a été lancé par une pompe. La maison commença à brûler vers quatre heures du soir.

« Le n° 17 brûlait à trois heures de l'après-midi ; l'incendie a commencé par la loge du concierge.

« La Taverne anglaise a été incendiée dans la nuit du 23 au 24 mai. Le pétrole enflammé ruisselait le long des caves.

« En face, le n° 16 a été pillé, puis brûlé entièrement.

« Il est établi que, jusqu'au dernier moment, l'inculpé a déployé dans l'accomplissement de cette tâche abominable une ardeur, une passion et une énergie toujours croissantes.

« Au plus fort du désastre, toutes ses préoccupations se trouvaient en même temps concentrées sur deux points : assurer sa retraite en faisant vigoureusement occuper la barricade de la rue Saint-Florentin, et défendre sans pitié ni merci toute la rue Royale.

« Après une reconnaissance à l'entrée de la rue du Faubourg-Saint-Honoré, il sembla désespérer de lui-même et de Brunel, et vers cinq heures du soir il monta à cheval et se rendit à l'Hôtel de Ville, où il donna l'avis pressant que, si l'on voulait conserver la position, il fallait envoyer un chef énergique et des munitions.

« A son retour, à sept heures du soir, il trouva Brunel et ses officiers installés au ministère de la marine. Ceux-ci venaient d'abandonner la Taverne anglaise, où ils s'étaient fait héberger depuis la veille. L'approche de la nuit donnait au quartier un aspect terrifiant.

« Les fédérés, gorgés de vin et d'eau-de-vie, continuaient aux barricades un feu roulant et convulsif. L'incendie, dans toute sa violence, anéantissait en partie le côté gauche de la rue Royale. Toutes les maisons étaient menacées, le ministère des finances était en flammes.

« Les insurgés, hommes et femmes, saccageaient les habitations et se livraient à tous les excès. Les artilleurs poussaient des vociférations et réclamaient à boire. Une distribution leur fut livrée par ordre de Matillon sur le vin réservé qui avait échappé aux pillards.

« Dans le ministère même, au premier étage, les officiers buvaient et mangeaient en compagnie de femmes. Les ivrognes gradés et non gradés se vautraient dans les appartements. Les pétroleuses rôdaient dans tous les coins et s'offraient au premier venu. C'était sinistre et écœurant.

« L'inculpé dominait tous ces misérables et ne tenait plus cachées les résolutions extrêmes de la Commune. Vers dix heures du soir, il fit approcher de la fenêtre un témoin réfugié, la dame Fontaine, et, lui montrant les incendies de la rue Royale, il eut l'audace de s'exprimer ainsi : « Regardez comme c'est joli ; on dirait des flammes de Bengale. Dans peu de temps le ministère sautera. »

« Au milieu de ce mouvement, chacun préparait l'explosion. Les paquets de cartouches étaient semés partout. Les insurgés en bourraient les tuyaux de cheminée. Une couche d'obus décoiffés et des caisses de gargousses étaient rangées dans une des cours du ministère ; des bombonnes de pétrole et des bombes explosibles étaient disposées dans les appartements supérieurs.

« Les clameurs qui signalaient l'embrasement du palais des Tuileries inquiétèrent Matillon et Brunel. Ils craignirent que leur ligne de retraite ne se trouvât coupée de ce côté, et, pour s'en assurer, ils allèrent tous deux parcourir le jardin en tous sens et reconnaître les issues encore praticables. A leur retour, ils trouvèrent une dépêche leur enjoignant de se replier.

« Ils montèrent à la salle où leurs officiers étaient en train de prendre le café, et une espèce de conseil décida de faire appeler le chef de l'ambulance.

« Le docteur Mahé, accompagné de M. Cazalis, pharmacien en chef, se rendit, un peu avant minuit, à la sommation du commandant militaire de la marine, et Brunel lui présenta, sans s'en dessaisir, un pli sur lequel il put lire : « Incendiez et faites sauter le ministère de la marine. » Et au-dessous : « Le Comité de salut public. »

« M. Mahé s'inquiéta de suite et seulement de son ambulance et il se mit à énumérer ce qu'on éprouverait de difficultés à tenter l'évacuation de soixante blessés graves, hors d'état d'être transportés.

« Il n'y a pas à discuter les ordres de la Commune, acclama Matillon.

« Cette brutale interruption n'intimida pas le docteur Mahé, qui plaidait une cause d'humanité intéressant aussi bien ses sept blessés du premier siège que les cinquante-trois autres appartenant aux bandes de la Commune.

« Enfin, comme on se répétait, avant de consentir, à s'en rapporter à de nouveaux ordres qu'on allait demander à l'Hôtel de Ville, c'est encore l'inculpé qui mit fin aux pourparlers, en ajoutant : « D'ailleurs, Latappy sera là pour voir ce qu'il y a à faire. »

« Le docteur Mahé avait le pressentiment qu'en cherchant à gagner du temps il parviendrait peut-être à conjurer le désastre, et, dès ce moment, il s'ingénia à accumuler des embarras tendant à retarder le départ des blessés. Mais vers trois heures du matin l'ambulance fut envahie par une bande de fédérés conduits par Brunel et ses officiers. Ils se présentaient pour enlever les blessés le plus promptement possible, car, disaient-ils, la Commune maintenait ses premiers ordres et commandait l'évacuation des blessés avant d'incendier le ministère.

« Ce fut alors un désordre et un tumulte indescriptibles.

« Les fédérés, presque tous en état d'ivresse, se bousculaient sans avancer, et les blessés, à la merci de leurs violences et de leurs brutalités, poussaient des cris aigus.

« Vers quatre heures du matin, il ne restait plus que sept ou huit malheureux trop grièvement blessés pour être transportés. Le docteur Mahé fit observer à Brunel que ces hommes étaient perdus si on les déplaçait. Brunel les examina un instant et, après une courte hésitation, il se décida à certifier à M. Mahé que, puisqu'il en était ainsi, on ne mettrait pas le feu, on ne brûlerait pas. Puis il disparut.

« Rien dans l'attitude de l'inculpé n'est venu confirmer ce qu'il a prétendu : que la décision implacable du Comité de salut public l'avait vivement ému et qu'il s'était multiplié pour conjurer le désastre. En effet, en toutes circonstances il a donné des preuves d'impatience manifeste, soit au conseil où s'est discuté le sort de l'ambulance, soit plus tard en présence du témoin Fauconnier à propos de l'évacuation des blessés. « C'est embêtant, s'est-il écrié, on ne peut rien faire ici. »

« Après avoir congédié MM. Mahé et Cazalis, il se hâta de faire prévenir ou d'aller prévenir lui-même les habitants du ministère, et quand il s'adressait à ceux qu'il rencontrait, c'était en termes brefs et décidés : « Emportez, leur disait-il, ce que vous avez de précieux ; on va mettre le feu. »

« Puis on le vit se mêler aux groupes de fédérés qui s'agitaient et mettaient la dernière main aux préparatifs d'incendie. Il fit placer par un mousse une bombonne de pétrole dans le cabinet et sous le bureau du ministre. Un obus de gros calibre fut aussi déposé dans la cheminée, dissimulé complètement sous un tas de vieux papiers.

« C'est Matillon qui, en s'en allant, a poussé ce cri : « Tout le monde dehors ! Le ministère va sauter ! Le feu est aux poudres ! » Et il avait la conviction que ce n'était plus qu'une question de temps et même de minutes, car M. Langlet, qui n'a cessé d'accompagner l'accusé jusqu'au dernier moment, l'a surpris dans la cour assis sur un banc, s'entretenant à voix basse avec un adjudant fédéré nommé Gérardot.

« Le témoin n'a pas entendu ce qu'ils pouvaient se communiquer ; mais, ayant laissé Matillon disparaître sous la voûte aboutissant à la porte donnant sur la rue Saint-Florentin, il se jeta précipitamment sur Gérardot, qui s'apprêtait à briser une tourie de pétrole pour en répandre le contenu. « Que faites-vous là ? s'écria-t-il. — F..... le camp, tout va sauter ! hurla Gérardot. — Et les blessés ? reprit Langlet. — Ce n'est pas vrai, Matillon vient de me dire qu'il n'y en avait plus. — Est-ce Matillon qui vous a donné l'ordre de mettre le feu ? — Oui, » répondit Gérardot.

« M. Gablin intervint à son tour, et à force de promesses, puis de menaces, Gérardot se décida à ne pas donner suite aux ordres qu'il venait de recevoir.

« En quittant le ministère de la marine, l'inculpé se sauva à l'Hôtel de Ville, où il rendit compte de sa mission. Dès ce moment, dit-il, il se désintéressa du sort du gouvernement insurrectionnel, et il alla se réfugier dans une maison meublée, à proximité de la rue du Temple.

« L'information s'est attachée à s'éclairer des renseignements les plus importants. Elle est parvenue à recueillir les témoignages les plus autorisés et les plus indispensables à la manifestation de la vérité. Généralement, les témoins ont présenté, dans un récit souvent développé, un ensemble de faits précis et des plus graves à la charge de l'inculpé; mais il est à remarquer qu'il n'a été indiqué aucune circonstance, aucune particularité qui puissent lui être favorablement attribuées.

« Au 1er juin 1871, l'accusé habitait 6, rue de Châteaudun, et il prenait ses repas taverne du Helder, rue Taitbout, où il fut mis en état d'arrestation et amené en présence de M. Humann, aide de camp de M. le ministre de la marine, chargé de l'enquête sur les actes du gouvernement insurrectionnel commis au ministère de la marine

« Son attitude fut des plus fermes et il n'a pas cherché alors à se retrancher derrière les ordres supérieurs pour expliquer la part des plus actives qu'il avait prise à la défense du ministère et des alentours, principalement pendant les derniers jours de la lutte.

« M. Humann lui a fait remarquer que non seulement des témoignages unanimes le représentaient comme ayant fait le coup de feu sur les barricades qui flanquaient le ministère, mais encore que la rumeur publique le désignait comme l'instigateur des incendies de la rue Royale et du faubourg Saint-Honoré. Il n'a opposé aucune protestation contre ces accusations. Il a reconnu avoir été dépositaire des ordres de Brunel et s'en être déchargé, au dernier moment, sur Gérardot.

« En résumé, l'inculpé n'est pas parvenu à se disculper des faits graves qui lui sont reprochés.

« Sans fournir aucune preuve, il s'est attaché à donner des explications et à essayer d'écarter sur toutes choses l'intention criminelle.

« Il prétend s'être montré bienveillant envers le personnel régulier, qu'il aurait surtout protégé et fait maintenir en fonctions, et il ne s'explique pas que chacun lui soit resté hostile.

« Il convient d'avoir assisté, comme témoin, à différents actes sérieux, mais aussi avoir fait tous ses efforts pour en atténuer les effets.

« Il oppose des dénégations formelles aux accusations capitales que les témoins ont formulées contre lui. Il n'est pour rien, dit-il, dans les incendies de la rue Royale, et il a tout fait pour sauver le ministère. A ce sujet, il entreprend un long récit de la nuit du 23 au 24 mai, y mêlant certains épisodes extravagants, récit qui ne fait que le compromettre davantage, et qui donne la meilleure preuve de son audace, de sa témérité, et surtout de l'ascendant qu'il possédait sur les insurgés. »

M. le commandant Romain, commissaire du gouvernement, soutiendra l'accusation.

Mᵉ Lesenne est au banc de la défense.

Il est procédé à l'interrogatoire de l'accusé.

L'accusé demande la parole et dit :

« Permettez-moi de demander si le jugement de plus ample informé, rendu au mois de mai dernier, a pour effet d'écarter ce qui m'est favorable, et notamment d'empêcher des témoins, sur la présence desquels je comptais, d'être entendus. M. Humann, officier de marine, qui m'accuse, ne doit pas venir, à ce qu'il parait. »

Mᵉ Lesenne demande communication de deux dossiers relatifs, l'un à un condamné par contumace, nommé Brunel, et l'autre relatif à des pétroleuses.

M. le président lui dit que ces dossiers lui seront commmuniqués.

L'accusé s'étonne que M. Palade de Champeaux, ancien officier de marine, ne soit pas là, ni M. Cazalis, pharmacien attaché à l'ambulance du ministère en 1871.

M. le commissaire du gouvernement lit une cédule, constatant que M. Palade de Champeaux, en retraite, est au Pérou; M. Cazalis, pharmacien, est aux Indes, et M. Humann, officier de marine, en mission à l'étranger.

M. le président invite l'accusé à faire ses observations avec calme.

L'accusé : Je respecte trop mes anciens chefs pour ne pas avoir confiance en mes juges ; mais la position qui m'est faite, à moi, qui spontanément suis venu pour purger ma condamnation par contumace, est terrible, puisque je ne puis me trouver devant les témoins les plus importants.

D. Il résulte des pièces qui vous ont été lues que vous êtes accusé de plusieurs sortes de crimes et délits. Vous avez été engagé volontaire, vous êtes entré au 2ᵉ spahis, vous avez été maréchal des logis fourrier ; vous êtes parti du service avec un certificat de bonne conduite. — *R.* J'ai quitté le service en 1869 et me suis retiré à Rambouillet. Quand la guerre est survenue, je suis arrivé à Paris demander à m'enrôler dans le 2ᵉ spahis, dont un détachement venait d'Afrique. Quand l'armistice a eu lieu, je voulais partir prendre du service en province, mais j'ai été pris de fièvre et suis resté. Je reconnais que j'ai exercé des fonctions civiles au ministère de la marine, mais je n'ai pas pillé ni incendié les maisons. Le 1ᵉʳ juin, j'ai été arrêté sur la dénonciation d'un ancien officier, M. Peyrusset, avec qui je me trouvais en bons rapports. J'ai été l'objet d'une ordonnance de non-lieu au bout de cinq mois. Au mois de novembre, on a voulu m'arrêter;

de nouveau et je suis parti pour la Belgique. J'ai appris ma condamnation par contumace et j'ai demandé au ministère l'autorisation de faire rectifier mon jugement.

D. Vous êtes venu en 1876 à Paris? — *R.* J'ai, en allant à Paris, voulu obtenir d'être de nouveau jugé, en étant laissé en liberté provisoire; j'ai vu des personnes considérables : on ne m'a pas arrêté; on m'a demandé si j'étais fou, et un de ces messieurs m'a même dit : « Prenez un revolver, et ce sera plutôt fait. » Je suis retourné à Anvers, soucieux, regrettant de ne pas avoir pu obtenir d'être laissé en liberté provisoire et de passer devant le conseil de guerre. Quand j'ai lu l'article de M. Du Camp, dans la *Revue des Deux Mondes,* au printemps de cette année, cette publicité n'a fait que redoubler mon désir de faire tomber mon jugement : je suis venu me constituer prisonnier.

D. Revenons à ce que vous avez fait en mars 1871. — *R.* Après être resté malade jusqu'au 20 mars, j'appris le meurtre des généraux Lecomte et Clément Thomas, et je voulus faire partie de la manifestation pacifique de la rue de la Paix; mais, voyant des gens armés, je n'y ai pas pris part. La Commune a voulu m'incorporer dans la garde nationale, parce que j'étais libéré du service militaire, sans quoi l'on m'aurait laissé neutre. Un de mes amis me recommanda au délégué au ministère de la marine, et n'ayant pas d'argent, pour éviter de porter les armes contre mes anciens frères d'armes, j'acceptai les fonctions provisoires de chef de la comptabilité au ministère; c'était un titre, mais je n'avais pas d'employés sous moi. Ma nomination a eu lieu le 10 avril.

D. Vous avez signé des réquisitions? — *R.* Simplement pour des fournitures de bureau pour mon service.

D. Qu'avez-vous fait de votre comptabilité? — *R.* Elle a été brûlée pendant que je parcourais les Champs-Élysées pour voir s'il était vrai que l'armée apparaissait le 23 mai.

D. Qu'avez-vous fait à votre entrée au ministère; où logiez-vous? — *R.* J'ai assisté à l'ouverture de la caisse contenant 1100 francs et une médaille d'or; j'ai porté l'argent en recette. L'argent est entré dans la caisse du comptable. Je logeais dans une chambre du rez-de-chaussée. Je touchais 425 francs par mois; j'étais avec mon ami Boiron, qui m'avait fait nommer. Une femme d'un employé du gouvernement régulier nous a fait la cuisine, car je n'ai pas dîné une fois au restaurant; si j'y ai été, c'était le soir pour prendre un bouillon.

D. Qu'est devenue l'argenterie? — *R.* Une partie en a été donnée par M. Gablin au fonctionnaire de la Commune nommé Fontaine.

D. Les employés du ministère constatent que jusqu'au 21 mai on n'a pas eu à se plaindre de vous. — *R.* Tout le contraire, j'ai demandé au gouvernement de la Commune de laisser les anciens employés, qu'on voulait renvoyer, pour éviter, en toute hypothèse, des responsabilités.

D. N'y a-t-il pas eu des dîners au ministère où se trouvaient des femmes? — *R.* Il n'y a eu que Mme D..., femme d'un officier, qui venait de province chercher son mari au service de l'insurrection. Elle y a dîné quelquefois, je crois.

D. Arrivons aux journées des 21, 22, 23 et 24 mai. Le 21, dans la nuit, vous avez appris l'entrée de l'armée régulière, à quelle heure? — *R.* A deux heures du matin; vers sept heures, je quittai le ministère pour aller mettre mes effets chez moi, avec Cruchon et Boisseau, directeur du matériel; on me disait : « Il faut vous cacher. » Je voulais quitter Paris. Je suis allé, à neuf heures, déjeuner avec eux. Pour m'en aller, je désirais emmener Boiron pour éviter qu'en sa qualité de fils de déporté de l'Empire, il ne voulût se battre. Je revins le chercher au ministère, vers quatre heures. J'ai appris que le colonel Brunel était à la Taverne anglaise. J'ai été demander de prendre des mesures pour empêcher d'entrer au ministère de nouveaux bataillons de la Commune qui voulaient en prendre possession. Je ne pus voir Brunel.

D. N'avez-vous pas pris le titre de commandant civil de la flottille? — *R.* Le lendemain, j'ai pris cette qualité pour m'opposer à l'entrée des bataillons dans le ministère, parce que je n'avais pas de costume et qu'il fallait avoir un titre pour être écouté.

D. Qu'avez-vous fait le 23? — *R.* Le 23 j'ai pris sur moi de déchirer un mandat d'amener décerné contre Gablin, Le Sage, le concierge du ministère, et Fauconnier.

D. Vous êtes allé rue Royale? — *R.* Non. Le capitaine des fusiliers marins qui étaient dans le ministère rangea ses hommes dans la rue; j'ai regardé, je n'ai pas été dans la rue à ce moment.

D. Y a-t-il eu une alerte le 23? — *R.* Une jeune fille de la Taverne anglaise est venue en larmes dire que le feu était à la taverne, mis par les obus de l'armée; j'ai été pour la calmer et retrouver sa mère; j'ai vu deux gardes nationaux tomber atteints par les balles. La fusillade était vive.

D. Y a-t-il eu une autre alerte? — *R.* Un peu plus tard un capitaine est venu au ministère, où j'étais rentré, me demander un entonnoir; je pensais que c'était pour le vin que j'avais distribué peu avant, mais ensuite j'ai demandé pourquoi : on m'a dit que c'était pour mettre le feu à la maison du coin de la rue Royale, où est le marchand de vins. Je m'y opposai en disant qu'on n'avait pas prévenu tous les habitants, et comme les gardes nationaux s'enfuyaient par suite de détonations qui annonçaient l'approche de l'armée, je criai que c'étaient des lâches qui fuyaient et qu'on tire sur eux; je pris même un fusil, je tirai, mais il n'y avait pas de troupes de l'armée dans la rue : c'était pour essayer le mécanisme du fusil à tabatière, que je ne connaissais pas; je l'avais pris des mains d'un garde.

D. N'avez-vous pas demandé un chef énergique? — *R*. J'ai été à l'Hôtel de Ville et là j'ai dit en effet que si on voulait défendre la barricade de la rue Royale, il fallait nommer un chef énergique; je suis revenu au ministère vers cinq heures, et j'ai trouvé Brunel que je voyais pour la première fois, et une batterie installée dans la rue Royale. Elle envoyait des projectiles par-dessus la Madeleine, parce qu'on croyait que l'armée allait déboucher par là.

D. N'a-t-on pas fait des brèches dans les murs intérieurs des maisons de la rue Royale? — *R*. Non. J'ai fait donner à manger aux femmes de la Taverne anglaise qui étaient venues se réfugier au ministère. Je ne sais rien des brèches.

D. Saviez-vous comment on chargeait la pièce de canon qui était devant le ministère dans la rue Royale? — Je ne sais pas, mais on a dit qu'il y avait des étoupes autour des projectiles; je ne crois pas que ce soit possible.

D. Avez-vous distribué du vin? — *R*. Les hommes en ont demandé, et pour éviter le pillage, j'ai fait donner du vin coupé d'eau.

D. Le ministère des finances brûlait à ce moment? — *R*. Oh! depuis le lundi matin avant notre départ du ministère, le feu y était mis.

D. N'avez-vous pas su qu'on voulait mettre le feu au ministère? — *R*. Je voulus m'y opposer, et pour cela j'ai dit qu'il fallait, au lieu de brûler le ministère, le défendre et s'ensevelir sous ses ruines comme les marins du *Vengeur* sous la première République.

D. Cette comparaison n'est pas juste : les héroïques marins du *Vengeur* sont morts pour la France, et vous, vous combattiez contre la France. Continuez. *R*. Il y avait une confirmation de l'ordre de mettre le feu au ministère, en ayant soin de faire évacuer les blessés.

D. N'avez-vous pas dit qu'il fallait obéir aux ordres? — *R*. Non, puisque je m'y étais opposé. Les personnes qui étaient réfugiées au ministère ont été prévenues par moi de la volonté de Brunel de mettre le feu. J'ai vu dans la cour Gablin et Gérardot près d'une tourie de pétrole, Langlet y était aussi; j'ai frémi au danger qu'un accident pouvait occasionner, j'ai fait porter par un mousse cette tourie dans un appartement où il était défendu d'entrer. J'ai dit aux personnes qui étaient là : « Ne craignez pas, le danger est passé. » M. Cazalis m'a dit : « Mais il y a encore des blessés. » Je lui ai répondu qu'ils étaient dehors, puis j'ai crié : « Sauve qui peut, tout va sauter! » C'était pour faire fuir tout ceux qui devaient allumer l'incendie. En m'en allant vers l'Hôtel de Ville, je rencontrai Brunel et ses hommes, chassés de la place Vendôme par l'armée régulière; il voulait réoccuper le ministère, j'ai même été menacé d'arrestation pour en être parti avant que le feu y eût pris. A l'Hôtel de Ville, où je suis allé à ce moment, ma conduite a été blâmée également pour ne pas avoir fait mettre le feu aussitôt les ordres reçus.

D. Après où êtes-vous allé? — R. Je suis allé me réfugier dans un garni du quartier du Temple.

M⁰ Lesenne prend acte des conclusions qu'il dépose sur le bureau du conseil, pour demander acte de ce qu'un témoin est resté dans l'auditoire pendant la fin de l'interrogatoire. Le conseil donne acte et les débats continuent.

Avant de procéder à l'audition des témoins, M. le président donne la parole à M. le greffier pour faire connaître un rapport fait par M. Mahé, docteur-médecin du ministère de la marine, qui avait la direction d'une ambulance établie au ministère; il en résulte que l'accusé a été vu dans la cour près d'une tourie de pétrole.

L'accusé demande si c'est l'original qu'on lit ou une copie du rapport et proteste contre le sentiment que semble lui prêter M. Mahé; il affirme qu'il a fait disparaître la tourie pour empêcher des malheurs. Il regrette que M. Cazalis ne soit pas entendu.

Mme Laurent, concierge du n° 17, rue Royale-Saint-Honoré : Le 24 mai, une voiture, qui venait du côté du ministère de la marine, s'est arrêtée devant la maison et on en a retiré du pétrole avec lequel on a enduit les chambres des domestiques, le mardi à deux ou trois heures. J'ai vu un homme en paletot gris que les fédérés traitaient avec respect, ce qui n'était pas leur habitude; on m'a dit que c'était Dombrowski : ce qui n'était pas puisque ce dernier aurait eu un uniforme; on m'a dit aussi que c'était Raoul Rigault, on ne savait qui c'était. Sept personnes ont été brûlées dans les caves de la maison du coin de la rue, j'en ai vu retirer les cadavres plus tard; j'ai été chercher la marchande de vins qui était dans sa cave, en lui annonçant que le feu était au-dessus d'elle. Elle es venue avec le garçon du magasin se réfugier à la maison. On a construit une barricade à la rencontre de la rue Saint-Honoré et de la rue Royale et on y a mis une pièce de canon.

Mme Desjardins, employée de commerce : Ayant entendu le concierge de la maison du n° 15, que j'occupais, dire dans la cour que le feu allait être mis à la maison, je suis descendue; un homme m'a apostrophée et m'a fait rentrer. Je suis sortie par un autre côté et me suis réfugiée chez Laurent. Le feu a consumé la maison vers cinq heures; plus tard une pompe et des accessoires, venant du côté de la place de la Concorde, a été amenée devant la maison.

M. Vallée, ancien marchand de vins, 16, rue Royale : Le 4 juin, en revenant à Paris, que j'avais quitté pour éviter de servir la Commune, j'ai trouvé ma maison pillée, saccagée.

L'accusé dit qu'il a protégé celui qui tenait la maison du témoin Le témoin dit que cet homme s'appelle Jules Loyer, mais qu'il ne sait pas où il est.

Durand, concierge : Les murs des maisons 1 et 3, reliées par les barricades, étaient percés pour laisser passer un homme. Les barricades ont été faites le 22. Je ne sais au juste à quelle heure.

M. le président : Vous avez dit dans l'instruction que c'était le matin.

Le témoin : Si dans l'instruction je l'ai dit, c'est exact, car mes souvenirs étaient plus précis à ce moment que maintenant.

Mme Bourcelet, rentière : Ma fille était employée à la Taverne, et quand le feu a éclaté, elle et moi nous nous sommes réfugiées au ministère vers les cinq heures; les fédérés nous avaient prévenues; à une heure du matin, on a dit que le ministère allait sauter; on m'a donné une couverture.

L'accusé : Est-ce moi?

Le témoin : Je ne reconnais pas l'accusé pour être la personne qui m'a remis la couverture; je croyais que c'était M. Fauconnier.

(Sur interpellation) : J'ai entendu des chants pendant la nuit et trinquer.

(Sur interpellation du défenseur) : Je n'ai pas quitté ma fille un instant.

L'accusé dit que le témoin ment et que sa fille est venue vers lui à une heure du matin et, voyant les incendies, elle aurait dit : « C'est comme des feux de Bengale. » La mère n'était pas à côté d'elle.

M. le président : Ne parlez pas ainsi du témoin et soyez calme en discutant les charges qui pèsent sur vous.

M. Adrien Lainé, rentier : J'étais concierge du ministère, du côté de la rue Saint-Florentin. J'ai vu Matillon qui passait, vêtu d'un paletot gris. Une voiture de pétrole est entrée le 23 mai; elle était escortée par différents hommes, dont un en paletot gris. Je ne reconnais pas l'accusé pour celui qui était avec la voiture.

Juin, quarante ans, serrurier : J'ai fait, sur réquisition, toutes les ouvertures des portes; on m'a arrêté avec M. Gablin et un autre comme complice de Versailles; j'ai dit que je n'étais pour personne; on m'a retenu deux heures. J'ai vu une pompe à incendie dans la cour du ministère, et on n'a pas pu s'en servir pour lancer du pétrole.

Matillon n'a pas pris l'argent de la caisse que j'ai ouverte; c'est Boiron et l'ingénieur qui ont reçu l'argent et les deux médailles.

(Sur interpellation du commissaire du gouvernement) : Matillon n'y était pas.

M. le commissaire du gouvernement : L'accusé lui-même reconnaît avoir assisté à l'ouverture de la caisse. Je ne veux pas dire autre chose.

L'accusé : Je suis venu à la fin de l'opération.

Le témoin (sur interpellation du défenseur) : Je n'ai pas vu Matillon près de la voiture de pétrole ni près de la pièce de canon.

Manfrina, fumiste : J'ai été arrêté et interrogé par Boiron; on m'a relâché une demi-heure après. J'ai vu entrer une grande barrique de pétrole; j'ai trouvé au ministère, après la lutte, des cartouches qui ont rempli deux seaux; j'ai entendu dire qu'on voulait brûler le ministère, mais comme ils ont pris le pétrole pour brûler les maisons de la rue Royale, il n'en resta plus pour le ministère.

(Sur interpellation) : Matillon avait une certaine autorité dans le ministère.

Mme Grabel, marchande de parapluies : J'ai vu une pièce de canon mise en batterie devant le n° 6 de la rue Royale, où nous demeurions. Un palefrenier vint nous dire que le feu allait embraser toute la rue Royale. Nous avons refusé de partir, et nous sommes restés à cause de nos enfants et de nos employés, en recommandant notre âme à Dieu. J'ai vu un homme en paletot gris, qu'on disait être le secrétaire du délégué.

M. Nozay, concierge : J'ai vu plusieurs fois un homme en paletot gris qui a levé son chapeau au moment où une cantinière mettait le feu à une pièce de canon. J'étais loin et je n'ai pas entendu ce qu'il disait. Le 23, dans la nuit, par les toits de la maison du n° 7 où j'étais, j'ai passé par le n° 8 de la rue Boissy-d'Anglas, dans une maison dont l'aspect a changé, car elle a été rebâtie depuis et au moyen d'une échelle j'ai pu aller prévenir le général Douay que le ministère de la marine allait sauter, si on ne venait pas bientôt le reprendre aux fédérés.

M. le président : Je vous félicite de votre conduite dans cette occasion.

(Sur interpellation du défenseur) : Je ne reconnais pas en l'accusé l'homme au paletot gris.

La séance est levée et renvoyée à demain pour la continuation des débats.

Audience du 5 septembre.

La séance d'aujourd'hui a été consacrée à l'audition des derniers témoins; les dépositions de quelques-uns d'entre eux sont d'une importance considérable dans cette affaire.

M. Berthaudin, quarante ans, secrétaire du cercle de la rue Royale, n° 1 : Le lundi 22, j'ai vu un individu en paletot gris causer avec des fédérés qui semblaient avoir de la déférence pour lui. Il semblait leur donner des ordres. Le lendemain, j'ai encore vu le même homme dans les mêmes conditions. Au moment de l'incendie, je n'ai pas vu cet homme. Entre trois et quatre heures, on a transporté du pétrole dans une voiture traînée par des femmes, plus enragées que les hommes; cette voiture est sortie du ministère. J'ai vu la pièce de canon, placée dans la rue Royale, au coin de la rue du Faubourg-Saint-Honoré, qui tirait à chaque instant.

Le 23 mai, dans la soirée, un garde, le fusil en bandoulière, est venu me prévenir de la part du commandant du ministère que le feu allait être mis au cercle; il n'a pas dit si c'était le commandant civil ou militaire qui l'envoyait; j'ai fait partir les personnes qui étaient réfugiées, et je suis resté presque seul.

J'ai vu dans la nuit du 24 des troupes de fédérés descendant des Champs-Élysées faire irruption dans le ministère.

Le 23, à deux heures, j'ai encore vu Matillon sur le seuil de la porte du ministère; les incendies ont commencé une heure après.

Après les évènements, Langlet m'a dit que l'homme au paletot gris était Matillon.

M° Lesenne : L'homme au paletot gris, a dit le témoin dans un ouvrage qu'il a publié en 1871, était gros et avait trente-cinq ans; or Matillon est mince et avait vingt-cinq ans à cette époque.

Le témoin : J'étais à la fenêtre du cercle, à environ 18 mètres de distance de l'homme dont je parle; je ne l'ai pas vu de plus près.

François Gablin, chef du matériel au ministère de la marine : A la fin de mars, le ministère a été occupé par des gardes fédérés. J'ai vu à l'ouverture de la caisse Matillon et d'autres. Le lundi 22 mai, le ministère a été évacué au matin; on m'a dit qu'à dix heures d'autres bataillons étaient venus réoccuper le ministère, et que Matillon reprenait le commandement.

Matillon m'a prévenu de l'incendie qu'on voulait mettre au ministère; je n'ai plus vu Matillon depuis.

Un homme qui avait l'ordre de mettre le feu, lorsque tout le monde était parti, un nommé Gérardot, écouta mes observations et ne mit pas le feu; il aida même à jeter le pétrole dans l'égout.

On disait, après la fin de l'insurrection, que c'était Matillon qui avait mis le feu aux maisons de la rue Royale.

M. le commissaire du gouvernement : Dans une déclaration que vous avez faite à M. Humann lors de la première enquête, vous avez rappelé qu'on nommait Matillon le « Pétroleur ».

(Sur interpellation de M° Lesenne) : J'ai été arrêté par un commissaire de police de la Commune, je suis resté quelques heures en prison. Je ne sais pas qui m'a fait arrêter, ni qui m'a fait relâcher.

Matillon a pu m'être utile à l'égard de Durassier et de Peyrusset qui étaient très désagréables. Il m'a dit qu'il avait empêché de m'arrêter une fois.

L'accusé demande au témoin s'il se souvient d'avoir reçu de lui un encrier du ministère qu'il voulait mettre en lieu sûr.

Le témoin : Je ne me rappelle pas bien ce fait; c'est possible; l'encrier est resté au ministère, donc on ne l'a pas pris.

Je ne sais pas au juste si Matillon m'a dit qu'il faisait ses efforts pour faire rapporter l'ordre d'incendie; c'est possible; il y avait un affolement général. Il m'a rendu le service de me prévenir de mettre en sûreté les effets que je voulais arracher à l'incendie projeté.

L'accusé : M. Gablin ne m'a-t-il pas vu demander à Gérardot ce qu'il faisait assis sur une tourie de pétrole dans la cour?

Le témoin : Je ne me rappelle pas ce fait.

Le défenseur : Qu'est-ce qui a poussé le témoin à offrir de l'argent à Gérardot pour ne pas mettre le feu?

Le témoin : C'est parce que c'était, parmi les vingt gardes qui restaient au ministère, le seul gradé.

(Sur interpellation) : Je ne l'ai pas vu combattre, mais il avait l'attitude d'un combattant décidé, du 21 au 24 mai.

L'accusé : Je n'étais pas au ministère dans la matinée du lundi, le témoin a pu confondre avec moi un employé vêtu d'un paletot gris également.

Mme Weber, née *Paté :* Dans la nuit du 23 au 24 mai, la Taverne anglaise, que je dirigeais, a été incendiée; mon mari m'avait dit, peu avant, que le ministère brûlait : il se trompait; c'étaient les maisons de la rue Royale. C'est notre sommelier qui nous a sauvés, en prévenant la troupe qui arrivait. Nous étions dans la cave; le feu était au-dessus de nous. Quand nous sommes sortis, ma sœur et sa fille sont partis se réfugier au ministère; mon mari n'a pas voulu quitter la maison, pour être tué par la canonnade ou par le feu; il dit : « J'aime mieux ne pas sortir. » Je suis restée avec lui. Brunel a logé trois jours chez moi : c'est le feu qui a servi de payement. Un jour des fédérés vinrent demander Brunel, qu'ils appelaient « lâche et traître ». Je lui fis part de cette scène, et lui demandai de se montrer pour calmer leur effervescence. Il sortit, et abattit d'un coup de pistolet un des réclamants. « Voilà, dit-il, pour ceux qui m'appellent lâche ! »

Langlet, surveillant des cartes et plans au ministère de la marine : M. Matillon a été tranquille jusqu'à la grande bataille de la fin de mai.

Boiron était plus gradé que Matillon; au moment de l'effraction de la caisse, Boiron a pris la plus grande médaille et a passé la petite à son voisin, qui était Boisseau. Il y avait là plusieurs personnes ; Matillon a reçu le sac d'argent.

Le lundi matin j'ai vu dans le corridor du haut, Boisseau, Cruchon et Boiron armés de carabines ; je suis descendu ; c'était dans la journée. La pièce de canon tirait sur la Madeleine et à chaque coup les fédérés criaient en levant leurs képis : Vive la Commune !

Le mardi, Fauconnier m'a prévenu que le ministère allait sauter. Je fis partir ma femme. Matillon m'a répété un peu plus tard le même propos : « Partez, m'a-t-il dit, avec ce que vous pourrez, le ministère va sauter. » J'ai dit : « Je ne peux pas m'en aller, je n'ai pas grand'chose, mais il y a les collections du ministère, et puis il y a encore des blessés. » On a suspendu l'exécution et on a fait partir les blessés.

J'ai vu Matillon et Gérardot près d'une tourie de pétrole, puis Matillon est parti ; je suis venu près de Gérardot, qui m'a dit : « F... le camp, tout va sauter. — Mais les blessés, dis-je. — Il n'y en a pas, répondit-il. Matillon me l'a dit et m'a ordonné de mettre le feu. » Gérardot n'a pas mis le feu, grâce à M. Gablin, qui ne l'a plus quitté ; j'ai cherché un jeune garçon de seize ans, qui était dans les appartements avec du pétrole, je l'ai trouvé et l'ai fait verser le pétrole dans l'égout ; je ne l'ai plus quitté.

(Sur interpellation) : Brunel était le grand chef ; Matillon, après lui, commandait, et Gérardot a été désigné pour être l'exécuteur des ordres relatifs à l'incendie. J'ai vu Matillon près des pompes à pétrole, au milieu de la cour du ministère ; elles n'ont pu servir du reste, mais c'est lui qui recevait les touries de pétrole et les munitions. Je ne l'ai pas vu donner d'ordre à ce moment.

Le défenseur : Le témoin a-t-il dit tout cela le 3 juin 1871 ?

Le témoin : Oui ; peut-être avec moins de détails, selon les questions qui m'étaient faites.

M° *Lesenne* : Dans le procès des pétroleuses, le témoin a-t-il dit que Matillon était l'ordonnateur des incendies ?

Le témoin : On ne m'a pas parlé, je crois, de Matillon ; je n'ai pas eu à m'expliquer à ce sujet. On a enlevé du ministère de la marine plusieurs tombereaux de munitions, après la chute de la Commune. Plusieurs personnes ont vu l'homme au paletot gris, qui était Matillon, porter du pétrole dans les maisons qui ont été incendiées rue Royale. On l'appelait « l'Incendiaire ».

L'accusé demande si le témoin se rappelle ce qu'il a dit à M. Humann.

Le témoin : Non.

L'accusé : M. Langlet m'a dit, quand j'ai été interrogé par M. Humann : « Si le ministère est encore debout, ce n'est pas de votre faute. » J'ai répondu : « Ce n'est pas plus de ma faute que lorsque j'ai empêché votre arrestation. » M. Langlet m'a dit :

« Pourquoi, Matillon, ne m'avez-vous pas prévenu du danger qui nous menaçait? » J'ai répondu que, l'initiative de chacun étant à craindre, je ne pensais pas devoir les effrayer à chaque instant sans être sûr du danger; je les ai prévenus quand les ordres formels avaient été donnés.

Si j'avais eu la réputation d'incendiaire, comme le dit le témoin, les employés du ministère qui se trouvaient devant moi le 3 juin, au moment de l'interrogatoire que m'a fait subir M. Humann, ne m'auraient pas salué comme ils le faisaient.

Le témoin : Je n'ai pas vu cela; j'avais repris mon service.

Mme Fontaine : Le 22 mai, Brunel est venu avec des fédérés à la taverne dirigée par ma tante. Le 23, un fédéré est venu nous dire que le feu allait être mis à notre maison et que nous pouvions nous réfugier au ministère de la marine. Je suis partie en avant de ma mère, qui était au n° 13 de la rue Royale, où elle avait échangé quelques mots avec une amie. Je ne sais si elle est tombée; elle était souffrante. Elle est venue me rejoindre peu après.

A huit heures du soir je pleurais en voyant les flammes consumer la maison de mon oncle; l'homme au paletot gris, Matillon, que je connaissais pour l'avoir vu prendre des consommations à la taverne, m'a dit : « Ne pleurez pas, c'est comme un feu de Bengale. » Il a fait sortir des canons du ministère; il allait et venait. Il a donné une couverture à ma mère qui n'avait pu prendre un bouillon qu'on lui avait offert. Quand il a dit : « Partez, tout va sauter, » il a donné un mot d'ordre sur un papier à un employé de la taverne nommé Tétard, qui était venu se réfugier également au ministère.

(Sur l'interpellation de M® Lesenne) : Je n'ai pas vu Matillon demander à la taverne à voir Brunel; il s'est adressé à une autre personne, probablement.

Quand nous sommes parties, ma mère et moi et Tétard, une ambulancière armée d'un fusil et un jeune homme de vingt ans étaient avec nous; nous les avons quittés et nous nous sommes réfugiés rue Saint-Denis ou Faubourg-Saint-Denis. M. Fauconnier est venu avec nous, il n'a pas dit que Matillon fût un incendiaire.

(Sur interpellation) : M. Matillon nous a montré des photographies de femmes mauresques et son portrait en spahi, un peu avant l'embrasement de la rue Royale.

M. Fauconnier, garçon de bureau au ministère de la marine : Jusqu'au lundi 22 mai, il n'y a rien à reprocher de grave à Matillon; mais ce soir-là il est revenu de l'Hôtel de Ville en disant qu'il avait le commandement du ministère.

Le mardi, il a mis des marins de la Commune sur les balcons du ministère et il a tiré des coups de fusil dans la direction de la Madeleine; il était à la fenêtre.

J'ai donné, sur ordre de Matillon, du vin aux gardes de la barricade voisine. J'ai remis à Brunel un ordre qu'un garde a apporté et il l'a lu tout haut; c'était l'ordre de mettre le feu. Plus tard, une autre dépêche fit savoir qu'il n'y avait pas de voiture pour transporter les blessés. A ce moment, Matillon a dit qu'il n'y avait rien à faire ici.

Matillon m'avait demandé dans la journée un entonnoir pour mettre le pétrole dans une pompe qu'il a fait sortir du ministère. Je ne sais s'il était commandant, mais il avait une apparence au moins d'autorité. Je ne faisais que passer au moment où il m'a demandé l'entonnoir, je l'ai envoyé au chef du matériel; j'étais près de l'escalier.

(Sur interpellation) : Je n'ai pas vu Matillon faire retourner une pièce de canon, c'est par erreur que ma première déposition, devant M. Humann, contenait ce fait, que j'ai rectifié dans l'instruction qui a suivi le jugement de plus ample informé. Je n'ai pas entendu Matillon dire que l'incendie ressemblait à des feux de Bengale; j'allais et venais à la vérité, je ne suis pas resté complètement sans sortir de la pièce où étaient Matillon et différentes personnes réfugiées au ministère. Matillon a dîné seul le 23 mai dans la chambre des officiers d'ordonnance.

Le témoin *Juin*, confronté avec Fauconnier, dit que lorsque la pompe est sortie du ministère, il était seul, qu'il n'avait pas vu Fauconnier, ni d'autre personne employée au ministère.

Le témoin *Fauconnier* soutient qu'il a vu la pompe au moment où elle sortait du ministère. Matillon était là.

Le Sage, concierge au ministère de la marine : Le lundi 22 mai, à neuf heures du matin, le 30ᵉ bataillon fédéré avait quitté le ministère; dans la journée Matillon, m'a-t-on dit, est revenu au ministère.

Le 23 dans l'après-midi, les gardes nationaux ne voulaient plus marcher. Il y a eu une alerte, une pompe est sortie, une voiture contenant des barils de pétrole a été conduite au 13 de la rue Royale. La pièce de canon de 12 a été placée contre notre loge, elle tirait sur les maisons en face portant les nᵒˢ 23 et 25.

Matillon a dit aux artilleurs de la Commune : « Mes amis, mettez le feu dans les maisons. » Une pièce de canon, mise en batterie, était chargée avec des boulets et avec des étoupes trempées dans du pétrole. Je voyais charger la pièce et je prévenais ma femme un peu avant la détonation, car le canon était tout près de la loge du ministère.

Fauconnier, de la part de Matillon, m'a prévenu que le ministère allait sauter et qu'il fallait partir. A deux heures du matin, je suis parti; il y avait encore des insurgés. Je suis allé avec M. Nozay par la rue Boissy-d'Anglas prévenir l'armée du danger que courait le ministère.

Après la fin de la lutte, j'ai rencontré et fait arrêter Matillon. Il m'a dit : « Je sais ce qui m'attend ; une balle dans la tête. » Nous avons marché côte à côte ; c'est pendant le trajet qu'il s'est exprimé ainsi.

L'accusé proteste contre ce que dit le témoin. Celui-ci maintient sa déposition.

L'accusé ajoute que lorsqu'il a été arrêté par Le Sage et un adjudant de marine, Le Sage, qui lui donnait le bras, tremblait ; il lui a dit : « Ce serait à moi de trembler, si ma conscience me reprochait quelque chose. »

Mᵉ Lesenne : A quelle heure l'armée est-elle venue ?

Le témoin : A cinq heures du matin, le 23 mai.

M. le président : Le Sage, vous avez été avec Nozay prévenir l'armée, en passant par les toits des maisons de la rue Royale et Boissy-d'Anglas ; votre rôle était effacé, vous en avez fait un rôle héroïque ; je tiens à vous féliciter.

Il est donné lecture de la déposition de M. Humann. Il en ressort que M. Humann, en envoyant à la prévôté Matillon, représenté comme incendiaire par les nombreux témoignages des voisins, croyait à une prompte exécution à mort.

On entend les témoins à décharge.

M. Lagier, employé : J'ai vu, vers une heure de l'après-midi, M. Matillon au ministère de la marine le 21 mai ; j'étais, pour éviter le service actif, employé à ce ministère ; je suis resté huit jours environ. Matillon m'a répondu, lorsque je lui dis : « Je voudrais bien m'en aller ; — et moi aussi. » J'avais un veston gris sans collet de velours. Le soir, Matillon m'a donné un laissez-passer pour quitter Paris. Il ne semblait pas s'occuper à ce moment de la défense.

L'accusé : J'ai pu lui faire avoir un laissez-passer que sa mère m'a demandé pour lui.

M. Dallemagne, propriétaire : J'étais clerc chez M. Dublin, huissier, rue Royale, 19 et 21. J'ai vu un individu, bien plus grand que l'accusé, qui a mis le feu dans la maison où j'étais.

A six heures et demie du matin, le lundi, on plaça à la barricade de la rue une pièce qui avait tiré vers le 43 de la rue du Faubourg-Saint-Honoré où on croyait que se trouvait la troupe. L'autre pièce, sur la barricade de la rue Royale, a tiré le mardi seulement sur les maisons de la rue Royale 23 et 25.

On a mis le feu dans la maison que j'occupais, devant moi. Je l'éteignais à mesure qu'on l'allumait ; à la fin, un fédéré me dit : « Crapule, tu éteins le feu, je vais te f... une balle dans la tête ; » je pris un sabre et me mis en mesure de me défendre. Un autre individu a dit plus tard : « Nous n'avons pas de pétrole ; » un jeune officier a répondu : « Il va en venir de la Bourse ; » il en est arrivé, puis on a pris les effets qui se trouvaient chez le concierge qui était tailleur, on les a enduits de pétrole et le feu y a été mis. Un autre locataire, un ancien militaire, M. Arnould, a, avec moi, éteint le feu dans le bas de l'escalier, puis nous avons, en faisant des trous dans les murs, rejoint les chasseurs du commandant de Sigoyer, qui sont venus dans la maison pour tirer des fenêtres; mais peu après le feu à la maison voisine prit une telle extension, qu'on ne vit plus rien, et qu'il fallut descendre. Le feu consuma la maison voisine et celle où nous nous trouvions.

M. *Segers*, négociant en grains à Anvers, entendu à titre de renseignement : Je n'ai eu que de bons rapports avec M. Matillon pour le commerce de grains. Il ne parlait pas politique, il gagnait 10 000 francs environ par an, quoique je ne connaisse pas son bilan, et il manifestait souvent le regret d'être condamné et le désir de se ustifier.

La séance est levée et renvoyée à demain, à huit heures et demie.

M. le commandant Romain prendra la parole.

Mᵉ Lesenne présentera la défense.

Le jugement pourra être rendu dans la journée.

Audience du 4 septembre.

La séance est ouverte à huit heures et demie.

La parole est donnée à M. le commandant Romain, commissaire du gouvernement.

M. le commissaire du gouvernement abandonne l'accusation relativement à l'immixtion sans titre dans les fonctions publiques civiles de chef de la comptabilité du ministère de la marine et au port d'armes; il demande la condamnation de l'accusé à l'égard des autres chefs d'accusation et notamment en ce qui concerne la complicité d'incendie volontaire de maisons habitées en provoquant à l'action, par abus d'autorité, des individus restés inconnus, en donnant des instructions pour la commettre et en procurant du pétrole ayant servi à l'action, sachant qu'il devait y servir.

M. le commissaire du gouvernement toutefois sollicite l'admission les circonstances atténuantes en faveur de l'accusé.

Mᵉ Lesenne, avocat, repousse le bénéfice des circonstances atténuantes; il demande l'acquittement de son client. Pour le fait de pillage reproché à l'accusé, il soutient que l'on ne peut y voir le crime de pillage en réunion et à force ouverte, et que, s'il était maintenu, il ne pourrait l'être que comme un simple délit pour equel la prescription serait acquise. Relativement à la complicité d'incendie relevée contre son client, il la repousse énergiquement et soutient que Matillon y est resté étranger.

M. le président demande à l'accusé s'il a à ajouter quelque chose à sa défense.

L'accusé répond : « J'ai été l'objet d'une ordonnance de non-lieu en 1871, Dieu m'a donné la liberté. Je me suis volontairement présenté devant vous; vous, que Dieu jugera aussi, voyez ce que vous avez à faire.

L'accusé est emmené hors du prétoire.

Le conseil a écarté les faits d'immixtion dans les fonctions publiques et le port d'armes et a répondu affirmativement sur les autres chefs d'accusation.

En conséquence, M. le président a prononcé un jugement qui condamne Matillon aux travaux forcés à perpétuité.

La séance est levée à deux heures et demie.

Conformément à la loi, lecture du jugement est donnée au condamné devant la garde assemblée sous les armes et avis lui est donné qu'il a vingt-quatre heures pour se pourvoir en revision.

Le condamné dit à ce moment :

« Dans une heure j'aurai signé mon pourvoi en revision, car vous avez rendu un jugement inique. »

CONSEIL DE RÉVISION.

Présidence de M. le général BOUILLÉ.

Audience du 20 septembre.

AFFAIRE MATILLON. — REJET DU RECOURS.

Deux moyens étaient soulevés par la défense : le premier était tiré de ce qu'un témoin aurait assisté à l'interrogatoire de l'accusé avant d'avoir déposé; le second, du fait qu'une ordonnance de non-lieu ayant été rendue, le 2 octobre 1871, en faveur de Matillon, il y a chose jugée et, tout au moins, les prétendues charges nouvelles auraient dû être acquises et indiquées dans les actes introductifs de la poursuite antérieure.

Mᵉ Lesenne, avocat, a soutenu et développé ces deux moyens dans l'intérêt de Matillon.

M. le vicomte d'Arnauld, commissaire du gouvernement, a requis et conclu au rejet du recours.

Après une longue délibération, la Cour rend la décision suivante :
« Le conseil,
« Sur le premier moyen :
« Attendu qu'il résulte du procès-verbal des débats que le témoin Juin s'est introduit furtivement dans la salle d'audience pendant l'interrogatoire de l'accusé ; que, sa présence y ayant été presque immédiatement signalée, il a été aussitôt réintégré dans la salle des témoins ; qu'il est d'ailleurs constaté que pendant les très courts instants qu'il a passés dans la salle d'audience au moment de l'interrogatoire, il n'a pu entendre que quelques paroles sans importance ;
« Attendu, au surplus, que l'observation des prescriptions de l'article 316 du Code d'instruction criminelle à l'égard des témoins n'emporte pas nullité ;
« Sur le deuxième moyen :
« Attendu, en droit, qu'une ordonnance de non-lieu n'affranchit pleinement un inculpé de toutes poursuites ultérieures qu'autant qu'il ne survient pas de charges nouvelles ; qu'au contraire, les nouvelles charges constituent une affaire nouvelle et que l'instruction, dans ce cas, ne porte point atteinte à l'autorité de la chose jugée et peut être reprise tant que le crime n'est pas couvert par la prescription.
« Attendu, en fait, que dans le dossier relatif à l'ordonnance de non-lieu et ne contenant que sept pièces, il n'est fait aucune mention du procès-verbal d'enquête de M. Humann, officier de marine, résumant les charges graves qui ont motivé la condamnation de Matillon ;
« Que, dès lors, il y a lieu de considérer comme constant que ce document important n'est parvenu à l'autorité militaire supérieure que postérieurement à l'ordonnance de non-lieu rendue le 2 octobre 1871 ;
« Attendu que ledit procès-verbal, non produit dans la première information, fait mention de charges nouvelles qui, aux termes des articles 246 et 247 susvisés, justifient pleinement le second ordre d'informer en donnant aux faits de nouveaux développements utiles à la manifestation de la vérité ;
« Que dès lors le conseil de guerre a été régulièrement saisi des faits de la poursuite par le second ordre d'informer, en daté du 6 juillet 1872, ainsi que par l'ordre de mise en jugement, en date du 30 septembre 1872, complété par celui du 10 août 1878 ;
« Par ces motifs,
« Rejette à l'unanimité le recours formé contre le jugement du 3° conseil de guerre, séant à Paris, en date du 4 septembre courant. »

(*Gazette des Tribunaux*, 22 septembre 1878.)

P. S. Matillon, gracié et amnistié le 5 juin 1879, a publié sous le titre *Monsieur Maxime Du Camp et le ministère de la marine pendant la Commune*, une brochure dont les principaux passages ont été reproduits dans le journal *le Voltaire*, le 26, le 27 et le 22 octobre 1879. Sa conclusion est que, dans l'œuvre de sauvetage, il a été le plus utile auxiliaire de MM. Mahé et Cazalis et en général de tout le personnel du ministère.

NUMÉRO 2.

Réquisitions.

Le 7 avril 1871.

Réquisitionnné, de la maison Rowel et Racine, 160 000 kilogrammes de charbon.

Réquisitionné de la maison veuve Maisonnet : 75 enveloppes, 1 bouteille d'encre, 6 cahiers de papier in-4°, 1 canif, 1 grattoir, 1 flacon gomme, 1 encrier, 16 carnets, 1 registre répertoire, 1 paquet gomme à encre, 6 mains de papier, 1 boîte de plumes, 12 crayons, 12 porte-plumes, 4 règles, 6 registres.

Réquisitionné 124 mètres étamine toile pour pavillon (Magasin du Louvre).

— 6 pommelles, 1 douzaine aiguilles, 3 écheveaux de fil (Moriceau et fils).
— 1 coffre-fort (Delarue).
— 15 mètres toile (Georges et Cie).
— 6 pinceaux, 500 grammes éponges, 6 balais, 6 lave-places (Rennes).
— 6 kilogr. 350 ligne de cordonnet de pavillon (Thiphaine et Bourdonneau).
— 5 kilogr. de bougies, 150 kilogr. de sucre (Saussoy).
— 2 crics simples (Chouanard frères).
— 1 longue-vue, 3 jumelles (Colombi fils).

Pris au magasin de la rue du Bac tous les outils du maître charpentier.

Réquisitionné chez le citoyen Renard, chapelier, pour fournitures désignées ci-dessous :

— 6 sabres marins n° 1, à 65 fr. . . . 390 fr.
— 6 — n° 2, à 60 fr. . . . 360
— 4 — n° 3, à 45 fr. . . . 180
— 11 sabres infanterie, à 40 fr. 440
— 3 épées (commissaire et docteurs), à 50 fr. 150

PIÈCES JUSTIFICATIVES.

Réquisitionné 1 casquette commandant. . . . . . . 35 fr.
— 1 — capitaine. 30
— 2 — lieutenant, à 27 fr. 54
— 1 — docteur-major 30
— galon pour commandant. 35
— 1 paire aiguillettes, or fin. 130
— 2 paires aiguillettes, or fin, mélangées,
    à 65 fr. 130
— boutons argent et or. 10
— ancres argent et or. 9
— 14 dragonnes, or fin, à 16 fr. 224
— 1 — — gros grains, offi-
    cier supérieur. 30

(Pièce appartenant au ministère de la marine.)

NUMÉRO 3.

Ordre du commandant de la flottille de la Seine d'arborer le drapeau rouge à chaque bateau et sur chaque ponton.

MINISTÈRE
DE LA MARINE
ET
DES COLONIES.

CABINET
DU MINISTRE.

Paris, le 9 avril 1871.

Nous, citoyen commandant la flottille des canonnières de la Seine, enjoignons l'ordre immédiat au citoyen directeur de la Compagnie générale des omnibus (Bateaux-mouches) naviguant sur la Seine d'arborer à chaque bateau et sur chaque ponton le drapeau de la Commune (drapeau rouge).

Faute de se conformer aux ordres ci-dessus, j'arrêterai immédiatement le service de ladite Compagnie.

Le capitaine de frégate
commandant la flottille,
AUG. DURASSIER.

Timbre bleu du ministère.

Approuvé :

Pour la Commission exécutive,
J. COURNET.

Timbre rouge.

RÉPUBLIQUE FRANÇAISE.
COMMUNE DE PARIS.
COMMISSION EXÉCUTIVE.

NUMÉRO 4.

Réclamations de Brunel, membre de la Commune.

Le « colonel » Brunel a adressé à la *Revue des Deux Mondes* une réclamation qui, sans rectifier en quoi que ce soit les faits que j'ai racontés, a la prétention d'expliquer la Commune. — Malgré le vague extraordinaire des idées, cette réclamation est intéressante à plus d'un titre, car elle prouve que la Commune, « gouvernement du peuple par le peuple, » rêvait simplement une dictature, c'est-à-dire la forme despotique dans ce qu'elle a de plus excessif. Le lecteur appréciera lui-même les théories de Brunel; je ne répondrai, pour ma part, qu'à un seul passage de son exposé de principes. Il semble mettre en doute que des femmes (pétroleuses-Messalines) aient concouru aux incendies de la rue Royale. Les crimes reprochés à Florence Vandewal, femme Baruteau, à Hortense-Aurore Machu, femme David, à Marie-Anne-Josèphe Ménan ont été contradictoirement démontrés le 1er avril 1872 devant le quatrième conseil de guerre de la première division militaire. La Vandewal et la Machu ont été condamnées aux travaux forcés à perpétuité; la femme Ménan a été condamnée à la peine de mort et a été l'objet d'une décision gracieuse qui lui a évité le dernier supplice. Il est possible, du reste, que Brunel, enfermé dans son « quartier général » de la Taverne anglaise, n'ait point vu ce qui s'est passé dans la rue Royale; mais la Taverne anglaise a une issue dans la rue Boissy-d'Anglas et Brunel a dû certainement être témoin de l'incendie de la maison portant le n° 31, située précisément en face de la Taverne. De tout le quartier cette maison fut détruite la première; il s'y produisit des faits de violence et de désespoir que Brunel n'a pu ignorer. Il est difficile d'admettre qu'il n'ait pas aperçu le jeune homme et les deux femmes — l'une costumée en marin, l'autre vêtue de noir et portant un bandeau sur l'œil — qui ont versé le pétrole et maltraité les locataires. J'ai cru devoir garder le silence sur ces faits, parce qu'ils n'ont été l'objet d'aucune information judiciaire. Est-ce pour cela que Brunel nie la présence des femmes au milieu des incendiaires et des incendies? Ceci dit, pour prouver une fois de plus aux lecteurs que je ne raconte que la vérité, la vérité mitigée, — je laisse la parole au « colonel » Brunel. Sa réclamation fera comprendre que le repentir ou seulement le regret n'a point encore, après sept ans écoulés, visité l'âme des anciens chefs de la Commune.

I

CONSERVATEURS ET COMMUNE.

Une période de sept ans est à peine suffisante pour que des évènements comme ceux de 1870-71 puissent être appréciés sans parti pris d'injustice. Plus une nation est futile, irréfléchie, impressionnable seulement aux choses du jour, plus elle demande le secours du temps pour se familiariser avec des faits dont ses propres fautes ont été les avant-coureurs. Exiger de la bourgeoisie française actuelle une appréciation saine de cette époque serait peu connaître les hommes et par trop se montrer sensible aux exubérances galliques dont le génie de M. Maxime Du Camp vient de gratifier ses lecteurs.

Deux races d'hommes absolument distinctes couvrent notre sol : l'une se dit conservatrice, l'autre progressive ; rien de commun ne les lie : idées, langage, tout les distingue. Chacune d'elles veut juger les hommes et a à son service ses journaux et ses livres : elles écrivent donc dans le goût de leur public et les données sur l'histoire sont en harmonie avec les idées admises.

La race conservatrice, en France, offre quelque chose d'étrange : on la dirait éclose par un acte capricieux de quelque sélection indépendante des forces naturelles. Elle forme un type à part.

En Angleterre et ailleurs, le conservateur est avant tout patriote. Le progrès, loin de l'effrayer, trouve en lui un support. Il comprend que noblesse oblige et que, pour conserver et prestige et puissance, il se doit avant tout au mouvement civilisateur qui entraîne partout les sociétés modernes.

En France, il n'a plus qu'une seule fibre qui vibre : resserrer le présent et étouffer l'avenir. Ce qui faisait la vie de ses pères est absolument mort en lui : gloire, progrès, abnégation de soi-même sont autant de sons lugubres qui lui donnent le vertige. Il veut bien en apparence se mêler aux autres hommes, mais c'est à la condition qu'il y trouve son profit. Les places... sans cesse il les couve, et pour en obtenir il passe sans vergogne de Philippe à César ; l'argent... il en a et le garde, excepté pour l'église ; les honneurs... toujours il les atteint, mais c'est précisément ce qui cause les malheurs de notre patrie.

C'était ce digne conservateur qui régnait en maître en 1870. Inutile de refaire ici le tableau de cette époque; l'ennemi, chacun le sait, avait forcé nos frontières, nos armées partout battues emplissaient les prisons de l'Allemagne, nos villes sans combattre recevaient le Teuton, et la grande capitale, par le sabre de Trochu, faisait une défense ridicule.

Qui partout commandait?... Des conservateurs.

Qui fuyait, se livrait, se vendait?.. Des conservateurs.

Quel était dès lors l'ennemi de notre gloire, le rejeton néfaste d'une époque où, comme en 1870, tout croulait ou s'aplatissait sous le talon de la Prusse? Le conservateur.

Faut-il donc s'étonner que parmi tant de hontes il se soit élevé comme un grondement croissant, comme une aveugle rage! que des hommes, et avec eux le peuple, aient senti bouillonner en eux des effluves de haine, des besoins de vengeance! Paris se rendait avec 500 000 hommes, la France descendait au rang de province conquise, elle perdait sa place en Europe, et notre héritage de gloire se fondait dans des milliards livrés comme le faisait jadis le Bas-Empire aux barbares.

Pourquoi donc aller rechercher ailleurs la cause manifeste de l'explosion de 1871 et ne pas vouloir distinguer le côté surtout patriotique de cet ébranlement populaire [1]?

Il en coûterait trop, nous ne l'ignorons pas, au parti anti-national de laisser pénétrer cette vérité lugubre; car comment expliquer, s'il n'avait pas spéculé sur nos honteuses défaites, la réviviscence de ses ardeurs monarchiques après que tout fut dit, et les honneurs sans mesure qu'il a accumulés sur la tête de ses généraux battus?

Pour distraire le public et parodier l'intérêt qu'il feignait de ressentir pour l'honneur national, un moyen lui restait : déployer ses colères et motiver ses haines contre les hommes qui avaient su arrêter la réalisation de ses chères espérances, et se servir de l'injure et du temps pour fournir au bon roi l'occasion de monter sur le trône. De là cette cruauté sans merci exercée contre la Commune, car elle seule a détruit ce séduisant mirage; en se soulevant elle a empêché toute surprise, et quels que soient les mots farouches dont elle est poursuivie, la France lui doit d'être en république à l'époque où nous sommes.

L'apparition dans nos rangs de scélérats sans vergogne, de femmes quasi nues, de pétroleuses Messalines qui, comme les furies

---

[1] Pour apprécier cet argument à sa juste valeur, il convient de se rappeler que la plupart des fauteurs du mouvement du 18 mars et des membres de la Commune avaient été compromis dans des complots contre la sûreté de l'État, antérieurs à la guerre franco-allemande. (*Procès de Blois.*) M. D.

de la Fable réchauffaient les courages et soufflaient l'incendie, est une invention qui aussi bien s'explique. Avec de telles images le tableau s'enlaidit et le lecteur, hors de lui, conserve dans son esprit les figures fantastiques qui le préparent à souhait pour une restauration monarchique.

L'amour du progrès, le besoin de travailler à relever le moral d'un grand peuple déchu n'est pas, nous le savons, un sentiment accessible à toutes les intelligences. Dans la nature la mort sans cesse lutte avec la vie, le passé contre l'avenir ; de même ce qui a reçu l'existence fait tous ses efforts pour ne pas être entraîné par les forces destructives. C'est donc un jeu perpétuel qui s'accomplit, et on comprend aisément que tout pouvoir sanctionné par le temps use tous ses ressorts pour conserver tout ce qui lui donnait le prestige de son ancienne puissance. En ce sens le combat n'a rien que de naturel, car la victoire est donnée au plus digne, c'est-à-dire au plus fort; lui seul a le dessus. Cette loi est admirable, car par elle tout ce qui est faible meurt, tout ce qui est fort se conserve, et elle embrasse tout depuis l'être infime jusqu'aux grandes agglomérations d'hommes, que nous les appelions civilisations ou empires; tout doit se rajeunir, donner des pousses nouvelles, absorber et produire, puiser dans la maternité commune, ou bien se faner, s'épuiser, puis peu à peu mourir.

Partant de ce principe, celui qui dans le temps a su dominer le monde et qui laisse après lui les racines profondes de son puissant génie, qu'il s'appelle Charlemagne ou Guillaume, a fait réellement acte de pouvoir créateur et imposé aux siècles qui le suivent le joug d'une loi qui sera acceptée comme le droit du vainqueur ; — devant cette loi la justice humaine se tait ou n'existe plus, elle s'effacera aussi longtemps que la puissance domine, et l'ordre qui s'en suit n'est qu'une soumission forcée de la fraction vaincue. Dieu aux forts donne l'empire; aux misérables et aux faibles, la pauvreté, les fers ou l'esclavage.

Jusqu'aux temps où nous sommes la loi morale n'a jamais gouverné le monde, — une philosophie plus douce est en cela hors de cause, — aucune religion n'a même essayé d'adoucir le vainqueur, César a pris la place de Dieu et gouverne pour lui : ce concert harmonique des cœurs, une fois pénétrés par l'amour, n'a pu subsister qu'un seul jour et s'est envolé du monde avec le dernier cri de Jésus.

Eh bien, c'est sur ce pied-là et sur ce vrai principe que s'appuie la Commune.

II

L'histoire dira peut-être un jour que depuis l'essai d'émancipation entrepris par le peuple de France, il s'est trouvé sur cette terre, fille aînée de l'Église, une race d'hommes dont la puissance remonte à la conquête barbare. — Depuis plus de quatorze siècles ils dominent, et soit par ruse, soit par force, ils ont su résister à tous les efforts tentés pour que le sang gaulois se purge du barbare ; 89 a voulu jeter au loin nos fers, le sang par torrents a coulé, le vainqueur un moment s'est cru désarçonné et l'on crut un instant que le monde était libre. Mais un grand homme hélas ! bientôt saisit la bride, fit renaître en nous nos vieux instincts de gloire ; avec des lauriers il riva de nouvelles chaînes, et nous nous réveillâmes après être retournés plus d'un siècle en arrière. Depuis lors et pour mieux affirmer ce recul, tous les vingt ans une coupe réglée est jugée nécessaire ; le peuple se soulève sous l'impulsion cachée de ses bons gouvernements, la récolte se fait, on moissonne tant que l'on peut les épis qui s'élèvent au-dessus du commun, et une fois nivelé, le corps social s'endort jusqu'à la génération prochaine. Quoi d'étonnant qu'avec tant de moissons nous manquions parfois d'impulsion et d'audace et que, connaissant maintenant le cœur de nos ennemis, nous leur appliquions notre meilleure tactique !

C'est cette déposition de la race gouvernante, et cette connaissance parfaite que le peuple en possède qui crée le péril.

A nos portes une nation rêve de milliards et de nouvelles provinces. De l'Orient le despotisme étend vers nous ses serres et s'en prendra surtout aux lumières qu'en dépit de tout notre pays projette. Que la guerre éclate, et tout le fait croire, que nous apparaissions isolés et meurtris, où trouver des alliances ? Le seul peuple qui pourrait nous soutenir ne peut nous offrir aucun secours sur terre, et l'histoire, qui toujours se répète, ne nous promet-elle pas un nouvel Attila, moins le secours de Rome ?

Vienne le danger, qui, demandons-nous, conduira la défense, qui nous rassurera contre le péril d'hier ? Sans doute nous avons des armées nombreuses pour défendre nos frontières, quelque chose a été fait pour nous mettre sur un pied respectable ; mais, nous le disons bien haut pour que chacun l'entende, l'organisation monarchique, qui est absolument la nôtre, ne répond en rien aux nécessités du jour. Quand un système politique n'a plus d'hommes pour le soutenir, quand ceux qui forment la tête de l'état social ont perdu et valeur et courage, le succès jamais ne saurait revenir au sein du peuple ; les assassinats périodiques ont ajouté encore au sentiment répulsif engendré par ce que nous venons de dire; demander aujourd'hui dévouement et audace serait par trop compter sur la crédulité publique.

L'organisation monarchique est donc bien morte chez nous, elle n'a plus qu'un pouvoir : c'est celui de crouler en amoncelant des ruines. Dans une époque à peu près comme la nôtre, pendant la grande lutte de la liberté contre la société ancienne, c'est-à-dire toujours celle qui à présent nous régit, les hommes de 89 préservèrent la centralisation administrative, mais organisèrent les armées d'après le système régional; ils poursuivirent ainsi les grandes guerres de la République et sauvèrent la patrie.

En effet, quand un état social a transformé les classes en irréconciliables ennemis, quand l'amour de la patrie a été comme atrophié par les luttes politiques, c'est à l'amour du clocher qu'il faut avoir recours. Là où la vanité existe, on peut exciter le courage, et fondre des millions de soldats dans des corps où la veille personne ne s'était vu est une légèreté qui nous coûtera cher un jour. Nos ennemis l'ont mieux compris que nous et ont su grouper leurs troupes selon les règles de la simple logique. Cette faute capitale prouve que notre prétendue République n'a pas dévié de l'Empire, et l'armée telle qu'elle est constituée, n'aura ni plus de valeur, ni plus de résistance. Ce sera pour l'ennemi encore une ligne de plus à percer, un premier obstacle à vaincre, après quoi chacun de nos soldats trouvera un coin pour abriter sa crainte. Puis nos généraux publieront des volumes, nos grands hommes (?) d'État essuieront leurs paupières, de la main du czar ou de Guillaume un grotesque recevra la couronne, et tout sera dit cette fois du peuple qui s'était cru le flambeau des lumières.

III

Mettons de côté les sottises inventées pour salir la Commune, ou si l'on aime mieux le municipe, et voyons à quel résultat cela va nous conduire.

Sa création a dû être spontanée, quelques heures ont suffi pour former d'un seul coup ses deux branches administrative et guerrière. Beaucoup de hauts commandements ont été improvisés, on n'avait pas le temps de veiller de bien près aux facultés personnelles. Sans doute certains emplois pêchaient par ignorance, mais c'est aux circonstances qu'il le faut imputer. Nous avions devant nous une Chambre royaliste : parer à ce péril et éplucher les hommes étaient choses difficiles.

Un autre écueil existait, ce n'était pas le moindre.

En temps de révolution surtout, lorsque aucune cohésion antérieure n'existe, un centre d'action suffit si des esprits façonnés de longue main au maniement des hommes se présentent sur la scène publique. Mais dans un pays comme celui-ci, où un éternel despotisme s'est appliqué sans cesse à rapetisser l'initiative de tous, et où aucune liberté n'a jamais été permise, — l'initiative individuelle est tellement amoindrie, que toute impulsion intelligente, tout mouvement coordonné ne peuvent provenir que d'une main directrice. Inutile de nous croire plus avancés que nous le sommes; les idées républicaines sont dans le cœur du peuple, mais il n'a pu s'élever, faute de temps, ni aux sentiments, ni aux fortes exigences réclamés par une vraie république.

C'est pour cela qu'il nous fallait un chef.

Beaucoup de nous pensaient que celui qui, disait-on, avait si bien chauffé la province, dont l'art oratoire surpassait la Gascogne, mais dont on ignorait encore le génie tout personnel gonflé de tous (*sic*) les hyperboles, pourrait, faute de mieux, devenir notre guide. On se trompait, bien sûr, car malgré nos infortunes il valut mieux pour nous qu'au lieu du nord il prît la route du sud.

Garibaldi non plus ne répondit pas à l'appel. Nous croyions que ce grand défenseur des idées populaires finirait par une dernière couronne. Ce héros d'Amérique, ce grand donneur de trônes, à qui le danger n'a été qu'un fantôme, n'a pas su trouver le moyen de traverser les lignes d'une armée versaillaise.

Faute d'un chef, la victoire tourna bride.

Cependant Paris tout entier acclamait la Commune, conservateurs, libéraux, tous avaient accepté la nouvelle formule. Un moment toutes les forces s'unirent, l'effectif des bataillons était resté le même, et jusqu'au jour de la première bataille nous formions une phalange de plus de 300 000 hommes.

Mais, répète-t-on tous les jours, c'est par vos idées de classes, vos velléités de bouleversement social, vos renouvellements de massacres que la conscience publique effrayée tout à coup a cessé de vous suivre, et a cherché bientôt l'alliance de vos ennemis.

Pense-t-on ainsi? Non, ce serait trop absurde. Les conservateurs n'avaient-ils pas l'intelligence dans le nombre, et les membres de la Commune n'étaient-ils pas par eux-mêmes choisis? En quoi ces derniers diffèrent-ils de ceux nommés depuis? vous soutenez les nouveaux et vous bafouez les autres!

Pourquoi cette conduite double... il faut bien qu'on l'explique.

En se ralliant à un mouvement républicain, le conservatisme s'était laissé égarer par un moment de fougue, puis les baïonnettes n'étaient plus là pour le soutenir; mieux valait louvoyer un moment jusqu'à ce que l'on puisse retomber dans l'ornière. C'est toujours la même tactique : 89, 1830, 1848, 1871 n'ont pas changé un iota au fond de la nature. Derrière l'armée sa constance est superbe;

fort de son nom, de sa fortune, de ses grands principes qui croient sauvegarder propriété, famille, religion, boutique, tout s'enfle de sa faconde altière ; — mais aussitôt son rempart détruit, il tombe à plat devant l'ennemi et se sent mal à l'aise devant une situation qu'il n'est pas assez brave pour regarder en face, ni assez généreux pour travailler franchement à un peu plus de justice.

Donc le moment psychologique était trop grand pour lui ; devant un mouvement qu'il aurait pu conduire, il fit face à la Commune comme il fit face à la Prusse : il s'enfuit de Paris et choisit pour guide l'homme qui avait employé tout son astucieux génie à faire avorter la défense de la France.

Pour en finir avec cette classe dirigeante, et qui mérite si bien ce nom si on la juge dans sa marche en arrière, sa prépondérante influence nous a conduits, de culbute en culbute, à la queue de l'Europe ; la France de Louis XIV, la patrie de Voltaire, la terre des idées et du génie émancipateur, en dépit de la richesse de son sol, de l'intelligence si artistique et si productive de ses habitants, n'a plus aucune force expansive, et n'est plus qu'un tout petit peuple ; il n'y a aucune exagération de dire que la masse même, sous l'empire de cette corrosive influence, s'est réfugiée dans le plus bas côté des humaines tendances, et tourne le sang gaulois en celui de Judée. L'espèce se propage avec peine, les faces mêmes s'enlaidissent, les corps *s'avortonnent*, l'éducation ne fournit plus que de petits nains dont le frétillement intellectuel n'ose aborder de front aucun des grands problèmes ; nos grands hommes de guerre nous sont fournis par la gente jésuitique qui s'entend si bien (?) à former les caractères, et cette tourbe administrative et guerrière, sans idées et sans initiative, sans cohésion que pour le mal et sans aucun amour du bien public, n'existe plus que par un effort d'équilibre, ne sert plus à rien, si ce n'est à perpétuer les haines, et ne produit plus qu'un désir, celui de la voir emportée par la prochaine tempête. Pour l'Europe qui nous observe, les deux classes qui ont été attelées jusqu'ici au timon de l'État sont arrivées l'une et l'autre à une égale décrépitude ; toutes deux ont subi l'empire qui s'exerce sur chaque chose ici-bas ; elles ont donné au monde ce qu'elles avaient de génie et de ressort ; impossible de leur demander plus, — leur puissance factice n'excite plus que le sourire ; il leur reste, en fait de gloire, de se réfugier dans les expositions publiques et de montrer au monde ce que sait faire le peuple ; elles trouveront encore un grand poète pour chanter en leur honneur les complaintes de Tibulle, mais nous ne voyons en cela qu'un peu d'orgueil sénile. Aujourd'hui où la force et l'injustice ont le gouvernement de l'Europe, le drapeau national demande des mains plus fermes, ce n'est pas l'heure de prêcher la sagesse.

Si des classes dirigeantes nous regardons la Commune, elle au moins nous a démontré, même par ce qui vous échappe, que, débarrassé de vos étreintes mortelles, le peuple, quand il redevient *lui*, a toute la vitalité qui hier encore faisait trembler l'Europe. Chacun a compris que, dans le grand drame de 1871, quiconque rêve de Patrie et comprend mieux que vous la destinée d'un peuple, peut concevoir encore de bien vives espérances. Au lendemain même d'un écrasement public, lorsque tous les conservateurs étaient comme morts ou galvanisés de crainte, un pouvoir magique a débordé du sein même de Paris, et a prouvé à tous quel foyer de puissance anime le cœur du peuple. Depuis lors les grandes villes ont eu le pressentiment de ce qui se passait en nous : ce sont des nôtres qu'elles acclament et envoient à vos chambres ; le jeune bourgeois même commence à se repentir, et tous, en face d'hommes qui comme vous savent vivre, et qui comme nous savent mourir, reconnaissent aujourd'hui où était la justice, et ce qui est encore plus, le chemin de l'avenir.

Libre à vous, messieurs, de nous montrer sous des couleurs horribles ; les générations sauront à quoi s'en tenir ; nous avions dans le cœur l'idée de la patrie, et nous l'avons encore ; nous croyons que la France ne regagnera son prestige qu'après l'extirpation de ses germes de mort, et si un jour, par nous, la société repose sur des bases équitables, le siècle reconnaissant dira :

Ils ont pensé, à eux la gloire !
Ils ont osé, à eux l'avenir !

BRUNEL.

4 avril 1878.

NUMÉRO 5.

Procès-verbal de l'ouverture de la caisse municipale à la mairie de Paris, le 24 mars 1871, sur l'ordre du Comité central de la garde nationale.

Le 24 mars 1871, les citoyens Varlin et Bouit, membres du Comité central, ont requis le citoyen Garreau, Maurice, mécanicien, à l'effet d'ouvrir le coffre-fort du bureau n° 5 (Caisse des dépenses).

Le travail nécessaire à cette ouverture a commencé à 4 heures du soir, en présence des citoyens Varlin et Bouit, membres du Comité central, et des témoins suivants, requis à cet effet par les membres du Comité central.

Ces témoins sont les citoyens :
Perdreaux, capitaine, 195° bataillon ;
Roques, aide-major, 195° bataillon ;
Lacoste, commandant, 195° bataillon ;
Dereure, adjoint au 18° arrondissement.

Le coffre-fort a été ouvert à sept heures et demie du soir et l'on a en présence des témoins ci-dessus désignés, ainsi que du citoyen Josselin, procédé à l'inventaire des valeurs trouvées dans la caisse.

L'on a trouvé également la clef du coffre-fort du bureau de caisse et recettes n° 6 et l'on a fait également l'inventaire des valeurs qu'il contenait.

BUREAU N° 5.

102 billets de banque de 1000 fr.		102 000	»
169	— de 500 fr.	84 500	»
1935	— de 100 fr.	193 500	»
1	— de 200 fr.	200	»
582	— de 50 fr.	29 100	»
1082	— de 25 fr.	27 050	»
425	— de 20 fr.	8 480	»
	A reporter.	444 830	»

PIÈCES JUSTIFICATIVES.

Report.	444 830	»
Argent monnayé	23 000	»
— mis en sac.	6 000	»
— un sac	464	»
Or monnayé, espèces et rouleaux mis en sacs, 30 à 20 000 fr. chaque.	600 000	»
Un sac d'or monnayé.	3 180	»
Billon, monnaie de refonte, etc.	340	»
Or monnayé.	100	»
Caisse annexée au même bureau.	156	»
TOTAL de la caisse n° 5.	1 078 070	»

VALEURS TROUVÉES DANS LA CAISSE DU BUREAU N° 6.

52 billets de banque de 1000 fr.	52 000	»
419 — de 100 fr.	41 900	»
97 — de 500 fr.	48 500	»
362 — de 50 fr.	18 100	»
90 — de 20 fr.	1 800	»
364 — de 25 fr.	9 100	»
Argent monnayé, 30 sacs de 1000 fr. chaque .	30 000	»
Argent monnayé, 1 sac	86	50
Or monnayé, 1 sac	4 693	»
Billon, 3 sacs de 50 fr. chaque.	150	»
— 1 sac.	3	85
TOTAL du bureau n° 6.	206 333	35
REPORT du bureau n° 5. . . .	1 078 070	»
TOTAL GÉNÉRAL	1 284 403	35

Cette somme a été remise au citoyen Varlin, membre du Comité central, délégué au ministère des finances.

Il a été recueilli un grand nombre de valeurs qu'il a été impossible d'inventorier pour le moment; ces valeurs ont été déposées intégralement dans la caisse du bureau n° 6 et une partie des valeurs dans la caisse n° 5.

La caisse a ensuite été fermée et scellée par-devant les témoins sus-désignés. Une clef a été remise entre les mains du citoyen Garreau, délégué de la Préfecture de police, l'autre a été renfermée sous scellés dans la caisse même, ainsi que deux autres clefs, servant à la caisse du bureau n° 5.

Les scellés portent l'empreinte du cachet de la Préfecture de police.

Ont signé :

Les membres du Comité,
E. Varlin, A. Bouit.

Le mécanicien requis ayant assisté à l'inventaire comme délégué de la Préfecture,
M. Garreau [1].

Les témoins,
Signé : Lacoste, Perdreaux, Roques,
Dereure, adjoint du XVIIIe arrondissement.

---

[1] Ce Garreau fut successivement directeur du dépôt près la Préfecture de police et de Mazas; voir *les Convulsions de Paris*, t. I.

NUMÉRO 6.

BANQUE DE FRANCE.

Versements opérés aux délégués du Comité central de la garde nationale et aux membres de la Commune de Paris, depuis le 20 mars 1871 jusqu'au 23 mai 1871.

DATE DES VERSEMENTS	MONTANT	DÉSIGNATION DES VERSEMENTS
20 mars 1871	1 000 000 »	Au Comité central.
22 —	150 000 »	—
22 —	150 000 »	—
23 —	350 000 »	—
24 —	350 000 »	—
28 —	500 000 »	—
30 —	250 000 »	A la Commune.
3 avril 1871	500 000 »	—
4 —	250 000 »	—
6 —	250 000 »	—
21 —	250 000 »	—
22 —	250 000 »	—
22 —	500 000 »	—
24 —	500 000 »	—
25 —	1 000 000 »	—
27 —	500 000 »	—
28 —	500 000 »	—
29 —	500 000 »	—
1er mai 1871	500 000 »	—
3 —	500 000 »	—
3 —	500 000 »	—
6 —	800 000 »	—
8 —	400 000 »	—
9 —	400 000 »	—
10 —	400 000 »	—
A reporter.	11 250 000 »	

DATE DES VERSEMENTS	MONTANT	DÉSIGNATION DES VERSEMENTS
Report.	11 250 000 »	
11 mai 1871	400 000 »	A la Commune.
12 —	400 000 »	—
13 —	400 000 »	—
15 —	400 000 »	—
16 —	400 000 »	—
17 —	400 000 »	—
17 —	400 000 »	—
19 —	400 000 »	—
19 —	245 202 55	—
20 —	500 000 »	—
20 —	300 000 »	—
22 —	200 000 »	—
22 —	500 000 »	—
23 —	500 000 »	—
Total	16 695 202 55	

NUMÉRO 7.

L'ordre d'incendier.

Charles Beslay a raconté deux fois cet incident, à trois années d'intervalle, dans des termes qu'il est bon de faire connaître, car la réponse de Delescluze s'est légèrement modifiée dans le second récit. — A la question : « mais les incendies, est-ce vous qui avez commandé de les allumer ? — Non, répondit Delescluze ; le seul ordre que j'aie donné à cet égard autorise les commandants des barricades à brûler les maisons qui flanquent leurs fortifications, si, par ces incendies, ils voient le moyen de prolonger la lutte et de repousser les assaillants. » (*Mes souvenirs*, par Ch. Beslay; Paris, 1874, p. 412.) — « Non, répondit Delescluze ; ce n'est ni moi, ni le Comité. Nous avons donné un ordre aux commandants des barricades et aux chefs des légions, mais cet ordre n'autorise aucun incendie. Il ordonne aux chefs de légions et aux commandants des barricades de brûler les maisons qui servent de champ de bataille, s'ils pensent que l'incendie de ces maisons peut arrêter l'armée. Mais cet ordre ne concerne absolument que les maisons qui avoisinent les barricades. L'ordre ne va pas au delà. » (*La vérité sur la Commune*, par Ch. Beslay; Bruxelles, 1877, p. 141.) Dans sa bonhomie Charles Beslay ne remarque même pas la flagrante contradiction qu'il prête à Delescluze et ne s'aperçoit pas que c'est là un ordre implicite de brûler Paris, car toute maison pouvait alors servir de « champ de bataille » et toute maison incendiée pouvait créer des obstacles à la marche en avant de l'armée française. En outre Charles Beslay oublie que, depuis le 3 mai, le docteur Parisel était à l'œuvre en qualité de président de la commission scientifique, c'est-à-dire incendiaire, et que depuis la prise du fort d'Issy les journaux de la Commune menaçaient les Versaillais d'anéantir Paris s'ils parvenaient à en forcer l'enceinte. Jules Vallès, quoique membre de la minorité à l'Hôtel de Ville et relativement modéré, rêvait fulminate, dynamite et pétrole ; qui ne se souvient de l'article écrit par lui le 16 mai dans *le Cri du peuple* : « Si M. Thiers est chimiste, il nous comprendra. » (Voir *Convulsions de Paris*, t. II, ch. II, *le Palais de la Légion d'honneur*, et ch. IV, *l'Incendie*.)

NUMÉRO 8.

Le bataillon de la Banque de France exempté du désarmement.

Le général de division L'Hériller, appréciant les services rendus par le bataillon de la Banque pendant la période révolutionnaire, et voulant donner à ce bataillon un gage de satisfaction particulière, tout en assurant la continuation de la garde de cet établissement, a écrit au général Douay, commandant le 4ᵉ corps d'armée, pour lui proposer de ne pas comprendre ce bataillon dans la mesure générale de désarmement.

RÉPONSE DU GÉNÉRAL DOUAY.

A Monsieur le général L'Hériller.

Quartier général, 27 mai 1871.

Mon cher général,

Le bataillon de la Banque fera exception; mais quant aux autres, ils devront verser leurs armes. Donnez donc vos ordres en conséquence.

Votre affectionné,

Le général commandant le 4ᵉ corps,
Signé : F. Douay.

A Monsieur le commandant Bernard.

Paris, 27 mai 1871.

Monsieur le commandant,

Vous voudrez bien mettre à l'ordre que M. le général de division L'Hériller du 4ᵉ corps d'armée me fait connaître que dans la mesure générale du désarmement de la garde nationale de Paris une exception est faite en faveur du bataillon de la Banque de France.

Je suis heureux d'avoir à vous transmettre cette exception, qui sera appréciée par tous comme un titre d'honneur et la récompense de deux mois de péril traversés avec une fermeté et une sagesse qui ne se sont jamais démenties.

Veuillez agréer, monsieur le commandant, mes sentiments affectueux.

Le sous-gouverneur de la Banque de France,
Signé : Marquis DE PLŒUC.

A Monsieur le général L'Hériller.

Paris, 29 mai 1871.

Monsieur le général,

Le corps d'officiers du bataillon de la Banque de France m'a demandé de le recevoir. — Il est venu me prier d'être près de vous l'interprète de sa reconnaissance pour l'insigne honneur qu'il sait vous devoir de la conservation de ses armes et de sa constitution.

Aucune plus haute récompense ne peut être décernée à des hommes d'honneur qui ont su pendant deux mois, au milieu de difficultés sans nombre, mettre obstacle à l'entrée d'aucun homme armé dans l'enceinte de la Banque de France.

Leur chef civil, je veux joindre mes remerciements aux leurs et vous prie d'agréer,
    Monsieur le général,
        Mes sentiments de haute considération.

Le sous-gouverneur de la Banque de France,
Signé : Marquis DE PLŒUC.

NUMÉRO 9.

50 264

Adoptée le 11 mai 1877.
Lue le 18 mai 1877.

La dette de l'État envers la Banque de France.

BANQUE DE FRANCE.

Le Conseil d'État,
Vu la requête présentée pour la Banque de France;
Vu le décret du 11 juin 1806;
Vu le décret du 22 juillet 1806;
Vu les lois des 6 septembre 1871, 7 avril 1873 et 28 juillet 1874
Ouï M. de Baulny, maître des requêtes, en son rapport;
Ouï M⁰ Bellaigue, avocat de la Banque de France, et M⁰ Godey, avocat du ministre des finances, en leurs observations;
Ouï M. David, maître des requêtes, commissaire du gouvernement, en ses conclusions;

Sur la fin de non-recevoir opposée au pourvoi :
Considérant que le ministre des finances, dans sa lettre adressée au gouverneur de la Banque de France à la date du 15 juillet 1875, après avoir fait connaître qu'il ne considérait pas comme fondée la prétention de la Banque de France d'obtenir le remboursement des sommes versées entre les mains des agents de la Commune, exprimait l'espoir qu'il interviendrait un arrangement et invitait le gouverneur à lui faire connaître les bases que le conseil général pourrait proposer pour cet arrangement;

Qu'à la suite de cette dépêche, des pourparlers ont été entamés; que c'est après que le conseil général de la Banque a eu acquis la conviction que les tentatives d'arrangement ne pouvaient aboutir, que le gouverneur a demandé au ministre de prendre une décision définitive qui pût être déférée au Conseil d'État;

Que, dans ces circonstances, le ministre n'est pas fondé à se prévaloir de ce que, dans sa réponse, en date du 3 mars 1876, il se serait borné à se référer à sa lettre précédente du 15 juillet 1875, pour soutenir que ladite lettre avait statué définitivement sur la réclamation de la Banque et que, par suite, la Banque ne serait pas recevable à attaquer la décision du 3 mars 1876, qui n'aurait eu d'autre objet que de confirmer la précédente décision contre laquelle aucun pourvoi n'aurait été formé en temps utile;

Au fond :
Considérant que la Banque de France, pour établir que l'État doit

lui rembourser les sommes qu'elle a été contrainte de verser entre les mains des agents de la Commune, après épuisement du compte courant créditeur de la Ville de Paris, soutient qu'elle a effectué ces versements dans l'intérêt du crédit de l'État et dans celui de la fortune publique, avec l'approbation du gouvernement et que son droit à obtenir ledit remboursement a été reconnu définitivement par des lettres écrites par le ministre des finances le 10 et le 15 août 1871;

Considérant que, pendant l'insurrection, le ministre s'est borné, par ses lettres, en date des 30 mars, 26 et 30 avril 1871, à insister pour que les membres du conseil général de la Banque présents à Paris continuent d'y délibérer et ensuite à leur témoigner toute la satisfaction qu'éprouvait le gouvernement de leur courage et de leur dévouement et à les engager à persévérer jusqu'à la fin dans la voie qu'ils avaient adoptée ;

Que, des letttres émanées du sous-gouverneur et des membres du conseil général il résulte que ce qu'ils avaient demandé au gouvernement au moment où, par suite de l'épuisement du compte courant de la Ville, il allait, suivant leurs propres expressions, s'agir de l'argent de la Banque et du public, c'était une approbation expresse qui dût mettre entièrement à couvert leur responsabilité morale ; qu'ainsi il ne résulte pas de l'instruction que la Banque ait effectué les versements dont il s'agit, sur des injonctions ou avec une garantie qui lui auraient été données par le Ministre en vue de sauvegarder les intérêts de l'État et du public;

Qu'il est, au contraire, établi par l'instruction qu'elle a effectué ses versements sous le coup d'une contrainte directement exercée contre elle et pour préserver ses établissements contre des actes de violence qui auraient pu exposer sa fortune et son crédit à une ruine complète;

Qu'ainsi, bien qu'en défendant ses propres intérêts, elle ait rendu un éminent service à la chose publique, elle n'est pas fondée à contester que la contrainte qu'elle a subie ait eu le caractère d'un de ces faits de force majeure dont les conséquences sont en principe à la charge de ceux qui les subissent, sans que les dommages qui peuvent en résulter soient de nature à engager la responsabilité de l'État;

Considérant, il est vrai, que le ministre des finances, par lettres adressées au gouverneur de la Banque à la date des 10 et 15 août 1871, à l'occasion d'une négociation alors pendante pour le règlement des difficultés existant entre cet établissement et la Ville de Paris, a fait connaître que le gouvernement reconnaissait qu'il devait rembourser à la Banque les sommes dont il ne lui serait tenu aucun compte par la Ville ;

Mais considérant qu'il a été établi ci-dessus que la Banque n'avait aucun droit à réclamer le remboursement desdites sommes à titre de créance contre l'État;

Considérant que, si les ministres ont qualité, comme représentant l'État, pour contracter les engagements ou reconnaître les créances relatifs aux services publics placés dans les attributions de leurs départements respectifs dans les cas où il n'est pas autrement disposé par la loi, il ne leur appartient aucunement d'engager les finances de l'État pour accorder des dédommagements n'ayant leur cause dans aucune responsabilité préexistante du Trésor ;

Que c'est au pouvoir législatif seul qu'il appartient d'accorder les dédommagements que des raisons d'équité peuvent faire allouer, en certains cas, aux particuliers qui ont éprouvé des pertes par suite de faits de force majeure ;

Que c'est dans ces conditions que des dédommagements ont été donnés aux victimes de la guerre et de l'insurrection par les lois des 6 septembre 1871, 7 avril 1874 et 28 juillet 1874 ;

Que la Banque prétend que l'Assemblée nationale aurait sanctionné l'engagement pris par le Ministre en votant, sans aucune réserve, la loi du 6 septembre 1871, qui autorise la Ville de Paris à emprunter 350 millions sur lesquels 210 étaient destinés à rembourser pareille somme due à la Banque, alors que l'article 6 du traité intervenu entre la Ville et la Banque constatait que l'État était débiteur de 7 293 383 francs ;

Mais considérant que la loi précitée n'a eu d'autre objet que d'autoriser l'emprunt de 350 millions et l'affectation à diverses dépenses des fonds à provenir de cet emprunt et qu'elle ne contient aucune disposition qui puisse être considérée comme une approbation implicite de l'article 6 du traité précité ;

Considérant que de tout ce qui précède il résulte que la Banque n'est pas fondée à soutenir que l'État s'est reconnu débiteur envers elle de la somme de 7 293 383 francs ;

Considérant d'ailleurs que le Ministre de finances, dans le cours de l'instruction à laquelle il a été procédé sur la réclamation de la Banque, et notamment dans sa dépêche du 15 juillet 1875 à laquelle il s'est référé par la décision attaquée, a fait connaître qu'il estimait que la perte subie par la Banque ne devait pas rester entièrement à sa charge et qu'il y avait lieu d'examiner sur quelles bases un dédommagement pourrait lui être accordé et que, dans sa réponse au pourvoi, il a renouvelé cette déclaration ;

Décide :

Article 1er. — La requête de la Banque de France est rejetée.

NUMÉRO 10.

Adresse à MM. les administrateurs, chefs de service et employés de la Banque de France.

Paris, 8 juin 1871.

MM. le marquis de Plœuc, sous-gouverneur,
Durand,
Davillier,
Denière,   } régents.
Millescamps,
Fère.

Pour les cœurs courageux, pour les âmes bien trempées, le devoir est toujours simplement le devoir. Mais quand il s'accomplit dans des temps aussi difficiles que ceux dont nous sortons à peine et au milieu de dangers sans cesse renaissants et croissants, le devoir peut atteindre les proportions de l'abnégation, du sacrifice et parfois de l'héroïsme.

Permettez donc, Messieurs, aux soussignés de venir vous exprimer leur profonde reconnaissance pour le dévouement sans bornes avec lequel vous avez protégé les immenses intérêts qui vous étaient confiés.

Notre gratitude s'étend également sur tous les chefs de service et employés de tous rangs qui sont restés à leur poste et ont veillé nuit et jour sur les dépôts précieux confiés à leur garde.

Agréez, Messieurs, l'assurance de notre haute considération.

(Suivent les signatures.)

FIN DES PIÈCES JUSTIFICATIVES.

TABLE DES MATIÈRES

CHAPITRE PREMIER

LE MINISTÈRE DE LA MARINE

I. — LA RETRAITE SUR VERSAILLES.

Le garde-meuble. — Forteresse. — Les marins à Paris pendant la guerre. — Total des troupes après la capitulation. — Après l'armistice. — La révolte recherche les marins et ne parvient pas à les embaucher. — Après le 18 mars. — M. Gablin, chef du matériel. — Le ministre. — Le commandant de Champeaux. — Le ministère est abandonné. — Élections pour la Commune. — M. Le Sage, concierge. — L'ambulance. — On cache une partie de l'argenterie. — On mure les armes dans les cheminées. 1

II. — LE SOUTERRAIN.

Les fédérés occupent le ministère. — Le premier combat. — Proclamation de la Commission exécutive. — Opinion de Vésinier sur l'armée française. — Un colonel communard. — Perquisition dans le ministère. — Embarras de M. Gablin. — Fausses dépêches. — La recherche du souterrain. — Le gouverneur Gournais. — Charles Lullier. — Cournet fait nommer Latappy délégué à la marine. 10

III. — LA DÉLÉGATION.

Cournet et Cluseret installent officiellement Latappy. — Le délégué. — Ses origines. — Sa prudence. — Le secrétaire général Boiron. — L'ingénieur Boisseau. — Orgueil et brutalité. — L'agent comptable Matillon. — On force la caisse. — Peyrusset, chef d'état-major. — Les canonnières à Javel. — Ramenées au Pont-Neuf par ordre d'Émile Duval. — Durassier, commandant de la flottille. — Henri Cognet. — Réquisition à outrance. — La table du délégué. 19

IV. — LA FLOTTILLE DE LA SEINE.

Les bateaux-mouches sont forcés d'aborer le drapeau rouge. — Les prétendus marins de la flottille. — Les déserteurs de la marine. — Proportion infime. — Trois officiers de marine. — Réclamation de la solde. — Durassier encaisse. — Modeste début des opérations militaires. — Au Point du Jour. — Le viaduc d'Auteuil. — Les marins réclament leur paye. — Enquête. — Champy et Amouroux. — État-major destitué. — Durassier est révoqué et remplacé par Peyrusset. — Correspondance. — L'orthographe du gouverneur Gournais. — Ébriété de Peyrusset. — L'armée française démasque ses batteries. — Demi-insubordination. — La batterie de l'île Saint-Germain. — *La Claymore* est coulée. — Toute la flottille en retraite................. 28

V. — LES MARINS COMMUNARDS.

Fusiliers marins. — Le colonel Block. — Faux états de solde. — Intervention de Rossel. — Réapparition de Durassier. — Commandant des forces d'Asnières. — Lettre au *Père Duchêne*. — Ordre du jour. — Le fort de Vanves. — La brigade Faron. — Mort de Durassier. — Rentrée de Cognet au ministère. — 3000 bouteilles de vin. — Inégalité. — Le ruban noir. — On demande des comptes au colonel Block. — Batterie hissée sur l'Arc de Triomphe. — La batterie des marins à cheval. — Défilé solennel. — Sauve qui peut !.............. 38

VI. — LES AVANIES.

Le vol est en permanence au ministère. — Jules Fontaine. — Réquisition de l'argenterie. — La part du feu. — Le 30ᵉ bataillon sédentaire. — Inquisition et abus d'autorité. — M. Gablin est arrêté. — A la permanence. — Chez Cournet. — Chez le juge d'instruction. — Un sceptique. — M. Gablin est libre. — Retour au ministère. — Latappy s'excuse. — Le commissaire de police Landowski. — Les barricades. — Le père Gaillard. — Les camions de pétrole. — Que font nos hommes ? . 48

VII. — LA BATTERIE DE MONTRETOUT.

Les marins pendant la guerre. — La France concentrée à Versailles. — Réorganisation de l'armée. — La première quinzaine. — Activité de M. Thiers. — Le petit conseil et le grand conseil. — Le but poursuivi. — Pas d'artillerie de siège. — Les arsenaux de la marine. — Le commandant Ribourt. — Sapeurs et terrassiers. — Sous le commandement en chef du général Douay. — Le 8 mai. — Importance de la batterie. — Visite de M. Thiers. — Les travaux d'approche dans le bois de Boulogne. — Le feu est arrêté. — Les troupes françaises sont dans Paris.................................. 60

VIII. — LE 21 MAI.

Les défenses de la place de la Concorde. — La Commune est sur ses fins. — Les docteurs Le Roy de Méricourt et Mahé mandés à la délégation de

TABLE DES MATIÈRES. 371

la guerre. — Bon vouloir de Latappy. — Concert aux Tuileries. — On apprend que l'armée française est dans Paris. — Ordre du Comité de salut public. — La débandade. — Départ des fédérés. — Départ du délégué. — Toutes les défenses sont abandonnées. — Espoir déçu. — L'armée ne vient pas et canonne la place de la Concorde. — Les forces insurrectionnelles réoccupent la rue Royale. — Le colonel Brunel. — On cherche en vain le père Gaillard. — Pierre-Ludovic Matillon, commandant civil de la marine. — Une nouvelle barricade. 68

IX. — LA RUE ROYALE.

Le quartier général de Brunel. — Le coup de pistolet. — Les héroïnes. — Lettre de la délégation de la guerre. — Le 23 mai. — Les tirailleurs fédérés à la marine. — Brunel fait incendier la rue Royale. — Les pétroleuses. — Les pompes marines. — Les incendies. — Tonneaux de vin. — Matillon demande un chef énergique. — Les flammes de Bengale. — Bal en plein vent. — Les fédérés s'esquivent. — Lettre de Brunel. — Brunel reçoit l'ordre d'incendier le ministère. — Son entrevue avec le docteur Mahé. — Nouvelles instructions demandées à l'Hôtel de Ville. — Matillon prévient qu'on va mettre le feu. — L'ambulance de la marine. — Le rôle du docteur Mahé. — Évacuation ralentie. — Départ de Brunel. — Derniers ordres donnés à l'adjudant Gérardot. — Matillon quitte le ministère. — Du haut de la terrasse. — M. Gablin. — Les incendiaires enfermés. — Gérardot neutralisé. — Je te tue ou je t'achète. — M. Le Sage, concierge du ministère. — Le général Douay. 79

X. — LES CANONNIÈRES.

L'amiral Pothuau arrive au ministère. — Une héroïque inspiration. — Le désordre du ministère. — Au pavillon ! — M. Humann. — La flottille. — Les canonniers du commandant Ribourt. — Où sont les mécaniciens ? — La frégate des *Bains*. — Les canonnières remontent la Seine. — Le pont d'Austerlitz. — Feu partout ! — Combat naval. — La brigade La Mariouse. — Le 35ᵉ de ligne. — Prise de la barricade du pont d'Austerlitz. — Les batteries mobiles. — Aspect de la rue Royale. — Le facteur Robardet. — Reconnaissance. — A qui l'on doit le salut du ministère de la marine 97

CHAPITRE II

LA BANQUE DE FRANCE

I. — PENDANT LA GUERRE.

Prophétie. — Dangers exceptionnels. — Pourquoi la Banque fut sauvée — Une idylle. — Transport des valeurs. — Projectiles explosibles. — — Secret bien gardé. — La garde nationale. — Le bataillon de la Banque. — Le commandant Bernard. — Les vers de M. Bramtot. — Incohérence des plans de campagne. — Les employés de la Banque à Montretout. — La rançon de Paris. — Pendant la guerre, la Banque a prêté 1610 millions à la France. — Le bilan de la Banque au 18 mars. 109

II. — LES MOYENS DE DÉFENSE.

Ce que fait la Banque pendant la journée du 18 mars. — On ferme les grilles. — On fait demander du secours. — En reconnaissance. — Les assassinats à Montmartre. — Les constructions de la Banque. — Position militaire. — Sous les armes. — Branle-bas de combat. — Postes désignés d'avance. — Velléités de résistance à Paris. — Pas de munitions. — La Banque sur la défensive. — Les patrouilles. — Vigilance. 119

III. — LES PREMIÈRES RÉQUISITIONS.

M. Rouland, gouverneur de la Banque de France, est appelé à Versailles et refuse de s'y rendre. — Les délégués du Comité central. — Demande d'un million. — Discussion. — Le compte courant de la Ville de Paris. — M. Rouland accorde le million. — Ce million a peut-être sauvé Paris. — Les officiers-payeurs fédérés à la Banque. — M. Mignot, caissier principal. — Il se met à la recherche de Jourde. — A la place Vendôme. — Au ministère des finances. — A l'Hôtel de Ville. — Le citoyen Édouard Merlieux. — On se prépare à la lutte. — Demande et promesse de secours. — Le double jeu de la Banque. — Elle subvient aux exigences de Paris et aux besoins de Versailles. — Promenade sur les boulevards. — Le 162° bataillon fédéré veut occuper la Banque et est évincé. 129

IV. — LE DÉPART DU GOUVERNEUR.

François Jourde, délégué aux finances. — Son portrait, ses origines. — Très probe. — Eugène Varlin. — Relieur de livres de messe. — Commis-voyageur de la révolution. — *La Marmite.* — Très troublé après le 18 mars. — Ce qu'on trouve dans la caisse du Trésor. — Dans celle de l'Hôtel de Ville. — Nouvelle réquisition. — Le reçu des délégués. — Le conseil général de la Banque. — La conduite de M. Rouland est approuvée. — Il eût fallu continuer la solde de la garde nationale. — L'attentat de la rue de la Paix. — Des bataillons de Belleville et de la Villette veulent s'emparer de la Bourse. — Ils échouent dans leur tentative. — L'abnégation du parti conservateur. — M. Rouland reçoit l'ordre de se rendre à Versailles. — M. Thiers l'y retient. 139

V. — L'ABANDON DE PARIS.

Le marquis de Plœuc, sous-gouverneur. — Il veut savoir sur quel concours il peut compter. — Indécision. — Jourde et Varlin réclament 700 000 fr. — M. Marsaud, secrétaire général. — Sa foi en la Banque. — Les délégations s'impatientent. — Arrivée du renfort promis. — Les délégués s'esquivent. — Leur lettre. — Réponse du sous-gouverneur. — Le conseil des régents fait payer. — M. de Plœuc apprend par M. de la Rozerie que M. Rouland reste à Versailles. — Les projets du gouvernement. — Ils sont abandonnés. — L'amiral Saisset et M. de Plœuc. — Paris est abandonné à la révolte. 150

TABLE DES MATIÈRES. 373

VI. — JACOBINS ET SOCIALISTES.

Le vote. — Première proclamation. — Appel à la délation. — La majorité : jacobins, blanquistes, hébertistes. — La minorité : économistes. — Leurs idées économiques. — Jourde est le financier de la Commune. — La perception des droits d'octroi. — Refus de la Banque. — Impossibilité de transporter le portefeuille. — Réquisition. — Les Bretons. — Première entrevue de Charles Beslay et de M. de Plœuc. — Le tentateur. — Charles Beslay est nommé délégué de la Commune près de la Banque de France. 159

VII. — CHARLES BESLAY.

Un ataxique. — Délire partiel. — Proudhon — Admiration de Ch. Beslay. — Proudhon prophète. — La révolution sociale entrevue par lui. — La bonté de Ch. Beslay. — Il s'engage pendant la guerre. — Sa profession de foi. — Doyen de la Commune. — La mer rouge. — Prenez des douches. — M. de Plœuc à Versailles. — M. Denière, régent de la Banque, est arrêté. — Société de tempérance. — Ch. Beslay fait relâcher M. Denière 171

VIII. — LES DIAMANTS DE LA COURONNE.

Beslay refuse de laisser occuper le poste de la Banque par les fédérés. — Décret de septembre 1792. — La Banque se garde elle-même. — Le commandant Marigot. — On fraternise. — Bonnes relations. — Ça vaut bien ça ! — Opinions littéraires de Marigot. — Documents relatifs aux diamants de la couronne. — Les délégués les réclament à M. Mignot. — A la Commission exécutive. — Intervention de Ch. Beslay. — Lettre de Delescluze. — Altercation entre M. de Plœuc et Ch. Beslay. — Nul ne sait où sont les diamants. — Procès-verbal inquiétant. — On écrit à M. Rouland. — Tout s'explique. — Les diamants sont à l'arsenal de Brest. — Fausse information. — Opérations restreintes. — Comment l'octroi de la Commune paye ses dettes. 183

IX. — LE CONSEIL DES RÉGENTS.

Réquisitions chez les particuliers. — Vol à la Compagnie du gaz. — Jourde veut emprunter sur titres. — La Banque refuse. — Les régents. — M. Durand. — Dévouement de tout le personnel. — La Banque n'arbore pas le drapeau rouge. — Le compte courant de la Ville est épuisé. — On écrit à Versailles. — Réponse illusoire. — Nouvelle lettre. — Réponse verbale satisfaisante. — Les engagements pris par l'État. — Établissement du Comité de salut public. — Protestations de la minorité. — Jourde rend ses comptes et donne sa démission. — Il est réélu délégué aux finances. — Il veut faire mieux que ses prédécesseurs. . . . 198

X. — LE MONNAYAGE DES LINGOTS.

Les francs-maçons. — M. Rouland à Versailles. — Altercation avec M. Thiers. — M. Rouland fournit tout l'argent qu'on lui demande. — Plus de

250 millions. — Un train de 28 millions en détresse. — Éventualité redoutable. — Appel à la protection diplomatique. — Triple nécessité. — L'hôtel de la Monnaie. — Les lingots de la Banque. — Camélinat. — Négociation. — La Banque, forcée de céder, livre pour plus d'un million de lingots. — Le frappage de Camélinat. — Jourde explique ses idées économiques et demande 10 millions. — Refus de la Banque. — On transige. — Difficulté de la situation de Jourde. — La Commune et le Comité central. — M. Mignot est arrêté. — Relâché. — Peuchot trésorier-payeur des marins de la garde nationale. 211

XI. — LA JOURNÉE DU 12 MAI.

Les attaques se rapprochent. — Les papiers d'identité. — Précautions pour la fuite prochaine. — Conciliabule chez Raoul Rigault. — On décide d'occuper la Banque. — L'opinion des hébertistes. — La Banque dénoncée par Paschal Grousset. — Le Moussu. — La Banque est cernée. — M. de Plœuc se met à l'abri. — La Banque se prépare à la lutte. — MM. Marsaud, Chazal et le citoyen Le Moussu. — On fait prévenir Ch. Beslay. — Sa colère. — Il accourt à la Banque. — Il malmène Le Moussu. — Chasse les fédérés. — La Banque délivrée reprend ses services. — Jourde demande que le poste de la Banque soit occupé par des fédérés. — Beslay s'y oppose. — Beslay donne sa démission motivée. — Elle est refusée. — La candeur de Beslay. — Ce qu'il demande à emporter comme souvenir de son passage à la Banque. — Cournet destitué; remplacé par Ferré. — Fausse alerte. — Monsieur le marquis! . . . 223

XII. — L'ENSABLEMENT DES CAVES.

L'église Notre-Dame-des-Victoires est envahie et pillée. — Les menaces. — Lettre de Jourde à Ch. Beslay. — Jourde et Ch. Beslay très menacés. — Le *Père Duchêne*. — Appel à la violence. — La Banque cède. — Les bruits du dehors. — Délibération du conseil. — Exigences de Camélinat. — On décide le transport des valeurs dans les caves et l'ensablement de celles-ci. — L'opération. — Tristesse. — C'est comme au cimetière. — De l'argent, ou sans cela! 239

XIII. — LES DERNIÈRES RÉQUISITIONS.

On apprend que l'armée française est dans Paris. — M. de Plœuc et Ch. Beslay en permanence à la Banque. — Illusions. — Le Comité de salut public tire sur la Banque. — Les quatre chefs de service réunis en conseil. — Reçu de Ch. Beslay. — Jourde à l'Hôtel de Ville. — Campement à la Banque. — La dernière réquisition. — On pourrait tenir pendant 24 heures. — Dernière concession. — Total des réquisitions. — Les mouvements de l'armée. — Inhumanité de la Commune. — Les théories et la pratique. — Les incendies. — Désespoir des économistes. — Résultats des fausses doctrines. 247

XIV. — L'INCENDIE DU PALAIS-ROYAL.

On rôde autour de la Banque. — **Les vedettes signalent les incendies.** — Le docteur Latteux. — Incendies de la rue de Lille. — On apprend à la

TABLE DES MATIÈRES.

Banque que les insurgés mettent le feu partout. — Les habits gris. — Le sentiment du devoir. — Halte-là ! au large ! — On abrite les documents importants. — M. de Plœuc demande un cartel de sauvegarde. — Beslay à l'Hôtel de Ville. — Delescluze. — Ordres d'incendier. — Retour de Ch. Beslay. — On croit que la Banque est en feu. — Incendie du Palais-Royal. — Les incendiaires. — Les trois foyers. — Organisation des premiers secours. — M. Alfred Lesaché. — M. de Plœuc envoie une équipe d'ouvriers pour combattre l'incendie. — Trois pompiers. — La Banque envoie encore cinquante hommes de son bataillon. — Vive la ligne ! — Le sixième régiment provisoire et le colonel Péan. — C'est l'initiative de la Banque qui a sauvé le quartier du Palais-Royal. . 258

XV. — LE DOUBLE DU GRAND-LIVRE.

La délivrance. — MM. Auguste Michel et Eugène Louvet. — Une compagnie du 58e de ligne. — L'armée prend possession de la Banque. — Le bataillon de la Banque conserve exceptionnellement ses armes. — On cache Ch. Beslay. — Le conseil des régents. — Retour de M. Rouland. — Le grand-livre de la dette inscrite. — Sauvé. — *Le double.* — M. Chazal, le commandant Peaucellier, le capitaine Garnier. — La Caisse des dépôts et consignations. — Les pompiers improvisés. — Enterrement des bulletins. — 40 millions pour Versailles. — Le procès-verbal du conseil. — Varlin. — Arrêté sur dénonciation. — Conduit à Montmartre. — Fusillé. — Cruauté des foules. — Illusions de Varlin. — Pourquoi il est bien mort. — Ch. Beslay réfugié à la Banque. — M. Thiers est décidé à le sauver. — Ses projets financiers. — Conduit en Suisse par son fils et par M. de Plœuc. 272

XVI. — ÉPILOGUE.

Les derniers actes du délégué aux finances. — Expulsé de son refuge. — Il erre dans Paris. — N'y trouve pas d'asile. — Arrêté. — Faux papiers d'identité. — Reconnu et dénoncé. — Jugé. — Son attitude au procès. — Condamnation très sévère. — A Nouméa. — Évasion. — Jourde attaqué par Vermersch. — Calomnies dirigées contre lui. — Plus que nul autre Jourde a protégé la Banque. — La Banque et l'État. — Refus de remboursement. — Prétention de la Ville de Paris. — Correspondance avec le ministre des finances. — Le Conseil d'État. — Arrêt défavorable à la Banque. — Adresse de la finance et de l'industrie parisiennes. — On aurait dû décorer le drapeau de la Banque. — Ingratitude de l'État envers la Banque, envers M. Rouland et M. de Plœuc. 295

PIÈCES JUSTIFICATIVES

N° 1. — Incident Matillon 311
N° 2. — Réquisitions. 344
N° 3. — Ordre du commandant de la flottille de la Seine d'arborer le drapeau rouge à chaque bateau et sur chaque ponton. 346
N° 4. — Réclamations de Brunel, membre de la Commune. 347
N° 5. — Procès-verbal de l'ouverture de la caisse municipale à la mairie de Paris, le 24 mars 1871, sur l'ordre du Comité central de la garde nationale. . . . .

N° 6. — Banque de France. — Versements opérés aux délégués du Comité central et aux membres de la Commune de Paris, depuis le 20 mars 1871 jusqu'au 23 mai 1871. 359
N° 7. — L'ordre d'incendier. 361
N° 8. — Le bataillon de la Banque de France exempté du désarmement 362
N° 9. — La dette de l'État envers la Banque de France. 364
N° 10. — Adresse à MM. les administrateurs, chefs de service et employés de la Banque de France. 367

FIN DE LA TABLE DU TOME TROISIÈME.

407 — Imprimerie A. Lahure, rue de Fleurus, 9, à Paris.

www.ingramcontent.com/pod-product-compliance
Lightning Source LLC
Chambersburg PA
CBHW070447170426
43201CB00010B/1241